Richard Riso:

Die neun Typen der Persönlichkeit und das Enneagramm

Aus dem Amerikanischen übersetzt von Bettina Braun

Esoterik

Herausgegeben von Gerhard Riemann

Bei oberflächlicher Betrachtungsweise könnte man das Enneagramm (vom Griechischen ennea = neun und grammos = Punkt) für eine Variante der Numerologie halten. Doch dieser Eindruck täuscht. Denn während sich numerologische Deutungen in aller Regel aus Quersummenberechnungen herleiten, stellt das Enneagramm Archetypen vor, die als solche für divinatorische Zwecke unbrauchbar sind. Ein Vergleich mit der Astrologie bietet sich an. Im Unterschied dieser, die mit zwölf Archetypen (= Tierkreiszeichen) arbeitet, kommt das Enneagramm mit neun Archetypen aus.

Das System ist aber nicht auf die neun Grundtypen beschränkt, sondern wird weiter differenziert durch Subtypen und Entwicklungslinien, die dem jeweiligen Typus offenstehen. Jedem Kapitel vorangestellt sind grundlegende Merkmale, die das Auffinden eines bestimmten Typus erleichtern. Das so entwickelte, völlig neue System wird vom Autor präzis in den Kontext anderer psychologischer Schulen wie der Freuds, Jungs und Karen Horneys gestellt.

Richard Riso ist Schriftsteller, Dozent und Präsident der »Enneagram Personality Types, Inc.«, einem Institut für psychologische Beratung in New York City. Mehr als zwölf Jahre lang hat sich Richard Riso mit der Entwicklung der Theorie des Enneagramms und der neun Persönlichkeitstypen beschäftigt; seit 1977 veranstaltet er Workshops zu diesem Thema. Er war dreizehn Jahre lang Jesuit und hat einen Lehrauftrag für Kommunikationswissenschaft (Sozialpsychologie) an der Stanford University.

Deutsche Erstausgabe 1989
© 1989 by Droemersche Verlagsanstalt Th. Knaur Nachf., München
Das Werk einschließlich aller seiner Teile ist urheberrechtlich geschützt.
Jede Verwertung außerhalb der engen Grenzen des Urheberrechts-
gesetzes ist ohne Zustimmung des Verlages unzulässig und strafbar.
Das gilt insbesondere für Vervielfältigungen, Übersetzungen,
Mikroverfilmungen und die Einspeicherung und Verarbeitung
in elektronischen Systemen.
Titel der Originalausgabe »Personality Types«
© 1987 by Don Richard Riso
Umschlaggestaltung Dieter Bonhorst
Satz Ludwig Auer, Donauwörth
Druck und Bindung Ebner Ulm
Printed in Germany 5 4 3 2 1
ISBN 3-426-04213-4

Dieses Buch ist den Menschen gewidmet, die seine Entstehung ermöglicht haben.
Sie wissen, wen ich meine. Ich denke voller Liebe und tiefer Dankbarkeit an sie.

Ich bin ein Mensch: nichts Menschliches ist mir fremd.

Terenz

Inhalt

Teil III

Danksagung

Es brauchte nicht lang, dieses Buch niederzuschreiben; dennoch nahm seine Entstehung eine lange Zeit in Anspruch. Ohne die Hilfe der Menschen, die ich hier nennen möchte, wäre es nicht zu verwirklichen gewesen.

Vor etwa zwölf Jahren, als ich mich mit dem Enneagramm zu befassen begann, kam von Tad Dunne, S.J., der Vorschlag, mich mit dem Werk Karen Horneys zu befassen, und Bob Fecas ermutigte mich, die Darstellung des gesunden, positiven Aspekts der Persönlichkeitstypen weiterzuentwickeln. Beide Ratschläge erwiesen sich als sehr hilfreich.

Als ich begann, Vorträge über das Thema »Enneagramm« zu halten, stellte mir Reverend Richard Powers großzügig die nötigen Räumlichkeiten zur Verfügung. Ohne den Austausch mit den Zuhörern hätte ich wohl kaum die Bestätigung für die Brauchbarkeit des Enneagramms erhalten, die damals für mich von so großer Wichtigkeit war. Ebenso hilfreich, wenn auch in anderen Bereichen, waren für mich Karl Laubenstein, Steve Rodgers, Priscilla Rodgers, Richard Hunt, S.J., und die Mitglieder von Ruah in Cambridge, Massachusetts.

Viele meiner Freunde interessierten sich für meine Arbeit. Ich danke ihnen für ihre Begeisterung, die mein in jenen ersten Jahren noch auf schwankenden Füßen stehendes Unternehmen unterstützten. Besonders bedeutungsvoll war für mich die Ermutigung von Ruben St. Germain, Bob Cabaj, Irvin Montaldo, Robert Moore, Chuck Webb, Rose Mary O'Boyle und Jeff Posner. Auch möchte ich Hugh P. Finnegan, Ann L. MacDougall, Diana A. Steele, Erwin Mayr und Dick Kalb für ihre kritische Durchsicht der ersten Manuskriptentwürfe danken. Gedankt sei auch Marc S. Desveaux für die grafischen Darstellungen und die Karikaturen der Persönlichkeitstypen sowie dem Fotografen Gene Bagnato.

Es gibt noch zahlreiche andere Namen, die ich hier aus persönlichen Gründen gerne nennen möchte. Es sind: Beverly Moreno Pumilia, Jeff und Gertrude Moreno, Dominick und Virginia Riso, Agnes Bazzle, Schwester Therese von den Engeln, Harry Claypool, Rob Bliss, Charles Aalto, Terri Kyller, Brent Becvar, Bruce MacClain, John Lush, Lester Wolff, Philip Stehr, Louisa und Sandy Arico, Bill und Lynette Rice, Robert Drez, Bruder Brendan, S. C., ebenso wie August Coyle, Joseph Tetlow, Edward Romagosa, Youree Watson, Daniel Creagan, Pat Byrne und Peter Sexton – letztere Mitglieder der Societas Jesu.

Ich schulde einer Reihe von Menschen beim Verlag Houghton Mifflin Dank; wahrscheinlich sind es mehr, als ich weiß. Mein erster Verleger, Gerard Van der Leun, ist inzwischen aus dem Verlag ausgeschieden. Durch ihn lernte ich, mit weniger Worten mehr zu sagen. Nach seinem Ausscheiden hatte ich das Glück, mit Ruth Hapgood zusammenarbeiten zu können, die sich als unerschöpfliche Quelle des Wissens, der guten Laune und der Geduld erwies. Ihr ist es zu verdanken, daß dieses Buch werden konnte, was es ist. Geraldine Morse, meine Lektorin, verbesserte das Buch beträchtlich und ersparte mir unzählige Irrtümer und Unannehmlichkeiten.

Vor allem aber möchte ich Austin Olney vom Verlag Houghton Mifflin meinen Dank aussprechen. Austin sah die Möglichkeiten dieses Buches bereits, als das Manuskript erst in groben Umrissen vorlag. Es sagt zu wenig, wenn ich ihn als freundlich, hilfreich und verständnisvoll bezeichne. Ohne ihn hätten Sie dieses Buch jetzt nicht in Händen.

Im Laufe der Jahre bekam ich einige der besten Ratschläge sowie unzählige neue Ideen von meinem Agenten und Rechtsanwalt Brian Lawrence Taylor sowie von Patricia D. Walsh und Janice Peck, S. J. Ihr Interesse an meiner Arbeit war für mich wertvoller, als sie ahnen. Die Tatsache, daß diese ungewöhnlich intelligenten Menschen auch an das Enneagramm glaubten, half mir, Tiefpunkte zu überwinden. Ganz besonders herzlich möchte ich auch meiner Familie dafür danken, daß sie ist, was sie ist. Ich wollte, ich könnte alles aussprechen, was sie für mich getan hat, doch das ist mir selber noch nicht bis ins letzte klar. So möge es genügen, wenn ich sage, daß ohne ihre unermüdliche Liebe und Hilfe und ohne ihr Verständnis dieses Buch nicht entstanden wäre.

Teil I

Erwarte nicht, daß Gott dich prüft,
erkenne dich selbst.

Der Mensch ist es, den die Menschheit erforschen soll.

Alexander Pope, *An Essay on Man*

Kapitel 1

Die Bedeutung
der Persönlichkeitstypen

Was hat es für einen Sinn, die Menschen in Persönlichkeitstypen einzuordnen? Da jeder einzigartig ist, widerstrebt es einem, die Menschen zu kategorisieren. Und selbst wenn solche
Einteilungen irgendeinen theoretischen Wert hätten, wären sie
wahrscheinlich zu akademisch, um sie im Alltag praktisch anzuwenden oder zu unverbindlich und damit sinnlos, da man
dann Beliebiges herauslesen könnte.
Diese Einwände sind triftig, aber sie gehen doch am Kern der
Sache vorbei. Es gibt eine ganze Reihe guter Gründe dafür, die
verschiedenen Persönlichkeitstypen zu studieren; der wichtigste Grund besteht darin, daß der Mensch nicht nur interessant,
sondern auch ein potentiell gefährliches Studienobjekt ist.
Unsere Mitmenschen fesseln unsere Aufmerksamkeit, weil sie
das Wechselhafteste und Aufregendste sind, das Erfreulichste
und Geheimnisvollste, was uns umgibt. Den meisten von uns
würde es schwerfallen, auch nur einen einzigen Tag zu verbringen, ohne direkt oder indirekt mit Dutzenden von Men-

schen in Berührung zu kommen – mit der Familie, mit Freunden, Passanten auf der Straße, mit Menschen im Büro, im Fernsehen, in unseren Phantasien und in unseren Ängsten. Überall sind wir von Menschen umgeben, die auf irgendeine Weise Einfluß auf unser Leben nehmen – im positiven und im negativen Sinn.

Meist können wir die Klippen des zwischenmenschlichen Lebens umschiffen, ohne Schaden zu erleiden, aber es gab zweifellos auch schon Momente, in denen wir plötzlich bemerkten, daß wir Menschen, die wir zu kennen glaubten, nicht wirklich kennen. Es gab vielleicht auch schon Augenblicke, in denen uns klar wurde, daß wir uns selbst nicht kennen. Das Verhalten der anderen – manchmal aber auch unser eigenes Verhalten – kann seltsam und beunruhigend sein. Es bricht etwas auf, unerwartet, zum falschen Zeitpunkt. Solche Überraschungen können uns manchmal angenehm erscheinen, manchmal aber auch außerordentlich unangenehm, vor allem dann, wenn sie weitreichende, verhängnisvolle Folgen haben.

Es kann ziemlich katastrophale Konsequenzen haben, wenn wir gänzlich außer acht lassen, in welchen Persönlichkeitstypen die menschliche Natur ihren Ausdruck findet. Ein Mensch, den wir gut zu kennen glaubten, erweist sich vielleicht wirklich als Ungeheuer oder ist hoffnungslos egozentrisch. Vielleicht merken wir wirklich, daß wir nur benutzt oder daß unsere legitimen Bedürfnisse egoistisch unterdrückt wurden. Ohne Einsicht in die Zusammenhänge können wir mißbraucht werden und beträchtlichen Schaden davontragen. Aber das Gegenteil gilt ebenso: ohne Einsicht in die Zusammenhänge übersehen wir vielleicht ein Juwel unter lauter Glasperlen oder beenden voreilig eine Beziehung, die es wert gewesen wäre, gepflegt zu werden. Ohne diese Einsicht werden wir vielleicht verletzt oder zum Narren gehalten. Auf keinen Fall aber werden wir sehr glücklich sein.

Es lohnt sich also, die eigene Wahrnehmung zu schärfen, und sei es auch nur, um schmerzhafte Konsequenzen zu vermeiden. Vermutlich werden wir glücklicher sein, wenn wir uns selbst und andere besser verstehen.

Das Problem liegt jedoch darin, daß zwar jeder die anderen durchschauen möchte, aber nur wenige dazu bereit sind, sich selbst ebenso gründlich zu kennen. Wir möchten wohl wissen, was in anderen vorgeht, haben aber Angst, etwas Beunruhigendes in uns selbst zu entdecken. In unserer heutigen Wettbewerbsgesellschaft liegt das Gewicht nicht mehr auf der uralten Mahnung des Orakels von Delphi: »Erkenne Dich selbst!«, sondern es scheint zu heißen: »Durchschaue Dein Gegenüber!« Am liebsten würden wir den anderen mit Röntgenaugen bis auf den Grund der Seele schauen, nur dürfen die anderen auf keinen Fall etwas von unseren eigenen Schwächen und Unzulänglichkeiten wahrnehmen. Im Grunde wollen wir, daß niemand, nicht einmal wir selbst, uns sieht, wie wir wirklich sind. Es ist traurig, daß diese notwendige und wichtige Gabe, uns selbst mit den gleichen objektiven Augen zu betrachten wie die anderen, verlorengegangen ist.

So ist also alles ins Gegenteil verkehrt. Um da Abhilfe zu schaffen, sollten wir uns an Kierkegaards Ratschlag erinnern. Er sagt, wir sollten die anderen subjektiv sehen und uns selbst objektiv. Das heißt, daß wir uns, wenn wir die Handlungen anderer Menschen beurteilen, an ihre Stelle versetzen und versuchen sollten, zu verstehen, wie sie sich selbst und ihre Welt wahrnehmen. Und wenn wir uns selbst beurteilen, sollten wir uns so sehen, wie andere uns sehen, und der Versuchung widerstehen, der man nur allzu leicht erliegt, immer Entschuldigungen und mildernde Umstände für das zu suchen, was wir tun. Natürlich ist es sehr schwierig, Kierkegaards Ratschlag zu befolgen. Wir müssen uns von Eigenliebe und Selbsttäuschung befreien, wenn wir uns selbst betrachten, und müssen die anderen ohne Zynismus und Abwehr sehen können. Wir brauchen Mut uns selbst und liebevolle Einfühlung anderen gegenüber.

Wie können wir das Wissen und die Sensibilität erlangen, die wir dazu brauchen? Wie können wir eine sinnvolle Ordnung in der großen Vielfalt der menschlichen Persönlichkeitsformen erkennen? Wie können wir die Einsicht erlangen, die notwendig ist, um ein erfüllteres, glücklicheres Leben zu führen?

Die Antwort ist paradox: Wir werden entdecken, daß wir andere nicht wirklich kennen können, bevor wir uns nicht selbst kennen, und daß wir uns selbst erst dann kennen können, wenn wir andere erkennen. Die Lösung dieses Rätsels ist, daß Selbsterkenntnis und Menschenkenntnis im Grunde zwei Seiten derselben Medaille sind, Erkenntnis der menschlichen Natur an sich.

Die menschliche Natur ist ein so weites Feld, daß es von großem Nutzen wäre, eine genaue Landkarte dieses vertrauten und doch immer noch unerforschten Territoriums zu haben. Gut wäre es, wenn wir verläßliche Wegweiser hätten dafür, wer wir sind und wohin wir gehen, damit wir unseren Weg nicht aus den Augen verlieren.

Ich glaube, daß das Enneagramm die Landkarte der menschlichen Natur ist, nach der die Menschen so lange gesucht haben.

Das Enneagramm stammt zwar aus alten Zeiten, ist aber so aktuell wie eh und je, denn die menschliche Natur hat sich nicht verändert. Das Enneagramm, das uns von unbekannten Weisheitslehrern der Vergangenheit übermittelt wurde, umfaßt eine tiefe Einsicht in das menschliche Wesen, eine Einsicht, die heute ebenso notwendig ist, wie sie es in früheren Zeiten war. Das Enneagramm hat überlebt, weil es stimmt. Es hätte sich in der mündlichen Überlieferung des Ostens nicht erhalten, wenn die Menschen nicht von seinem Sinn und Wert überzeugt gewesen wären. Es ist das Ziel dieses Buches, einen größeren Leserkreis mit diesem bemerkenswerten System bekanntzumachen.

Die Psychologie hat lange mit dem Problem gekämpft, eine praktikable Persönlichkeitstypologie, also eine Klassifizierung des menschlichen Wesens zu finden, die zugleich genau und praktisch anwendbar, theoretisch eindeutig und formvollendet ist. Spätestens mit Hippokrates begannen die griechischen Philosophen im 5. Jahrhundert vor Christus darzulegen, daß es in der einen oder anderen Form Persönlichkeitstypen gibt. Niemandem jedoch gelang es, die fundamentalen Kategorien zu entdecken, die die menschliche Natur umfassen, die grundlegenden Persönlichkeitstypen, in denen alle Varianten enthalten sind.

Im Laufe der Jahrhunderte gelangte man zu den unterschiedlichsten Klassifizierungen, von denen jedoch keine problemlos, frei von Ungenauigkeiten oder Widersprüchen war. Viele Typologien werden der großen Vielfalt der menschlichen Natur nicht gerecht; sie umfassen zu wenige Kategorien, sind zu abstrakt, oder sie beschäftigen sich nur mit verschiedenen Formen der Neurose und nicht mit normalem Verhalten. Die Erschließung der individuellen Persönlichkeitstypen war nicht nur ein großes begriffliches Problem; noch größer war die Schwierigkeit, ein System zu entdecken, das aufzeigt, wie die verschiedenen Typen miteinander in Beziehung stehen und damit auch die Veränderung und Weiterentwicklung des Charakters umfaßt. Eine Typologie der Persönlichkeit zu finden, die der menschlichen Natur wirklich gerecht wird, war ein ungelöstes Problem, bis man das Enneagramm entdeckte. Und um dieses Symbol geht es in diesem Buch. Jedes psychologische System hat ein Ordnungsprinzip. Wenn wir einen kurzen Blick auf andere Systeme werfen, sehen wir beispielsweise, daß die drei Charaktertypen nach Sigmund Freud auf der Überzeugung beruhen, daß während der frühkindlichen Entwicklung psychische Energie in Zusammenhang mit dem Mund, dem Anus oder dem Phallus fixiert wird. Diese Fixierungen bringen den »oralen«, den »analen« oder den »phallischen« Typus hervor, die bestimmten Enneagramm-Typen entsprechen. Eine weitere Freudsche Theorie spricht von der Dominanz des »Ich«, des »Es« oder des »Über-Ich« in der

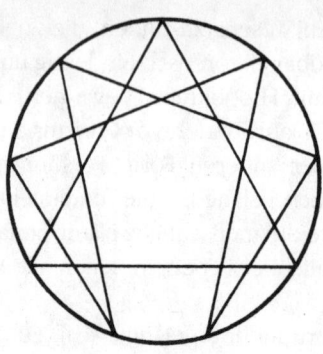

Das Enneagramm

Persönlichkeit. Den Theoretikern schien es nicht unproblematisch, diese schwer zugänglichen Begriffe anzuwenden; aber auch sie haben ihre Entsprechung im Enneagramm, wie wir sehen werden.

Die C.G.Jungsche Typologie beschreibt acht Typen, die der psychologischen *Einstellung* eines Menschen entsprechen, Extraversion oder Introversion, die wiederum durch eine der vier grundlegenden geistigen *Funktionen*, die Jung als gegeben annimmt, modifiziert werden – Fühlen, Denken, Empfinden und Intuition. So charakterisiert Jung einen extravertierten Fühltypus und einen introvertierten *Gefühl*stypus, einen extravertierten Denktypus und einen introvertierten Denktypus, und so weiter.

Karen Horney entwickelte Charakterbeschreibungen, die sich auf ihre klinischen Beobachtungen interpersoneller Ausrichtungen gründeten – dementsprechend kann ein Mensch als jemand betrachtet werden, der sich auf andere zubewegt, als jemand, der sich von anderen wegbewegt oder als jemand, der sich gegen andere stellt. Sie arbeitete nicht alle untergeordneten Typen innerhalb dieser drei allgemeinen Kategorien aus, wäre aber, hätte sie es getan, wahrscheinlich auf ein System von neun Persönlichkeitstypen gekommen, wie wir sie beim Enneagramm finden. (Das Ordnungsprinzip des Enneagramms ist einfach: aus drei Grundtypen gehen neun Persönlichkeitstypen hervor; sie werden in drei Gruppen, die Triaden, eingeteilt. Die drei Triaden des Enneagramms beschreiben, ob Ihre psychologische Grundorientierung, zu der positive und negative Züge gehören, mehr zu Ihren Gefühlen tendiert (in diesem Fall gehören Sie in die Gefühls-Triade), mehr mit Ihrem Handeln zu tun hat (dann gehören Sie zur Tat-Triade) oder damit, in welcher Beziehung Sie zur Welt stehen (in diesem Fall träfe die Beziehungs-Triade zu).

Die daraus resultierenden neun Persönlichkeitstypen kann man fürs erste sehr einfach beschreiben; später werden sie noch differenziert. In der Gefühls-Triade trifft man den »Helfer« (Typus zwei – der entgegenkommende, besitzergreifende, manipulierende Typus), den »Status-Menschen« (Typus drei – der ehrgeizige, pragmatische, narzißtische Typus) und den »Künstler« (Typus vier – den sensiblen, introvertierten, depressiven Typus). In der Handlungs-Triade finden wir den »Denker« (Typus fünf – den wahrnehmenden, analytischen, reduktionistischen Typus), den »Loyalen« (Typus sechs – den engagierten, pflichtbewußten, passiv-aggressiven Typus), den »Vielseitigen« (Typus sieben – den weltklugen, anspruchsvollen, hyperaktiven, exzessiven Typus). Und in der Beziehungstriade sehen wir den »Führer« (Typus acht – den selbstbewußten, aggressiven, eigenwilligen Typus), den »Friedliebenden« (Typus neun – den empfänglichen, unbekümmerten, nachlässigen Typus) und den Reformer (Typus eins – den rationalen, ordnungsliebenden, perfektionistischen Typus).

Vielleicht entdecken Sie Ihren eigenen Persönlichkeits-Typus in diesen kurzen Beschreibungen. Wenn nicht, sollten Sie sich deshalb keine Sorgen machen. Im dritten Kapitel wird ausführlich beschrieben, wie man seinen eigenen Persönlichkeitstypus oder den eines anderen Menschen identifiziert. Da jedem der neun Grundtypen ein ganzes Kapitel gewidmet ist, werden

Sie mit der Materie gründlich vertraut gemacht. Im Teil 2 des Buches werden Sie auch mehr über die drei Triaden des Enneagrammes und die aus ihnen hervorgehenden neun Grundtypen sowie viele weitere Varianten erfahren, im dritten Teil schließlich eine weitere Vertiefung des Gesagten.

Das Enneagramm ist also ein komplexes und subtiles Symbol. Den Persönlichkeitstypus als Ergebnis einer der Grundorientierungen (Gefühl, Handeln oder Beziehung) zu betrachten, ist nur eine mögliche Ebene, auf der man das Enneagramm zur Analyse benutzen kann.

Wenn Sie dieses Buch gelesen haben, werden Sie sehen, daß wir die neun Persönlichkeitstypen nach Freudschen, Jungschen, Horneyschen oder anderen Gesichtspunkten betrachten können, da das Enneagramm gleichzeitig auf verschiedenen Abstraktionsebenen funktioniert. Es überbrückt die Kluft zwischen der tiefenpsychologisch orientierten und einer verhaltensorientierten Menschenbetrachtung.

Die Erkenntnisse, die wir aus dem Enneagramm ziehen können, reichen von den abstraktesten Verallgemeinerungen über die menschliche Natur bis zur höchst differenzierten Beschreibung jedes einzelnen Persönlichkeitstypus. Doch paradoxerweise kann man das Enneagramm, so komplex es auch ist, leicht verstehen.

Man sollte allerdings nicht glauben, daß die neun Persönlichkeitstypen des Enneagrammes völlig zusammenhanglos dastehende Einzelkategorien bilden. Sie werden herausfinden, daß das Enneagramm offen und außerordentlich beweglich ist, so, wie die Menschen selbst es auch sind. Bewegung und Veränderung – Entwicklung hin zur Integration oder zur Desintegration – sind wesentliche Aspekte dieses bemerkenswerten Systems. Und da die sich aus dem Enneagramm ergebenden Beschreibungen der Persönlichkeitstypen von der obersten Ebene der Gesundheit und Integration bis zur untersten Ebene der Neurose reichen, dienen sie nicht nur dazu, Verhalten zu beschreiben, sondern auch, es vorauszusagen – eine

Tatsache, die sich als außerordentlich hilfreich und nützlich erweisen kann.

Da ein einführendes Buch relativ unkompliziert sein soll, ist es nicht möglich, in diesem Rahmen all die Feinheiten des Enneagrammes darzustellen. Die differenziertesten theoretischen Aspekte des Enneagrammes wurden weggelassen oder nur am Rande berührt.

Ebenso habe ich ins einzelne gehende Vorschläge weggelassen, wie Sie die Persönlichkeitsbeschreibungen selbst praktisch anwenden können. Dennoch werden interessierte Leser in der Lage sein, diese Beschreibungen in den unterschiedlichsten Situationen ihres Lebens anzuwenden. Psychologen und Psychiater könnten beispielsweise dadurch in die Lage versetzt werden, die Probleme ihrer Klienten genauer zu diagnostizieren, und die Patienten selbst können Zeit und Geld in ihrer Therapie sparen, indem sie rascher zur Selbsterkenntnis gelangen.

Das Enneagramm macht es zudem möglich, Patienten wie Therapeuten eine gemeinsame sprachliche Basis zu verschaffen, auf der sie ihre Probleme und Fortschritte besprechen können, gleichgültig, welcher psychotherapeutischen Schule sie sich verbunden fühlen.

Auch Rechtsanwälte werden ihre Klienten besser verstehen und dadurch glaubwürdiger und fähiger werden, in rechtlichen Angelegenheiten zu kooperieren. Das Enneagramm wird ihnen vor allem in Fällen von Scheidung und Sorgerecht für Kinder nützlich sein, in denen bestimmte Persönlichkeitsfaktoren besonders wichtig sind. Ärzte können mit den so gewonnenen Einsichten ihre Patienten besser beraten, vor allem jene, deren physische Krankheiten ihre Wurzeln in seelischen Problemen haben. Geistliche haben die Möglichkeit, psychologische Aspekte stärker in ihre Arbeit miteinzubeziehen. Obwohl dieses Buch sich keiner bestimmten geistigen Richtung verschrieben hat, gibt es gemeinsame Bereiche zwischen dem Psychologischen und dem Spirituellen, da beide den ganzen

Menschen betreffen. Lehrer können ihre Schüler und Studenten besser verstehen. Die verschiedenen Persönlichkeitstypen haben unterschiedliche natürliche Fähigkeiten, gehen ganz verschieden an das Lernen heran und sind auch im sozialen Verhalten unterschiedlich.

Personalleiter und Geschäftsleute vermögen ihre Angelegenheiten besser zu regeln, wenn sie sich über die Persönlichkeitstypen ihrer Angestellten klarer sind. Die Zufriedenheit mit der Arbeitsstelle und die Produktivität wächst, wenn Angestellte das Gefühl haben, daß das Management ihre persönlichen Bedürfnisse versteht und ihnen Rechnung trägt. Jeder, der über die Einstellung von Mitarbeitern und die Bildung von Teams entscheidet, wird den Nutzen eines besseren Einblicks in die verschiedenen Persönlichkeitstypen erkennen. Auch für Journalisten, Politiker und Werbefachleute kann eine Kenntnis der Persönlichkeitstypen wertvoll sein. Kurz gesagt, ein Verständnis für die verschiedenen Persönlichkeitstypen ist für jenen nützlich, der selbst eine Persönlichkeit hat (und wer hat das nicht?) und der sich für die Persönlichkeiten anderer interessiert (und wer tut das nicht?).

Aber abgesehen von all den praktischen Anwendungsmöglichkeiten ist dies ein Buch, das für Sie als einzelnen geschrieben wurde, damit Sie es in Ihrem persönlichen Leben anwenden können.

Ich möchte aber unbedingt betonen, daß es kein typisches Selbsthilfebuch ist, da es sich nicht anmaßt, Wunder zu versprechen. Es ist nicht möglich, psychologische Rezepte für ein gesundes, erfülltes Leben zu geben. Ein ganzer Mensch zu werden ist ein Ideal, nach dem wir streben, ein Prozeß, der unser ganzes Leben fortdauert. Bücher können uns wertvolle Informationen und Ratschläge geben, sie können uns neue Einsichten vermitteln, sie können uns ermutigen. Aber Wissen allein ist es nicht, was uns verändert. Wenn das so einfach wäre, dann wären die gebildetsten, belesensten Menschen auch die besten Menschen, aber wir wissen aus der Erfahrung, daß das keinesfalls zutrifft. Wissen wäre eine Tugend, aber das stimmt nicht. Mehr über uns zu wissen ist nur ein Hilfsmittel, das uns dem Ziel näherbringen kann, glücklich zu sein und ein gutes Leben zu führen; aber der Besitz des Wissens allein kann uns weder besser noch glücklicher, noch erfüllter machen.

Bücher können keine Antwort auf all die Probleme geben, mit denen wir uns auseinandersetzen müssen und uns nicht den Mut verleihen, den wir brauchen, wenn wir weiter Suchende sein wollen. Diese Dinge finden wir in uns, aber nicht nur in uns.

Natürlich ist dieses Buch auch keineswegs der Weisheit letzter Schluß über das Enneagramm oder die Persönlichkeitstypen und kann es auch gar nicht sein. Es wird immer noch Neues darüber zu sagen geben, neue Beziehungen werden herzustellen sein, neue Einsichten zu finden. Vielleicht können die Geheimnisse der Seele nie wirklich ausgelotet werden, weil man sie nie wirklich wird verstehen können. Wie können wir Menschen aus uns selbst heraustreten und die menschliche Natur vollkommen objektiv betrachten? Wie können wir je vollkommen subjektiv anderen gegenüber und objektiv uns selbst gegenüber werden, wie Kierkegaard es für erstrebenswert hält? Psychologen, die versuchen, die menschliche Natur zu beschreiben, sind selbst menschliche Wesen und somit jeder Verzerrung und jedem Selbstbetrug unterworfen, zu dem Menschen nun einmal fähig sind. Niemand hat eine gottgleiche umfassende Einsicht in die menschliche Natur, und so kann auch niemand mit vollkommener Sicherheit sagen, was ihr Sinn ist. Deshalb wird aller Psychologie immer ein Element des Glaubens anhaften, freilich nicht eines religiösen Glaubens, aber eines Bündels von Überzeugungen über das Wesen des Menschen, das sich einer wissenschaftlichen Beweisführung entzieht.

So ist es also recht unwahrscheinlich, daß wir zu irgendeiner Art letzter objektiver Wahrheit über uns selbst gelangen können. Aber wichtiger als das Finden gültiger Antworten ist wohl das Suchen und Streben. Durch den Prozeß der aufrichtigen Suche nach Wahrheit über uns selbst verwandeln wir uns aus dem, was wir sind, zu dem, was wir werden können – zu Menschen, die vollständiger sind, die das Leben mehr bejahen und die über sich selbst hinauswachsen können.

Kapitel 2

Die Ursprünge

Eines der Hauptprobleme bei der Beschäftigung mit dem Enneagramm besteht darin, daß seine Ursprünge sich im Dunkel der Geschichte verlieren. Niemand weiß wirklich genau, wer es entdeckte oder woher es kommt. Manche Autoren vertreten die Ansicht, daß das Enneagramm von bestimmten Sufi-Orden stammt, einer mystischen Sekte des Islam, die im 10. und 11. Jahrhundert aufkam; andere behaupten sogar, es sei schon 2500 Jahre vor Christus in Babylon oder anderswo im Mittleren Osten entstanden. Doch das sind reine Spekulationen.

Es scheint, als seien die Menschen immer auf der Suche nach dem Geheimnis der ewigen Selbsterneuerung gewesen. Davon wird auch in einer der ältesten Legenden berichtet, die die Menschheit überliefert hat: die Geschichte des Gilgamesch erzählt uns von dem sumerischen Helden und seiner Pilgerfahrt zur Unsterblichkeit. Etwa zu der gleichen Zeit, als das Gilgamesch-Epos aus früheren mündlichen Überlieferungen entstand, also vor etwa 4500 Jahren, fand sich in Mesopotamien eine Bruderschaft weiser Männer zusammen, die das kosmische Geheimnis der immerwährenden Selbsterneuerung entdeckte und es von Generation zu Generation weitergab. Lange Zeit bewahrte man es in Babylon auf: Vor 2500 Jahren wurde es Zoroaster, Pythagoras und anderen großen Weisen offenbart, die in Babylon lebten, zur Zeit des Cambyses (des persischen Königs, der Ägypten im Jahre 524 vor Christus eroberte). Dann wanderten die Hüter des Geheimwissens nach Norden und gelangten vor ungefähr 1000 Jahren nach Bokhara (im heutigen Usbekistan in der UdSSR), jenseits des Flusses Oxus.

Im 15. Jahrhundert entdeckten Mathematiker der islamischen Schulen die Bedeutung der Zahl Null und schufen das Dezimalsystem, das heute in aller Welt angewendet wird. Damals fand man heraus, daß eine neue Zahl entstand, wenn man die Eins durch Drei oder Sieben teilte. Wir nennen sie heute eine periodische Dezimalzahl…

Diese Eigenschaften wurden in einem Symbol zusammengefaßt, das einen tiefen Sinn enthüllte. Es konnte jeden Prozeß darstellen, der sich durch Selbsterneuerung erhält, also auch das Leben selbst. Das Symbol besteht aus neun Linien und wird deshalb Enneagramm genannt. (J. G. Bennett, *Enneagram Studies* 1–3)[1]

Ennea ist das griechische Wort für Neun, und Enneagramm bedeutet grafische Darstellung einer Neunheit. Eine plausible Vermutung über seinen Ursprung besagt, daß das Enneagramm aus alten mathematischen Entdeckungen aus der Zeit des Pythagoras, der Neoplatoniker oder aus noch früheren Zeiten stammt und durch die Moslems im 14. oder 15. Jahrhundert mit anderem griechischen und arabischen Wissen in den Westen gebracht wurde. Es heißt, damals hätten sich islamische Mystiker, die Sufis, vor allem die Bruderschaft der Naqshbandis, damit befaßt. Wenn das Enneagramm nicht schon in seiner gegenwärtigen Form von den Sufis übernommen worden war, haben sie es vielleicht im Einklang mit den Entdeckungen der arabischen Mathematiker entwickelt. Vermutlich benutzten es die Mitglieder ihrer geheimen Bruderschaften zur Entwicklung der Welterkenntnis und zur harmonisierenden Wirkung auf die Menschen generell.

[1] Hinweise auf dieses und die anderen Zitate finden sich in der Bibliographie.

Ich kam zu dem Schluß, daß dieses Symbol und das Gedankengut, für das es steht, von der Sarman- oder Sarmoun-Bruderschaft stammte, die in Babylon vor 2500 Jahren lebte, und daß es weiterentwickelt wurde, als im 15. Jahrhundert in Samarkand das arabische Zahlensystem entstand...

Der Interpretation dieses erstaunlichen Symbols sind keine Grenzen gesetzt. Die einfachste entsteht dadurch, daß man die Punkte am Außenkreis von eins bis neun numeriert, wodurch dem Dreieck die Zahlen drei, sechs und neun zufallen und dem Sechseck die Zahlen eins, vier, zwei, acht, fünf, sieben, was der bekannten periodischen Sequenz entspricht, die als Rest bleibt, wenn eine ganze Zahl durch sieben geteilt wird. Diese Eigenschaft tritt nur in einem Dezimalsystem auf, was darauf hinweist, daß das Symbol erst entdeckt wurde, nachdem die Mathematiker Zentralasiens die moderne Zahlentheorie entdeckt hatten, indem sie der Zahl Null ein eigenes Zeichen zukommen ließen. Während der Glaube, daß die Zahl sieben heilig ist, wahrscheinlich auf sumerische Zeiten zurückgeht, wurde die Form des Enneagramms vermutlich im 14. Jahrhundert (sic) in Samarkand entwickelt. Das würde sein Fehlen in der indischen oder europäischen Literatur erklären. Gurdjieff jedoch vertrat die Ansicht, daß es schon viel früher bei der Sarman-Bruderschaft gefunden worden sei. Beide Versionen können richtig sein. (J. G. Bennett, G. I. Gurdjieff: *Making a New World,* 293–294)

Gleichgültig wie und wo es in den geheimen Bruderschaften der Sufis seine Anwendung fand – das Enneagramm war bis vor kurzem im Westen völlig unbekannt. Das Verdienst, das Enneagramm hierhergebracht zu haben, kommt George Ivanovitsch Gurdjieff (etwa 1877–1940) zu, einem Abenteurer, spirituellen Lehrer und einem Sucher nach dem, was man ein praktisches und geheimes Wissen über die menschliche Natur nennen könnte. Trotz der vielen Bücher, die über ihn geschrieben wurden und der gründlichen Forschungen über die Quellen seiner Lehre bleibt Gurdjieff ein Rätsel: manche Menschen halten ihn für wenig mehr als einen Scharlatan, während andere glauben, daß seine Bedeutung als spiritueller Lehrer und praktischer Psychologe gründlich unterschätzt wurde. Es ist schwierig, diesen widerstreitenden Ansichten auf den Grund zu gehen, da Gurdjieff sich über seine Aktivitäten nur kärglich äußerte und absichtlich eine charismatische und mysteriöse Aura um sich kultivierte. Wahr ist jedoch zweifellos, daß er bei allen Menschen, denen er begegnete, einen tiefen Eindruck hinterließ. Seine Schüler sind seit seinem Tod in ständiger Auseinandersetzung über ihn und die Bedeutung seiner weitreichenden Philosophie.

Auch wenn sich Gurdjieff nicht darüber äußerte, wann und wo er das Enneagramm entdeckt hatte, wurde es in den zwanziger Jahren in Europa durch ihn bekannt, zunächst in seiner Schule in der Nähe von Paris, bei Fontainebleau, dem »Institut zur harmonischen Entwicklung des Menschen«. Das Enneagramm wurde später zusammen mit Gurdjieffs Lehren in privaten Studiengruppen in London, New York und überall auf der Welt weitergegeben.

In seinem maßgeblichen Buch über Gurdjieff und seinen engsten Schülerkreis, *Harmonious Circle*, versucht James Webb die Fakten in bezug auf die Geschichte des Enneagramms zu ordnen.

> Vor allem bezog sich Gurdjieff auf die Zahlensymbolik mit dem Symbol des Enneagramms, das, wie er sagte, sein gesamtes System enthielt und symbolisierte. Sein Enneagramm besteht aus einem Kreis, dessen Umfang in neun Punkte unterteilt wird, die wiederum so verbunden werden, daß ein Dreieck und eine unregelmäßige sechseckige Figur entstehen. Gurdjieff sagte, daß das Dreieck die

Gegenwart der höheren Kräfte repräsentiere und das Sechseck den Menschen. Er legte auch Wert darauf, daß das Enneagramm nur in seiner Lehre vorkäme. »Diesem Symbol wird man nirgends beim Studium des Okkultismus, weder in Büchern noch in der mündlichen Überlieferung begegnen« (soll er P.D. Ouspensky nach gesagt haben). Jene, die die Weisheit innehatten (d. h. seine Sufi-Lehrer), verliehen ihm eine so tiefe Bedeutung, daß sie es für notwendig hielten, das Wissen darum geheimzuhalten«…

Weil Gurdjieff diesem Symbol soviel Bedeutung beimaß, haben seine Nachfolger die okkulte Literatur gründlich danach durchforscht. J. G. Bennett behauptet, es sei nirgends zu finden, und wenn Schüler Gurdjieffs irgendwo auf dieses Diagramm gestoßen sind, so haben sie es jedenfalls gründlich geheimgehalten.[1] (Webb, 505)

Vielleicht verschwieg Gurdjieff die Ursprünge des Enneagramms absichtlich, denn eine seiner Lehrmethoden bestand darin, seinen Studenten alles zu erschweren, damit sie soviel wie möglich selbst entdeckten. Wie auch immer es gewesen sein mag, Webb macht bei seiner weiteren Erforschung der

[1] Hier ist nicht der Ort für eine ausführliche Biographie über Gurdjieff oder sein Werk; der interessierte Leser wird sich mühelos Informationen über ihn beschaffen können. Ein umfassender und kritischer Bericht über Gurdjieff findet sich in Webb, *The Harmonious Circle*. Siehe ebenso Kathleen Riordan, Speeth, *The Gurdjieff Work*, 9. Hier finden sich Hinweise auf die Ursprünge des Enneagramms bei der Naqshbandi-Bruderschaft; Speeth, Friedlander, *Gurdjieff, Seeker of the Truth*, einem informativen Bericht über Gurdjieffs Reisen auf der Suche nach Weisheit im Nahen Osten; P.D. Ouspensky, *In Search of the Miraculous* (Auf der Suche nach dem Wunderbaren), 286–290; und Maurice Nicoll, *Psychological Commentaries on the Teaching of Gurdjieff and Ouspenksy*, Bd. II, 379 ff.; hier werden weitere Informationen über das Enneagramm, seine Struktur und vor allem über die esoterische Bedeutung der Zahlensequenz 1-4-2-8-5-7-1 und ähnliche Themen gegeben. Ein Versuch, das Enneagramm in Bereichen anzuwenden, die nicht die Persönlichkeit betreffen, macht Bennett in *Enneagram Studies*. Dieses Buch ist für Leser interessant, die an einer rein Gurdjieffschen Sichtweise interessiert sind.

historischen Quellen des Enneagramms eine interessante Entdeckung.

> Das Enneagramm bildet das Zentrum des herrlichen Frontispiz der Arithmologia, die 1665 in Rom von dem Jesuitenpriester Athanasius Kircher veröffentlicht wurde. Kircher (1601–80) ist eine wichtige Gestalt, wo es um die Bedeutung der Ursprünge der Gurdjieffschen Ideen geht. Er war ein typischer Vertreter des wissensdurstigen Renaissancemenschen und ein Prototyp des gelehrten Jesuiten späterer Zeiten ... In der *Arithmologia* gibt es eine »Enneagramm« genannte Figur, die aus drei gleichseitigen Dreiecken besteht. (Webb, *The Harmonious Circle*, 505–507)

Auch wenn Webb Kirchers Figur ein Enneagramm nennt, handelt es sich bei ihm, wie gesagt, um eine Figur aus drei gleichseitigen Dreiecken und nicht um Gurdjieffs Symbol aus einem gleichseitigen Dreieck und einem Hexagon. Zwischen beiden Symbolen ist natürlich ein grundsätzlicher Unterschied, den Webb zwar erkennt, aber falsch deutet.

Webb befaßt sich weiter mit der Kabbala und dem Okkultisten Ramon Lull, setzt sich mit dem esoterischen Christentum, dem esoterischen Buddhismus, der Renaissance des Okkultismus im 19. Jahrhundert in Europa und Rußland – einschließlich dem Rosenkreuzertum und anderen Bewegungen – auseinander, die der Ansicht Webbs nach in verschiedenem Maß Einfluß auf Gurdjieff hatten. Am Ende der ausführlichen Diskussion dieser Themen, die selbst zusammengefaßt wiederzugeben den Rahmen dieses Buches sprengen würde, scheint Webb seine Absicht vergessen zu haben, die Ursprünge des Enneagramms in Gurdjieffs Philosophie zu verfolgen, und er geht zu anderen Themen über. Die historischen Ursprünge des Enneagramms bleiben also weiterhin im dunklen.

So mag es zwar historisch interessant sein, die Gurdjieffschen

Quellen des Enneagramms aufzuspüren, es bringt uns jedoch nicht sehr viel weiter, da die Gurdjieffsche Ableitung der »drei verschiedenen Arten von Menschen« sich von meiner Beschreibung der neun Persönlichkeitstypen stark unterscheidet. Es scheint mir wenig darauf hinzuweisen, daß Gurdjieff sich je mit der Beschreibung von neun Persönlichkeitstypen befaßt hat (einzelne Beschreibungen dieser Typen finden wir bei Oscar Ichazo, Claudio Naranjo und den Jesuiten, wie gleich ausgeführt werden soll). So müssen wir also Gurdjieff das Verdienst zugestehen, das Enneagramm als erster in den Westen gebracht zu haben, würden uns aber zu weit vom Thema entfernen, wenn wir hier mehr über seine spezielle Interpretation sagten.[1]

Die in diesem Buch vorgestellte Beschreibung der neun Persönlichkeitstypen verdanken wir teilweise der Beschäftigung Oscar Ichazos, des Leiters des Arica-Instituts, mit dem Enneagramm. Während Ichazo mit Gurdjieff darin übereinstimmt, daß das Enneagramm einer alten Tradition entspringt, betont er, daß er es von Sufi-Lehrern im Pamir in Afghanistan übermittelt bekam, die ihn in ihre Geheimnisse einweihten, bevor er sich mit den Schriften Gurdjieffs beschäftigte.[2]

Ichazo lehrte das Enneagramm zunächst am »Institute for Applied Psychology«, La Paz, Bolivien, als Teil seines umfassenden Systems der menschlichen Entwicklung, und später in den sechziger Jahren in Arica, Chile. Ichazo kam 1971 in die Verei-

[1] Einzelheiten über Gurdjieffs Interpretation der Persönlichkeitstypen in: *The Harmonious Circle,* 139 ff. und Speeth, *The Gurdjieff Work,* 31 ff.
[2] Näheres zu Ichazos Auffassung des Enneagramms siehe in: Sam Keen, »We have no desire to strengthen the ego or make it happy« (Wir wollen das Ego nicht stärken oder glücklich machen) in: *Interviews with Oscar Ichazo,* 8 ff.; Dorothy De Christopher, »I am the Root of a New Tradition« (Ich bin die Wurzel einer neuen Tradition) in: *Interviews with Oscar Ichazo,* 144 ff.; John C. Lilly und Joseph E. Hart, »The Arica Training« in: *Transpersonal Psychologies,* 333 f. Dieser Artikel sei demjenigen wärmstens empfohlen, der sich für Ichazos Interpretation des Enneagramms interessiert.

nigten Staaten, gründete das Arica-Institut und setzte seine Lehrtätigkeit fort. Einer Veröffentlichung über dieses Institut zufolge lehrt es »eine Wissenschaft der menschlichen Entwicklung, die systematisch das vollständige Potential des Menschen entfaltet. In ihr verbinden sich östliche Mystik und die westlichen psychologischen Traditionen zu einer Theorie und praktischen Methode, die sich ganz gezielt mit den Wirklichkeiten und Belastungen unserer technologischen Gesellschaft auseinandersetzt.« Unter den Menschen, die sich als erste mit Ichazos System befaßten, waren Amerikaner aus dem Esalen-Institut aus Big Sur, Kalifornien, unter anderem auch John Lilly, M. D., und der Psychiater Claudio Naranjo, M. D.[1]

Die Interpretation des Enneagramms, die ich hier gebe, unterscheidet sich von Ichazos Auffassung in einer Reihe von wichtigen Punkten, vor allem in meinem Versuch, die »Egofixierung« (wie Ichazo die Persönlichkeitstypen nennt), verständlicher und zugänglicher zu machen, sowie darin, die Persönlichkeitstypen deutlicher mit der modernen Psychologie in Verbindung zu bringen.

Ichazo hingegen fügt seiner Interpretation des Enneagramms Material über die Egofixierungen hinzu, die »Fallen« jeder »Egofixierung«, die »heiligen Ideen«, die Leidenschaften und Tugenden, die Körperzentren (Path, Oth und Kath – was etwa Kopf, Herz und Bauch entspricht), die physischen Organe und Körpersysteme in ihrer Beziehung zum Weg zur Erleuchtung, die »mentations« (symbolische Denkfiguren über den Körper), die astrologischen Zeichen, Mantras usw., mit denen ich mich nicht beschäftige. Wer das tun möchte, kann in den meisten großen Städten Nordamerikas Arica-Gruppen aufsuchen.

Es ist eine interessante historische Koinzidenz, daß Athanasius Kircher, dem James Webb so großen Einfluß auf Gurdjieff

---

[1] Siehe John Lilly, *The Centre of the Cyclone* (Das Zentrum des Zyklons), 126 ff., in dem seine Begegnung mit Ichazo beschrieben wird.

zuschreibt, ein Jesuit war, und daß die Entwicklung des Enneagramms und seine Verbreitung zum größten eine Tat der Jesuiten ist.

In den frühen siebziger Jahren übernahmen verschiedene amerikanische Jesuitenpriester – vor allem Reverend Robert Ox – das Material von Claudio Naranjo vom Esalen-Institut. Kurz darauf begannen die Jesuiten das Enneagramm in ihre Beratungen aufzunehmen, bei denen sie mit Seminaristen und Laien in Berührung kamen. Bevor die Jesuiten sich mit dem Enneagramm beschäftigten, wurden die Beschreibungen der neun Persönlichkeitstypen, soweit ich weiß, mündlich von den Lehrern an ihre Studenten überliefert. Erst in den Jahren 1972 und 1973 wurden die ersten Notizen über die Persönlichkeitstypen niedergeschrieben und machten bei inoffiziellen Seminaren der jesuitischen theologischen Zentren, vor allem an der University of California in Berkeley und an der Loyola University, Chicago, die Runde.

Als ich dem Enneagramm im Jahre 1974 in Toronto, Kanada, begegnete, bestand der Kern des »jesuitischen Materials« aus jeweils einer Seite skizzenhafter Aufzeichnungen zu den neun Persönlichkeitstypen.

Diese 9 Seiten enthielten das, was die Substanz dieses Buches ausmacht.

Zunächst machte mich das, was ich vom Enneagramm mitbekam, skeptisch. Wie den meisten Anfängern widerstrebte es mir von anderen Leuten, für meinen Geschmack viel zu schnell, auf eine der »Sufi-Nummern« festgelegt zu werden. Damals war ich Seminarist am Jesuiten-Kolleg und studierte Theologie an der University of Toronto, und die anderen Jesuiten, mit denen ich lebte, bezogen sich mit »Sufi-Nummern« auf die Persönlichkeitstypen des Enneagramms und nicht auf »Typus eins«, »zwei«, »drei« usw. Sie benutzten das Enneagramm, um recht schnell festzulegen, wer der andere war, ebenso wie sie das vielleicht mit den astrologischen Zeichen hätten tun können.

Mein erster Eindruck war der, daß das Enneagramm, wie so vieles, was in den siebziger Jahren nach Kalifornien kam, nichts weiter als eine Mode sei, und ich lehnte es zunächst rundweg ab, mich damit zu befassen. Dennoch konnte ich nicht umhin, mich allmählich für die Sache zu interessieren, wenn ich die Gespräche der Leute über die Sufis anhörte. Bald schon sah ich, daß sich hinter dem oberflächlichen Gebrauch dieses Systems eine tiefere Erkenntnis verbarg.

Meine »Konversion« zum Enneagramm geschah ganz plötzlich. Im Winter 1974 erwachte ich eines Morgens noch vor Sonnenaufgang und griff spontan und ohne besonderen Grund nach der Mappe, in der ich Informationen über das Enneagramm von anderen Studenten gesammelt hatte. Noch im Bett las ich ganz versunken und konzentrierte mich zum ersten Mal auf die neun »impressionistischen« Skizzen der Persönlichkeitstypen. Bald konnte ich meinen eigenen Typus unter ihnen entdecken, und wenig später kamen mir Erkenntnisse über die Persönlichkeiten der anderen Seminaristen, meiner Familie und meiner Freunde. Als ich schließlich nach ein paar Stunden der Lektüre aufstand, war mir klar, daß dieses System mehr beinhaltete, als ich gedacht hatte; der Wunsch war in mir erwacht, mehr darüber zu erfahren.

Auch wenn noch viele Einzelheiten des Enneagramms als psychologisches System unausgearbeitet waren, konnte ich die grundlegende Stimmigkeit der Persönlichkeitstypen intuitiv erfassen. Das Enneagramm schien die Menschen auf wirklich sinnvolle Weise zu kategorisieren. Zum ersten Mal in meinem Leben erkannte ich, daß es wirklich »Persönlichkeitstypen« gibt – daß die Menschen zwar einzigartig sind, aber dennoch zu großen Gruppen gehören. Ich spürte, daß ich jetzt nicht mehr länger im dunklen tappen mußte: Es würde mir möglich sein, tiefere Einblicke in die Menschen zu gewinnen, indem ich erkannte, welchem Persönlichkeitstypus eine Individualität angehörte. Es war eine Offenbarung für mich.

Ich blieb nicht allein mit meiner Begeisterung für das Enneagramm. Immer mehr Menschen wurden damit vertraut, und das Interesse daran wuchs. Manche Jesuiten machten ihre Freunde und Bekannten privat mit dem System bekannt, während andere die ersten Vorträge darüber in Exerzitienhäusern zu halten begannen. Sehr rasch wurde das Enneagramm – auch über jesuitische Kreise hinaus – anderen religiösen und nichtreligiösen Zirkeln in den Vereinigten Staaten, in Kanada und Europa bekannt, vor allem innerhalb von New-Age-Gruppen. Doch immer noch fehlte eine klare Konzeption für den Gebrauch des Enneagramms sowie eine genaue Beschreibung der Persönlichkeitstypen selbst.

Da das Enneagramm seine Gültigkeit zu haben schien, dachte ich mir, daß es mit Ergebnissen der modernen Psychologie übereinstimmen müsse, da ja beide versuchen, das gleiche zu beschreiben – den Menschen. Nachdem ich das Enneagramm zwei Jahre lang in meinem persönlichen Leben angewendet hatte, war ich genügend überzeugt von seiner Treffsicherheit und Nützlichkeit, um den Versuch zu wagen, es im Einklang mit der modernen Psychologie zu interpretieren.

Bald schon fand ich heraus, daß eine Korrelation der jesuitischen »Sufi-Zahlen« mit der Psychologie aus verschiedenen Gründen sehr schwierig sein würde. Wie Sie sahen, war die Entwicklung und Überlieferung des Enneagramms eine lange und mysteriöse Angelegenheit. Keine Quelle schien besonders zuverlässig, keine Tradition konnte man befragen. Mir wurde klar, daß die drei hauptsächlichen Überlieferungstraditionen des Enneagramms – Gurdjieff, Ichazo und die Jesuiten – sich zu stark unterschieden. Zudem gab es, als ich 1975 mit meiner Arbeit am Enneagramm begann, noch sehr wenig Literatur darüber, eine Tatsache, an der sich bis heute wenig geändert hat.

Eine grafische Darstellung der Überlieferungslinien, die wir bisher sahen, mag eine Hilfe zur Klärung der Geschichte des Enneagramms sein.

Material über das Enneagramm zu finden, war nicht die ein-

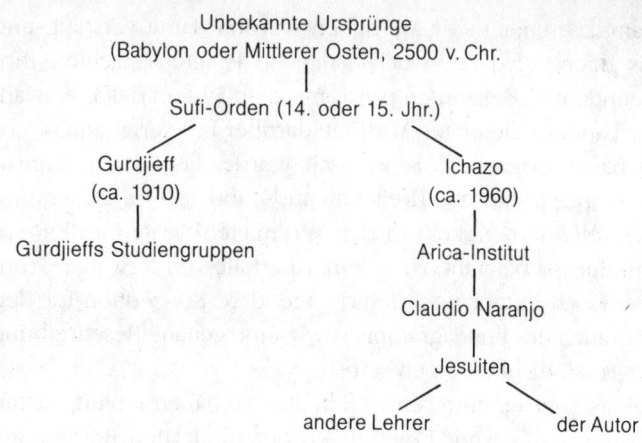

Unbekannte Ursprünge
(Babylon oder Mittlerer Osten, 2500 v. Chr.

Sufi-Orden (14. oder 15. Jhr.)

Gurdjieff
(ca. 1910)

Ichazo
(ca. 1960)

Gurdjieffs Studiengruppen

Arica-Institut

Claudio Naranjo

Jesuiten

andere Lehrer   der Autor

Die Weiterverbreitung des Enneagramms

zige Schwierigkeit. Die verschiedenen Lehrer nahmen gewöhnlich eigene Ergänzungen vor, bevor sie ihr Wissen an ihre Studenten weitergaben. Auch viele dieser Studenten gaben das Erfahrene wieder weiter und fügten ebenfalls Erweiterungen hinzu. So veränderte sich das vorhandene Material unweigerlich immer mehr, und viele verschiedene Interpretationen begannen zu zirkulieren, selbst innerhalb der jesuitischen Überlieferungstradition.[1]

Während manche dieser Ergänzungen das Verständnis der

---

[1] Einen Einblick in das traditionelle jesuitische Enneagrammaterial gibt: Maria Bessing, O. P., Robert J. Nogosek, C. S. C. und Patrick H. O'Leary, S. J., *The Eneagram, A Journey of Self-Discovery.* Es ist das einzige Buch außer dem vorliegenden, das das Enneagramm als eine psychologische Typologie behandelt, wenn auch von einem spezifisch religiösen Standpunkt aus gesehen. Es wurde zum Gebrauch bei Workshops in katholischen Exerzitienhäusern verfaßt. Ich muß dazu sagen, daß ich mit vielen Interpretationen der Persönlichkeitstypen in diesem Buch nicht übereinstimme. Dennoch ist es eine durchaus brauchbare Interpretation des traditionellen jesuitischen Materials, wie es in den frühen siebziger Jahren in Notizen und Workshops kursierte.

Persönlichkeitstypen erhöhten, taten andere dies überhaupt nicht. Manche Lehrer haben beispielsweise den Persönlichkeitstypen bestimmte Farben und Tiere als Symbole zugeordnet, was zwar eine poetische Ausdruckskraft haben mag, aber dadurch an Wert verliert, weil andere Lehrer wiederum die Farben und Tiere willkürlich veränderten. Zudem widersprechen sich verschiedene Interpretationen ganz unverhüllt in grundlegenden Punkten, wie beispielsweise die Richtung der Integration und Desintegration, und vor allem auch deshalb, weil manche Lehrer Züge eines Persönlichkeitstypus fälschlicherweise einem anderen Typus zuordnen. Das Ergebnis ist, daß vieles, was man über das Enneagramm zu hören bekommt, entstellt ist: es klingt zwar noch richtig, ist aber doch nicht verläßlich genug, um einem im Alltagsleben wirklich nützlich zu sein.

Als ob das nicht schon genug problematisch wäre, war im traditionellen Material über das Enneagramm auch noch eine Tendenz zum Negativen vorherrschend; man konzentrierte sich fast ausschließlich auf die gestörten Aspekte jedes Persönlichkeitstypus. Natürlich ist es außerordentlich nützlich, unsere neurotischen Tendenzen zu verstehen, denn unsere negativen Züge verursachen mehr Probleme für uns und andere als die positiven. Bald jedoch erkannte ich, daß das Enneagramm für die Menschen nur dann von Wert sein konnte, wenn es nicht so ausschließlich negativ und deprimierend war. Die Persönlichkeitstypen mußten den ganzen Menschen beschreiben, nicht nur seine neurotischen Züge.

Deshalb beschloß ich, den Versuch zu unternehmen, für jeden Persönlichkeitstypus auch die gesunden und die durchschnittlichen, normalen Züge zu beschreiben. Es war mir allerdings nicht klar, welch überwältigend große Aufgabe ich mir da gestellt hatte. Zu der umfangreichen Arbeit, die ich im Laufe der Jahre unternahm, gehörte es, die hunderte, vielleicht tausende von Zügen aufzufinden und zu ordnen, die die einzelnen Persönlichkeitstypen charakterisieren und dann klarzustellen, wie diese Züge den einzelnen Typen zuzuordnen sind, damit ein einheitliches Ganzes entsteht. Ich hielt mich an das psychologische Prinzip, daß Neurosen aus Verzerrungen und Konflikten innerhalb normaler Verhaltensweisen entstehen, und entdeckte schließlich, daß die gesunden, die durchschnittlichen und die ungesunden Züge bei jedem Typus ein Kontinuum der Charakterzüge bilden. (Mehr über das Kontinuum im nächsten Kapitel, das eine Einführung in die Theorie des Enneagramms gibt.)

Kurz gesagt, ich habe den Kern des Enneagramms beibehalten, also die Ableitung von neun Persönlichkeitstypen, blieb aber skeptisch den vielen verzerrenden Interpretationen und falschen Zuordnungen gegenüber, die sich um diesen Kern gelagert hatten. Auch habe ich die esoterischen Elemente, die ursprünglich Teil der traditionellen Lehre waren, weggelassen, ebenso jede Art von zusätzlicher Interpretation, die weder nützlich noch wirklich zutreffend schien. Nichts wurde beibehalten, was nicht sinnvoll oder wirklich anwendbar war. Und in dem Maß, wie ich das Enneagramm-System von überflüssigen Zutaten reinigte, wurde sichtbar, daß diese Typologie es verdiente, einem breiteren Publikum zugänglich gemacht zu werden.

Schließlich muß man auch sagen, daß es bis heute keinen wissenschaftlichen Beweis für die Existenz der neun Persönlichkeitstypen gibt. Ich habe darüber keine formelle Forschungsarbeit unternommen, sondern mich nur auf meine Beobachtung, meine Intuition und meine Lektüre in den letzten zwölf Jahren verlassen. Man hat immer wieder betont, daß die Psychologie ebenso eine Kunst wie eine Wissenschaft sei, und mein Interesse richtet sich ganz auf die humanistische Seite der psychologischen Wahrheit als darauf, sie wissenschaftlich zu beweisen.

Zudem hat jede Art von Wissenschaft ihre eigene Art von Beweiskraft. Der Beweis für die Wahrheit eines künstlerischen Entwurfes unterscheidet sich bestimmt von der einer historischen Wahrheit, ebenso wie der Beweis für Geschichtliches wiederum anderswo liegt als der für Physikalisches oder der für andere naturwissenschaftliche Fakten. Es scheint mir, als läge der Beweis für Stimmigkeit des Enneagramms nicht so sehr in seiner empirischen Nachprüfbarkeit (auch wenn ich sicher bin, daß das System einem wissenschaftlich genauen Blick standhält), als in seiner Fähigkeit, Menschen so zu beschreiben, daß ihre Selbsterkenntnis und ihre Menschenkenntnis vertieft wird. Entweder halten also die Beschreibungen der Persönlichkeitstypen in diesem Buch einer Überprüfung dadurch stand, daß sie für ihre eigene Wahrheit sprechen, oder sie tun es nicht; entweder bewahrheitet sich das Enneagramm in Ihrer eigenen Erfahrung, oder es tut es nicht. Wer sich die Zeit nimmt, wird sich selbst in diesen Seiten wiederfinden. Sie werden einen Augenblick des Schreckens und des Wiedererkennens erleben, wenn Sie Ihren eigenen Persönlichkeitstyp entdecken – und das ist der wichtigste Beweis für die Stimmigkeit des Enneagramms.

Gurdjieff selbst gibt einen guten Hinweis hinsichtlich aller esoterischen Systeme. Dieser trifft auch weitgehend auf die Psychologie zu und natürlich auf das System des Enneagramms.

> Tatsache ist, daß in der okkulten Literatur viel Überflüssiges oder Unwahres gesagt wurde. Sie sollten all das vergessen. All Ihre Forschungen in diesem Bereich sind eine gute Gedankenübung gewesen; darin liegt ihr großer Wert, aber auch nur darin. Durch Forschen sind Sie nicht zu Wissen gelangt... beurteilen Sie alles vom Standpunkt Ihres gesunden Menschenverstands.
>
> Arbeiten Sie mit Ihren eigenen vernünftigen Gedanken, und akzeptieren Sie nichts auf guten Glauben hin; und wenn Sie ganz allein durch gesunde Überlegung und Erwägung zu einer unerschütterlichen Überzeugung, zu einem vollständigen Verständnis einer Sache gelangen,

werden Sie einen gewissen Grad der Initiation erreicht haben (zitiert in: Webb, *The Harmonious Circle*, 500).

Es lohnt sich, Gurdjieffs Rat auch hinsichtlich dieses Buches zu folgen. Wenn das Enneagramm für Ihr Leben irgendeinen Wert haben soll, dann dadurch, daß *Sie* es durchgearbeitet und es sich zu eigen gemacht haben. Sie werden sich selbst in diesen Seiten wiederfinden, und wenn Ihre Erfahrung Ihnen die hier gegebenen Beschreibungen bestätigt, dann wird die Mühe, die in diese Arbeit eingegangen ist, sich gelohnt haben.

Kapitel 3

Allgemeine Richtlinien

Man muß nur einige wichtige Grundbegriffe kennen, um zu verstehen, wie das Enneagramm funktioniert. Da jedoch viele feine Unterscheidungen notwendig sind, um die einzelnen Persönlichkeitstypen zu beschreiben, ist die Theorie des Enneagramms letztlich sehr differenziert und komplex. Dieses Kapitel befaßt sich nicht mit all den Feinheiten, sondern soll nur eine praktische Handhabe zur Lektüre der Charakterbeschreibungen geben.

Die Erklärungen in diesem Kapitel wurden absichtlich so einfach wie möglich gehalten. Sehr viel Ausführlicheres finden Sie am Ende des Buches in den Kapiteln 13 und 14, »Spezielle Richtlinien« und »Die Theorie des Enneagramms«.

Die Struktur des Enneagramms

Obwohl einen das Enneagramm auf den ersten Blick verwirren mag, ist seine Struktur im Grunde einfach. Es gibt neun Punkte auf einem Kreisumfang, die jeweils den gleichen Abstand voneinander haben. Jeder Punkt ist mit einer Zahl von 1 bis 9 gekennzeichnet, wobei die 9 an oberster Stelle steht, was einer allgemeinen Übereinkunft und der Symmetrie entspricht. Jeder Punkt repräsentiert einen der neun grundlegenden Persönlichkeitstypen. Die Punkte sind untereinander auf bestimmte Weise verbunden, was durch die inneren Linien des Enneagramms verdeutlicht wird. Es wird Ihnen helfen, die Konstruktion dieses Symboles besser zu verstehen, wenn Sie es selbst nachzeichnen.

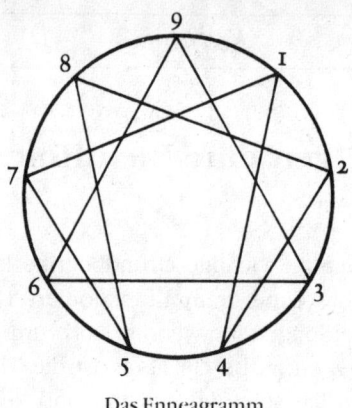

Das Enneagramm

Wichtig ist, daß die Punkte 3, 6 und 9 ein gleichseitiges Dreieck bilden. Die übrigen Punkte sind in folgender Weise miteinander verbunden: Die 1 mit der 4, die 4 mit der 2, die 2 mit der 8, die 8 mit der 5, die 5 mit der 7 und die 7 mit der 1. Diese sechs Punkte bilden ein unregelmäßiges Hexagramm. Die Bedeutung dieser Zahlenfolge werde ich noch erklären.

Die Triaden

Auf der einfachsten Ebene ist das Enneagramm eine Zusammenstellung von neun Persönlichkeitstypen in drei Triaden. Es gibt jeweils drei Persönlichkeitstypen in der Gefühls-Triade, drei in der Handlungs-Triade und drei in der Beziehungs-Triade, wie die folgende Darstellung zeigt. Jede Triade charakterisiert die zu ihr gehörigen drei Persönlichkeitstypen. Beispielsweise hat Persönlichkeitstypus zwei bestimmte Stärken und Anfälligkeiten, die mit seinen Gefühlen zusammenhängen, und deshalb gehört er zu einem der drei Typen in der Gefühls-Triade. Die Eigenschaften und Neigungen des Typus

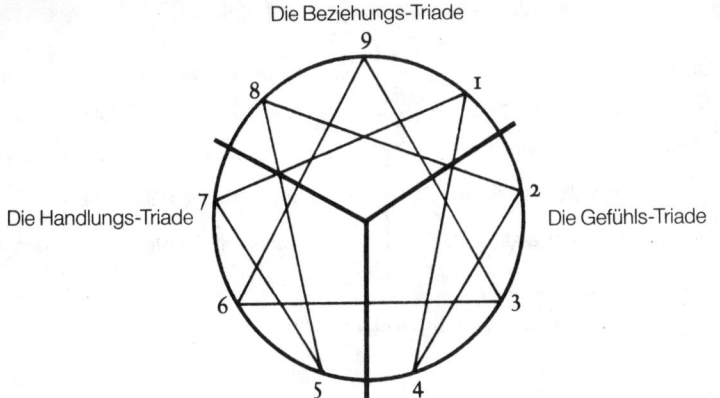

Die Beziehungs-Triade

Die Handlungs-Triade

Die Gefühls-Triade

Die Triaden des Enneagramms

sieben beziehen sich auf das Handeln, deshalb gehört dieser Typ in die Handlungs-Triade, usw.

Die drei Persönlichkeitstypen jeder Triade sind nicht willkürlich zusammengestellt. Jeder Typus resultiert aus einer »Dialektik«, die aus These, Antithese und Synthese der psychologischen Eigenschaften, die diese Triade charakterisieren, besteht. In jeder Triade wird einer der Typen die charakteristische Eigenschaft der Triade überentwickeln, einer hat sie unterentwickelt, und der dritte hat den Bezug zu ihr verloren. Die Beziehungen sind in der folgenden Darstellung (Abb. S. 46) festgehalten.

Erarbeitet man das Enneagramm Triade für Triade, wird man besser verstehen, was diese Charakterisierungen bedeuten. In der Gefühlstriade beispielsweise hat der Typus zwei sein Gefühlsleben überentwickelt und drückt nur seine positiven Gefühle aus, während er die negativen erstickt. Der Typus drei hat seine Gefühlsfähigkeit weitgehend verloren und projiziert ein Bild, das ursprüngliche Gefühle ersetzen soll. Der Typus vier hat den persönlichen Ausdruck seiner Gefühlswelt zu wenig entwickelt und zeigt nur indirekt, durch irgendeine

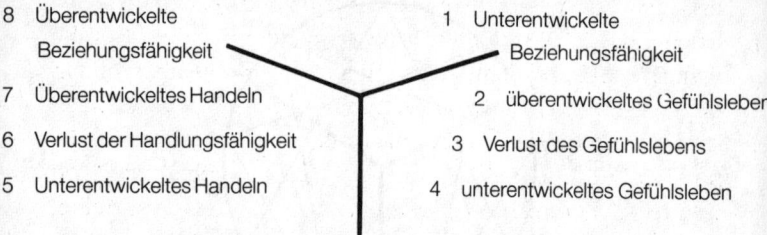

Verlust der Beziehungsfähigkeit

8 Überentwickelte
  Beziehungsfähigkeit

7 Überentwickeltes Handeln

6 Verlust der Handlungsfähigkeit

5 Unterentwickeltes Handeln

1 Unterentwickelte
  Beziehungsfähigkeit

2 überentwickeltes Gefühlsleben

3 Verlust des Gefühlslebens

4 unterentwickeltes Gefühlsleben

Die dialektische Struktur der Triaden

Form künstlerischer Tätigkeit oder ästhetischer Lebensführung, was in ihm vorgeht.

In der Handlungs-Triade ist die Fähigkeit des Typus fünf zum Handeln unterentwickelt: er ersetzt das Handeln durch Denken und ergeht sich endlos in immer komplexeren, isolierten Gedankenfolgen. Der Typus sechs hat die Fähigkeit, selbständig zu handeln, weitgehend verloren; er braucht immer die Bestätigung irgendeiner Autoritätsfigur. Und der Typus sieben hat seine Handlungsfähigkeit überentwickelt, d. h. er wird hyperaktiv und manisch, bis er die Kontrolle über sein Tun vollständig verliert.

In der Beziehungs-Triade hat Typus acht seine Fähigkeit, sich zur Umgebung in Beziehung zu setzen, überentwickelt und sieht sich selbst größer als alle anderen. Typus neun hat seine Fähigkeit, sich als Individuum zu seiner Umwelt in Beziehung zu setzen, weitgehend verloren, da er sich mit jemand anderem identifiziert und eher durch andere lebt, als unabhängig zu werden. Und Typus eins hat seine Fähigkeit, sich zu seiner Umgebung in Beziehung zu setzen, in dem Sinn unterentwickelt, daß er sich dem Ideal gegenüber, das zu erreichen er unaufhörlich anstrebt, als unzureichend empfindet.

Ich nenne die drei Typen des gleichseitigen Dreiecks – Typus drei, Typus sechs und Typus neun – »primäre Persönlichkeitstypen«, da sie die größten Schwierigkeiten mit dem Gefühl, dem Handeln und den Beziehungen zur Umwelt haben und in diesen Bereichen am stärksten blockiert sind. Die übrigen sechs Persönlichkeitstypen bezeichne ich als »sekundäre Typen«, da sie zusammengesetzter und nicht so abgespalten von Gefühl, Handlung und Beziehung sind. In den speziellen Richtlinien in Kapitel 13 wird genauer ausgeführt, was das bedeutet, und warum diese Unterscheidung wichtig ist.

Gleichgültig, in welche Triade der grundlegende Persönlichkeitstypus einzuordnen ist, besitzt doch jeder die Fähigkeit zu fühlen, zu handeln und sich zur Umwelt in Beziehung zu setzen. Wir werden zu einem der neun Persönlichkeitstypen, da unsere psychologische Entwicklung, beginnend in der Kindheit, eine dieser Fähigkeiten gegenüber den anderen beiden betont hat. Das bedeutet jedoch nicht, daß die übrigen Fähigkeiten nicht ebenso Teil von uns wären. Alle drei Fähigkeiten sind in einem immer wechselnden Gleichgewicht wirksam und bilden so unsere Persönlichkeit.

Die Entdeckung des eigenen Persönlichkeits-Grundtypus in einer Triade ist nur der Anfang im Prozeß der Selbsterkenntnis. Es gehören noch viele andere Facetten zu einem vollständigen Bild, denn das Enneagramm ist im abstraktesten Sinn ein universelles Symbol, ein Symbol jedes Menschen.

Der Persönlichkeits-Grundtypus

Auf der einfachsten Ebene kann man das Enneagramm als eine Konfiguration von neun verschiedenen Persönlichkeitstypen betrachten, die durch die neun Zahlen des Enneagramms gekennzeichnet werden. Jeder von uns hat sich seit seiner Kindheit zu einem einzigartigen Vertreter eines der Persönlichkeitstypen entwickelt und sein psychologisches Potential hat sich entsprechend vom Ausgangspunkt verstärkt oder ist von ihm abgewichen.

Die Persönlichkeitstypen und ihre Beziehungen untereinander können schematisch dargestellt werden. Einer der neun Punkte auf dem Kreisumfang des Enneagramms bezeichnet einen ganz bestimmten Persönlichkeitstypus, der Sie genauer als jeder andere Typus charakterisiert. Es ist Ihr Persönlichkeits-Grundtypus, den Sie sicher bald herausgefunden haben werden.

Die Psychologie nimmt allgemein an, daß die Persönlichkeit weitgehend das Ergebnis der Beziehung eines Kindes zu seinen Eltern oder anderen wichtigen Menschen ist. Im Alter von vier oder fünf Jahren ist das Bewußtsein des Kindes so weit entwickelt, daß sich ein Ich-Gefühl herausgebildet hat. Auch wenn die Identität des Kindes zu diesem Zeitpunkt noch sehr fließend ist, kann es sich in diesem Alter schon als Selbst empfinden und darstellen und einen eigenen Standort in der Welt entdecken. Zweifellos gibt es genetische Faktoren, die ein Kind praktisch von der Geburt an veranlagen, ein bestimmtes Temperament, wie man die physische Basis der Persönlichkeit nennt, zu entwickeln. Die Wissenschaft war bisher jedoch noch nicht in der Lage, genau zu sagen, welche genetischen Informationen dabei eine Rolle spielen. Der Persönlichkeitstypus des Enneagramms beschreibt zumindest einmal die grundlegende Weise, in der das Kind sich bewußt und unbewußt an seine Familie und an die Außenwelt angepaßt hat. Kurz gesagt, der Persönlichkeits-Grundtypus eines Menschen verkörpert das gesamte Ergebnis aller in der Kindheit wirksamen Faktoren, die zur Bildung der Persönlichkeit beigetragen haben, einschließlich der genetischen. Ausführliche Erläuterungen über die Kindheitsmuster jedes Persönlichkeitstypus finden sich in den Beschreibungen der einzelnen Typen und im theoretischen Teil; deshalb werde ich hier nicht genauer auf sie eingehen.

Über den Persönlichkeits-Grundtypus selbst jedoch sollte

noch einiges gesagt werden. Zunächst ist es so, daß sich Menschen gewöhnlich nicht von einem Grundtypus zu einem anderen verändern. Jeder ist ein einzigartiges Individuum innerhalb einer größeren Gruppe und er bleibt diesem Typus letztlich sein Leben lang treu. Natürlich verändern sich Menschen im Laufe ihres Lebens auf vielerlei Weise; die Grundzüge ihrer Persönlichkeit aber verändern sich nicht.

Zweitens sind die Beschreibungen der Persönlichkeitstypen universell und gelten gleichermaßen für Männer wie für Frauen, da kein Typus von der Substanz her männlich oder weiblich ist. Natürlich sind Fragen über die Geschlechterrollen und rein biologisch begründete geschlechtliche Unterschiede wichtig; sie sind jedoch nicht Thema dieses Buches. Jedenfalls ist vieles, was wir mit Männlichkeit oder Weiblichkeit assoziieren, Ergebnis kultureller Erwartung und angelernter Verhaltensweisen, die der menschlichen Natur nicht angeboren sind.

Drittens: nicht alles, was zur Beschreibung Ihres Grundtypus gehört, wird jederzeit für Sie Gültigkeit haben. Das liegt daran, daß die Menschen zwischen den gesunden, den durchschnittlichen und den problematischen Zügen, die den Persönlichkeitstypus ausmachen, hin und her schwanken. Lernt man sich allmählich objektiver kennen, wird man herausfinden, daß alle Züge des Persönlichkeitstypus Tendenzen entsprechen, die in einem liegen, auch wenn manches Problematische vielleicht nicht so deutlich zum Ausdruck kommt. Wenn man sich zu dem einen oder anderen Extrem hin entwickeln würde, geschähe das jedenfalls auf die Weise, wie es das Enneagramm vorhersagt.

Viertens werden im Enneagramm, wie wir sahen, Zahlen benutzt, um die einzelnen Persönlichkeitstypen zu kennzeichnen. Um mit diesen Zahlen umgehen zu können, muß man einiges wissen. Der Hauptgrund dafür, daß sie benutzt werden, ist ihre Unbestimmtheit. Da sie wertneutral sind, implizieren sie das ganze Spektrum der Charakterzüge jedes Typus, ohne auf Positives oder Negatives hinzuweisen. Der Gebrauch von Zahlen ist eine vorurteilsfreie Möglichkeit, Entscheidendes über jemanden anzudeuten. Anders als die in der Psychiatrie benutzten Etikettierungen sind Zahlen ein gutes Hilfsmittel, ohne herabzusetzen.

In der psychiatrischen Terminologie werden Persönlichkeitstypen beispielsweise immer durch ihre pathologischen Charakteristika bezeichnet: der zwanghafte Typus, der depressive Typus, der psychopathische Typus, der antisoziale Typus usw. Während das Enneagramm auch die pathologischen Aspekte jedes Persönlichkeitstypus umfaßt, weist es immer auch auf die gesunden und die durchschnittlichen Charakteristika hin und vermeidet dadurch die Unsinnigkeit, pathologische Etikettierungen für durchschnittliche oder gesunde Menschen zu benutzen. Es ist wohl auch für einen selbst ermutigender, sich beispielsweise als Typus fünf zu betrachten, als zu wissen, man fällt unter die Kategorie »paranoider Typus«, oder als Typus sieben, anstatt »manisch-depressiver Typus«, usw., vor allem dann, wenn man ein relativ normaler, unneurotischer Mensch ist. Die Neutralität der Zahlen ist also sehr sinnvoll.

Zu den Zahlen muß noch hinzugefügt werden, daß die numerische Reihenfolge der Persönlichkeitstypen keinerlei Bedeutung hat. Eine höhere Zahl ist nicht besser als eine niedrige; es kann also keine Rede davon sein, daß Typus neun höher zu bewerten wäre als etwa Typus zwei.

Fünftens: kein Persönlichkeitstypus ist von sich aus besser oder schlechter als ein anderer. Jeder Typus besitzt seine besonderen Stärken und Schwächen, und natürlich ist es außerordentlich nützlich, diese kennenzulernen. Während alle Persönlichkeitstypen ihre Vorzüge und Nachteile haben, sind manche gewöhnlich innerhalb einer bestimmten Kultur oder Gruppe erwünschter. Womöglich gefällt Ihnen Ihr Persönlichkeitstypus nicht; Sie fühlen sich vielleicht in irgendeinem Bereich in Ihrer Entfaltung gehindert und dadurch unbefriedigt. Doch mit dem allmählichen Kennenlernen aller Persönlichkeitstypen werden Sie entdecken, daß jeder auf eine bestimmte Weise begrenzt ist, und daß jeder auch einzigartige Fähigkeiten sein eigen nennt. Wenn manche Persönlichkeitstypen in der modernen westlichen Gesellschaft höher geschätzt werden als andere, liegt das an gewissen Eigenschaften, die der Gesellschaft angenehm sind und nicht daran, daß dem betreffenden Typus ein höherer Wert zukäme.

Die aggressiven, selbstsicheren, extravertierten Typen sind beispielsweise in unserer Wettbewerbs- und erfolgsorientierten, materialistischen Gesellschaft sehr geschätzt, während eher introvertierte, personenorientierte und unbekümmerte Menschen leicht als minderwertig betrachtet werden. Sollten Sie das Gefühl haben, Ihr Persönlichkeitstypus gehört zur letzteren Gruppe, dürfen Sie nicht vergessen, daß die sozial angeseheneren Typen auch ihre Begrenzungen haben, während die Fähigkeit der weniger anerkannten zwar nicht sofort ins Auge fallen, aber dennoch sehr wertvoll sein können. Das Ideal wäre, man selbst zu werden, so gut und stark man kann, und nicht, andere um ihre Stärken und Möglichkeiten zu beneiden.

Wie man seinen Persönlichkeits-Grundtypus herausfindet

Konkreter wird das Ganze, wenn Sie die allgemeinen Begriffe auf sich selbst anzuwenden versuchen. Welche der folgenden neun Rollen paßt generell am besten zu Ihnen? Oder anders gesagt: Wenn Sie sich selbst mit einem Wort beschreiben sollten, welches der folgenden Stichworte (Abb. S. 52) würde sich am besten eignen?

Wir werden diese Beschreibungen in Stichworten jetzt erweitern. Lesen Sie die folgenden Zuordnungen, und finden Sie heraus, ob Sie sich immer noch mit dem Typus wohl fühlen, mit dem Sie sich vorerst einmal identifiziert haben. Vergessen

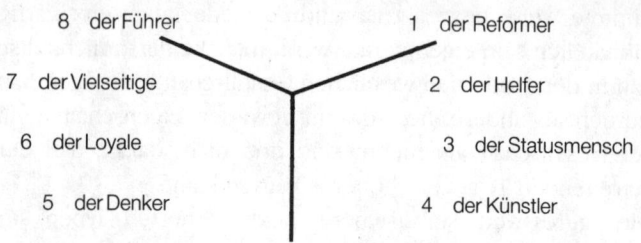

9   der Friedliebende

8   der Führer   1   der Reformer

7   der Vielseitige   2   der Helfer

6   der Loyale   3   der Statusmensch

5   der Denker   4   der Künstler

Sie dabei bitte nicht, daß diese Charakterzüge nur schlaglicht-
artige Charakteristika sind und nicht das volle Spektrum jedes
Persönlichkeitstyps umfassen können.

Typus zwei ist fürsorglich, großmütig, besitzergreifend und
manipulativ.
Typus drei ist selbstsicher, ehrgeizig, narzißtisch und feindse-
lig.
Typus vier ist schöpferisch, intuitiv, introvertiert und depressiv.
Typus fünf ist scharfsinnig, analytisch, exzentrisch und para-
noid.
Typus sechs ist verbindlich, pflichtbewußt, abhängig und maso-
chistisch.
Typus sieben ist vielseitig, impulsiv, exzessiv und manisch.
Typus acht ist selbstbewußt, durchsetzungsstark, kämpferisch
und destruktiv.
Typus neun ist friedfertig, anpassungsfähig, passiv und gleich-
mütig.
Typus eins ist prinzpientreu, ordentlich, perfektionistisch und
streng.

Wir werden uns nun den wichtigsten Neigungen und Eigenschaften jedes Typus zuwenden, um herauszufinden, warum er

zur Gefühls-, Tat- oder Beziehungs-Triade gehört. Auch wenn die folgenden kurzen Beschreibungen noch sehr einfach gehalten sind, sollten Sie herausfinden, ob der von Ihnen vorläufig gewählte Persönlichkeitstypus immer noch am besten zu Ihnen paßt. Wenn nicht, versuchen Sie den nächstwahrscheinlichen Typus herauszufinden.

Die Gefühls-Triade: Persönlichkeitstypus zwei, drei und vier

Diese drei Persönlichkeitstypen verbinden gemeinsame Eigenschaften und Neigungen, die mit ihrem Gefühlsleben zu tun haben. Sind die Vertreter dieses Typus gesund, macht ihr Gefühlsleben das Zentrum dessen aus, was an ihrer Persönlichkeit anziehend ist, und sie werden für ihre Fähigkeiten im zwischenmenschlichen Umgang geschätzt. Sind sie aber gestört, so sind seine Emotionen auf die eine oder andere Weise aus dem Gleichgewicht geraten.

Die Stärke eines gesunden Typus zwei resultiert aus der Fähigkeit, grundsätzlich positiv den Gefühlen anderer gegenüberzustehen. Diese Menschen sind einfühlend, großmütig, liebevoll und aufmerksam; sie sind sehr entgegenkommend und selbstlos, wenn es darum geht, anderen zu helfen. Ein durchschnittlicher Typus zwei jedoch kann besitzergreifend sein und die anderen kontrollieren wollen. Er will geliebt werden, greift jedoch zu sehr in das Leben des anderen ein. Ein gestörter Typus zwei betrügt sich selbst hinsichtlich des Vorhandenseins negativer Gefühle, vor allem Aggressionen. Er will, daß die anderen ihn immer als liebevoll und gut ansehen, selbst wenn er die Menschen zu manipulieren versucht und sich egoistisch verhält.

Zu den Stärken eines gesunden Typus drei gehört die Fähigkeit, sich anderen anzupassen. Er lernt rasch, was ihn anziehend und liebenswert macht. Er hat die Fähigkeit, andere so zu motivieren, daß sie ihm nacheifern wollen, weil im Grunde jedermann ihn bewundern muß. Der durchschnittliche Typus drei jedoch hat den Kontakt zu seinen Emotionen und seiner Individualität verloren. Er ist ein Chamäleon, das immer das Image produziert, das andere großartig finden. Ein gestörter Typus drei wird feindselig und böse, wenn er die bewundernde Aufmerksamkeit, die er so braucht, nicht erhält.

Zu den Stärken eines gesunden Typus vier gehört intuitive Selbsterkenntnis. Er ist sehr persönlichkeitsbezogen, offen und teilt seine Gefühle auf eine Weise mit, die andere in die Lage versetzt, mit ihren eigenen Emotionen vertraut zu werden. Ein durchschnittlicher Typus vier dagegen ist zu sehr von seinen Gefühlen, vor allem von seinen negativen, abhängig, zieht sich gern von anderen zurück und neigt dazu, zu sehr in seiner Vorstellungswelt zu leben. Ein gestörter Typus vier kann extrem depressiv und von anderen entfremdet sein, gequält von Selbstzweifel und Selbsthaß. Er kann sogar zu Selbstmord neigen, wenn er mit der Realität nicht mehr fertig wird. Typus zwei, drei und vier haben gemeinsame Probleme mit ihrer Identität und mit feindseligen Gefühlen, die sie entweder gegen sich selbst oder gegen andere richten, je nachdem, welchem Persönlichkeitstypus sie angehören.

Die Handlungs-Triade: Persönlichkeitstypen fünf, sechs und sieben

Diese Typen verbinden gemeinsame Eigenschaften und Neigungen, die sich aufs Handeln beziehen. Sind sie gesund, ist ihre Tatkraft durch keinen anderen Persönlichkeitstypus zu übertreffen; häufig bringen sie hervorragende praktische oder wissenschaftliche Leistungen hervor. Sind sie jedoch gestört, ist ihre Handlungsfähigkeit auf die eine oder andere Weise beeinträchtigt.

Die Eigenschaften eines gesunden Typus fünf machen ihn zum wahrnehmungsfähigsten der neun Typen. Er hat sich eine außerordentlich vertiefte Kenntnis über einen Aspekt seiner Umwelt erworben und ist fähig, brillante, originelle und erfindungsreiche Problemlösungen zu finden. Ein durchschnittlicher Typus fünf möchte jedoch vollkommen abgesichert sein, bevor er etwas tut, und so wälzt er endlose Gedanken, bevor er etwas anpackt und kommt vor lauter Abwägen nicht zum Handeln. Durch übertriebenes Grübeln und Zerdenken der Dinge schaffen gestörte Menschen vom Typus fünf mehr Probleme für sich selbst, als sie lösen können, da sie sich von der Wirklichkeit zu weit entfernt haben. Sie sind unfähig zu unterscheiden, was wirklich und unwirklich, wahr oder unwahr ist.

Zu den Stärken eines gesunden Typus sechs gehört die Fähigkeit, starke emotionale Beziehungen zu anderen Menschen herzustellen. Wenn er handelt, so haben er selbst und andere etwas davon. Er ist auf andere bezogen, ein loyaler und treuer Freund und erwartet in anderen die gleichen Eigenschaften. Der durchschnittliche Typus sechs jedoch sucht zu sehr außerhalb seiner selbst nach einer »Erlaubnis« zum Handeln, die ihm von einer Autoritätsfigur oder einem Glaubenssystem erteilt wird, nach deren Vorstellungen er sich richten kann. Er fühlt sich unsicher, solange keine Autorität auf seiner Seite ist, hat aber zugleich das Gefühl, eben dieser Autorität gegenüber seine Unabhängigkeit beweisen zu müssen. Ein gestörter Typus sechs wird Opfer seiner Ängste und Minderwertigkeitsgefühle und bringt in seiner Unsicherheit selbstzerstörerisch gerade das hervor, was er am meisten fürchtet.

Zu den Eigenschaften eines gesunden Typus sieben gehört die Fähigkeit, vielerlei Dinge hervorragend zu tun. Er kann sich über alles begeistern, was ihn umgibt und widmet sich den vielfältigsten Aktivitäten mit Hingabe. Ein durchschnittlicher Typus sieben jedoch übertreibt alles, da er endlos auf der Suche nach neuen Sensationen ist. Doch paradoxerweise ist er um so unzufriedener, je mehr er unternimmt. Gierig verlangt er nach immer mehr und mehr, um keinen Mangel zu verspüren. Ein ungesunder Typus sieben kann egozentrisch werden und verlangen, daß andere nach seiner Pfeife tanzen. Er ist dann ein zerrissener Mensch, ständig auf der Flucht und schon zwanghaft in seiner Unkontrolliertheit.

Typus fünf, sechs und sieben haben gemeinsame Probleme mit Unsicherheit und Angst, mit denen sie je nach Persönlichkeitstypus auf verschiedene Weise fertigwerden.

Die Beziehungs-Triade: die Persönlichkeitstypen acht, neun und eins

Diese drei Persönlichkeitstypen verbinden gemeinsame Eigenschaften und Neigungen, in denen die Beziehung zu den anderen die größte Rolle spielt. Wenn sie gesund sind, können sie mit ihrer Umgebung und mit anderen Menschen außerordentlich gut umgehen und sind häufig auf die eine oder andere Weise führende Persönlichkeiten. Ein gestörter Typus acht, neun oder eins jedoch ist in seiner Beziehungsfähigkeit aus dem Gleichgewicht geraten.

Die Stärke des gesunden Typus acht liegt darin, daß er sich selbst stärker als alle anderen erachtet. Sein immenses Selbstvertrauen, sein Mut und seine Führungseigenschaften dienen ihm dazu, andere zu großen Taten anzuregen. Ein durchschnittlicher Typus acht jedoch neigt dazu, seine Umgebung zu aggressiv dominieren zu wollen, da er nur sein eigenes Interesse im Auge hat und die Rechte und Bedürfnisse anderer nicht respektiert. Ein gestörter Typus acht geht mit seiner Umgebung brutal und tyrannisch um und zerstört rücksichtslos alles, was ihm im Wege steht.

Ein gesunder Typus neun zeichnet sich durch die Fähigkeit aus, sich mit einem anderen Menschen oder einer Überzeugung innig zu verbinden. Die Empfänglichkeit, der Optimismus und die Friedfertigkeit eines gesunden Typus neun wirkt auf andere vertrauenerweckend und gibt ihnen Kraft, denn er schafft eine harmonische Atmosphäre, in die jeder eintauchen kann. Ein durchschnittlicher Typus neun jedoch unterminiert seine eigene Entwicklung (und seine Fähigkeit, mit der Realität zurechtzukommen), indem er den anderen – sei es eine Person oder eine Idee – zu sehr idealisiert. Ein gestörter Typus neun wiederum kann gefährlich fatalistisch und passiv werden, da er sich fast nur noch an Illusionen über die Realität klammert, von der er sich weit entfernt hat.

Die Stärke eines gesunden Typus eins besteht in der Fähigkeit, sich objektiv mit der Umgebung auseinanderzusetzen. Ein gesunder Typus eins ist vernünftig, gerecht und gewissenhaft und läßt sich von Prinzipien leiten, die ihm einen starken moralischen Rückhalt und ein unbestechliches Gefühl dafür geben, was richtig und was falsch ist. Ein durchschnittlicher Typus eins aber ist emotional aus dem Gleichgewicht, da er versucht, seine Gefühle zu sehr zu kontrollieren. Er strebt nach nichts Geringerem als nach absoluter Perfektion und kann nie irgend etwas so annehmen, wie es ist, da es ja immer noch besser sein könnte. Ein gestörter Typus eins ist intolerant und selbstgerecht und neigt dazu, sich furchtbar über die Fehler anderer aufzuregen, während er die Widersprüchlichkeiten seines eigenen Handelns ignoriert. Er kann anderen gegenüber grausam und gnadenlos sein.

Typus acht, neun und eins haben gemeinsame Probleme mit Repression und Aggression, die sie je nach Veranlagung verschieden angehen.

Wenn Sie nun immer noch nicht herausgefunden haben, was Ihr Persönlichkeitstyp ist, sollten Sie wenigstens versuchen, die Möglichkeiten auf zwei oder drei der meist zutreffenden Kandidaten einzuschränken. Wenn Sie die ausführlicheren Beschreibungen lesen, müßte dann klar werden, was Ihr Persönlichkeitsgrundtypus ist.

Es geschieht häufig, daß Menschen dazu neigen, sich den

Persönlichkeitstypus herauszusuchen, dem sie gerne entsprächen und nicht den, der sie wirklich sind. Das läßt sich vermeiden, indem man versucht, sich selbst gegenüber objektiv zu sein, obwohl das natürlich etwas sehr Schwieriges ist. Befaßt man sich jedoch gründlicher mit den Beschreibungen und lernt sich selber besser kennen, wird man schließlich doch herausfinden, daß einer der Persönlichkeitstypen einen tatsächlich besser beschreibt als alle anderen. Man sollte sich die Zeit lassen, das herauszufinden.

Vielleicht erkennen Sie in sich ein oder zwei Züge jedes Typus wieder und sehen sich in allen von ihnen, also nicht in einem bestimmten Typus speziell. Wenn Sie dann jedoch die Beschreibung Ihres eigenen Persönlichkeitstypus gründlich lesen, werden Sie sich erkennen. Vielleicht läuft es Ihnen sogar kalt den Rücken hinunter, oder Sie haben ein seltsames Kribbeln im Magen. Das könnte Ihr Unterbewußtsein sein, das Ihnen sagt: Hier ist der Nagel auf den Kopf getroffen.

Verstandesmäßig sind die Beschreibungen nicht schwer zu begreifen, aber sie gefühlsmäßig aufzunehmen, mag Schwierigkeiten bereiten. Manche Menschen haben die Erfahrung gemacht, daß sie Angst bekamen oder niedergeschlagen waren, wenn sie die Beschreibung ihres eigenen Typus lasen. Es kann einem Mut machen, ein Porträt seiner selbst in diesem Buch zu finden. Aber es kann einen auch stark beunruhigen. Wenn einen die Beschreibung des eigenen Typus erschreckt, sollte man vielleicht das Buch zur Seite legen und herauszufinden versuchen, was einen so beunruhigt hat. Es kann sehr hilfreich sein beim Umgang mit diesen Beschreibungen, daß man durch sie die Veränderung erkennen kann, die man noch vor sich hat. Sich selbst zu verändern braucht Zeit und die Bereitschaft, sich mit unliebsamen Wahrheiten über einen selbst zu konfrontieren, aber es ist die einzige Möglichkeit, sich von belastenden Gewohnheiten und selbstzerstörerischen Verhaltensmustern zu befreien. Sie werden vielleicht auch herausfinden, daß schon der Prozeß der Reflexion über

die Beschreibung des eigenen Persönlichkeitstypus eine ka-
thartische Wirkung haben kann: je mehr man sich in dieses
Material vertieft und es auf sich selbst anzuwenden versucht,
desto befreiter kann man sich fühlen.

Der Tendenztypus

Nun, da Sie Ihren Persönlichkeits-Grundtypus probeweise
identifiziert haben, können wir beginnen, mehr ins Detail zu
gehen. Natürlich muß man wissen, daß niemand ein »reiner«
Persönlichkeitstypus ist. Jeder ist eine einzigartige Mischung
seines Grundtypus und *eines* der beiden Typen, die ihm auf
dem Enneagramm am nächsten liegen. Einer der beiden Ihrem Grundtypus zunächstliegenden Typen ist der *Tendenz-
Typus*.
Ihr Basis-Typus beherrscht Ihre Gesamtpersönlichkeit, während der Tendenz-Typus diesen ergänzt und wichtige, manchmal widersprüchliche Elemente mit ins Spiel bringt. Der Tendenz-Typus ist die »andere Seite« ihrer Gesamtpersönlichkeit,
die Sie unbedingt in Betracht ziehen müssen, um sich selbst
oder andere zu verstehen. Sind Sie beispielsweise ein Persönlichkeitstypus neun, werden Sie entweder eine Tendenz zum
Typus eins oder eine Tendenz zum Typus acht haben, und Ihre
Gesamtpersönlichkeit läßt sich erst dann verstehen, wenn man
die Züge des Typus neun in einer einzigartigen Verbindung
mit den Zügen von Typus eins oder acht in Einklang sieht.
Natürlich müssen Sie Ihren Persönlichkeitsgrundtypus feststellen, bevor Sie herausfinden, welchen Tendenz-Typus Sie haben. Um diesen zu entdecken, müssen Sie wissen, welche
Züge die beiden Ihrem Grundtypus nächstliegenden Typen
aufzeigen. Am besten ist es also, die Beschreibungen der beiden möglichen Tendenz-Typen vollständig zu lesen, um festzustellen, welcher am ehesten zutrifft. Zum besseren Verständnis habe ich am Ende jedes Kapitels, in dem die Grundtypen

beschrieben werden, eine kurze Erläuterung zu einigen Hauptzügen der beiden Tendenz-Typen hinzugefügt.

In den speziellen Richtlinien im dritten Teil werden Sie mehr über den Tendenz-Typus finden, da er eines der wichtigsten Elemente darstellt, das erklärt, warum zwei Menschen mit dem gleichen Persönlichkeits-Typus so unterschiedlich wirken können.

Die Integrations- und die Desintegrations-Linie

Als nächster Punkt ist es wichtig zu verstehen, was die Linien des Enneagrammes bedeuten. Die neun Persönlichkeitstypen sind keine statischen Kategorien; jeder ist unvollendet und läßt psychologisches Wachstum oder auch Entwicklungen zum Negativen hin zu.

Die Zahlen des Enneagramms sind auf ganz bestimmte Weise miteinander verbunden. Diese Verbindung ist psychologisch bedeutsam, da die Linien zwischen jedem Typus die Integrationslinie (Entwicklung zu Gesundheit und Selbstverwirklichung) und die Desintegrationslinie (Entwicklung zu Krankheit und Neurose) bei jedem Persönlichkeits-Typus anzeigen. Mit anderen Worten: wenn man gesünder oder neurotischer wird, kann man sich von seinem Persönlichkeitsgrundtypus in verschiedenen »Richtungen« wegbewegen, und diese vorhersehbaren Entwicklungsrichtungen werden durch die Linien des Enneagrammes symbolisiert.

Die Desintegrationslinie jedes Typus läßt sich am Enneagramm durch die Zahlenfolge 1-4-2-8-5-7-1 ablesen. Das bedeutet, daß ein neurotischer Typus eins, bei einer weiteren Verschlechterung, sich in Richtung Typus vier bewegt; ein neurotischer Typus vier wird sich in Richtung Typus zwei bewegen, ein neurotischer Typus zwei wird sich zum Typus acht hin entwickeln, ein neurotischer Typus acht zum Typus fünf, ein neurotischer Typus fünf zum Typus sieben und ein

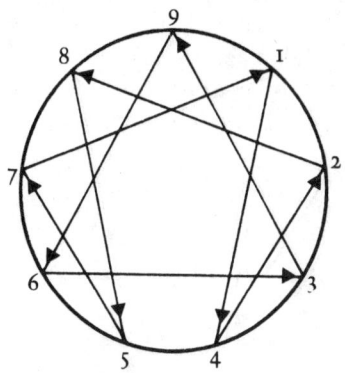

Die Desintegrationslinie
1−4−2−8−5−7−1
9−6−3−9

neurotischer Typus sieben zum Typus eins. Dementsprechend ist die Zahlenfolge auf dem gleichseitigen Dreieck 9-6-3-9: Ein neurotischer Typus neun wird sich zum Typus sechs hin entwickeln, ein neurotischer Typus sechs zum Typus drei und ein neurotischer Typus drei zum Typus neun. Man kann sich das veranschaulichen, indem man den Pfeilen auf dem hier abgebildeten Enneagramm folgt.

Die Integrationslinie jedes Typus entsteht durch die jeweils gegenläufige Bewegung. Jeder Typus bewegt sich zur wachsenden Integration in der Richtung, die der Entwicklung zum neurotischen Gestörten entgegenläuft. Deshalb lautet die Zahlenfolge für die Integrationslinie: 1-7-5-8-2-4-1. Die Integration von Typus eins geht zu Typus sieben, von Typus sieben zu Typus fünf, von Typus fünf zu Typus acht, von Typus acht zu Typus zwei, von Typus zwei zu Typus vier und von Typus vier zu Typus eins. Im gleichseitigen Dreieck lautet die Sequenz 9-3-6-9: Typus neun auf dem Weg zur Integration entwickelt sich zu Typus drei, Typus drei zu Typus sechs, Typus sechs zu Typus neun. Die grafische Darstellung dieser Vorgänge sieht folgendermaßen aus:

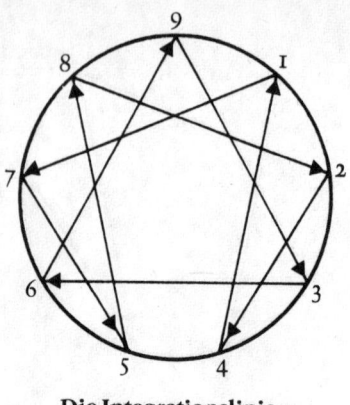

Die Integrationslinie
1−7−5−8−2−4−1
9−3−6−9

Es ist nicht notwendig, jeweils ein Enneagramm für die Integrations-Linie und für die Desintegrations-Linie zur Verfügung zu haben. Beide Richtungen können auf dem Enneagramm abgelesen werden, wenn man die Pfeile wegläßt und die richtigen Punkte einfach mit Linien verbindet (Abb. S. 63).

Am besten wäre es, beide Zahlenfolgen auswendig zu lernen, damit man für jeden möglichen Persönlichkeitstypus jederzeit die Richtung der Integrationslinie und der Desintegrationslinie parat hat.[1]

---

[1] Die einfachste Methode, sich beide Zahlenfolgen zu merken, besteht darin, die Sequenz der Desintegration auswendig zu lernen und sie dann umzudrehen, wenn man die Zahlenfolge der Integration parat haben möchte. Eine Eselsbrücke, um sich die Desintegrationssequenz (1-4-2-8-5-7) zu merken, kann man bilden, wenn man diese sechs Zahlen zu Paaren zusammenfaßt. Jedes Paar bildet dann – fast genau – den doppelten Zahlenwert wie das vorhergehende. Die ersten beiden Zahlen also (1-4 oder 14) sind zusammen 28, und wenn man 28 verdoppelt, wird »57« daraus. Natürlich heißt die Zahl in Wirklichkeit 56, was jedoch der Gedächtnisstütze keinen Abbruch tut. So merkt man sich als 14-28-57 oder 1-4-2-8-5-7 und weiß dann sofort, daß die letzte Zahl rechnerisch 6 heißen müßte.

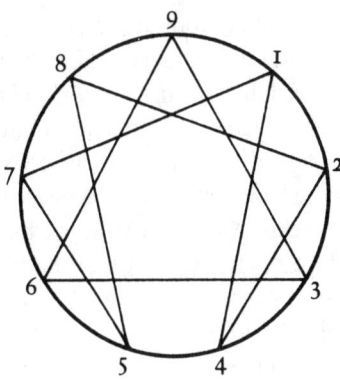

Die Integrationslinie
1−7−5−8−2−4−1
9−3−6−9

Die Desintegrationslinie
1−4−2−8−5−7−1
9−6−3−9

Man muß wissen, daß die »Integrations-Linie« und die »Desintegrations-Linie« nur Metaphern für psychologische Prozesse sind, die in jedem Menschen ablaufen. Es gibt keine Bewegung innerhalb des Enneagramms; es geht hier nur um eine symbolische Darstellung dafür, wie ein bestimmter Persönlichkeitstypus sich über seinen gegenwärtigen Zustand hinaus zur Integration oder Desintegration hinbewegt.

Ein kurzes Beispiel soll veranschaulichen, was mit dieser Bewegung gemeint ist. Beim Persönlichkeitstypus sechs wird eine Linie zur Neun und eine andere Linie zur Drei gezogen. Das bedeutet, daß ein Typus sechs, der gesünder werden und sein Potential verwirklichen wollte, sich in Richtung zum Typus neun im Sinne der Integrations-Linie des Enneagramms entwickeln würde, wobei er das aktiviert, was der Persönlichkeitstypus neun für den Typus sechs symbolisiert. Wenn das Enneagramm vorhersagt, daß ein gesunder Typus sechs sich zum Typus neun hinbewegt, werden wir herausfinden, daß das genau die Art von psychologischer Entwicklung ist, die wir bei Menschen vom Typus sechs wahrnehmen können. Viele der

Probleme eines Menschen vom Typus sechs haben mit Unsicherheit und Angst zu tun, und wenn sie sich zum Typus neun hin entwickeln, werden sie entspannter, gelassener, friedlicher. Typus sechs, der sich zum Typus neun hin entwickelt hat, ist selbstsicher und weniger ängstlich als je zuvor. '

Umgekehrt zeigt die Linie zur Zahl Drei die Desintegrationsbewegung des Typus sechs. Wenn ein Typus sechs nicht nur leicht neurotisch, sondern noch gestörter werden würde, geschähe das durch eine Entwicklung zum Typus drei hin. Die Angst des Typus sechs hat ihn in großes Mißtrauen anderen gegenüber getrieben, seine Minderwertigkeits- und Unsicherheitsgefühle sind überwältigend. Eine Bewegung zu Typus drei hin bedeutet, seine Selbstachtung durch eine extreme narzißtische Überkompensation stützen zu wollen. Typus sechs wird dann den Menschen unbedingt den Beweis erbringen wollen, wie hart er sein kann, und daß er über jeden triumphieren muß, von dem er glaubt, er bedrohe ihn. Kurz gesagt, dieser Typus wird in dieser Phase gefährlich, aggressiv und psychopathisch. Gleichgültig, welcher Persönlichkeits-Grundtypus man ist: wir sollten wissen, daß die jeweils angrenzenden Typen beider Richtungen einen Einfluß auf uns haben. Um ein vollständigeres Bild von sich selbst oder jemand anderem zu erhalten, darf man nicht nur seinen Grundtypus und seinen Tendenztypus in Betracht ziehen, sondern sollte auch an den Einfluß der beiden Typen in der Integrations- und Desintegrationslinie denken. Die Züge dieser vier Typen bilden zusammen die Gesamtpersönlichkeit; die einzigartige Mischung dieser vier Persönlichkeitstypen gibt erst ein wirklich vollständiges Bild. Niemand ist beispielsweise einfach Persönlichkeitstypus zwei. Jeder, der zum Typus zwei gehört, hat entweder eine Tendenz zum Typus eins oder Typus drei und seine Desintegrationslinie (hin zu acht) sowie seine Integrationslinie (zu vier) tragen wesentliche Elemente zu seiner Persönlichkeit bei.

Man darf auch nicht vergessen, daß jemand, der leicht gestört ist, einige Elemente der Bewegung zu seiner Desintegration an den Tag legen kann, bevor er das endgültige Stadium der Neurose erreicht hat. Ein durchschnittlicher Typus sechs wird manchmal arrogant und verächtlich anderen Menschen gegenüber sein, um seine wachsenden Minderwertigkeitsgefühle zu kompensieren. Und obwohl Arroganz und Verachtung Züge von Typus drei sind, zeigen sie sich schon als frühe Warnsignale im Verhalten eines Typus sechs, bevor er tatsächlich eine Entwicklung zur Neurose durchmacht.

Will man Genaueres darüber erfahren, kann man den entsprechenden Abschnitt über die Integrations- und Desintegrationslinie in der Beschreibung jedes Typus lesen und die entsprechenden Prozesse selbst nachvollziehen. Wollen Sie beispielsweise wissen, was es für einen Typus zwei bedeutet, sich auf der Integrationslinie zum Typus vier hin zu entwickeln, sollten Sie die Beschreibung des gesunden Typus vier lesen und dabei den gesunden Typus zwei im Auge behalten; oder aber, wenn ein Typus neun sich auf der Desintegrationslinie zum Typus sechs hin entwickelt, sollten Sie die Beschreibung des gestörten Typus sechs lesen und diese Charakterzüge auf den gestörten Typus neun anwenden. Das gleiche gilt für alle Charaktertypen. Der Grundgedanke ist, daß ein Typus auf dem Weg zur Integration die gesunden Züge des Typus annimmt, der auf seiner Integrationslinie liegt, und daß er auf seinem Weg zur Desintegration die neurotischen Züge des Typus annimmt, der auf seiner Desintegrationslinie liegt.

Das Enneagramm ist in der Lage, integrierte oder nicht integrierte Wesenszüge vorherzusagen, da die Entwicklung dorthin schon in der Dynamik des Persönlichkeitsgrundtypus eines Menschen beschlossen liegt. Die Integrationslinie jedes Persönlichkeitstypus ist die natürliche Weiterentwicklung der gesündesten Eigenschaften dieses Typus; deshalb ist er mit einem anderen Typus durch eine Linie auf dem Enneagramm verbunden, durch die dieser Bezug hergestellt wird. In gewissem Sinn kann man also jeden Persönlichkeitstypus als in den nächsten übergehend betrachten, da der Typus in der Integrationsrichtung eine Höherentwicklung des vorangegangenen Typus bedeutet, ebenso wie der Typus in der Desintegrationsrichtung seine Weiterentwicklung zum Negativen zeigt.

Das eigentliche Ziel ist es, sich rings um das Enneagramm zu bewegen und das zu integrieren und aktiv zu leben, was jeder Typus symbolisiert. Das Ideal besteht darin, ein ausgeglichener, tatkräftiger Mensch zu werden; jeder der Typen des Enneagramms symbolisiert verschiedene wichtige Aspekte der Eigenschaften, die wir dazuerwerben müssen. Es ist also letztlich unwichtig, mit welchem Persönlichkeitstypus man das Leben beginnt. Entscheidend ist, wie man mit seinem Persönlichkeitstypus umgeht und wie gut (oder schlecht) man ihn als Ausgangspunkt für eine Entwicklung zu einem vollständigeren, integrierten Menschen nutzt.

Das Kontinuum der Charakterzüge

Jeder Persönlichkeitstypus hat eine Gesamtstruktur. Sie werden sehen, daß die Analyse jedes einzelnen Typus mit einer Beschreibung seiner gesunden Züge beginnt, sich dann mit seinen durchschnittlichen Charakterzügen beschäftigt und daraufhin zu den problematischen Zügen übergeht. Diese Struktur ist das Kontinuum der Charakterzüge, das den Persönlichkeitstypus bildet.

Um einen Menschen wirklich zu verstehen, muß man nicht nur seinen Grundtypus und seinen Tendenztypus erkennen, sondern auch wahrnehmen, an welcher Stelle des Kontinuums der Persönlichkeitsgrundtypus liegt. Mit anderen Worten: man muß diagnostizieren, ob jemand gesund, durchschnittlich oder gestört ist, weil beispielsweise zwei Menschen des selben Persönlichkeitsgrundtypus und des gleichen Tendenztypus immer noch sehr verschieden sein werden, wenn einer von ihnen gesund und der andere gestört ist. (Natürlich ist es ebenso wichtig, wo jemand auf dem Kontinuum der Charakterzüge seines Tendenztypus einzuordnen ist, da man das jedoch sehr schwer erkennen kann, lege ich vorerst kein besonderes Gewicht darauf.)

Der Begriff »Persönlichkeitskontinuum« ist nicht rein theoretisch, sondern etwas, mit dem wir jeden Tag intuitiv umgehen. Was wir zweifellos an uns selbst oder an anderen bemerkt haben, ist die Tatsache, daß wir uns immerzu verändern, manchmal zum Besseren, manchmal zum Schlechteren. Verstehen wir den Begriff des Kontinuums richtig, erkennen wir, daß wir, wenn solche Veränderungen in uns vorgehen, uns innerhalb des Spektrums der Persönlichkeitszüge bewegen, die unseren Persönlichkeitstypus ausmachen. Wie und warum wir uns innerhalb des Kontinuums bewegen, kann man im dritten Teil im Kapitel »Spezielle Richtlinien« nachlesen. Man kann sich das Kontinuum für jeden der Persönlichkeitstypen so vorstellen, wie es in der folgenden Zeichnung dargestellt ist:

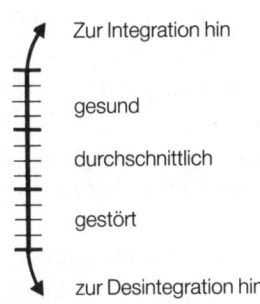

Zur Integration hin

gesund

durchschnittlich

gestört

zur Desintegration hin

Kurz gesagt, es gibt neun Entwicklungsebenen für jeden Persönlichkeitstypus – drei im Bereich des Gesunden, drei im Bereich des Durchschnittlichen und drei im Bereich des Neurotischen. Die Persönlichkeitszüge, die man auf jeder der Entwicklungsebenen findet, sind keinesfalls willkürlich, sondern in jeder Stufe in Gruppen angeordnet. Bei der Lektüre der Beschreibung jedes Persönlichkeitstypus werden Sie einige der wichtigsten Charakterzüge jeder dieser Abstufungen auf jeder Ebene des Kontinuums vom Gesunden bis zum Neurotischen finden.

Das Kontinuum hilft einem, den Persönlichkeitstypus als Ganzes zu erfassen, weil es den Rahmen liefert, in dem alle gesunden, durchschnittlichen und problematischen Charakterzüge ihren Platz haben. Es ist auch wichtig, das Kontinuum zu verstehen, weil wir uns nur von seinem oberen Ende in Richtung der Integration entwickeln, ebenso wie wir nur von seinem unteren Ende zur Desintegration absteigen können. Mit anderen Worten: wir müssen erst seelisch ganz gesund werden, bevor wir uns einer höheren Integrationsstufe nähern können, ebenso wie wir neurotisch sein müssen, bevor wir Borderline-Symptome, Psychosen oder Schizophrenie an den Tag legen werden. Wir können nicht einfach aus der Neurose in die Integration springen oder aus der Gesundheit augenblicklich in die Neurose fallen. Integration ist, ebenso wie Desintegration, ein Prozeß, der seine Zeit braucht. Wir können lernen, gesund zu sein, und auch, auf verschiedene Weise und aus verschiedenen Gründen, neurotisch zu werden.

Der erste Schritt

Wir wenden uns jetzt den Beschreibungen der neun Persönlichkeitstypen zu, die man in jeder beliebigen Reihenfolge lesen kann.

Vielleicht hilft es Ihnen, zu wissen, wie die einzelnen Beschreibungen gegliedert sind. Jedes Kapitel wird mit einer Karikatur des Typus und einem Persönlichkeitsprofil eröffnet, damit Sie einen ersten Eindruck der wichtigsten Charakterzüge bekommen. Die Persönlichkeitsprofile sind besonders nützlich, da sie fünfzig oder mehr Schlüsseladjektive liefern, die man als

Kontrolle dafür verwenden kann, ob der in Betracht gezogene Persönlichkeitstypus einem selbst oder jemand anderem tatsächlich entsprechen könnte.

Als nächstes folgt ein Überblick, eine kurz gefaßte Darstellung der entscheidenden psychischen Dynamik des beschriebenen Typus. In diesem Überblick können Sie nachlesen, wie der Persönlichkeitstypus mit den anderen Typen in seiner Triade zu vergleichen ist und kontrastiert. Ebenso können Sie erfahren, wie die Ursprünge in seiner Kindheit aussehen, wie er mit der Jungschen oder anderen Typologien in Relation zu setzen ist und vor allem, welche Hauptthemen in der ausführlicheren Analyse, die darauf folgt, systematisch entwickelt werden. Der Überblick kann als ein unabhängiger, kurzer Essay über jeden Typus oder als Zusammenfassung gelesen werden, nachdem man die Analyse beendet hat.

Auf den Überblick folgt eine systematischere Beschreibung – die Analyse des Persönlichkeitstypus. Sie beginnt mit den gesunden Charakterzügen, geht dann zu den durchschnittlichen Zügen über, um sich zuletzt mit den gestörten Zügen zu beschäftigen. Mit anderen Worten: die Beschreibung wird immer negativer, während sie den Abstieg dieses betreffenden Typus auf seiner Entwicklungslinie verfolgt.

Die Analyse endet mit einer Beschreibung dessen, was mit dem Menschen des betreffenden Typus geschieht, wenn er die ungesunde Entwicklungsrichtung weiterverfolgt – die Desintegrationslinie auf dem Enneagramm –, gibt aber auch eine Erläuterung seiner Möglichkeiten, wenn er sich in die Richtung wachsender Gesundheit bewegt – seine Integrationslinie. Diesen beiden Abschnitten folgt eine kurze Beschreibung der beiden hauptsächlichen Subtypen jedes Persönlichkeitstypus – seiner Tendenztypen – mit Beispielen realer oder fiktiver berühmter Menschen und abschließenden Gedanken über den Typus in seiner Gesamtheit.

Die Namen bekannter Persönlichkeiten sollen als Beispiele gelten, die ich durch Intuition, Beobachtung und Lektüre gefunden habe. Sie sind mögliche Illustrationen für die Vielfältigkeit der Persönlichkeitstypen, wobei nichts über ihren Zustand von Gesundheit oder Neurose gesagt sein soll. Man darf auch nicht vergessen, daß jede dieser Personen zu verschiedenen Zeiten ihres Lebens gesund, durchschnittlich oder problematisch gewesen sein mag, und daß jede sich in ihrer Integrations- oder Desintegrationslinie weiterbewegt haben kann. Vor allem darf man nicht vergessen, daß die Menschen, die einen bestimmten Typus verkörpern, unglaublich unterschiedlich sein können, was ihre Intelligenz, ihre Talente und ihre Erfahrungen betrifft. Aber trotz der vielfältigen Faktoren, die man dabei in Betracht ziehen muß, nenne ich solche Namen, da man daraus lernen kann, wie an den beispielhaften Gestalten sowohl das Gemeinsame als auch die große Vielfalt psychologischer Eigenarten eines Typus ablesbar ist. Zwei Menschen sind nie vollkommen gleich, und dennoch gibt es tiefe Gemeinsamkeiten zwischen all denen, die dem gleichen Persönlichkeitstypus angehören.

Außerdem ist zu dem beschreibenden Kapitel noch zu sagen, daß Zitate hinzugefügt sind, um die persönliche Note jedes Typus zu betonen.

Vielleicht finden Sie Ihren eigenen Typus und den einiger naher Freunde sehr rasch heraus. Vielleicht aber auch erscheint es Ihnen schwierig, Menschen zu »kategorisieren«, und Sie wissen nicht, wo Sie anfangen sollen. Beides ist ganz normal. Es ist nicht immer so offensichtlich, welchem Typ man angehört, und es braucht einige Zeit, um seinen Blick dafür zu schärfen. Fühlen Sie sich wie ein Medizinstudent, der gerade anfängt, eine große Vielfalt von Zuständen zu diagnostizieren, von denen manche gesund und manche krankhaft sind. Es braucht einige Übung, um die Hauptsymptome identifizieren zu lernen und sie auf die damit zusammenhängenden Syndrome zu beziehen.

Man sollte dabei auch nicht vergessen, daß manche Menschen

eine Begabung für psychologische Zusammenhänge haben und andere einfach nicht. Man sollte sich nicht durch das Gefühl entmutigen lassen, keinen großen psychologischen Scharfblick zu haben. Lesen Sie die Beschreibungen sorgfältig, und nehmen Sie diese immer wieder vor, wenn Sie etwas nachsehen müssen oder wenn Ihnen etwas Neues dazu einfällt. Sie werden wahrscheinlich überrascht sein, wie schnell Sie besser damit zurechtkommen.

Es steckt kein großes Geheimnis hinter der Fähigkeit, Menschen zu »typisieren«. Sie müssen nur lernen, welche Charakterzüge zu welchem Typus gehören und beobachten, in welcher Art und Weise sie ihre Charakterzüge manifestieren. Schwierig ist daran nur, daß es so viele Subtypen und so viele verschiedene Facetten der Persönlichkeitstypen gibt, wie Sie bald herausfinden werden. Sehr unterschiedliche Typen können zudem sehr ähnliche Eigenschaften an den Tag legen. Beispielsweise können ganz verschiedene Typen herrschsüchtig sein und die Menschen herumkommandieren. Doch tun sie dies auf sehr unterschiedliche Weise und aus sehr verschiedenen Gründen. Ein Typus acht herrscht über andere Menschen, als wolle er damit ausdrücken: »Tu, was ich sage, denn ich habe Macht über dich, und ich werde dich bestrafen, wenn du mir nicht gehorchst!« Und ein Typus eins macht den anderen ständig Vorschriften, als sagte er: »Fang gar nicht erst an, mit mir zu streiten! Tu, was ich sage, ich habe sowieso recht!« Typus acht verläßt sich auf seine Macht und Fähigkeit, andere zu verletzen, als Revanche dafür, daß man es ihm nicht recht gemacht hat, während ein Typus eins seine Unfehlbarkeit in den Vordergrund stellt, um damit zu rechtfertigen, daß er anderen vorschreibt, was sie zu tun haben. Auch andere Typen werden unter den verschiedensten Umständen herrschsüchtig sein. Ein Typus zwei kann dominieren und die anderen gängeln, als wollte er sagen: »Du willst mir doch nicht wehtun, oder? Also kannst du gleich tun, worum ich dich bitte.« Ein Typus sechs kann eine polternde Aggressivität gegenüber anderen Menschen an den Tag legen und ein Typus sieben beherrscht die Umgebung frech und fordert einfach, daß man ihm das gibt, wonach ihm der Sinn steht, usw.

Deshalb sollte man sich nicht auf einen isolierten Charakterzug konzentrieren und versuchen, seine Diagnose darauf basieren zu lassen. Es ist wichtig, jeden Typ in seiner Gesamtheit zu sehen – seinen Lebensstil, seine Lebensweise, seine grundlegenden Motivationen. Es müssen viele Elemente zusammengefügt werden, bevor man jemanden genau typologisieren kann.

Leider oder Gott sei Dank gibt es keine einfache, automatische Methode, wie man sich selbst oder andere diagnostiziert. Man braucht dazu Zeit, Einfühlungsgabe, Scharfblick und geistige Offenheit – was leider mehr ist, als die meisten Menschen in Beziehungen einzubringen gewillt oder in der Lage sind; aber gerade sie gehören zu den Eigenschaften, die man mit Hilfe des Enneagramms wird entwickeln können.

Eigentliches Ziel des Enneagrammes ist es, uns zu helfen, daß wir zu vollständigen Menschen werden. Es hilft uns, uns selbst klarer zu erkennen, damit wir ausgeglichenere und integriertere Individualitäten werden. Das Enneagramm verspricht jedoch weder Vollkommenheit, noch rät es uns, selbstverleugnende Asketen zu werden. In dieser Welt leben gesunde Menschen nicht in einem dauernden Zustand einer Zen-Erleuchtung, noch können sie die vollkommene Selbstverwirklichung erlangen, was immer das auch heißen mag. Wie gesund und glücklich wir auch werden mögen, wir bleiben dabei doch immer unvollkommen und begrenzt. Anstatt aus dem Leben ins Nirvana zu fliehen oder in der Sehnsucht nach einer unmöglichen Vollkommenheit über das Leben hinauswachsen zu wollen, müssen wir lernen, uns der ungeheuerlichen Herausforderung zu stellen, ein wirklicher Mensch zu werden und zu sein.

Wenn wir das Ziel eines erfüllten, glücklichen Lebens voller wohlgenutzter Erfahrungen erreichen wollen, bedeutet das, daß jeder von uns im Grunde ein Paradoxon bleibt – frei und doch eingeschränkt von der Notwendigkeit; klug, aber doch unschuldig; offen für andere, aber doch eigenständig; stark, aber doch fähig nachzugeben; erfüllt von der Liebe zu den höchsten Werten und doch fähig, Unvollkommenheit zu akzeptieren; realistisch, was das Leiden anbelangt, das die Existenz uns auferlegt, und doch voller Dankbarkeit für das Leben, wie es ist.

Das Zeugnis der großen Menschen, die auf dieser Welt gelebt haben, zeigt uns, daß der Weg zu der Erfüllung unserer Möglichkeiten über die Selbstüberwindung führt. Wir müssen lernen, über die Ich-Zentriertheit hinauszugehen, um in uns Raum für andere zu schaffen. Wenn man sich selbst überwindet, wird die Qualität unseres Lebens dafür Zeugnis ablegen. Man wird dann – wenn auch nur für Augenblicke – eine Transparenz und eine Ausstrahlung haben, die daher rührt, daß wir sowohl bei uns selbst sind als auch über uns selbst hinausgehen. Darin liegt das Versprechen und die Beglückung der Selbsterkenntnis.

Teil II

Die neun Persönlichkeitstypen

Kapitel 4

Typus zwei: Der Helfer

Typus zwei in Umrissen

Gesund: Gelangt zur Selbstlosigkeit, wird altruistisch, kann bedingungslos Liebe geben. Einfühlsam, mitfühlend, liebevoll, warmherzig und bemüht. Ermutigend, großzügig, gibt gerne: ein hilfsbereiter, liebevoller Mensch.

Durchschnittlich: Trägt das Herz auf der Zunge, ist überschwenglich, freundlich, voll guter Absichten allem und jedem gegenüber. Wird distanzlos, vereinnahmend, besitzergreifend: der aufopferungsvolle, mütterliche Mensch, der gar nicht genug für andere tun kann. Selbstbezogen, hält sich für unentbehrlich, kennt seine Grenzen nicht. Vereinnahmend, herrisch.

Gestört: Kann manipulativ und ich-bezogen sein, ruft Schuldgefühle hervor, will andere von sich abhängig machen. Ist sich selbst über seine Motive und sein Verhalten im unklaren.

Dominierend und herrschsüchtig: fühlt sich berechtigt, von anderen alles zu bekommen, was er will. Der »Opfer- und Märtyrer-Typ«: fühlt sich mißbraucht, ist erfüllt von bitterem Groll und Wut, was zu Hypochondrie und psychosomatischen Problemen führt.

Grundmotivation: Möchte geliebt werden, möchte seine Gefühle für andere zum Ausdruck bringen, gebraucht und geschätzt werden, will andere dazu bringen, auf ihn zu reagieren, möchte seine Ansprüche rechtfertigen.

Beispiele: Mutter Teresa, Mahatma Gandhi, Eleanor Roosevelt, Leo Buscaglia, Bill Cosby, Luciano Pavarotti, Sammy Davis Junior, Mister Rogers und das Stereotyp der jüdischen Mutter.

Gesamtbild von Typus zwei:

Die Liebe ist schwer zu definieren, weil sie so viele Facetten hat. Für verschiedene Menschen bedeutet sie ganz Unterschiedliches in unterschiedlichen Arten von Beziehungen. Mit dem Wort kann man eine Vielzahl von Tugenden ebenso wie von Lastern umschreiben. Typus zwei denkt von allen Persönlichkeitstypen über die Liebe am ehesten, daß sie bedeute, positive Gefühle anderen gegenüber zu haben, sich um andere zu kümmern, sich selbst aufzuopfern. Diese Aspekte der Liebe sind zweifellos wichtige Mosaiksteine des Gesamtbildes. Doch woran ein Mensch vom Typus zwei oft nicht denkt, ist die Tatsache, daß die Liebe im höchsten Sinn mehr mit Realismus als mit Gefühl zu tun hat. Wirklich aufrichtige Liebe wünscht das Beste für den anderen, selbst wenn dadurch die Beziehung aufs Spiel gesetzt wird. Liebe will, daß der geliebte Mensch stark und unabhängig wird, selbst wenn das bedeutet, daß der Liebende sich aus dem Leben des anderen zurückziehen muß. Wirkliche Liebe will von anderen nie etwas haben, was nicht freiwillig gegeben würde. Es tut der Liebe keinen

Abbruch, wenn sie nicht auf Gegenliebe stößt, sie überwindet Eigennutz und Schwächen, gleichgültig, wer »schuld« daran ist. Und man kann sie nicht zurückfordern. Könnte man es, wäre es keine Liebe.

Menschen vom Typus zwei glauben zutiefst an die Macht der Liebe als der Quelle alles Guten im Leben, und in vieler Hinsicht haben sie auch recht. Aber was manche Menschen vom Typus zwei Liebe nennen, unterscheidet sich doch gewaltig von dem, was wirkliche Liebe ist. Bei diesem Persönlichkeitstypus sehen wir das breite Spektrum der Liebe von selbstloser, aufrichtiger Zuneigung über das schmeichelnde Gehabe dessen, der um jeden Preis gefallen will, bis zu den Manipulationen einer jüdischen Mutter (obwohl man natürlich weder Jude noch eine Mutter sein muß, um die Liebe als Manipulationsmittel zu benutzen). Unter dem Banner der Liebe marschieren die verschiedenartigsten Menschen, von den selbstlosesten Engeln bis hin zu den haßerfülltesten Teufeln. Wenn wir zu einem tieferen Einblick in Persönlichkeitstypus zwei gelangen, werden wir sehen, was es mit dieser breiten Skala bei ihm auf sich hat.

In der Gefühls-Triade

Obwohl Menschen vom Typus zwei starke Gefühle gegenüber anderen hegen, haben sie möglicherweise Probleme mit ihrem eigenen Gefühlsleben. Sie neigen dazu, ihre positiven Empfindungen anderen gegenüber überzubetonen, während sie ihre negativen Gefühle ganz und gar leugnen. Sie sehen sich als liebevolle, fürsorgliche Menschen, aber nur allzuoft lieben sie andere, um wiedergeliebt zu werden. Ihre »Liebe« ist nicht selbstlos: es sind immer Erwartungen damit verbunden, daß sie ihnen vergolten werde.

Ein gesunder Menschentypus zwei jedoch ist der aufmerksamste und am aufrichtigsten liebende unter allen Persönlichkeitstypen. Da diese Menschen starke Gefühle haben und ihnen wirklich am Wohlergehen anderer liegt, tun sie alles, um den anderen zu helfen, Gutes zu tun und wirklichen Bedürfnissen nachzukommen. Entwickeln sie sich jedoch in die gestörte Richtung, täuschen sie sich selbst über die Anwesenheit und das Ausmaß ihrer aggressiven Gefühle und erkennen nicht, wie manipulativ und dominierend sie sein können. Wie wir sehen werden, gehören gestörte Menschen vom Typus zwei zu den hinterhältigsten unter allen Persönlichkeitstypen, weil sich hinter ihrer großen Selbstlosigkeit die äußerste Egozentrik verbirgt. Sie können anderen furchtbar schaden, aber immer in dem Glauben, vollkommen gut zu sein.

Das Problem liegt darin begründet, daß selbst Menschen vom durchschnittlichen Typus zwei sich nicht sehen können als das, was sie wirklich sind, nämlich Menschen mit zusammengesetzten Motiven, im Widerstreit liegenden Gefühlen und persönlichen Bedürfnissen, die sie erfüllen wollen. Sie malen sich ihr eigenes Bild in den leuchtendsten Farben und merken gar nicht, worin ihre negativen Eigenschaften bestehen, in dem Maß wie sie allmählich immer tieferen Selbsttäuschungen unterliegen. Es ist äußerst schwer zu verstehen, warum sie sich so gründlich über sich selbst täuschen können; ebenso schwierig ist im Umgang mit ihnen auch die manipulative Art, mit der sie versuchen zu bekommen, was sie wollen. Je schlimmer es um sie steht, desto schwieriger ist es, die eigene Wahrnehmung, die man von ihnen hat, mit ihrer ach so tugendhaften Selbstwahrnehmung in Einklang zu bringen. Sie finden immerzu Entschuldigungen für sich selbst und verlangen, daß man dasselbe tut – ja sie verlangen, daß man ihre Interpretation des Verhaltens gegen das eigene gesunde Urteil akzeptiert, ja manchmal gegen eindeutige Tatsachen.

Der Typus zwei entspricht dem extrovertierten Fühltypus in der Jungschen Typologie. Leider finden wir bei Jung hier keine allzu erhellende Beschreibung; dennoch ist die folgende Schilderung seiner Charakterzüge interessant.

Je nach Grade der Dissoziation zwischen dem Ich und dem jeweiligen Gefühlszustand treten mehr oder weniger Zeichen des Uneinsseins mit sich selbst auf, d. h., die ursprünglich kompensierende Einstellung des Unbewußten wird zur manifesten Opposition. Dies zeigt sich zunächst in einer übertriebenen Gefühlsäußerung, z. B. lauten und aufdringlichen Gefühlsprädikaten, die aber eine gewisse Glaubwürdigkeit vermissen lassen. Sie klingen hohl und überzeugen nicht. Sie lassen im Gegenteil bereits die Möglichkeit erkennen, daß damit ein Widerstand überkompensiert wird, und daß darum ein solches Gefühlsurteil auch ganz anders lauten könnte... und wenig später lautet es auch anders. Die Situation braucht sich nur um ein weniges zu ändern, um sofort eine ganz entgegengesetzte Bewertung desselben Objektes auf den Plan zu rufen. (C. G. Jung, *Psychologische Typen*)

Was Jung beschreibt, ist die Ambivalenz der Gefühle des Menschen vom Typus zwei – die Fähigkeit, von scheinbar vollkommen positiven Gefühlen anderen gegenüber plötzlich zu außerordentlich negativen umzuschwenken. Wenn wir den Abstieg des Typus zwei auf dem Kontinuum seiner Charakterzüge verfolgen, können wir sehen, daß gesunde Menschen vom Typus zwei andere wirklich aufrichtig lieben. Durchschnittliche Menschen vom Typus zwei jedoch haben gemischte Gefühle: ihre Liebe ist keineswegs auch nur annähernd so rein und selbstlos, wie sie meinen. Und bei gestörten Menschen vom Typus zwei wird das Gegenteil der Liebe wirksam: ihr Haß findet seine Nahrung in dem nagenden Groll, den sie gegen andere hegen. Jung hat nicht recht, wenn er schreibt: »Die Situation braucht sich nur um ein weniges zu ändern, um sofort eine ganz entgegengesetzte Bewertung desselben Objektes hervorzurufen«, denn Haß liegt am anderen Ende des Spektrums, ist der wirklichen Liebe entgegengesetzt. Wahr ist jedoch, daß das Beschriebene Schritt für Schritt geschieht, wobei sich der Mensch vom Typus zwei allmählich zur Neurose hin entwickelt.

Probleme mit Feindseligkeit und Identität

Menschen vom Typus zwei, drei und vier verbindet gemeinsam das Problem mit ihrer Feindseligkeit, die sie allerdings auf unterschiedliche Weise zum Ausdruck bringen. Typus zwei leugnet, überhaupt feindselige Gefühle zu haben und verbirgt seine Aggressionen nicht nur vor anderen, sondern auch vor sich selbst. Er schützt sich davor, die Existenz der Aggressionen und ihr Ausmaß wahrzunehmen, weil sein Selbstbild es ihm verbietet, offen Feindseligkeit zu zeigen. Er handelt nur aggressiv, wenn er sich selbst davon überzeugen kann, daß seine Aggression jemand anderem dient, nie aber aus Eigeninteresse. Ein durchschnittlicher oder gestörter Mensch vom Typus zwei hat das Empfinden, ein offenes Ausleben von Egozentrik oder Aggressivität widerspräche in seiner Negativität nicht nur seinem tugendhaften Selbstbild, sondern schöbe sich auch trennend zwischen sich selbst und andere. So verleugnen diese Menschen, daß sie überhaupt je selbstbezogene oder aggressive Motive haben und interpretieren ihr tatsächliches Verhalten immer so, daß es ihnen auf keinen Fall schadet. Sie haben darin mit der Zeit viel Übung und täuschen sich selbst vollkommen über den Widerspruch zwischen ihren wahren Motiven und ihrem realen Verhalten hinweg. Gestörte Menschen dieses Typus können sowohl sehr egozentrisch als auch sehr aggressiv handeln, während sie in ihrer eigenen Vorstellung nicht im mindesten egozentrisch oder aggressiv sind.

Ihre Motivation entspringt dem Bedürfnis, geliebt zu werden. Diese Menschen laufen aber immer Gefahr, ihren Wunsch nach Zuwendung in das Bedürfnis abgleiten zu lassen, andere zu kontrollieren. Indem sie dies tun, erzeugt der durchschnittliche Typus zwei unvermeidlich Widerwillen gegen sich selbst in anderen, verlangt aber zugleich, daß man ihm immer wieder bestätigt, wie tugendhaft er sei. Wenn zwischenpersönliche Konflikte aufbrechen, was gar nicht zu vermeiden ist, da sie ja immer wieder versuchen, andere zu beherrschen, fühlen sich durchschnittliche oder gestörte Menschen vom Typus zwei mißverstanden und schlecht behandelt, ohne je zu merken, daß sie vielleicht auch andere mißverstehen oder schlecht behandeln. Sie betrachten sich als Märtyrer, die sich selbstlos geopfert haben und dafür nicht den geringsten Dank erfahren. Ihre aggressiven Gefühle und ihr Groll manifestieren sich schließlich in psychosomatischen Beschwerden und physischen Krankheiten, die andere dazu zwingen, sich um sie zu kümmern, da sie ja nun zu vom Schicksal geschlagenen Invaliden geworden sind – im Namen der Liebe.

Die Liebe anderer zu gewinnen, ist für Menschen vom Typus zwei wichtig, da sie fürchten, nicht nur um ihrer selbst willen geliebt zu werden. Sie haben das Gefühl, daß sie nur dann geliebt werden, wenn sie sich diese Liebe verdienen können, indem sie immer gut sind und sich immerzu für andere aufopfern. Mit einem Wort: sie fürchten, von anderen nicht geliebt zu werden, wenn es ihnen nicht gelingt, andere dazu zu bringen, sie zu lieben. Natürlich entsteht daraus ein brodelnder Kessel verborgener Aggressionen, und wenn die anderen nicht auf sie reagieren, wie sie sich das vorstellen, können durchschnittliche oder gestörte Menschen vom Typus zwei wachsenden Groll in sich anstauen. Da sie sich jedoch nicht bewußt zu ihren aggressiven Gefühlen bekennen können, drücken sie sie indirekt durch manipulatives Verhalten aus, das sie leugnen. Es ist erschreckend zu sehen, wie schlimm gestörte Menschen dieses Typus andere behandeln und dabei noch alles rechtfertigen, was sie tun. Aber wie destruktiv ihr Verhalten auch ist, sie sind voller Überzeugung, daß sie im Innersten nur von Liebe und den reinsten und besten Absichten erfüllt seien.

Das Paradoxe beim Typus zwei ist seine vollkommene Selbst-bezogenheit, ohne jedoch bei anderen diesen Eindruck zu erwecken oder sich selbst als egozentrisch zu betrachten. Allen Behauptungen zum Trotz ist selbst für einen durchschnittlichen Typus zwei das Wohl der anderen nicht das Primäre. Wichtig für ihn sind nur die positiven Gefühle sich selbst gegenüber, verstärkt durch die positiven Reaktionen anderer, und das ist es, wonach er geradezu süchtig ist.

Deshalb hat Typus zwei ein weiteres Problem mit Typus drei und vier gemeinsam, nämlich das Problem mit der eigenen Identität. Andere Menschen sehen den Typus zwei nicht so, wie er wirklich ist, und vor allem sieht er sich selbst nicht so, wie er wirklich ist. Es entsteht eine wachsende Kluft zwischen dem Selbstbild mit Heiligenschein und dem tatsächlichen Sünder; zwischen den Forderungen nach Liebe, die sich an die anderen richten, und der Zuneigung, die er wirklich verdient hat.

Ursprünge in der Kindheit

Als Kinder hatten Menschen vom Typus zwei eine ambivalente Beziehung zu ihrem Vater oder zu einer Vater-Figur, die für die Entwicklung ihrer Persönlichkeit von entscheidender Bedeutung war. Die Ambivalenz dem Vater gegenüber bildet die Grundlage für eine ambivalente Einstellung jedem Menschen gegenüber, der die von ihnen ersehnte Liebe geben kann (In der Freudschen Terminologie hat der Typus zwei Probleme mit dem Über-Ich).

Die Ambivalenz dem Vater gegenüber ist eine Erklärung für die Tatsache, daß die Selbstachtung dieses Typus von Bedingungen abhängt. Typus zwei liebt sich selbst nicht bedingungslos wie Typus drei, er leidet aber auch nicht unter einem Mangel an Selbstachtung wie Typus vier. Die Selbstachtung dieser Menschen basiert vielmehr auf der Bedingung, daß sie

absolut edel sein müssen. Sie müssen sich selbst als gut empfinden, um ihre Selbstachtung aufrechterhalten zu können und
eine Identität zu bilden, auf die andere mit der von ihnen
ersehnten Liebe reagieren.

Während natürlich nichts dagegen zu sagen ist, daß sie sich gut
fühlen, wenn sie auch wirklich gut sind, beginnen die Probleme dieser Menschen damit, daß sie meinen, sich immer gut
fühlen zu müssen. Auch wenn sie weit davon entfernt sind, es
zu sein, *müssen* Menschen vom Typus zwei sich selbst als gut
für andere sehen, weil sie ja so tugendhaft sind. Die Ironie
liegt darin, daß sie sich vor allem dann als unendlich edel
sehen müssen, wenn sie egozentrisch und manipulativ sind
und auf andere Druck ausüben.

Durchschnittliche oder gestörte Menschen dieses Typus tun
also alles dafür, in ihrer eigenen Vorstellung gut zu sein und
andere dazu zu bringen, dieses Selbstbild auch noch zu bestärken. Deshalb ist für den gestörten Typus zwei die Selbsttäuschung so wichtig, und deshalb können sie so destruktiv auf
das Emotionalleben anderer einwirken und dabei vollkommen überzeugt vom eigenen Edelmut sein.

Ist der Typus zwei gesund, so wird er sich über die Bedürfnisse seines Ego hinaus entwickeln und im positivsten Sinne
liebevoll, selbstlos und uneigennützig werden. Am unteren
Ende des Persönlichkeitskontinuums aber ist die »Liebe« eines
gestörten Typus zwei nichts weiter als die Tünche über den
Wunsch, andere zu dominieren. Solche Menschen sind nicht
wirklich um andere besorgt oder an ihrem Wohlergehen interessiert; es geht ihnen lediglich um die Erfüllung ihrer neurotischen Bedürfnisse. Gestörte Menschen vom Typus zwei tun
Böses im Namen des Guten und haben das Gefühl für den
Unterschied zwischen beidem verloren.

Analyse des gesunden Typus zwei

Der uneigennützige Altruist

Im besten Fall ist ein gesunder Mensch vom Typus zwei erstaunlich selbstlos, altruistisch und fähig, anderen eine wahrhaft bedingungslose, dauerhafte Liebe ohne jeden Hintergedanken entgegenzubringen. Seine bedingungslose Liebe erlaubt ihm, anderen Menschen Zuneigung ohne Rücksicht auf sich selbst zu geben und nicht notwendigerweise Gegenliebe zu erwarten. Es ist ihm nicht wichtig, für seine Liebe etwas zurückzubekommen.

Wirkliche und bedingungslose Liebe ist zugleich frei und befreiend. Ein gesunder Typus zwei hat die Freiheit zu lieben oder auch nicht, ebenso wie die anderen frei sind, darauf zu reagieren oder auch nicht. Andere dürfen sich nach ihrem eigenen Gesetz weiterentwickeln, selbst wenn das bedeutet, daß sie sich von ihm wegentwickeln. Ein gesunder Typus zwei weiß immer, daß es ein großes Privileg des anderen ist, wenn er ihm erlaubt, Teil seines Lebens zu sein, ein Geschenk, das er erhält, nicht etwas, das zu fordern er das Recht hätte.

Ein wirklich gesunder Typus zwei ist so altruistisch, wie es ein Mensch nur sein kann. Solche Menschen sind sich ihrer Güte nicht bewußt, »ihre rechte Hand weiß nicht, was ihre linke tut«. Ihre Güte ist unerschöpflich, und es beglückt sie, wenn andere Glück haben. Sie sind einfach der Überzeugung, daß Gutes getan werden muß, gleichgültig wer es tut oder wem dafür der Dank zukommt. Ein wirklich gesunder Mensch vom Typus zwei ärgert sich nicht, wenn jemand anderem das Verdienst für etwas zufällt, das er selbst getan hat. Etwas Gutes ist geschehen, andere hatten etwas davon, allein das zählt für ihn.

Im Idealfall ist ein gesunder Typus zwei also vollkommen uneigennützig im wahrsten Sinne des Wortes: er handelt nicht aus Eigennutz. Seine Absichten und Handlungen richten sich ausschließlich auf das Wohlergehen anderer, ohne daß seine

Motive darüber hinausgehen. Seine Uneigennützigkeit erlaubt ihm, die wirklichen Bedürfnisse anderer klar zu sehen, ohne daß sein Ego das Bild trüben würde. So ist in all seinen Beziehungen eine außergewöhnliche Direktheit möglich, da ihm sein Ego und sein Eigeninteresse nie im Weg stehen.

Paradox bei einem sehr gesunden Menschen dieses Typus ist, daß er desto mehr zu geben hat, je mehr er gibt. Je mehr er verehrt wird, desto bescheidener wird er. Je mehr andere Menschen ihm Macht über ihr Leben verleihen, desto weniger Macht will er über sie haben. Je weniger er an sich selbst denkt, desto mehr wird er geliebt. Zudem begnügt sich die Tugendhaftigkeit nicht mit sich selbst: der dauerhafte Lohn der Tugendhaftigkeit ist Glücklichsein. Sehr gesunde Menschen vom Typus zwei sind glücklich, gut zu sein und erfüllt von einer ausstrahlenden Lebensfreude. Sie gehören zu den charismatischsten Menschen, denen zu begegnen man das Glück haben kann – sie strahlen eine unaussprechliche Seligkeit aus, die aus wahrer Güte und der Fähigkeit, anderen wohlzutun, entspringt.

Wenige Menschen gelangen auf diese Ebene dauerhafter altruistischer Liebe, und jene, die dorthin gelangen, machen kein Aufhebens davon. Die wenigen, die so nahe daran sind, Heilige zu sein, sind zu bescheiden, gut von sich zu denken. Es würde sie in Verlegenheit bringen, wenn man es ihnen sagte, denn da sie nun einmal so gut sind, wissen sie auch sehr wohl, wie gefährdet Tugendhaftigkeit ist. So haben wir in sehr gesunden Menschen vom Typus zwei ein Beispiel, wie hoch die menschliche Natur sich aufschwingen kann. Sie waren siegreich in dem nie endenden Kampf, das Ego zu überwinden und in ihrem Inneren Raum für den anderen zu schaffen. Sie haben gelernt, wahrhaftig zu lieben.

Auch wenn sie nicht allezeit auf den Höhen der Selbstlosigkeit leben, bleiben gesunde Menschen vom Typus zwei immer am Wohlergehen der anderen interessiert. Emotional auf andere Menschen eingestellt, sind sie die einfühlsamsten Vertreter aller Persönlichkeitstypen.

Einfühlungsgabe ist die Fähigkeit, sich in einen anderen hineinversetzen zu können und seine Gefühle so zu erleben, als seien sie die eigenen. Durch solches Mitempfinden werden die Gefühle der anderen zu den eigenen, ihre Bedürfnisse zu den eigenen Bedürfnissen. Durch ihre große Einfühlungsgabe sind gesunde Menschen vom Typus zwei in der Lage, ganz von sich abzusehen, wirklich Mitleid und Fürsorglichkeit zu empfinden. Sie haben die Kraft, mit den Leidenden zu leiden. Erreicht sie die Nachricht von einer Katastrophe irgendwo in der Welt, so sind sie mit ihrem Herzen bei den Betroffenen. Die Ehe- oder Berufsprobleme ihrer Freunde berühren sie tief. Wenn man weiß, daß jemand anders mitempfindet, was man fühlt, daß jemand mit einem weint, daß er sich um einen sorgt und seine eigenen Bedürfnisse nicht so sehr in den Vordergrund stellt und alles tun wird, um einem zu helfen, kann das in schwierigen Zeiten ein großer Trost sein.

Da sie emotional so stark und positiv für andere engagiert sind, nehmen gesunde Menschen vom Typus zwei sich selbst als einfühlsam und liebevoll wahr. Ihr Herz ist eine höhere Instanz als ihr Kopf, und weil sie sich von ihrem Herzen leiten lassen, urteilen sie nicht über andere oder kümmern sich nicht allzusehr darum, was nun richtig oder falsch ist.

Ein gesunder Typus zwei sieht sich selbst als gut, weil er es auch wirklich ist. Er weiß, daß er ein liebevoller Mensch und wirklich von Liebe erfüllt ist. Er ist voller Wohlwollen, aufrichtig und warmherzig und er erkennt diese Stärken auch bei sich selbst. Das gibt ihm großes Selbstvertrauen und den Mut, scheinbar Unmögliches zu wagen. Sein Vertrauen gründet sich aber nicht primär auf sich selbst, sondern auf das Ideal der Güte, an das er so fest glaubt.

Wahrscheinlich ist es unnötig zu betonen, daß ein gesunder Typus zwei außerordentlich großmütig ist. Das ist bei ihm vor allem eine geistige Angelegenheit, nicht primär eine materielle (da der eine oder andere Typus zwei auch recht wenig mit materiellen Gütern gesegnet sein kann); diese Großzügigkeit ist in erster Linie eine Haltung den anderen gegenüber. Er hilft überall und versucht alles im besten Licht zu sehen, wobei er immer an das Gute im Menschen glaubt. Das ist in gewisser Weise eine irrationale Gabe, da sie die Verstandesebene verläßt – ein gesunder Typus zwei findet an anderen keine dunklen Punkte, selbst wenn sie zu finden wären, und zwar nicht, weil er sie nicht wahrnehmen könnte (ganz im Gegenteil), sondern weil er vom Positiven wesentlich mehr angezogen ist und es bestärken möchte. Er kann den Sünder lieben, nicht aber die Sünde, was ein entscheidender Unterschied ist.

Der Fürsorgliche

Ein gesunder Typus zwei möchte zum Ausdruck bringen, wie sehr er den Nächsten liebt. Seine starken positiven Gefühle anderen Menschen gegenüber drängen ihn einfach dazu, diesen Impuls in die Tat umzusetzen. Hilfsbereitschaft ist deshalb auf dieser Ebene ein Schlüsselwort, und dieser Typus wird zu einem Menschen, der immer gerne gibt und der große Befriedigung daraus zieht, anderen auf vielfältige konkrete Weise hilfreich zu sein. Er dient denen, die bedürftig sind und nicht für sich selbst sorgen können; speist die Hungrigen, bekleidet die Nackten, besucht die Kranken, nimmt freiwillig alle philanthropischen Aufgaben auf sich und zieht alle ihm zur Verfügung stehenden Register, anderen zu helfen.

Ein gesunder Mensch vom Typus zwei geht auf die anderen zu, gibt substantielle Hilfe, auch wenn das bedeutet, daß er für sich selbst Nachteile einstecken muß oder Schwierigkeiten bekommt. Er denkt wirklich an alle materiellen, emotionalen, psychologischen und spirituellen Bedürfnisse der Menschen. In Krisensituationen verhält er sich ganz hervorragend; die anderen wissen, daß sie immer auf ihn zählen können. Er gehört zu der Art von Menschen, die man auch mitten in der Nacht anrufen kann, wenn man Hilfe braucht. Sie sind großzügig mit ihrer Zeit, ihrer Aufmerksamkeit, ihrem Geld und anderen Mitteln – aufopferungsvoll im besten Sinne des Wortes. Die meisten Menschen wenden sich an sie, da sich bei ihnen persönliche Anteilnahme und praktische Hilfsbereitschaft einzigartig verbinden.

Ein gesunder Typus zwei tut anderen immer gut, weil seine Liebe so etwas Besonderes ist: er läßt die anderen spüren, daß jemand wirklich das Beste für sie will. Diese Menschen schätzen das Gute im anderen und sind durch diese Überzeugung in der Lage, zu ermutigen und zu loben, aufzurichten und Vertrauen einzuflößen. Sie lassen Selbstachtung im Gegenüber wachsen, weil sie ihm die Aufmerksamkeit und Wertschätzung zuteil werden lassen, die er braucht, um zu gedeihen.

Ohne es darauf abgesehen zu haben, üben diese Menschen einen immensen Einfluß auf andere aus, weil wenige Dinge im Leben so stark wirken wie die Gabe, in anderen das Gefühl zu wecken, daß ein guter Mensch sich um einen kümmert, an einen glaubt und einem zur Seite steht. Wenn man Gutes von den Menschen erwartet und schätzt, was sie tun, nährt das ihr Selbstvertrauen und schafft ein Klima der positiven Hoffnung, das sie befähigt, große Dinge zu tun.

So sind Menschen vom Typus zwei gleichsam das Musterbild guter Eltern und verhalten sich jedem gegenüber, dem sie begegnen, im besten Sinne als Vater- oder Mutter-Figur. Gute Eltern wollen das Beste für ihre Kinder. Sie bemühen sich aktiv um ihr Wohlergehen. Ebenso tun es die Menschen dieses Typus, sie nähren, sie ermutigen und sie bestärken die Entwicklung der anderen und deren Fähigkeit, die eigene Kraft zu entdecken.

In einem Wort: sie verkörpern das Ideal der Nächstenliebe in der Tat. Ein gesunder Typus zwei kann ein Heiliger oder auch ein heiligmäßiger Mensch sein; in jedem Fall jedoch versucht er anteilnehmend, liebevoll und hilfreich zu leben. Das ist sein Ideal, und bis zu einem gewissen Grad erreicht er es auch.

Analyse des durchschnittlichen Typus zwei

Der großsprecherische Freund

Während ein gesunder Mensch vom Typus zwei aufrichtig gütig ist, tut ein durchschnittlicher Mensch vom Typus zwei weniger real Gutes, spricht aber dafür um so mehr über seine Gefühle und guten Absichten. Irgendwie müssen diese Menschen in ihrer Seele gleichsam einen Rückwärtsgang eingelegt haben, denn die Aufmerksamkeit, die sich ursprünglich auf andere richtete, beginnt nur noch ihnen selbst zu gelten. Sie denken nicht mehr soviel daran, wirklich etwas Gutes zu tun, sondern kümmern sich mehr um ihre guten Gefühle, vor allem sich selbst gegenüber. Sie erkennen nicht, wie übertrieben und theatralisch ihre Gefühle allmählich werden oder daß sie anfangen, undurchsichtige Motive für das zu haben, was sie sagen und tun.

Der hilfsbereite, einfühlsame Mensch bekommt nun plötzlich etwas Demonstratives. Erklärungen über tief empfundene Gefühle sind an der Tagesordnung. Die Gabe mitzufühlen ist zu einem schamlosen Zur-Schau-Stellen heruntergekommen. Diese Menschen tragen ihr Herz auf der Zunge, denn sie können nicht anders, als jedermann mitzuteilen, was in ihnen vorgeht. Sie haben die Gabe, schnell Bekanntschaften zu knüpfen und stilisieren diese sofort zu Freundschaften. Zudem haben sie die Angewohnheit, jedem gleich die Hand zu schütteln, ihn am Ärmel zu packen oder ihm den Arm um die Schultern zu legen. Sie lieben die physische Nähe; Küssen, Berühren und Umarmen sind Zeichen ihres überschwenglichen, theatralischen Stils.

Natürlich bleibt die Liebe immer ihr höchster Wert, und sie wollen alle lieben. Liebe wird ihre Entschuldigung, ihre Rationalisierung, ihr Motiv für alles, das einzige Ziel ihres Lebens. Sie werden nicht müde, darüber zu reden. Es ist ihr Thema Nummer eins. Aber natürlich meint ein durchschnittlicher Mensch vom Typus zwei, wenn er von Liebe spricht, *seine* Liebe, die alle Bedürfnisse des Gegenübers erfüllen wird.

Der durchschnittliche Typus zwei ist überzeugt davon, daß er etwas Wertvolles zu geben hat: sich selbst, seine Liebe und Aufmerksamkeit. Er ist sich ganz sicher, daß sein guter Wille gegen jedermann aufrichtig ist und legt alles, was er tut, zu seinem Besten aus.

Aber diese Menschen sind, trotz aller guten Absichten, nicht wirklich fehlerlos. Ihr Ego bläht sich immer mehr auf, auch wenn sie sich Mühe geben, das zu verbergen, vor allem vor sich selbst.

In diesem Stadium ist ein durchschnittlicher Typus zwei jemand, der es jedem recht macht, nur damit er auf Gegenliebe stößt, auch wenn er sich dieses Motiv nicht eingestehen will (oder kann). Er ist überzeugt, daß er die anderen einfach lieben möchte und schlicht zum Ausdruck bringen will, was er empfindet. Aber wenn er seine Achtung für andere überbetont, wird aufrichtige Zuneigung zur bloßen Schmeichelei, deren Ziel es nicht ist, den anderen wirklich zu schätzen, sondern der es darum geht, für das ausgesprochene Lob den entsprechenden Dank einzuheimsen.

Im Leben dieser Menschen spielt die Religion oft eine große Rolle. Auf der durchschnittlichen Ebene der Entwicklung sind sie möglicherweise aufrichtig religiös und wollen aufgrund ihrer Überzeugung anderen Gutes tun. Die Religiosität kommt der Art, wie sie sich selbst sehen möchten, sehr entgegen. Sie verstärkt ihr Selbstbild des immerzu Wohlmeinenden und verleiht ihren Beteuerungen, aufrichtig zu sein, eine gewisse Glaubwürdigkeit. Die Religion verleiht einem durchschnittlichen Typus zwei auch ein Vokabular und ein Wertsystem, die ihm erlauben, über Liebe, Freundschaft, Aufopferung und Güte zu sprechen, darüber, was sie für andere tun und empfinden – also über ihre Lieblingsthemen. Die Religion stellt die durchschnittlichen Menschen vom Typus zwei mit Engeln auf eine Stufe, und so wagen nur wenige ihre Motive in Frage zu stellen. Auch ihr Stolz findet seine Nahrung in der Religion. Insgeheim hätten sie es gerne, daß man sie als Erretter und Wundertäter betrachtet. Sie haben Phantasien davon, wie ihre Liebe alles erobert, wie sie den anderen mit schierer Freundlichkeit überwältigen und mit reiner Güte gewinnen – all das sind religiöse Themen, die einen durchschnittlichen Typus zwei in dem Gefühl wiegen, ein guter Mensch zu sein.

Die aufrichtige Wertschätzung anderer Menschen, die wir beim gesunden Typus zwei finden, hat sich hier zu einer Egozentrik hin entwickelt, der es nur darum geht, auf subtilste Weise die Aufmerksamkeit auf sich selbst zu ziehen. Diese Menschen betonen unter allen Umständen, wie tief ihre Gefühle sind und wie aufrichtig wohlmeinend sie seien. Und während diese schönen Worte an andere gerichtet zu sein scheinen, sind diese Menschen im Grunde ihre eigenen besten Zuhörer. Sich von ihren edlen Empfindungen reden zu hören, gibt ihnen ein gutes Gefühl, und da sie weniger Zeit mit Hilfsbereitschaft anderen gegenüber vertun, haben sie noch genug Spielraum, über ihre Empfindungen ausführlich zu sprechen. Sie breiten ihre Gefühle detailliert aus und ermutigen andere, auch ihre innersten Gedanken und intime Einzelheiten ihres persönlichen Lebens offenzulegen. Sie sprechen unaufhörlich von ihren Freunden (und Freundschaften), wobei es schon fast peinlich ist, wie sehr sie ins Detail gehen (»Sprechen wir offen über uns beide.« »Warum weichst du mir aus? Magst du mich nicht mehr?«).

Viele Menschen lenken gern die Aufmerksamkeit eines durchschnittlichen Typus zwei auf sich, und dieser weiß das auch.
Seine Fähigkeit, andere mit Lob und Schmeicheleien zu überschütten, ist eine Kraftquelle, vor allem für jene, die nach
Anerkennung hungern. Die Anerkennung, die sie geben, hat
aber ihren Preis.

Der besitzergreifende »Intimfreund«

Da sie so viel Talent haben, Kontakte zu knüpfen, ist es nicht
ungewöhnlich, daß durchschnittliche Menschen vom Typus
zwei einen Kreis von Leuten um sich sammeln, der in wachsende Abhängigkeit von ihm gerät. Sie möchten eine große
Familie oder Gemeinschaft schaffen, in deren Zentrum sie
stehen, denn sie wünschen, daß die anderen sie als eine
wichtige Gestalt in ihrem Leben betrachten. Sie wickeln die
Leute ein und geben ihnen das Gefühl, daß sie zu einer
Familie gehören, ihnen zugleich aber etwas schulden dafür,
daß sie an ihr teilhaben dürfen.
In diesem Stadium verkörpern sie den »Bemutterungstyp«,
der nicht genug für einen tun kann – das Stereotyp der »jüdischen Mama« – aber natürlich sind durchschnittliche Menschen vom Typus zwei aller Religionen und Geschlechter für
dieses Verhalten anfällig. Sie füttern die anderen im wörtli-
chen und im emotionalen Sinn, und das hat eine starke Wirkung. Es gibt wenige Dinge, die so entwaffnend sind wie
scheinbar aufrichtiges Interesse, das einem entgegengebracht
wird. Ein durchschnittlicher Typus zwei ist nie erfolgreicher
als bei den Menschen, die aufgrund ihrer eigenen psychologischen Schwächen nach mütterlicher Liebe suchen.
Der durchschnittliche Typus zwei betrachtet jeden als bedürfti-
ges Kind, das nach Liebe und Aufmerksamkeit hungert, und so
drängen sie anderen Liebe und Aufmerksamkeit auf, ob sie sie
suchen oder nicht. Sie sind ständig auf der Lauer nach einer

Gelegenheit, einzugreifen, geben ungebetene Ratschläge, mischen sich in die Angelegenheit anderer und drängen sich auf – und werden so im Namen aufopferungsvoller Liebe zu einer Last. Problematisch dabei ist, daß sie sich ganz nutzlos aufopfern, daß sie Märtyrer sein wollen, die Bedürfnisse erfinden, damit sie sie erfüllen und sich damit wichtig machen können. Kurz gesagt, sie brauchen es, gebraucht zu werden.

So werden sie zu jenen Übereifrigen, die ihre Nase immer in die Angelegenheiten anderer stecken. Sie schlüpfen selbst Gleichaltrigen gegenüber in die Rolle des liebenden Vaters oder der liebenden Mutter und maßen sich an, jedermanns Probleme zu lösen, von der Partnersuche über die Berufswahl bis zur Einrichtung einer Wohnung. Weil sie von anderen gebraucht werden wollen, weil sie meinen, ihre Liebe, ihren Rat, ihre Unterstützung und ihren Beistand geben zu müssen, zögern sie nicht, sich in alles einzumischen, natürlich zum Besten des anderen. Auch nehmen sie kein Blatt vor den Mund, wenn es darum geht, direkte persönliche Fragen zu stellen. Die meisten Menschen sind dann so aus der Fassung (oder so abhängig von ihnen), daß sie sich gegen diese penetranten Fragen nicht zur Wehr setzen können. Das Problem liegt dabei darin, daß der Informationsfluß einseitig ist. Ein durchschnittlicher Typus zwei lockt aus anderen immer mehr heraus, als er von sich selbst preisgibt, und außerdem hat *er* ja gar keine Probleme: er ist nur dazu da, anderen zu helfen, ihre Probleme zu lösen.

Ein durchschnittlicher Typus zwei schleicht sich sehr rasch ins Leben anderer Menschen ein, und diese anderen haben es schwer, sich ihm zu entziehen. Leider beginnt er, anderen damit zur Last zu werden, da sie irgendwie mit der Liebe dieses Menschen zurechtkommen müssen – oder vielmehr mit seinem Bedürfnis, sich geliebt zu fühlen. So überrascht es nicht, daß seine Aufdringlichkeit gerade auf die Menschen, von denen er glaubt, er liebe sie, sehr negative Auswirkungen hat (die erdrückende Liebe einer Mutter kann das »Opfer« wirk-

lich ersticken). Aber weil ihre Liebe so unbarmherzig selbstaufopfernd ist, kommt es für jene, die in ihren Genuß gelangen, gar nicht in Frage, sich über die Art und Weise der Hilfe
zu beklagen.

Solange sie sich für andere aufopfern, glauben durchschnittliche Menschen vom Typus zwei, sie hätten ein Eigentumsrecht
an ihnen. Sie sind besitzergreifend und außerordentlich eifersüchtig ihren Freunden gegenüber – oder sie »beschützen«
ihr »Eigentum«, denn es fällt ihnen schwer, da einen Unterschied zu machen. Sie stellen ihre Freunde niemand anderem
vor, noch ermuntern sie sie, einander kennenzulernen, denn
sie fürchten, ihr Einfluß über sie könnte schwinden. Am liebsten haben sie es, wenn der andere in einer Krise steckt:
wirklich glücklich ist solch ein Mensch nicht, wenn es dem
anderen gutgeht oder wenn der andere glaubt, er könne ganz
gut ohne ihn zurechtkommen. Der durchschnittliche Typus
zwei weiß nicht, wie man losläßt, wie man andere freigibt, ein
Problem, das sich immer verschlimmert, wenn er sich weiter
in Richtung Neurotisierung hin entwickelt.

Es ist, als hielten diese Menschen immer Hof. Es schmeichelt
ihnen, wie ein Guru behandelt zu werden, jemand zu sein, zu
dem die anderen kommen, um sich raten zu lassen. Natürlich
wird von den anderen erwartet, daß sie sie über alles Wichtige
in ihrem Leben auf dem laufenden halten: sie möchten der
soziale Angelpunkt sein, an dem keine wichtige Information
vorbeigeht. Sie erwarten greifbare Reaktionen von dem anderen als Zeichen für den Erfolg ihrer Beziehungen. Sie erwarten
Telefonanrufe, Einladungen zum Essen, Karten zu jeder denk-
baren Gelegenheit, Danksagungen, und sie wollen hören, daß
man sie vermißt und liebt. Sie halten den Zustrom an Reaktionen in Gang, sie bleiben mit alten Freunden in Verbindung, sie
widmen der Erhaltung ihrer Beziehung viel Zeit – sie lassen
die anderen wissen, daß sie an sie denken, sich um sie Sorgen
machen, für sie beten usw. So mag ein durchschnittlicher
Typus zwei zwar noch aufmerksam sein, jedoch auf immer

oberflächlichere Weise: er erinnert sich durchaus an Geburtstage und greift oft zum Telefonhörer, aber er beginnt allmählich einem wirklichen Wahrnehmen der Bedürfnisse der anderen aus dem Weg zu gehen, damit er die Menschen stärker beeinflussen kann.

Es liegt eine gewisse Ironie darin, daß solche Menschen gerade durch die übermäßige Beschäftigung mit dem Leben anderer ihre eigentlichen Verpflichtungen hintanstellen, vor allem wenn sie selbst eine Familie haben. Verbindlichkeiten werden zum Problem für sie. Sie werden wankelmütig, nicht so sehr, weil sie einen Menschen fallenlassen, um sich mit einem anderen gründlicher zu beschäftigen, sondern weil sie immerzu auf der Suche nach neuer Zufuhr von Liebe sind. Da sie von allen geliebt und geschätzt werden wollen, vergrößern durchschnittliche Menschen vom Typus zwei ihren Freundes- und Bekanntenkreis unaufhörlich, tun immer mehr für andere und erfüllen immer mehr Bedürfnisse. Aber wenn jemand, der von ihnen abhängig ist, sich hilfesuchend an sie wendet, sind sie gerade nicht da – sondern gerade irgendwo anders, weil irgend jemand dringend ihre Hilfe braucht.

Ein durchschnittlicher Typus zwei übernimmt sich unvermeidlich, er hilft zu vielen Menschen, er sitzt in zu vielen Komitees, er gibt zu vielen Freunden Ratschläge, bis er schließlich unter der Last seiner Nächstenliebe zusammenbricht. Sich jedoch weniger mit anderen zu beschäftigen, ist schwer für ihn, da er gerade durch diese Beschäftigung sein Selbstgefühl aufrechterhält. Dabei hat das Gehabe dieser Menschen immer etwas Theatralisches, denn während sie sich anderen aufopfern, haben sie das Gefühl, unter ihrer eigenen Güte leiden zu müssen. Sie dramatisieren jedes Wehwehchen und jede Unannehmlichkeit, die ihre Freundlichkeit ihnen verursacht hat. Verschiedenste Krankheiten, kleine Zusammenbrüche und eine gewisse Hypochondrie gehören immer dazu.

Ein durchschnittlicher Typus zwei verhält sich in diesem Stadium keineswegs so liebevoll, wie er glaubt. Er hat ein starkes

Ego, etwas, was er vielleicht nicht einmal leugnen würde (Er hat nie behauptet, kein Ego zu haben, sondern immer nur wohlmeinend und liebevoll zu sein). Zudem hat er aggressive Impulse, die er nicht direkt ausleben kann, ebenso wie seine persönlichen Bedürfnisse. Da er es nicht riskieren kann, egozentrisch zu sein und andere zu verschrecken, überzeugt er sich selbst, daß alles, was er tut, nie für ihn selbst zum Vorteil ist, sondern immer nur für die anderen. (»Ich habe es nur für dich getan. Ich wollte es dir leichter machen«). Selbst die einfachsten, scheinbar spontanen Akte freundlichen Entgegenkommens sind belastet mit verborgenen Motiven, die er nicht erkennt.

Leider glaubt ein durchschnittlicher Typus zwei immer, er würde nur geliebt, wenn er immerzu etwas für andere tue – wobei er die anderen im Grunde besticht, ihn zu lieben. Natürlich will er eine aufrichtige Reaktion, aber anstatt zuzulassen, daß die anderen die Initiative ergreifen, kommt er ihnen schon zuvor, um auch sicher die Reaktion zu bewirken, die er erwartet. Ironischerweise weiß der Betreffende, wenn er die manipulierte Reaktion erlebt, nie, ob sie ohne sein eigenes Zutun geschehen wäre und deshalb hat sie gar nicht viel Wert für ihn. Das gibt einer neuen Angst Nahrung: Werde ich denn um meiner selbst willen geschätzt? muß er sich immer fragen. Das ist ein Problem, das sich Typus zwei selbst schafft und an dem er sich immer wieder wundreibt.

Der überhebliche »Heilige«

Ihr Standpunkt ist verständlich: Menschen vom durchschnittlichen Typus zwei glauben, viele gute Dinge getan zu haben – sie haben wohlmeinend Anteil an anderen Menschen genommen, Opfer gebracht, sie haben die Bedürfnisse der anderen in den Vordergrund gestellt – und sie wollen ganz einfach dafür anerkannt werden. Es erscheint ihnen, als nähmen die anderen alle ihre Bemühungen als selbstverständlich hin. Sie meinen, niemand schätze sie wirklich, und die anderen dächten nicht an ihre Bedürfnisse oder seien nicht bereit, sich ebenso aufzuopfern, wie sie es getan haben. Die anderen Menschen erscheinen ihnen undankbar und gedankenlos und müssen ihrer Meinung nach daran erinnert werden, wie gut sie sind.

Der Grund für dieses Verhalten liegt darin, daß es für jemanden vom Typus zwei schwierig ist, sich selbst zu achten – und seine aggressiven Impulse unter Kontrolle zu halten – wenn die anderen seinen Wert nicht erkennen. Der Mensch, der einst so scheinbar selbstlos war, hat in diesem Stadium eine Egozentrik erreicht, die sich unter wohlkalkulierter Bescheidenheit verbirgt. Ein Mensch vom Typus zwei in diesem Stadium ist nun ganz und gar überheblich geworden. Er hält sich selbst für unentbehrlich, lobt sich selbst, wird unerträglich dünkelhaft – denn er spricht in aller Bescheidenheit immerzu über seine vielen Tugenden.

Eingebildete Prahlerei ist die Hauptsünde des durchschnittlichen Typus zwei. Diese Menschen sind so von sich eingenommen, daß sie keine Gelegenheit auslassen, andere daran zu erinnern, wie viele Menschen sie lieben, wie viele Freunde sie haben und wie viele gute Werke sie schon immer tun. (»Ist es nicht erstaunlich, jemand wie ich ist so nett zu jemandem, wie du es bist! Die Leute sagen, daß du froh sein kannst, mich als Freund zu haben.«) Sie erwähnen bei jeder Gelegenheit die Namen der Leute, die sie kennen, vor allem, wenn diese Leute berühmt sind. (Das Erwähnen solcher Namen soll die anderen beeindrucken, ihnen zeigen, wie wichtig der Typus zwei als Freund aller ist; er sendet damit die Botschaft aus, daß andere ihn ruhig mehr schätzen könnten, wo doch schon so viele das tun.)

Selbstzufriedene Menschen vom Typus zwei sind sich wahrscheinlich gar nicht über das Ausmaß ihres Stolzes bewußt. Sie möchten die anderen als selbstlose Heilige beeindrucken und alle Aufmerksamkeit auf ihre Tugendhaftigkeit lenken, damit ihre guten Werke auch ja nicht unbemerkt bleiben – natürlich nur, um die anderen dadurch zu erziehen. Sie möchten großartig dastehen in den Augen der anderen, für ihre guten Eigenschaften gepriesen werden und immer wieder hören, was für herrliche Menschen sie sind oder, noch besser, zufällig mitbekommen, wie andere sie in den leuchtendsten Farben beschreiben. (Typus zwei kann natürlich hie und da auf seine kleinen menschlichen Schwächen hinweisen, aber wehe, wenn ihn jemand eines ernsthaften Fehlers bezichtigt.) Tatsache ist, daß die anderen inzwischen nur noch Anhängsel ihres Ego sind, nicht viel mehr als Lieferanten der Befriedigung für ihren Stolz.

Der Diener ist zum Herrn geworden. Was ein solcher Typus zwei nicht sieht, ist, daß er von den anderen erwartet, sie müßten ihm immerzu dankbar sein: ein unendlicher Strom der Dankbarkeit, der Aufmerksamkeit und des Lobes muß in seine Richtung fließen. Solche Menschen erwarten, daß die anderen ihnen zum Zeichen ihrer Bedeutsamkeit jeden Gefallen tun, und daß sie ihnen entweder in barer Münze oder seelisch einen Gegenwert für ihre Selbstaufopferung bringen, sei diese nun real gewesen oder nur geplant. Haben sie irgendwann einmal etwas Gutes getan, müssen diese wichtigtuerischen Menschen immer gewiß sein, daß der Empfänger ihrer Wohltaten in ihrer Schuld ist. Das Problem besteht darin, daß sie ihre guten Taten gewaltig überbewerten, während sie all das, was andere für sie tun, unterbewerten. Was andere besonders wurmt, ist die Tatsache, daß die unentbehrlichen Menschen vom Typus zwei alles Positive in ihrem Leben auf ihr Konto buchen, als sei es nur ihnen zuzuschreiben, wenn andere einen Erfolg haben oder glücklich sind. Sie glauben, die anderen hätten ohne ihre Hilfe nichts zustande gebracht (»Du mußt mir dafür dankbar sein«), und sie zögern auch nicht, das auszusprechen.

Leider sehen Menschen dieses Typus nicht, daß ihre Erwartungen hinsichtlich der Anerkennung anderer viel zu hoch sind. Sie müssen ja enttäuscht und wütend sein, wenn andere ihnen nicht zu Füßen liegen. Aber daraus entsteht ein ernsthafter Konflikt: Sie sind wütend auf die anderen, wenn diese sie nicht wieder lieben. Aber gerade weil sie diese Liebe erzwingen wollen, werden sich die Menschen wahrscheinlich von ihnen zurückziehen und sie empfinden die Zurückweisung um so schmerzhafter, gerade weil sie sich so wichtig nehmen. So wächst ihr Groll und wird das Vorspiel zu Manipulation, Zwang und Rachsucht.

Analyse des gestörten Typus zwei

Der selbstbetrügerische Manipulierer

An diesem Punkt nehmen Menschen vom Typus zwei eine besonders unangenehme Wendung zum Schlechteren. Sie sind inzwischen von heftigen Aggressionen erfüllt, aber da diese mit ihrem unantastbaren Selbstbild in Konflikt geraten, können sie nicht zum Ausdruck bringen, was sie wirklich empfinden. Das hat zur Folge, daß ein gestörter Mensch vom Typus zwei seine Aggressionen indirekt zum Ausdruck bringen muß, indem er andere manipuliert, damit sie ihm die Zuwendung entgegenbringen, die er so verzweifelt braucht. Natürlich werden diese Reaktionen, gerade weil sich die anderen manipuliert fühlen, nie so ausfallen, wie sie sich das wünschen.

Fehlt ihnen das Gefühl, geliebt zu werden, sind diese Menschen im gestörten Stadium nicht nur schrecklich verletzt, sondern ihr ganzes Wertsystem »Liebe« wird in Frage gestellt. Wenn die Liebe nicht die Macht hat, ihnen zu verschaffen, was sie brauchen, was dann? Sie haben geliebt und sind gescheitert, und das macht sie wütend. Die Antwort ist natürlich, daß das, was diese Menschen für Liebe halten, gar nicht Liebe ist, sondern scheinheilige Effekthascherei, die benutzt wird, um andere zu manipulieren. Sie benutzen zwar das Vokabular der Liebe, aber ihre Worte sind eigennützig und nur dazu bestimmt, von anderen etwas herauszulocken, ohne das direkt zu zeigen. Dieses Spiel heißt Manipulation.

Der manipulative Typus zwei ist ein Meister im Erzeugen von Schuldgefühlen; er kann andere wie ein Orchester dirigieren und die Schuldgefühle zu einem unangenehmen Crescendo anwachsen oder sie, je nach Bedarf, auf Pianissimo abdämpfen lassen. Diese Menschen spielen andere gegeneinander aus und noch schlimmer: es passiert ihnen, daß sie andere gegen sich selbst ausspielen. Für die anderen ist es erschreckend zu sehen, wie sehr die Manipulation solch eines Menschen ihn von seinem eigenen Zentrum entfernt. Erwachsene Männer und Frauen, die einem Haushalt oder einer ganzen Firma vorstehen, werden zu emotionalen Wracks reduziert, indem sie dazu manipuliert werden, gegen sich selbst vorzugehen. Aber indem Menschen vom gestörten Typus zwei andere in Selbstzweifel, Schuldgefühl und Verwirrung stürzen, lenken sie die anderen nur von ihren eigenen Manipulationen ab.

Sie unterminieren die anderen, während sie sich selbst als »Helfer« präsentieren, die den Schmerz zu heilen vermögen, den sie selbst auf ganz subtile Weise verursacht haben. Heimtückisch fügen sie einem Verletzungen zu, geben aber zugleich vor, einen trösten zu wollen; sie machen einen Menschen fertig und versuchen das Selbstvertrauen des Opfers dann mit zweifelhaften Komplimenten wieder aufzupolieren; sie lassen einen nie vergessen, daß man Probleme hat, reden einem ein, man hätte eine hoffnungslose Zukunft, versprechen aber zugleich, für immer bei einem zu bleiben; sie bohren in alten Wunden herum und eilen dann herbei, um sie wieder zu kurieren. Sie spielen sich zum besten Freund auf und werden dabei ganz unbemerkt zum schlimmsten Feind.

Natürlich ist es unerträglich, mit einem gestörten Typus zwei zu tun zu haben. Er nimmt immer eine moralisch überlegene

Position ein, gleichgültig was er gesagt oder getan hat, und indem er auf der absoluten Reinheit seiner Motive besteht, stellt er die Motive der anderen in Frage. Niemand darf sein Verhalten oder seine Motivation in Zweifel ziehen, ohne daß Typus zwei ihm Böswilligkeit unterstellt. Auch mit den greifbarsten Tatsachen kann man ihn nicht beeindrucken, da sie im Vergleich zu seinen guten Absichten ja als irrelevant vernachlässigt werden können. Ein gestörter Typus zwei wird sich todsicher immer verteidigen, er wird sich auf seine guten Absichten und sein edles Herz berufen, um alles zu sanktionieren, was er tut. Er benutzt religiöse Rationalisierungen, um sich von Schuld oder Verantwortung für sein Handeln freizusprechen; er wird jeden Versuch eines anderen, eine objektive Analyse einer Situation vorzunehmen, als kleinliche Nörgelei abtun im Vergleich zu seiner überlegenen Ethik, die immer einer höheren Moral folgt. Diese Menschen haben den Satz »Liebe und tu, was du willst« zu einer Generalabsolution umgemünzt, um im Namen der »Liebe« alles zu tun, was ihnen in den Kram paßt.

Selbsttäuschung ist der Abwehrmechanismus, der es einem gestörten Typus zwei möglich macht, die Diskrepanz zwischen seinen angemaßten Tugenden und seinem tatsächlichen Verhalten einfach nicht zu sehen. Wie destruktiv sie auch sind, diese Menschen können in ihrer illusionistischen Einstellung sich selbst gegenüber alles, was sie tun, als gut interpretieren. In ihrer Vorstellung bleiben sie immer liebevolle menschliche Wesen. Sie haben immer ein reines Gewissen.

Man muß verstehen, daß ein gestörter Typus zwei an seiner Manipuliererei nichts findet, weil er gar nicht mehr dazu kommt, einzelne Handlungsweisen rationalisieren zu müssen. Durch seinen kontinuierlichen Selbstbetrug ist es ihm gelungen, sein ganzes Leben zu rationalisieren. Wenn solche Menschen sich erst einmal als gut definiert haben, können sie alles, was sie sagen oder tun, ohne jedes Schuldgefühl rechtfertigen; ihre »Güte« bleibt unantastbar.

Sich von einem manipulationssüchtigen Typus zwei zu befreien, kann eine sehr schwierige und schmerzhafte Erfahrung sein, vor allem, weil er es ja nicht zulassen will. Wenn ein gestörter Mensch dieses Typus bei einem erträglichen Maß von Manipulation bliebe, wäre er für andere vielleicht »nur« schwer zu ertragen. Leider kann sich sein Verhalten aber noch deutlicher verschlimmern.

Der dominante Erpresser

Aus dem besitzergreifenden durchschnittlichen Typus zwei ist nun ein Mensch geworden, der nach seinen Vorstellungen Liebe von anderen erzwingen will – und diese Vorstellungen sind sehr neurotisch. Was dabei herauskommt, ist eine illusionäre Anspruchshaltung, das Gefühl, das absolute Recht zu haben, alles von anderen bekommen zu müssen, was man will. Vom Standpunkt solch eines Menschen aus schulden ihm alle unendlich viel, denn er hat ja in der Vergangenheit so viele Opfer gebracht.

Dafür, daß sie »Heilige« sind, ist der Umgang mit neurotischen Menschen vom Typus zwei außerordentlich schwierig – und wenn man mit ihnen leben muß, ist es die Hölle. Sie haben es nämlich inzwischen satt, selbstlos zu sein. Jetzt bestehen sie darauf, daß andere ihre Bedürfnisse immer in den Vordergrund stellen. Ihr Ego, dessen Bedürfnisse früher indirekt durch verschiedene Arten von Zuwendung anderen gegenüber erfüllt wurden, steht nun im Mittelpunkt und ist in seinen Forderungen exzessiv.

Diese Menschen haben auf entnervende und frustrierende Weise den Dreh heraus, wie man alle anderen im Namen der Liebe zur Schnecke machen kann. Ein neurotischer Typus zwei kann die abfälligsten Bemerkungen über andere machen, sowohl hinter ihrem Rücken als auch direkt in ihr Gesicht, wenn es sein muß, »nur zu ihrem Besten«. Sie bestrafen andere, indem sie ihnen ihre Liebe entziehen (»Versuch doch mal, ohne mich auszukommen«). Sie zögern nicht, einem die Zukunft so düster wie möglich zu malen, für den Fall, man wollte es ohne sie versuchen. (»Du wirst dabei nicht glücklich werden; ohne mich wirst du ganz schön auf die Nase fallen«.) Da sie leugnen, irgendeine persönliche Befriedigung daraus zu ziehen, wenn sie den Menschen sagen, was sie denken, und da sie natürlich keinerlei verborgene Motive haben, bleibt ihnen die Freiheit, alles zu sagen und zu tun, was sie wollen.

Sie sind wütend auf die anderen, und das merkt man auch. Die Tünche der Liebe bröckelt ab, und ein Strom bitterster Klagen ergießt sich über die Menschen: wie schlecht hat man sie doch behandelt, wie sehr hat ihre Gesundheit gelitten, wie wenig weiß man ihre Qualitäten zu schätzen. Immer wieder holen sie Dinge aus der Vergangenheit hervor, reiten darauf herum, wieviel sie einem geholfen haben, wie hilflos man ohne sie wäre und wieviel sie dazu beigetragen haben, daß man der ist, der man heute ist (»Weißt du nicht mehr, was ich alles für dich getan habe? Ist das der Dank dafür?«).

Ihre unaufhörlichen Klagen und abfälligen Bemerkungen erregen zwar Aufmerksamkeit, aber es ist die falsche Art von Aufmerksamkeit – der Groll und die Wut der anderen. Natürlich ist ein gestörter Typus zwei sich dessen bewußt und es wird für ihn zur Quelle immer neuer Klagen. Der Teufelskreis von Beschuldigung und Gegenbeschuldigung schließt sich. Solche Menschen haben dabei aber das Gefühl, keine ihrer aggressiven oder verletzenden Handlungen würden auf sie als zutiefst liebevolle menschliche Wesen zurückwirken, sondern seien durch die lieblose Behandlung, die ihnen widerfahren ist, gerechtfertigt. So können sie den anderen die schlimmsten Dinge antun, ohne auch nur einen Deut schlechtes Gewissen zu haben (»Wenn man die Liebe nach dem beurteilt, was sie meist bewirkt, ist sie eher Haß als Freundschaft« – La Rochefoucauld).

Ein neurotischer Mensch vom Typus zwei bedarf aber so sehr

des Geliebtwerdens, daß er beim Versuch, andere zu erpressen, zu den schlimmsten Mitteln greift. Möglicherweise haben gewisse Formen der Pädophilie (Unzucht mit Kindern) und der Kindesmißhandlung hier ihre Wurzeln, und möglicherweise gibt es besonders viele Menschen vom Typus zwei, bei denen solch destruktives Verhalten zu finden sein kann. Man darf dabei nicht vergessen, daß es für diese Menschen typisch ist, sich des Vertrauens und der Bewunderung von Familie und Freunden zu erfreuen. Sie sind vielleicht Lehrer, Geistliche, Sozialarbeiter, Krankenpfleger – also Menschen, deren Worte und Integrität gewöhnlich von niemandem in Zweifel gezogen werden. Es ist möglich, daß ein Mensch vom Typus zwei in diesem Stadium, da er neurotisch ist und wahrscheinlich keine befriedigenden intimen Beziehungen zu Gleichaltrigen hat, sich an Kindern vergreift, um seine emotionalen und sexuellen Bedürfnisse zu erfüllen.

Hinzu kommt noch, daß neurotische Menschen dieses Typus, die ja ohnehin außerordentlich manipulativ und ahnungslos sich selbst gegenüber sind, durchaus in der Lage sind, die Machtlosigkeit von Kindern auszunutzen. Ja, diese Machtlosigkeit ist geradezu eine der Eigenschaften, die solche Menschen anzieht – es kann sogar passieren, daß sie gerade das Kind, das sie unter Druck gesetzt oder mißhandelt haben, danach trösten, um wieder einmal die Rolle des »liebevollen Retters« zu spielen.

Das psychosomatische Opfer

Wenn ihre Forderungen nach Liebe keine Gegenliebe gebracht haben, versuchen gestörte Menschen vom Typus zwei unbewußt, andere Wege einzuschlagen. Sie wollen geliebt werden, sie wollen, daß man sich um sie kümmert, sie brauchen es mehr denn je, geschätzt zu werden. Physische Krankheit scheint ein sicheres Mittel zu sein, die ersehnte Aufmerksamkeit zu erlangen. Ist man ein hilfloser Kranker, können die anderen gar nichts anderes tun, als sich um einen zu kümmern. Diese Art von Zuwendung hat natürlich wenig Ähnlichkeit mit dem Geliebtwerden, aber es kommt dem wenigstens am nächsten.

Ein neurotischer Typus zwei versucht die Liebe der anderen (sein grundlegendes Bedürfnis) dadurch zu erlangen, daß er unbewußt wünscht, es gehe ihm schlecht. Er fürchtet, für seine Worte und Taten verantwortlich gemacht zu werden. Er fürchtet zudem, daß seine Aggressionen etwas von seinen Selbsttäuschungen offenbart haben könnten, und gerade das ist seine größte Angst. Deshalb versuchen solche Menschen unbewußt, der Verantwortung für ihr destruktives Verhalten in der Vergangenheit zu fliehen, indem sie einen physischen Zusammenbruch durchmachen, der sie in gewisser Weise vor weiterer Bestrafung schützt. Zudem muß physisches Leiden, zumindest in ihrer Vorstellung, letztlich beweisen, daß ihre wichtigsten Behauptungen über sich selbst richtig waren: sie waren selbstlos, und sie wurden Opfer der Undankbarkeit der anderen, sie haben sich für andere bis an den Rand des Zusammenbruchs abgearbeitet, usw.

Ihre Gesundheit leidet stark, weil neurotische Menschen vom Typus zwei, so tüchtig und voller Willen sie auch sein mögen, den Druck nicht mehr ertragen, mit solch enormen Widersprüchen zu leben. Die ungeheure Anstrengung, ihren Haß auf andere unter Kontrolle zu halten und zugleich zu rechtfertigen, erfordert schließlich auch auf der physischen Ebene seinen Preis.

Psychosomatische Krankheiten sind das Ergebnis des Prozesses, der als hysterische Umwandlungsreaktion bekannt ist. Rein psychologisch ausgedrückt, sind Neurotiker vom Typus zwei Hysteriker, die ihre Angst in physische Symptome umwandeln. Gewöhnlich werden sie Opfer eines weiten Spektrums mysteriöser Erkrankungen, zu denen Hautausschläge, gastrointestinale Probleme, Arthritis und hoher Blutdruck gehören – alles Leiden, bei denen Streß eine wichtige Rolle spielt (auch ein durchschnittlicher Typus zwei kann geheimnisvolle Leiden mit sich herumtragen; sobald er jedoch wirklich zur Neurose abgestiegen ist, wird die Liste seiner Krankheiten unendlich lang. Invalide zu sein, ist für ihn eine Grundlebenshaltung). Da Menschen vom Typus zwei so oft krank sind, könnten andere vermuten, sie hätten ein masochistisches Vergnügen an ihrem Leiden, was aber genau genommen nicht der Fall ist. Sie genießen das Leiden nicht wirklich, weil ihr Leiden real ist; was sie genießen, sind die Vorzüge, die das Leiden ihnen einbringt. Karen Horney beschreibt das sehr anschaulich:

> Das Leiden dient unbewußt dazu, Forderungen stellen zu können, was nicht nur den Anreiz nimmt, es zu überwinden, sondern auch zu unerwarteten Steigerungen des Leidens führt. Das bedeutet nicht, daß sein Leiden nur aus demonstrativen Gründen vorgeschoben wird. Es greift ihn viel tiefer an, da er sich vor allem selbst zu seiner eigenen Befriedigung beweisen muß, daß er das Recht auf Erfüllung seiner Bedürfnisse hat. Er muß spüren, daß sein Leiden so außerordentlich und übermäßig ist, daß es ihm die Berechtigung verleiht, Hilfe zu bekommen. Mit anderen Worten: dieser Vorgang läßt einen Menschen sein Leiden um so stärker spüren, als er es sich ja aus unbewußten strategischen Gründen zugelegt hat. (Karen Horney, *Neurosis and Human Growth*, 229 (*Neurose und menschliches Wachstum*, Frankfurt 1988)

Physisches Leiden ist auch ein dauernder, Schuldgefühle erweckender Tadel für jene, die dem neurotischen Typus zwei nicht die Liebe und die Wertschätzung entgegengebracht haben, die er immer bekommen wollte. Es ist eine unendliche Quelle der Forderung nach Aufmerksamkeit, Zuwendung, Hilfe – nach Liebe. Der »Heilige« ist zur unerträglichen Last geworden. Der Mensch, der so sehr auf andere hin orientiert

lebte, schlägt seine Familie und seine Freunde entweder in die
Flucht oder macht ihnen das Leben zur Hölle.

Analyse der Dynamik von Typus zwei

*Die Desintegrationslinie: Typus zwei entwickelt sich
zu Typus acht*

Das wesentliche Problem eines durchschnittlichen oder gestörten Typus zwei ist, daß er mit seinen aggressiven Gefühlen
nicht zurechtkommt. Selbst am Tiefpunkt ihrer Krankheiten
oder Leiden wissen neurotische Menschen vom Typus zwei,
daß sie die Aufmerksamkeit der anderen erzwingen, und dieser Gedanke versetzt sie weiterhin in Wut. Vielleicht sind sie
bettlägerig oder müssen im Krankenhaus liegen, weil sie physisch krank sind; gestört oder wirklichkeitsfremd sind sie
nicht.

So ist zwar die unbewußte Herbeiführung eines physischen
Zusammenbruches eine Anpassungsleistung (da Krankheit
und physische Behinderung einem die Möglichkeit nehmen,
Gewalt gegen andere anzuwenden), diese Form der Anpassung jedoch ist nicht von Dauer. Schließlich könnten sie wieder gesund werden und dann ihre Entwicklung in Richtung
Typus acht lenken: den Ausbruch ihrer aggressiven Gefühle in
gefährlich destruktives Verhalten.

Durch ihre seelische Störung haben diese Menschen keine
Möglichkeit, konstruktiv mit ihren aggressiven Impulsen umzugehen. Ihre Bitterkeit und Rachsucht wenden sich gegen
jene, durch die sie in ihrem Wunsch nach Zuwendung frustriert wurden. Der lang unterdrückte Haß bricht nun hervor
und richtet sich ganz offen gegen jene, von denen sie meinen,
sie hätten sie in der Vergangenheit nicht genug geliebt. Liebe
verwandelt sich nun restlos in Haß, und schwelender Haß in
Gewalt und Zerstörungslust.

Ein Mensch vom Typus zwei, der sich in Richtung Typus acht entwickelt hat, wird wahrscheinlich physische Gewalt anwenden, vielleicht sogar töten. Meist sind die eigenen Familienmitglieder am stärksten bedroht, gerade jene Menschen, für die er seiner eigenen Überzeugung nach voller guter Absichten und unermeßlicher Liebe war. Der Invalide, der aufopferungsvolle Märtyrer, der leidende Heilige wird zu einem Monster, das andere opfert.

Die Integrationslinie: Typus zwei entwickelt sich zu Typus vier

Entwickelt sich ein gesunder Typus zwei in Richtung Typus vier, bekommt er ein Gespür für seine Gefühle, vor allem für seine aggressiven Gefühle, und wird sich seiner selbst als des Menschen bewußt, der er wirklich ist. Er läßt die mangelnde Bereitschaft, sich selbst und seine Motive zu überprüfen, hinter sich und entwickelt sich zu wirklicher Selbsterkenntnis hin. Ein Mensch vom Typus zwei auf dem Weg zur Integration akzeptiert das Vorhandensein seiner negativen Gefühle ebenso wie das seiner positiven. Das bedeutet *nicht,* daß er seine negativen Gefühle auslebt, sondern daß er bereit ist, sie wahrzunehmen. Da ein Typus zwei auf dem Weg zur Entwicklung zu Typus vier emotional aufrichtiger wird, kann er auch die ganze Fülle seiner Emotionen zum Ausdruck bringen – nicht nur seine liebevolle Seite, obwohl sie sicherlich vorhanden ist, und das aufrichtiger und echter als je zuvor.

Zum ersten Mal akzeptieren Menschen vom Typus zwei auf dem Weg zur Integration sich selbst bedingungslos, ebenso wie sie die anderen bedingungslos akzeptieren. Deshalb können sie Tieferes und Persönlicheres weitergeben als in der Vergangenheit. Wenn sie von anderen geliebt werden, ist das für sie um so befriedigender, da es ihrer ganzen Person gilt. Sie können zu Recht daran glauben, nicht mehr nur dafür geliebt zu werden, was sie für andere tun, sondern dafür, was sie sind.

Nun haben sie auch die Möglichkeit, ihre reicheren, autentischen Gefühle in schöpferische Arbeit umzuwandeln. Sie werden zu tiefgründigeren Menschen, die intuitive Einblicke in das wahre Wesen des Menschseins haben. Was sie anderen geben, ist nun viel wertvoller, da sie auf dem Weg zur Integration einfach echtere Menschen sind, ob als Künstler, als Eltern oder als Freunde.

Die wichtigsten Subtypen von Typus zwei

Typus zwei mit einer Tendenz zu Typus eins

Die Charakterzüge eines Menschen vom Typus zwei und eine Tendenz zum Typus eins stehen oft in Widerspruch zueinander: Typus zwei ist emotional auf andere bezogen und neigt zum Theatralischen, während der Typus eins emotional unpersönlich und diszipliniert ist. Das Einfühlungsvermögen und das Bezogensein auf andere Menschen bei Typus zwei finden ein Gegengewicht durch die objektivere Orientierung der Tendenz zu Typus eins. Diese Menschen haben ein sehr waches Gewissen und den Wunsch, nach Prinzipien zu handeln. So werden sie immer versuchen, mit anderen gerecht umzugehen und dabei von ihren eigenen emotionalen Bedürfnissen abzusehen, obwohl sie sich wahrscheinlich immer wieder zwischen Kopf und Herz hin und hergerissen fühlen, da das stärkere Gewicht auf den Qualitäten von Typus zwei liegt. Zu den Beispielen für diesen Subtypus gehören Mutter Teresa, Mahatma Gandhi, Eleanor Roosevelt, Bischof Desmond Tutu, Danny Thomas, Alan Alder, Bill Cosby, Ann Landers, Florence Nightingale, Lewis Carroll, Melanie Hamilton-Wilkes und Jean Brodie.

Gesunde Menschen dieses Subtypus können anderen viel Gutes tun, was teilweise an den Prinzipien liegt, die sich durch die Tendenz zu Typus eins ergeben. Wichtige Charakterzüge entstammen dem Bedürfnis, andere zu lehren, ihr Leben zu verbessern und für eine gute Sache tätig zu sein. Viele soziale, religiöse und philanthropische Organisationen werden wahrscheinlich von Menschen dieses Subtypus gegründet und getragen. Er will den anderen so sinnvoll wie möglich helfen, und zwar selbstloser und altruistischer als der andere Subtypus. Wahrscheinlich ist solch ein Mensch auch ein besonders guter Lehrer, weil er nicht nur eine objektive intellektuelle Ausrichtung auf Fakten und Wertvorstellungen hat, sondern auch die emotionale Wärme, den Ideen Leben einzuhauchen. Als Pädagogen und Eltern bringen diese Menschen den ihnen Anvertrauten Ermutigung und Wertschätzung entgegen.

Bei durchschnittlichen Personen dieses Subtypus besteht eine Spannung zwischen Persönlichkeitsbezogenheit und Idealismus. Da sie dem Typus zwei angehören, haben sie Einfühlungsvermögen und Mitgefühl, bei einer starken Tendenz zu Typus eins jedoch stehen ihre abstrakten Ideale in Kontrast zu ihren Gefühlen und machen es ihnen schwer, sich anderen ungeteilt zuzuwenden. Es besteht die Neigung, schnell moralische Urteile zu fällen. Durchschnittliche Menschen dieses Subtypus können Gefahr laufen, sowohl andere als auch sich selbst zu stark unter Kontrolle zu halten. Sie sind egozentrisch, doch verbirgt sich dieser Zug hinter ihren Idealen, vor allem hinter dem der Liebe. Die widersprüchlichen Tendenzen beider Subtypen zeigen sich deutlich in dem Wunsch, für andere wichtig zu sein, der dem Wunsch, vernünftig und objektiv zu sein, widerspricht. Dieser Typus ist eher für Schuldgefühle und Selbstbezichtigungen anfälliger als Typus zwei mit einer Tendenz zu Typus drei, da er dazu neigt, sich selbst gegenüber außerordentlich kritisch zu sein, wenn es ihm nicht gelingt, seinen eigenen moralischen Ansprüchen gerecht zu werden. Gestörte Menschen dieses Subtyps verhalten sich selbstgerecht, unflexibel und moralisierend, wenn es um die Dinge geht, die sie für richtig empfinden. Selbstgerechtigkeit und der Wunsch, sich zu rechtfertigen, verbinden sich mit Selbsttäuschung und Manipulation zu einer verfestigten Haltung, die sehr schwer zu ändern ist. Ebenso verurteilen sie andere nur allzu rasch und rechtfertigen sich selbst gerne aus moralischen Gründen. Sie können es nicht zulassen, unrecht zu haben, leugnen alls egoistischen Motive und vor allem ihre aggressiven Gefühle. Menschen dieses Subtypus neigen zu Hypochondrie – also zu Zwangsvorstellungen, die um ihren eigenen Körper kreisen.

Typus zwei mit einer Tendenz zu Typus drei

Die Charakterzüge von Typus zwei und die von Typus drei scheinen sich gegenseitig zu verstärken, da beide Typen leicht Zugang zu anderen Menschen finden. Beispiele für diesen Subtypus sind u. a. Luciano Pavarotti, Sammy Davis Jr., Leo Buscaglia, Doug Henning, Tommy Tune, John Denver, Pat Boone und Lillian Carter.

Gesunde Menschen dieses Subtypus sind charmant, freundlich und extrovertiert. Sie erfreuen sich der Zuwendung anderer und strahlen Wohlbefinden und ein gesundes Selbstwertgefühl aus. Es sind warmherzige Menschen, die die Fähigkeit besitzen, diese Wärme auch weiterzugeben. Sie sind zudem oft physisch attraktiver als Typus zwei mit einer Tendenz zu Typus eins. Soziale Qualitäten stehen bei ihnen höher im Kurs als moralische oder intellektuelle.

Bei durchschnittlichen Menschen dieses Subtypus finden wir Elemente von Ehrgeiz und dem Wunsch nach Erfolg und Prestige, verbunden mit den Charakterzügen von Typus zwei. Typus zwei braucht Menschen, die seine Gutherzigkeit schätzen, während Typus drei sie braucht, um sich begehrenswert und vor allem sexuell anziehend zu fühlen. Hier tritt also ein kalkuliertes Selbstbewußtsein auf. Diese Menschen sind sich zudem nur allzu bewußt, was andere von ihnen denken und wie sie Beziehungen herstellen können. Typisch ist für sie, daß sie die richtigen Freunde haben wollen, bei jeder Gelegenheit gewisse Namen erwähnen und dazu neigen, andere zu stilisieren. Man kann hier auch eine Tendenz zur Selbstüberschätzung und zum Narzißmus finden, wenn das auch bis zu einem gewissen Grad durch die Neigung von Typus drei, sein Image wohl zu kalkulieren, und die Neigung von Typus zwei, sich aufopferungsvoll zu geben, verborgen wird. Menschen dieses Subtypus fürchten eher, gedemütigt zu werden und an Ansehen zu verlieren, als Schuldgefühle bei der Verletzung moralischer Idealvorstellungen zu empfinden.

Sobald sie sich zur Neurose hin entwickeln, können sie im Gefühlsleben der anderen verheerende Wirkungen anrichten, da sie zugleich manipulativ und ausbeuterisch, falsch und selbstbetrügerisch, opportunistisch und neurotisch darauf erpicht sind, alles von anderen zu bekommen, was sie wollen. Ihre Feindseligkeit anderen gegenüber kann außerordentlich stark und verzehrend sein: unter ihrem scheinbaren Charme verbirgt sich Boshaftigkeit. In ihnen liegt der Keim zum Psychopathischen, da sie sich anderen gegenüber so zerstörerisch verhalten können. Wir finden Elemente von Gehässigkeit in ihnen und die Tendenz zu zerstören, was ihnen unerreichbar erscheint, vor allem Beziehungen. Menschen vom Typus zwei mit einer Tendenz zu Typus drei können pathologische Eifersucht an den Tag legen und sind zu gewalttätigen Affekthandlungen in der Lage.

Abschließende Gedanken

Rückblickend läßt sich sagen, daß Menschen vom Typus zwei in Konflikt stehen zwischen ihrem Wunsch zu lieben und ihrem Bedürfnis geliebt zu werden, zwischen echter Selbstachtung und ihrem Bedürfnis, andere zu manipulieren, um sich gut zu fühlen. Leider muß man hinzufügen, daß durchschnittliche oder gestörte Menschen vom Typus zwei weder besonders weise noch besonders gut gelebt haben. Aber zumindest ihrer eigenen Anschauung nach haben sie versucht, andere zu lieben. Das zeigt, wie edel ihr Ziel war und wie tragisch ihr Scheitern.

Fatalerweise bewirken neurotische Menschen vom Typus zwei gerade das, was sie am meisten gefürchtet haben: sie wollen geliebt werden, werden aber schließlich gehaßt oder zumindest von allen gemieden. Zudem ergibt sich oft das düsterkomische Faktum, daß wahrscheinlich der einzige, der die nicht beneidenswerte Aufgabe, einen invaliden, neurotischen Typus zwei zu versorgen, auf sich nimmt, gerade ebenfalls ein Mensch vom Typus zwei ist. Wenn dieser Mensch manipulativ selbstaufopfernd hilft, kann zwischen den beiden verwandten, unerträglichen Seelen ein leidvolles Duell in Gang gesetzt werden. Das Ergebnis ist ein makabrer Totentanz.

Wollen wir aus dem über Typus zwei Gesagten etwas lernen, so dies, daß er mit seinem Glauben an den Wert der Liebe zwar recht haben mag, nicht aber mit der Art und Weise, wie er andere liebt. Wenn solche Charaktere den Menschen ihre »Liebe« aufdrängen, beweisen sie unbewußt, daß es gerade nicht Liebe ist, was sie da erzwingen wollen, und daß sie deshalb zum Scheitern verurteilt sind. Sobald sich das Ego mit sogenannter Liebe maskiert, ist diese Liebe getrübt und wird schließlich sogar korrupt – mit all den Konsequenzen, die das bei diesem Persönlichkeitstypus mit sich bringt.

Kapitel 5

Typus drei: Der Statusmensch

Typus drei in Umrissen

Gesund: Nonkonformistisch und authentisch, entspricht wirklich dem Bild, das man von ihm hat. Selbstsicher, voller Energie, anpassungsfähig, oft physisch attraktiv und populär. Hat den Ehrgeiz, an sich zu arbeiten, etwas Besonderes zu werden, einer Art menschlichem Ideal zu entsprechen; verkörpert allgemein bewunderte Eigenschaften. Andere sind oft motiviert, ihm im positiven Sinn nacheifern zu wollen.

Durchschnittlich: Voller Ehrgeiz um Prestige und Status bemüht: Karriere und Erfolg sind sehr wichtig. Pflegt vor allem sein Image und legt großen Wert darauf, wie er von anderen gesehen wird. Pragmatisch, zielorientiert, tüchtig. Hinter seiner Fassade berechnend und ungerührt. Setzt sich selbst immer ins beste Licht, schneidet auf. Narzißtisch, arrogant, exhibitionistisch, anspruchsvoll. Feindseligkeit und Verachtung anderen gegenüber lassen sich nicht verbergen.

Gestört: Kann ausbeuterisch und opportunistisch sein, selbst-besessen. Ein pathologischer Lügner, unaufrichtig und ver-schlagen. Kann Rachsucht entwickeln, alles zerstören wollen, was er nicht haben kann. Sadistische, psychopathische Tenden-zen: Sabotage, Mord.

Grundmotivation: Sucht Bestätigung, möchte sich von ande-ren unterscheiden, Aufmerksamkeit und Bewunderung erlan-gen und andere beeindrucken.

Beispiele: Jimmy Carter, Brooke Shields, Bruce Jenner, Jane Pauley, Mary Lou Retton, Sylvester Stallone, Truman Capote, Ted Bundy und Jago.

Gesamtbild von Typus drei

Die Vereinigten Staaten gehen mit Riesenschritten auf eine »Dreier-Kultur« zu: Es herrscht Narzißmus und Image-Orien-tiertheit, Lebensstil steht höher als die Substanz, und die Sym-bole verdrängen die Wirklichkeit. Das Streben danach, etwas Besonderes zu sein, wird durch die Zelebrierung des Künstli-chen ersetzt, alles wird als Handelsware betrachtet – man verpackt es, man macht Werbung dafür, und man vermarktet es. Die Politik beschäftigt sich weniger mit Prinzipien oder dem Ausüben von Macht zum Allgemeinwohl als mit einem Zurschaustellen von Personen. Die Politik dient den Public Relations und verkauft Kandidaten mit ihren kalkulierten Posi-tionen an ein Publikum, das einen Hampelmann nicht mehr von einem wirklichen Menschen unterscheiden kann.

Kommunikationsmedien, vor allem das Fernsehen, bemühen sich vor allem darum, Aufmerksamkeit zu erregen, damit dem Publikum etwas angedreht werden kann. Die hohlen Werte und der verführerische Glanz des Show-Business sind zu Nor-men geworden, an denen alles gemessen wird. Die einzige Richtschnur ist die Fähigkeit, Aufmerksamkeit zu erregen: Was auffällt, wonach man fragt, ist wertvoll. Die Menschen lassen sich von einer aufwendigen Verpackung so sehr verführen, daß sie oft gar nicht merken, daß sie keinen Inhalt hat. Um McLuhan zu umschreiben: Die Verpackung ist die Botschaft. Mit einem wohlkalkulierten Image wird erfolgreich die Wirklichkeit maskiert, in der programmierten Freundlichkeit von Fernsehberühmtheiten über die einstudierte Echtheit von Schönheitskandidaten bis zu der angeblichen Spontaneität von »Abendmagazinen«. Niemand stört sich an Exhibitionismus und Eigenwerbung, jeder setzt alles daran, in einem immer mehr wettbewerbsorientierten Markt aufzufallen. Idealvorstellung ist es, ein Gewinner zu sein, erfolgreich, berühmt, gefeiert. Die Jagd nach Prestige und Erfolg ist allgegenwärtig. Jeden Tag können wir in einem neuen Buch nachlesen, wie man sich kleiden muß, um erfolgreich zu sein, was man ißt, um erfolgreich zu sein oder welche Verbindungen man anknüpfen sollte, um erfolgreich zu sein. Es werden uns narzißtische Phantasien verkauft: Daß wir »Jemand« sein werden, wenn wir sind wie alle anderen, nur besser. Ist man nur ein guter Manager seines eigenen Image, kann man auch das Traumziel erreichen, ein Star oder ein Gott zu werden.

Der Persönlichkeitstypus drei verkörpert die Suche nach Selbstbestätigung eines Selbst, das immer leerer wird, je mehr seine scheinbare Perfektion nach immer mehr Aufmerksamkeit giert.

In der Gefühls-Triade

Typus drei, der Haupt-Persönlichkeits-Typus in der Gefühlstriade, hat die Beziehung zu seinem Emotionalleben am stärksten verloren. Daraus ergibt sich für ihn ein grundlegendes Identitätsproblem. Es besteht eine tiefe Kluft zwischen dem, was er scheint und dem, was er ist, zwischen dem Bild, das er auf andere projiziert und der Wirklichkeit, die dahintersteht. Mit der Zeit wird sein Image zur einzigen Wirklichkeit. Ein durchschnittlicher Typus drei ist das, was er – je nachdem, mit wem er zusammen ist und je nach Augenblick – zu sein scheint. Die große Aufgabe für Menschen dieses Typus besteht darin, nonkonformistischer zu werden, sich als eigenständige Persönlichkeiten zu entwickeln, die in Einklang sind mit ihren wahren Gefühlen und die ihre Grenzen erkennen.

Sind sie gesund, so sind Menschen vom Typus drei der Bewunderung anderer würdig, denn sie haben sich bemüht, die Qualitäten und Begabungen, die sie nach außen hin verkörpern, auch wirklich bis zu einem hohen Grad zu erwerben. Die überwältigend positive Selbsteinschätzung eines gesunden Menschen dieses Typus basiert tatsächlich auf einer Grundlage, und er wird zu Recht von anderen hoch geschätzt, sowohl in seinem persönlichen Leben als auch im Berufsleben. Er ist ein ungewöhnlicher, ein großartiger Mensch. Bei einem durchschnittlichen Typus drei aber entwickelt sich ein starker Wettbewerbsgeist, es geht ihm vor allem um Erfolg und Prestige, denn er möchte sich das erhalten, was er als seine natürliche Überlegenheit über andere betrachtet. Anstatt sich weiterzuentwickeln, arbeitet er an dem Selbstbild, das nur dazu da ist, einen günstigen Eindruck auf andere zu machen. Pragmatisch und berechnend kann er dieses Selbstbild nach Bedarf verändern, um das zu bekommen, was er will und macht großes Aufhebens von sich, um Bewunderung auf sich zu ziehen. Entwickeln sie sich zur Neurose hin, beuten Menschen vom Typus drei andere immer mehr aus, um ihre angemaßte Überlegenheit aufrechterhalten zu können. Sie können auf unglaublich krummen Wegen zu gehen, wenn sie Gefahr laufen, in dem Wettbewerb, in dem sie sich ständig mit anderen sehen, schlecht abzuschneiden. Sie werden so neidisch auf andere, daß sie ihnen jedes Hindernis in den Weg legen, um den Triumph zu erlangen, den ihr narzißtisches Überlegenheitsgefühl fordert.

Probleme mit Feindseligkeit und Narzißmus

Wie die anderen Persönlichkeitstypen dieser Triade, hat auch Typus drei Probleme mit feindseligen Gefühlen, die sich als rachsüchtige Boshaftigkeit jedem gegenüber manifestieren, der erfolgreicher ist als sie. Während Typus zwei und Typus vier indirekt feindselig sind, leben durchschnittliche bis neurotische Menschen vom Typus drei diesen Charakterzug offener und auf sehr verschiedene Weise aus, ob sie andere nun schlecht machen, sie sabotieren oder betrügen. Da die Boshaftigkeit spürbar ist, zu der ein neurotischer Mensch vom Typus drei fähig ist, ziehen sich die anderen gewöhnlich von ihm zurück oder versuchen, ihm soweit wie möglich aus dem Weg zu gehen. Erschütternd an der Feindseligkeit eines gestörten Typus drei ist, wie psychopathisch er sich verhalten kann, wenn er anderen gegenüber an Überlegenheit verliert. Erschreckend werden die anderen Menschen feststellen, wie solch ein gestörter Typus drei bösartig werden kann, wenn er nicht die grenzenlose Bewunderung erhält, die er sucht.

Typus drei in seiner durchschnittlichen Variante ist der narzißtischste aller Persönlichkeitstypen. Während ein gesunder Typus drei einfach eine hohe Meinung von sich selbst hat, baut der durchschnittliche Typus drei seine Identität auf einer sich ständig steigernden Selbstüberschätzung auf: man hat den Eindruck, er sei übermäßig in sich selbst verliebt. In Wirklichkeit aber liebt er sein übersteigertes Selbstbild und nicht sich selbst. Anstatt sich selbst zu lieben, wie er wirklich ist, wozu ein realistisches Annehmen der eigenen Grenzen gehört, liebt er eine künstliche Fassade, die wenig mit der dahinterstehenden, unentwickelten Persönlichkeit zu tun hat.

Narzißten geht es vor allem um die eigene Person – und um andere nur in dem Maß, wie sie ein erwünschtes Echo zurückgeben. Sie bleiben stark selbstbezogen und haben nur ein begrenztes Talent, sich in die Gefühle oder Bedürfnisse anderer einzufühlen. Deshalb haben sie nur eine geringe Liebesfähigkeit und, wenn sie einmal narzißtisch geworden sind, keine Begabung, dauerhafte, befriedigende, auf Gegenseitigkeit beruhende Beziehungen zu leben. Ihre Beziehungen sind einseitig, da beide Partner den gleichen Menschen lieben: Typus drei.

Natürlich entstehen durch ihr narzißtisches Verhalten dauernd Spannungen mit anderen Menschen. Da sie so sehr an ihre Überlegenheit glauben, treten durchschnittliche Menschen vom Typus drei gerade mit jenen Menschen in Wettstreit, von denen sie bewundert werden wollen. Sie spreizen sich und blähen sich auf, als seien die anderen nur dazu da, sie jederzeit zu bewundern und ihnen beizupflichten; tun sie das nicht, bekommen sie das von Typus drei unter die Nase gerieben oder werden gedemütigt. Ja schlimmer noch, ein narzißtischer Typus drei fügt der Verletzung noch eine Kränkung hinzu, indem er fordert, daß die anderen ihn bewundern, selbst wenn er diese anderen, von denen er bewundert werden will, herablassend behandelt.

Problematisch ist, daß der Narzißmus nicht das gleiche ist wie ursprüngliche Selbstachtung. Obwohl ein durchschnittlicher Mensch vom Typus drei lässig und selbstsicher wirkt, ist er sich seiner selbst gar nicht so sicher, da seine Selbstachtung nicht auf der Entwicklung seiner tatsächlichen Fähigkeiten beruht, sondern auf seiner Fähigkeit, die Aufmerksamkeit anderer auf sich zu ziehen. Typus drei spürt sehr genau, wie die Menschen auf ihn reagieren und kann sich schnell auf die augenblickliche Situation einstellen, indem er das notwendige Bild projiziert. Da sein Repertoire an Bildern und Verhaltensweisen aber weit über das hinausgeht, was er als Persönlichkeit erfüllen kann, ist fast alles, was er tut, Schauspielerei und geschieht nicht, weil er an irgend etwas außerhalb seiner selbst hingegeben wäre oder sich innerlich damit verbunden hätte.

Paradoxerweise liegt hinter dieser Fassade tief verborgen Abhängigkeit von anderen, eine Abhängigkeit, die diese Menschen nicht erkennen, weil die Forderungen ihres Narzißmus

ihnen im Weg stehen. Wenn der Narzißmus sich einmal breit-
gemacht hat, können Menschen vom Typus drei weder mit den
anderen noch ohne sie leben. Sie empfinden Feindseligkeit
gegenüber den Menschen, von denen sie sich abhängig fühlen,
doch andererseits sind sie ein »Niemand« ohne die Aufmerksamkeit eben jener anderen.

Ursprünge in der Kindheit

Ihre Verhaltensweise entwickeln Menschen vom Typus drei
aufgrund ihrer Beziehung zur Mutter in der frühen Kindheit.
Sie identifizierten sich positiv mit ihrer Mutter oder einem
Mutterersatz. Durch diese Identifikation legten sie auch in alle
späteren Beziehungen die gleichen unbewußten Erwartungen,
Erwartungen, die sie bereits entwickelten, als ihre Mütter sie
so großzügig mit Aufmerksamkeit überschütteten. Sie verlangen später, die ganze Welt möge sie ebenso bedingungslos
bewundern wie ihre Mütter es taten. Weil diese sie in so
leuchtenden Farben sahen, lernten sie sich selbst als überlegene Geschöpfe zu betrachten, die immer mit der Erwartung
herumlaufen, das Leben fordere kaum mehr von ihnen, als daß
sie sich selbst allen anderen darbieten, um Bewunderung und
Bestätigung ihres Wertes zu empfangen.
Der anerkennende Blick, durch den ihre Mütter ihnen das
Gefühl gaben, wichtig zu sein, ist das, was sie im Grunde in der
einen oder anderen Form immer in den Augen ihrer Mitmenschen suchen. Bewunderung gibt ihnen das Gefühl, lebendig
und geschätzt zu sein; ohne Bewunderung fühlen sie sich leer
und sind von Feindseligkeit erfüllt, da ihr Selbstgefühl damit
gefährlich bedroht ist. Leider wurde Typus drei, indem er
lernte, auf diese Weise mit den Menschen umzugehen, nicht
gerade ermutigt, ein realistisches Weltbild zu entwickeln.
Da sie so mühelos Bewunderung fanden, lernten Menschen
vom Typus drei nicht, sich selbst auf irgendeine Weise be-

grenzt zu sehen. Sie entwickelten kein Über-Ich (oder Gewissen). Vielmehr ist ihr Es und ihre Person übermäßig entwickelt – und damit die Energie, die sie in sich selbst investieren können und das äußere Bild, das daraus entsteht. Sie sehen sich als Menschen mit praktisch grenzenlosen Möglichkeiten, und so ist es nicht verwunderlich, daß sie auch grandiose Erwartungen in sich setzen. Weil sie so ein enormes Vertrauen in ihren Wert haben, kommen sie auch vielleicht wirklich sehr weit; da ihre Erwartungen aber über das Ziel hinausschießen, werden sie sich immer wieder an der harten Realität stoßen, was leider, wie wir sehen werden, unglückselige Folgen heraufbeschwören kann.

Ihre psychologische Entwicklung ist also ein sehr fragwürdiger Segen: einerseits ermöglicht sie den gesunden und durchschnittlichen Menschen vom Typus drei, all ihre Kraft in das Erreichen ihrer Ziele zu setzen, und das in einem Maß, das von den anderen Persönlichkeitstypen nicht erreicht wird. Andererseits aber können gestörte Menschen vom Typus drei durch ihren Mangel an Gewissen und ihr übersteigertes Selbstbild die anderen mitleidlos ausbeuten, da nichts in ihnen sie daran hindert. Sie nutzen Menschen schamlos aus, denn für sie haben diese keinen anderen Wert als den, ihnen zu ihrer narzißtischen Befriedigung dienen zu müssen.

Nun liegt die Ironie gerade darin, daß durchschnittliche und gestörte Menschen vom Typus drei, obwohl sie anderen so überlegen zu sein scheinen, in Wirklichkeit besonders eingeschränkt sind. Gelingt es ihnen nicht, sich ungeachtet des Beifalls der anderen zu entwickeln, werden sie nie herausfinden, was es heißt, wirklich sie selbst zu sein. Sie werden kaum in der Lage sein, mit anderen wirklich in Beziehungen zu treten, geschweige denn, diese zu lieben. Ein durchschnittlicher Typus drei ist also allem Anschein nach nicht wirklich überlegen, sondern ein hohles Wesen: er macht Eindruck, weil seine Verpackung darauf abzielt, Eindruck zu machen. Er weiß, welche Register er ziehen muß, um Bewunderung zu ernten.

Aber durch seine unaufhörliche Suche nach Bewunderung macht er sich selbst zum Idol, ja er betet sich an und fordert auch noch, daß die anderen das gleiche tun. Weigern sie sich, so greift dieser Typus zu sehr unguten Mitteln und enthüllt sein wahres Gesicht – er ist ganz und gar kein Gott, sondern ein Teufel.

Analyse des gesunden Typus drei

Die authentische Persönlichkeit

Im besten Fall überwindet ein sehr gesunder Mensch vom Typus drei seinen Wunsch, von anderen bestätigt zu werden und akzeptiert sich, wie er ist. Er ist nicht mehr motiviert durch das Schielen danach, was andere von ihm denken oder durch den Wunsch, Zustimmung oder Bewunderung zu erlangen. Sein Schwerpunkt verlagert sich, so daß er in sich ruhen und aus sich Kraft schöpfen kann. So wachsen seine Innerlichkeit, seine authentischen Gefühle, seine Identität.

Da sie sich selbst akzeptieren, erkennen diese Menschen ihre Begrenztheit und können sie ertragen. Ein gesunder Typus drei läßt sich von seinen Grenzen weder einschränken, noch ist er versucht, sie zu leugnen; er glaubt nicht, er sei anderen überlegen oder er habe besondere Eigenschaften und Fähigkeiten, wenn er sie in Wirklichkeit gar nicht besitzt.

Hat man sich selbst akzeptiert, so ist das ein wichtiger Punkt im Leben, von dem aus andere Dinge möglich werden. Dabei ist es keineswegs so, wie man es in manchen Selbsthilfebüchern lesen kann, in denen sich selbst akzeptieren bedeutet: wir sollten unsere Neurosen und schlechten Angewohnheiten geradezu glorifizieren, als seien sie Tugenden. Sich selbst zu akzeptieren bedeutet ganz im Gegenteil, sich auch schmerzhaften Erkenntnissen über sich selbst zu stellen. Es hilft uns, der Welt grandioser Phantasien abzuschwören und nicht mehr der Versuchung zu erliegen, uns über uns selbst in irgendeiner Weise zu täuschen. Sich selbst zu akzeptieren bedeutet ganz einfach die Erkenntnis, daß man ein begrenztes menschliches Wesen ist. Indem sie sich selbst annehmen, können sehr gesunde Menschen vom Typus drei die Verantwortung dafür übernehmen, sich so zu entwickeln, wie sie sind, innerhalb der Grenzen, die ihnen ihre Begabungen setzen.

In diesem Stadium ist ein gesunder Mensch vom Typus drei bescheiden, klar und direkt, denn er investiert seine Energie nur in sein So-Sein. Er ist ein ursprünglicher und authentischer Mensch; nicht mehr und nicht weniger, als was er zu sein scheint. Seine innere Realität und sein äußeres Bild stimmen überein, und diese Übereinstimmung verleiht ihm eine feste Grundlage, auf der er sich als Persönlichkeit zu entwickeln vermag. Seine Gefühle entspringen seinem Innersten, anstatt während der Interaktion mit anderen simuliert zu werden. Andere Menschen werden für ihn ganz real, weil er in diesem gesunden Stadium für sich selbst eine Realität ist. Er kann anderen Menschen Wertschätzung entgegenbringen, anstatt sie als eine Art Staffage zu betrachten, die nur dazu da ist, ihn selbst aufzuwerten.

Wenn hier weniger Charakterzüge eines sehr gesunden Typus drei aufgezählt werden, als man das bei den anderen Persönlichkeitstypen auf der entsprechenden Ebene tun kann, liegt das daran, daß Typus drei erst dann beginnt, sich als eigenständige Persönlichkeit zu entwickeln, wenn er sich selbst akzeptiert hat. Er steht erst auf der Schwelle seiner Selbstwerdung. Seine Entwicklung ist innerlich und persönlich; es geht vor allem darum, eine innere Einstellung und Haltung zu verändern und zu vertieften Wertvorstellungen zu gelangen und nicht so sehr um äußeres Verhalten. In gewisser Weise kann man diesen Typus im durch und durch gesunden Stadium besser dadurch charakterisieren, was er nicht ist, als dadurch was er ist: Er ist nicht image-orientiert, nicht narzißtisch, nicht ausbeuterisch, nicht feindselig. Ein solcher Mensch ist eine

Individualität im Werden, ein Mensch auf dem Weg dazu, innere Werte zu entwickeln.

Der selbstsichere Mensch

Auch ein gesunder Typus drei ist nicht immer so gesund. Oft ruht er gar nicht so sehr in sich, sondern es ist typisch, daß er mit anderen in Interaktion tritt, um sich selbst vor der Angst, zurückgewiesen zu werden, zu schützen. Solche Menschen sind sich oft allzu bewußt, wie andere sie sehen, und so verlassen sie den eigenen Standpunkt und versuchen sich der Zustimmung der anderen zu versichern, indem sie deren Erwartungen nachkommen.

Da sie über einen stark ausgeprägten sozialen Instinkt verfügen, können sich gesunde Menschen vom Typus drei außerordentlich gut an andere anpassen und mühelos auf jedes Entgegenkommen reagieren, wie das Blatt einer Pflanze sich dreht, um Sonnenlicht aufzufangen. Jede Stimmungsschwankung, jede noch so leise Abkühlung im Verhalten des anderen wird vom Typus drei unmittelbar gespürt, so wie ein Sonnenanbeter sofort wahrnimmt, wenn sich auch nur eine hauchfeine Wolke zwischen ihn und die Sonne schiebt. Die Aufmerksamkeit anderer erwärmt solch einen Menschen, bringt ihn zum Strahlen. Er fühlt sich durch jede Bestätigung lebendig und wohl in seiner Haut.

Die psychische Dynamik ist gerade deshalb so schwer zu beschreiben, weil zwischen einem Menschen vom Typus drei und anderen Leuten immerzu eine subtile Interaktion stattfindet. Bestätigung und Aufmerksamkeit anderer geben solch einem Menschen das Gefühl, anziehend zu sein, und er reagiert auf Menschen, indem er die Werte zu imitieren versucht, die er in ihnen sieht. Die anderen wiederum sehen sich in ihm gespiegelt und reagieren positiv, ja überschütten ihn oft geradezu mit Aufmerksamkeit; die Interaktion setzt sich fort.

Dieses subtile Spiel begann in der Kindheit, als Typus drei, ausgerüstet mit einer hohen Selbstachtung, durch die fortwährende Bestätigung der Mutter lernte, an seinen besonderen Wert als Mensch zu glauben. Schon im zarten Alter war er selbstsicher, von seiner Besonderheit überzeugt, so als habe er sich immerzu gesagt: »Ich bin ein bedeutender Mensch.«

Ihre Selbstsicherheit und ihr Gefühl, begehrt zu sein, lassen gesunde Menschen vom Typus drei außerordentlich anziehend wirken, was sie zu neuen Interaktionen ermutigt und immer wieder neue Selbstbestätigung bei ihnen erzeugt. Andere Menschen fühlen sich auch deshalb zu ihnen hingezogen, weil Typus drei in seiner Gesamtheit physisch attraktiver ist als jeder andere Persönlichkeitstypus – diese Menschen waren oft besonders hübsche Kinder, die von ihren Müttern geradezu angebetet wurden. Als Erwachsene sind sie meist schön, besonders sportlich oder auf andere Weise mit hervorstechenden physischen Qualitäten ausgestattet, die dazu angetan sind, die Aufmerksamkeit der anderen auf sich zu ziehen. Ihre körperliche Attraktivität gibt ihnen um so mehr Anlaß, sich so hoch einzuschätzen und ihrer selbst sicher zu sein. Zudem lieben andere Menschen ihre Gesellschaft, denn es ist angenehm, mit ihnen zusammen zu sein: ihre physische Schönheit ist anregend, sie stimuliert ästhetische Anziehung und oft auch sexuelles Interesse.

Begehrtheit und Anziehungskraft (sowohl physisch als auch von der Persönlichkeit her) sind für Menschen im allgemeinen wichtige Eigenschaften, da auf der biologischen Ebene der erste Schritt zur Erhaltung der Spezies durch gegenseitige Anziehung getan wird. Zudem sind wir soziale Geschöpfe und brauchen bis zu einem gewissen Maß alle den wohlwollenden Blick der anderen, um uns selbst gut zu fühlen. Und kein anderer Persönlichkeitstypus fühlt sich besser in seiner Haut oder ist mehr dazu geschaffen, Wohlwollen auf sich zu ziehen, als ein gesunder Typus drei.

Das große Vorbild

Wie sich negative Gefühle, die man sich selbst gegenüber hat, immer mehr verstärken, so verstärken sich auch positive Gefühle. Da ein gesunder Typus drei mit sich selbst einverstanden ist, tut er auch Dinge, die seine Selbstachtung noch mehr erhöhen. Weil er allmählich daran gewöhnt ist, Zustimmung zu erhalten, beginnt er sich ein wenig davor zu fürchten, ein gewöhnlicher Mensch zu sein. Infolgedessen investiert ein gesunder Typus drei Zeit und Energie in seine Weiterentwicklung. Er wird allmählich zu einer auf irgendeine Weise hervorragenden Persönlichkeit.

Ein gesunder Typus drei ist ehrgeizig und sehr bemüht, sich auf vielerlei Weise zu vervollkommnen – akademisch, physisch, kulturell, beruflich, intellektuell. Es geht ihm nicht um Geld, Ruhm oder soziales Ansehen, sondern darum, mehr aus sich selbst zu machen. An einem gesunden Menschen vom Typus drei ist vieles bewundernswert. Er verkörpert tatsächlich das Hervorragende. Solche Menschen verdienen die Bewunderung der anderen, denn sie sind ungewöhnliche, oft vorbildliche Gestalten, in welchem Bereich auch immer sie sich betätigen, als Sportler, Politiker oder Ärzte. Sie sind die »typischen Amerikaner« und verkörpern das, was in ihrer Kultur als bewundernswert gilt. (Natürlich mag ein bestimmter Mensch vom Typus drei nicht gerade die Werte verkörpern, die man persönlich bewundert oder besitzen möchte, immer aber verkörpert er jene Werte, die in seiner Kultur insgesamt hoch eingestuft werden). So sind Menschen vom Typus drei Vorbilder entsprechend den Wertvorstellungen einer Gesellschaft, Musterbeispiele für das, was vielen als Maßstab gilt.

Da sie so hervorragende Qualitäten besitzen, sind gesunde Menschen dieses Typus auch in der Lage, andere zur Weiterentwicklung zu motivieren. Die anderen sehen, wie sie selbst sein könnten, wenn sie sich so um die Weiterentwicklung ihrer Gaben bemüht hätten, wie Typus drei. Zudem ist der gesunde Typus drei bereit, anderen zu helfen, die Eigenschaften zu entwickeln, die er selbst verkörpert. Ist er ein hervorragender Tänzer, wird er einem das Tanzen beibringen; ist er körperlich besonders fit, wird er mit einem Gymnastik machen; hat er erfolgreich an der Börse spekuliert, wird er einem helfen, ebenso geschickte Geschäfte zu machen.

Aber nicht in jedem Augenblick steht die persönliche Weiterentwicklung im Vordergrund. Ein gesunder Typus drei ist außerordentlich charmant und lebhaft, er ist voller Energie und Jugendfrische, wild und überschäumend wie ein Fohlen auf der Weide. Diese Menschen sind so humorvoll, daß sie über sich selbst lachen können, und es ist ebenso entwaffnend wie charmant, wenn sie Spaß an ihren eigenen Schwächen und kleinen Snobismen haben. Diese Charakterzüge in Verbindung mit ihrer physischen Attraktivität und anderen bewundernswerten Eigenschaften führen dazu, daß ein gesunder Typus drei außerordentlich beliebt ist, denn jeder empfindet seine Nähe als anregend.

Im Grunde möchte jeder wie ein gesunder Mensch vom Typus drei sein, wenigstens auf irgendeiner Ebene. Wer möchte nicht attraktiv und mit sich einverstanden sein und mit anderen gut auskommen? Wer möchte nicht so selbstsicher und so voller Energie und Zuversicht sein, daß er das Beste aus sich machen kann? Wer möchte nicht so unbekümmert er selbst sein, wie dieser Typus. Diese Menschen sind Glückspilze. In ihrer Nähe spürt man ihre besondere Ausstrahlung.

Analyse des durchschnittlichen Typus drei

Der Statusbesessene

Die innere Haltung verändert sich nun: Typus drei beginnt sich von anderen unterscheiden zu wollen. Der Unterschied zwischen einem gesunden und einem durchschnittlichen Typus drei besteht darin, daß der Durchschnittliche seine Überlegenheit durch seinen Ehrgeiz zu sichern versucht. Sich über andere zu erheben, stärkt seine Selbstachtung und gibt ihm das Gefühl, anziehender, begehrenswerter und bewunderungswürdiger zu sein.

Er mag beispielsweise ein guter Schwimmer oder Tennisspieler sein, hat aber allmählich das Gefühl, das sei nicht genug, er müsse jedermann übertreffen. Ein durchschnittlicher Typus drei schafft deshalb Rivalitäten, wo vorher keine waren. Alles wird bei ihm zum Wettbewerb – seine Blicke, seine beruflichen Fähigkeiten, sein Einkommen, seine Karriere, die Begehrtheit seines Ehepartners. Leider werden dadurch all seine Beziehungen auf eine völlig neue Grundlage gestellt, da er es nicht mehr lassen kann, sich ununterbrochen mit anderen zu vergleichen.

Eine der auffallendsten Konsequenzen davon ist, daß seine Aktivitäten sich nun hauptsächlich darauf richten, das Rennen zu machen; von diesem Bedürfnis ist alles geprägt. Ein durchschnittlicher Mensch vom Typus drei kann sich mit dem, was er hat oder tut, nicht begnügen, weil es ihm einfach Freude macht, sondern er muß bei allem das Gefühl haben, anderen dadurch überlegen zu sein.

Das Wettbewerbsdenken dieser Menschen hat auch zur Folge, daß Konflikte mit anderen entstehen, die immer gravierender werden. Da es für sie schwierig ist, positive Gefühle für jemanden zu entwickeln, mit dem sie in Wettstreit getreten sind, fällt es ihnen immer schwerer, Freundschaften zu halten. Sie sehen die anderen als Bedrohung und Hindernis für ihren eigenen Erfolg. Unter Menschen fühlen sie sich nur wohl, wenn sie sich auf irgendeine Weise überlegen sehen, entweder weil die anderen weniger angesehen sind als sie oder weil sie diese in irgendeiner Art offenem oder verdecktem Wettbewerb geschlagen haben.

Ein durchschnittlicher Typus drei jagt dem Erfolg erfolgreicher nach als jeder andere Persönlichkeitstypus (durch folgende drei Dinge, die sie vor allem schätzen, sind solche Menschen vom Typus drei am besten charakterisiert: Erfolg, Prestige und Status). Erfolg bedeutet für solch einen Menschen, Nummer eins, der Gewinner zu sein. Natürlich setzt ein durchschnittlicher Typus drei auch alles daran, an die Spitze zu gelangen und dort zu bleiben. Berufliche Kompetenz steht bei ihm hoch im Kurs, sein Ziel ist es stets, in allem der Beste zu sein, vor allem um Prestige zu gewinnen und beruflich alle anderen hinter sich zu lassen. Höchstes Erfolgsziel für einen durchschnittlichen Typus drei ist es, reich und berühmt zu werden, vor allem aber berühmt. Ruhm zieht ihn magisch an, da er bedeutet, daß einen möglichst viele Menschen kennen. Sind solche Menschen berühmt, so fühlen sie sich in ihrer Existenz bestätigt: sie sind kein »Niemand« mehr.

In diesem Stadium sind sie karrierebesessen, da beruflicher Erfolg ihr Maßstab dafür ist, welchen Wert sie als Mensch haben. Sie sind mit nichts anderem mehr beschäftigt, als ihre Karriere zu planen, sie möchten so schnell wie möglich weiterkommen und sind bereit dazu, alles für den gewünschten Erfolg einzusetzen. Sie wollen um jeden Preis und ohne Umwege ans Ziel gelangen, selbst wenn das bedeutet, eine Ehe, eine Familie oder Freunde zu opfern. Titel und Würden sind für durchschnittliche Menschen vom Typus drei sehr wichtig, da sie ihr Selbstwertgefühl steigern (ihre Selbstachtung sinkt deshalb auch, wenn sie keine steile Karriere machen und noch mehr, wenn sie gar arbeitslos sind).

Auf ihrer Jagd nach Status klettern diese Menschen auf der sozialen Stufenleiter immer weiter empor, denn für sie ist es wichtig, die richtigen Freunde und Partner zu haben. Unaufhörlich schließen sie Kontakte und pflegen Freundschaften, um ihre Karriere zu fördern und ihr soziales Ansehen aufzupolieren. Ihr abschätziger Blick auf andere scheint immer zu fragen: »Wie hoch ist Ihr Status? Ist es wert, daß ich mich mit Ihnen befasse?«

Typisch für solche Menschen ist es auch, neue soziale Werte zu schaffen. Ein durchschnittlicher Typus drei macht bestimmte Dinge zu Statussymbolen, indem er sie in Mode bringt und sie dann als Basis für seinen Wettbewerb mit anderen benutzt. Zudem ist Exklusivität ein wichtiger Faktor im Wettbewerb; durch das Ausschließen weniger erwünschter Menschen aus ihrem sozialen Umkreis schwingen sich durchschnittliche Menschen vom Typus drei zu Schiedsrichtern darüber auf, wer »in« und wer »out« ist. Der Status spielt in der Kunst, den anderen immer um eine Nasenlänge voraus zu sein, eine große Rolle, wo Erfolg zum Idol wird. Als selbsternannter Schiedsrichter über das äußere Ansehen will solch ein Mensch sich immer versichern, daß alle anderen aus dem Feld geschlagen werden und zugleich bereit sind, sich wieder auf den Wettbewerb mit ihm einzulassen.

Der image-orientierte Pragmatiker

Aus Besorgtheit darüber, was andere über ihren Status und ihr Prestige denken mögen, treten durchschnittliche Menschen vom Typus drei in diesem Stadium noch stärker in Wettbewerb mit anderen, nicht indem sie an sich selbst arbeiten, sondern indem sie ihre Selbstdarstellung, ihr Image, verbessern. Sie möchten einen günstigen Eindruck hinterlassen, ob das Bild, das sie projizieren, nun der Wirklichkeit entspricht oder nicht. Wirkung und Lebensstil gelten viel mehr als Substanz. Und das Einzige, was sie beschäftigt, ist, wie die anderen sie sehen.

Ergebnis ist, daß ein durchschnittlicher Typus drei nicht mehr so sehr als Mensch gemocht wird, sondern als Artikel. Der image-besessene Typus drei entspricht (teilweise) dem Persönlichkeitstypus, den Erich Fromm als den »marktorientierten« beschreibt.

Die Charakterorientierung, die in der Erfahrung wurzelt, man sei eine Ware und habe nur Wert als Tauschwert... Der Erfolg hängt weitgehend davon ab, wie gut jemand sich auf dem Markt verkauft, wie gut seine Person ankommt, was für eine hübsche »Verpackung« er ist...

Ein Börsenmakler, ein Geschäftsmann, ein Sekretär, ein Bahnbeamter, ein College-Professor oder ein Hotelmanager müssen verschiedene Arten von Persönlichkeiten verkörpern und, unabhängig von ihrer Verschiedenheit, eine Bedingung erfüllen: gefragt zu sein... Die Marktorientierung ... entwickelt nicht das, was potentiell in diesem Menschen liegt (es sei denn, wir stellten die absurde Behauptung auf, »nichts« sei ebenso ein Teil der menschlichen Möglichkeiten); es liegt in der Natur dieser Orientierung, daß keine spezifische und dauerhafte Bezogenheit entwickelt wird, denn gerade die Wechselhaftigkeit des Verhaltens ist das einzig Dauerhafte an dieser Einstellung. Diese Orientierung bringt es mit sich, daß jene Qualitäten entwickelt werden, die sich am besten verkaufen lassen. Nicht eine bestimmte Verhaltensweise ist vorherrschend, sondern die Leere, die prompt mit der gewünschten Eigenschaft gefüllt werden kann. Diese Eigenschaft aber hört damit auf, eine Eigenschaft im eigentlichen Sinn des Wortes zu sein; sie ist nur eine Rolle, eine vorgetäuschte Eigenschaft, die sofort austauschbar ist, sobald eine andere sich als erwünschter erweist. (Fromm, *Man For Himself*, 76–77, 84)

Da der durchschnittliche Typus drei sich als Ware sieht, wird für ihn entscheidend, wie andere ihn wahrnehmen und welches Image er hat. Aus dieser Sicht gibt es keinen eigentlichen Wert, weder in ihm selbst, noch in anderen oder in der Welt – nur das Bild seiner selbst hat Wert, dessen Vervollkommnung er sucht. So wird alles entwertet, denn der einzige Wert, den etwas oder jemand hat, liegt darin, daß diese Menschen den

Bedürfnissen des Bildes gemäß handeln, das sie darstellen wollen, und nicht, weil sie aufrichtig an das glauben, was sie sagen oder tun.

Sie können einen künstlich erzeugten emotionalen Zustand nach dem anderen projizieren, von denen jeder gleich überzeugend wirkt. Sie mögen aufrichtig freundlich, bescheiden, sanft, reuevoll, tugendhaft und wahrhaftig erscheinen, auch wenn sie es gar nicht sind. Sie haben ihr Image vielleicht wieder nur angepaßt, um den Forderungen des Augenblickes gerecht zu werden. Was sie zu sein scheinen und was sie wirklich sind, wird immer unvereinbarer. So machen durchschnittliche Menschen vom Typus drei stets einen leicht heuchlerischen Eindruck, denn vieles von dem, was sie sagen und tun, ist nicht wirklich Ausdruck dessen, was sie sind. Es wird immer schwerer herauszufinden, was ihre Identität ist.

Durchschnittliche Menschen vom Typus drei wissen, wie sie sich verpacken müssen. Wie die wechselnden Farben für das Chamäleon ist ihr Image für sie nützlich, denn es erlaubt ihnen, sich vollkommen in die Umgebung einzupassen. Aber nicht nur dazu dient es; vielmehr wird es geradezu zum Maßstab, an dem sich die anderen orientieren. Dieses Image nimmt eine Art eigener Realität an, sobald die anderen es als erstrebenswert akzeptiert haben.

Man muß dabei bedenken, daß ein durchschnittlicher Typus drei sehr subtil ein glaubwürdiges Bild projizieren kann, und daß es für andere außerordentlich schwierig ist, zu entdecken, welches Maß an Schauspielerei dabei eine Rolle spielt, vor allem, wenn der Betreffende intelligent und wohlerzogen ist. Dieser Persönlichkeitstypus findet sich keineswegs nur unter Hohlköpfen, Schönlingen oder Schicki-Mickies. Ein durchschnittlicher Typus drei ist überall zu finden, in jedem Beruf, vom Manager über den Sportler und Politiker bis zum Künstler und Werbefachmann.

Ein Hinweis darauf, daß die anderen es eher mit einem Image als mit einem Menschen zu tun haben, ist die scheinbare

Perfektion eines durchschnittlichen Typus drei. Er macht immer einen guten Eindruck, ist lässig, selbstsicher, bestens aussehend, aber das hat stets etwas Einstudiertes und Künstliches. Was er tut, wirkt aalglatt und gekonnt, er kann jede Rolle, die er spielt, perfekt spielen. Zudem ist er sich immerzu bewußt, ob die anderen ihm auf den Leim gehen oder nicht.

Gerade weil sein Verhalten den Anschein der Perfektion hat, ist es für andere so schwierig, genau zu sagen, was diesem Typus fehlt. Befaßt sich jemand aber gründlich genug mit ihm, wird er an einem durchschnittlichen Typus drei nichts Wesentliches finden – keine echten Gefühle, keine wirklichen Überzeugungen, keine charakteristische Eigenart und keine Leidenschaft unter seiner glattpolierten Oberfläche. Doch wenn auch alles an ihm perfekt erscheint – die vielen Facetten, die er zeigt, bilden zusammen keine Gesamtpersönlichkeit. Es fehlt menschliches Engagement und Begeisterung. Ein durchschnittlicher Typus drei hat zu sich selbst und zu seinen eigenen Gefühlen keine wirkliche Beziehung. Er wirkt wie eine perfekt funktionierende Maschine, die genau das liefert, was man von ihr erwartet, und die deshalb auch gefragt bleibt.

Wie zu erwarten, gibt es bei solch einer Orientierung beträchtliche Schwierigkeiten: ein durchschnittlicher Mensch vom Typus drei fürchtet wirkliche Nähe, denn jemand könnte ja seine innere Leere entdecken. Durch seinen jederzeit zur Verfügung stehenden Charme und die Fähigkeit, sich anzupassen, weiß er jedoch sehr wohl, wie er den Eindruck von Nähe und Intimität vortäuschen kann, wobei er scheinbar mehr von sich verrät, als das wirklich der Fall ist. Deshalb geht es einem durchschnittlichen Typus drei vor allem um Glaubwürdigkeit, das heißt darum, ob die anderen seiner Schauspielerei auf den Leim gehen.

Er fürchtet Intimität auch deshalb, weil er hinter seiner Fassade, wie auch immer sie aussehen mag, kalt und berechnend ist. Was er sagt und tut, seine Meinungen und seine scheinbaren Überzeugungen sind alle pragmatisch auf ihre Wirkung hin gewählt. Da sie sich ihr Leben lang so verhalten haben, wirken diese Menschen außerordentlich überzeugend. Andererseits hat ihre Einstellung auch Vorteile. Ihre Gefühlskälte macht es ihnen möglich, in der Arbeitswelt ungewöhnlich tüchtig zu sein und ihre Energie besonders stark auf das Erreichen beruflicher Ziele zu richten. Wie jeder andere Persönlichkeitstypus macht auch ein durchschnittlicher Typus drei aus der Not eine Tugend: Da er unemotional ist, binden ihn auch keine starken Gefühle an irgend etwas oder irgend jemanden. Praktisch und zielstrebig können solche Menschen jedes technische Problem ohne Mühe lösen, da keine abstrakten Prinzipien oder Gefühle sie davon abhalten, unmittelbar auf eine gegebene Situation zu reagieren. Sie können ein Problem von jeder Seite betrachten (und mit unglaublicher Schnelligkeit zur entgegengesetzten Seite überspringen), da sie nicht zurückgehalten werden von persönlichen Überzeugungen oder Loyalität irgend etwas gegenüber, was über sie selbst hinausgeht.

Im wesentlichen sind sie Techniker, die nach der präzisen Arbeitsweise suchen, aus der sie eine Erfolgsformel machen können, ob in ihrer beruflichen Laufbahn oder in ihrem persönlichen Leben. Ein durchschnittlicher Typus drei ist Meister hochtrabender Worte, ein großartiger Manipulator von Symbolen, wenn es darum geht, seine Ziele zu erreichen, sei es einem Präsidenten zur Wahl zu verhelfen oder eine Zahnpasta zu verkaufen oder sich im besten Licht darzustellen. Aber trotz ihres Charmes und ihres perfekt angepaßten Benehmens haben solche Menschen etwas Reptilienhaftes an sich: ihre Kaltblütigkeit kann manchmal bedrohlich wirken.

Da moralische Bedenken für sie keine Rolle spielen, lassen sich Menschen vom Typus drei auf dieser Ebene einzig und allein davon leiten, was »machbar« ist. Auch wenn sie geeignet sind, technische Probleme zu meistern, so kann man sie gewöhnlich nicht als gute Vorgesetzte oder Menschenführer betrachten, da sie keine persönliche Weltanschauung und kaum wirkliche Wertvorstellungen haben und zudem keinen echten Anteil an anderen nehmen können. Leider fühlen sie sich jedoch oft zu Führungspositionen hingezogen, denn sie bedeuten einen Gewinn an Prestige. Der Haken dabei ist, daß sie führen, indem sie sich anpassen, da sie den Menschen sagen, was diese hören wollen und nicht, was zu sagen notwendig wäre. Wenn das Image einmal zur Wirklichkeit geworden ist, nimmt es ein falsches Eigenleben an.

Der durchsetzungsstarke Narziß

Wenn ein durchschnittlicher Typus drei trotz seines wirkungsvollen Images nicht die Bestätigung bekommt, die er haben möchte, beginnt er seine Angeberei zu übertreiben. Er möchte, daß die anderen ihn bewundern und beneiden, daß sie ihn für ein absolutes As auf jedem Gebiet halten, für einen Ausbund an Vollkommenheit. Worum es ihm vor allem geht, ist, die Leute durch seine restlose Überlegenheit zu beeindrukken. Er beginnt allmählich für sich zu werben, mit seinen Leistungen zu prahlen und andauernd wichtige Namen fallen zu lassen; er betont immerzu, wie außerordentlich besonders er sei und daß er alles besser macht als die anderen; – wobei er natürlich maßlos übertreibt.

Fast alles, was Menschen vom Typus drei in diesem Stadium tun, ist Angeberei, geschieht nur, um die anderen auf sich aufmerksam zu machen und Bewunderung zu ernten. Sie werden schamlose Prahler, die mit ihrer Bildung, ihrer Erziehung, ihrem Status, ihrem Körper, ihrer Intelligenz, ihrer Karriere, ihrem Ehegefährten, ihren sexuellen Eroberungen und ihrem Verstand angeben, wenn es nur irgendwie Bewunderung hervorruft. Ihr einziges Gesprächsthema sind sie selbst, ihre erste, letzte und einzige Liebe. Sie tun so, als seien die anderen vollkommen hingerissen von allem, was sie sagen oder hervorbringen oder sollten es zumindest sein: die anderen müssen es sich als Vorzug anrechnen, sie überhaupt zu kennen.

Es ist unnötig zu betonen, daß ein narzißtischer Typus drei arrogant, anmaßend und selbstverliebt ist. Er glaubt, er sei von Natur aus besser als die anderen, als denke er immer nur: »Ich stehe über dir.« Da sie sich jedem überlegen fühlen, können solche Menschen sicher sein, von niemandem zurückgewiesen zu werden. Und wenn das doch aus irgendeinem Grund geschieht, kümmern sie sich um diese Zurückweisung nicht weiter, da sie sowieso nur von jemandem kommen kann, der ihnen unterlegen ist und deshalb nicht zählt. Kurz gesagt: sie sehen andere nur an, um festzustellen, ob sie gesehen werden. In diesem Stadium beginnt ein durchschnittlicher Typus drei sich selbst über seinem Wert zu verkaufen und übermäßig anzugeben. Narzißtische Selbst-Inflation kennzeichnet einen hohen Grad von Dissoziierung von ihrem wirklichen Selbst und all seinen realen Begrenzungen, und so laufen diese Menschen herum, als trügen sie des Kaisers neue Kleider. So ist tatsächlich weniger Sein als Schein vorhanden, obwohl man das nicht so leicht sieht, da sie sich auf sehr überzeugende Weise zu verkaufen verstehen. Aber wenn sie auch noch so hervorragend zu sein scheinen, beginnen die anderen allmählich zu spüren, daß all das zu schön ist, um wahr zu sein. Vieles, was sie von sich behaupten, erweist sich einfach als falsch.

Gut auszusehen und gut dazustehen, war für Menschen vom Typus drei immer sehr wichtig, aber physische Attraktivität gewinnt um so mehr an Bedeutung, je stärker ihr Narzißmus von ihnen Besitz ergriffen hat. Sie posieren und stellen sich dar, um einerseits etwas Besonderes zu sein (und auf jeden Fall unvergleichlich viel besser als alle anderen) und um Aufmerksamkeit auf sich zu lenken (ohne daß das immer so sehr auffiele). Ob männlich oder weiblich, ein Typus drei auf dieser Ebene ist exhibitionistisch und verführerisch und benutzt seine sexuelle Anziehungskraft, um so begehrt wie möglich zu sein. Hypermaskuline oder hyperfeminine Rollen – der Supermann oder die Schönheitskönigin – sind hier typisch. Natürlich sind nicht all diese Menschen körperlich attraktiv. Dennoch sind körperliche Qualitäten wichtig für sie, und wo es an Attraktivität fehlt, wird sie narzißtisch überhöht durch eine Betonung von Intelligenz und Tüchtigkeit, Geld und Erfolg, Berühmtheit und Prestige.

Narzißmus ist im Grund etwas Passives, und die Sexualität der Menschen von Typus drei hat ebenso ein passives Element: ihr Ego fühlt sich geschmeichelt, wenn sie bewundert werden. Narzißtische Menschen vom Typus drei wollen, daß andere sie begehren, ohne sich auch nur einen Deut darum zu kümmern, daß die anderen – sei es sexuell oder auch psychisch – auf ihre Kosten kommen.

Diese narzißtische Passivität zeigt sich auch auf andere Weise. Sobald sie die anderen für sich gewonnen haben, werden narzißtische Menschen dieses Typus arrogant und bequem. Als vom Schicksal Bevorzugte müssen sie sich um irgendwelche Ziele nicht ernsthaft bemühen. Sie schlendern und schlittern durchs Leben und verlassen sich auf ihren Sexappeal und ihren Charme. Es wird keine weitere Energie mehr in die Pflege von Beziehungen gesteckt. Die anderen sind um den Finger gewickelt, nun wird ihre Zuwendung wie selbstverständlich angenommen. Möglicherweise verliert Typus drei jetzt sein Interesse am anderen auch ganz und gar: Jetzt, wo er seine Eroberung gemacht hat, läßt er den anderen fallen; sein Narzißmus hat genug Nahrung bekommen. Es scheint ihm auch geradezu Spaß zu machen, die Menschen zu frustrieren, die versuchen, ihm nahezukommen, als wolle er sagen: »Ansehen ja, berühren nein. Du kannst mich verehren, aber du kannst mich nicht haben.«

Konflikte mit anderen ergeben sich aus ihren anmaßenden Ansprüchen, da Menschen vom Typus drei ihre eigenen Übertreibungen allmählich selbst glauben und ihre Leistungen ins Maßlose gesteigert sehen (»Für meine Entdeckung bekomme ich bestimmt den Nobelpreis.« »Bei meiner ersten Ausstellung werde ich alle Bilder am Eröffnungstag verkaufen.«) Dummerweise sind sie, je anmaßender sie sich gebärden, desto leichter gekränkt, wenn jemand sie darauf hinweist, wie unrealistisch ihre Selbsteinschätzung oder ihre Erfolgserwartungen geworden sind. Es liegt eine gewisse Ironie darin, daß sie gerade durch ihre grandiosen Erwartungen Enttäuschungen heraufbeschwören. Und je narzißtischer sie sind, desto leichter fühlen sich Menschen vom Typus drei gekränkt. Sie sind in ihrem Selbstwertgefühl außerordentlich empfindlich und angreifbar, wenn ihre Selbstbespiegelung inflationär geworden ist – ein sicheres Zeichen dafür, daß Narzißmus eben gerade nicht wirkliche Selbstachtung bedeutet.

Werden sie in ihrem Narzißmus nicht andauernd bestärkt, beginnen durchschnittliche Menschen vom Typus drei sich mit Feindseligkeit zu wappnen und verlieren sehr rasch auch noch den Rest des Humors, den sie sich selbst gegenüber hatten. Mit Verachtung und Sarkasmus betrachten sie alle anderen Menschen. Unter dem Deckmäntelchen der Ehrlichkeit setzen sie ebendiese anderen herab, um sich selbst zu erhöhen, zumindest in ihrer eigenen Vorstellung. Die wenigen Freunde, die sie noch haben, werden schäbig behandelt, sie werden ignoriert, oder man läßt sie ohne Entschuldigung warten und gibt ihnen das Gefühl, irgendwie minderwertig zu sein. Man fertigt sie mit einem arroganten Lächeln ab.

Analyse des gestörten Typus drei

Der ausbeuterische Opportunist

Die Aussicht zu scheitern hat für Typus drei etwas außerordentlich Demütigendes. Wenn er sich weiterhin überschätzt und seinen Ansprüchen nicht gerecht wird, versucht er sein inflationäres Selbstbild zu erhalten, indem er andere ausbeutet. Der ungesunde Mensch vom Typus drei glaubt, daß irgendeine Art von Ausbeutung notwendig sei, damit er weiterhin sein Selbstbild der Überlegenheit nach außen projizieren kann. Aber es liegt eine gewisse Ironie darin, daß er nicht nur allen anderen »überlegen« ist, sondern auch sich selbst, indem er die Grenzen seiner Möglichkeiten und Talente nicht mehr erkennt. Entweder muß er realistisch werden und seine Grenzen erkennen, oder er muß sich von anderen holen, was er bekommen kann, um sein Überlegenheitsgefühl aufrechterhalten zu können.

Seine Angst zu scheitern und somit gedemütigt zu werden, macht diesen Typus leider nur allzu bereit, unaufrichtig zu sein, um zu bekommen, was er braucht, um sich zumindest die Illusion der Überlegenheit zu erhalten. Wir sahen schon, daß er ein Pragmatiker ist und keine anderen Prinzipien hat, als das zu tun, was sich für ihn als nützlich erweist. Jetzt erkennen wir die Konsequenzen dieses Verhaltens: Solche Menschen fälschen ihren Lebenslauf, buchen die Arbeit anderer auf ihr Konto oder kopieren andere, um sich den Anstrich der Originalität zu geben. Ein gestörter Typus drei ist entschlossen, kein Verlierer zu sein, gleichgültig, wer den Preis für seinen Erfolg zu zahlen hat.

Menschen dieses Typus drücken sich, wo sie können, lügen, kennen keine Redlichkeit und schrecken nicht davor zurück, andere auszunutzen, um sich nach vorne zu drängen. Da sie nie ein Gewissen entwickelt haben, haben sie auch keine Schuldgefühle, wenn sie andere ausbeuten. Ein gestörter Typus drei mogelt sich überall durch, bringt immer seine Schäfchen ins Trockene und ist ein Opportunist, der jede Situation auszunutzen versteht – immer auf Kosten der anderen. Sein Mangel an Gefühl erweist sich jetzt als besonders nützlich: er ist abgebrüht genug, um die Leute auszunutzen, ohne sich auch nur im geringsten Gedanken darüber zu machen, wie es den anderen dabei geht (»Was springt für mich dabei heraus? Wie kann ich diese Situation zu meinen Gunsten ausnutzen?«).

Die Menschen in ihrer Umgebung, die sich des Opportunismus solcher Charaktere manchmal durchaus bewußt sind, haben gewöhnlich Angst, sie damit zu konfrontieren. Gestörte Menschen vom Typus drei rechnen damit, daß die anderen nicht den Mut aufbringen, sich in Wort oder Tat gegen ihr Verhalten zu wehren, da sie fürchten müssen, es würde ihnen heimgezahlt. Ihr fehlender Anstand macht es den anderen schwierig, sich gegen sie zu verteidigen, denn sie spüren, daß neurotische Menschen vom Typus drei jederzeit bereit sein würden, Schläge unterhalb der Gürtellinie auszuteilen.

Das Ausnutzen anderer Menschen zeigt, wie verächtlich der gestörte Typus drei auf andere herabsieht. Weil er sie weder als real betrachtet, noch ihnen irgendeinen von ihm unabhängigen Wert zugesteht, ist es kein moralisches Problem für ihn, die anderen zu benutzen und auszunutzen. Er hat keine Moral. Die anderen sind lediglich dazu da, Aufmerksamkeit und Bewunderung zu liefern, also Nahrung für seinen Narzißmus; sie sind nichts weiter als Objekte, die von ihm benutzt werden, um ihn selbst zu bestärken und zu verherrlichen. Deshalb gibt es keinerlei Gleichwertigkeit und Gegenseitigkeit in einer Beziehung mit einem neurotischen Typus drei. Er wird eine Beziehung zu einem anderen Menschen nur so lange aufrechterhalten, wie er bekommt, was er will, wird den anderen aber, ohne mit der Wimper zu zucken, jederzeit fallenlassen, vor allem, wenn er jemand anderen im Auge hat, der interessanter für ihn ist. Daraus kann man ablesen, daß bei neurotischen Menschen vom Typus drei allem Anschein zum Trotz etwas nicht stimmt – das Problem liegt gerade in ihrer Unfähigkeit zu dauerhaften Beziehungen. Sie absolvieren eine schwindelerregende Zahl von Freundschaften und Bekanntschaften, holen aus den Menschen heraus, was sie können und lassen sie fallen, sobald sie genug von ihnen haben.

Warum aber lassen sich die anderen so oft vom Menschen des neurotischen Typus drei ausnutzen? Das liegt an der Intensität der narzißtischen Wünsche, die solche Menschen in anderen erwecken. Die anderen geben dem Typus drei unbewußt Macht über sich selbst, genau in dem Maß, wie es ihnen an wirklicher Selbstachtung gebricht. Irrtümlicherweise glauben sie, Typus drei werde ihnen auf irgendeine Weise etwas von dem verleihen, was sie als dessen grenzenlose Selbstbewunderung ansehen. Das geschieht jedoch keineswegs. Ein neurotischer Typus drei nimmt von anderen alles, was sie zu geben haben und läßt sie enttäuscht zurück, ja tritt sie noch mit Füßen. Es ist aber eine traurige Tatsache, daß solche Menschen nur Macht über andere haben, weil die anderen sie ihnen zugestehen.

Leider funktioniert beim Typus drei alles selbst dann noch, wenn er neurotisch ist. Man kann es schon als Axiom ansehen, daß Typus drei immer gesünder wirkt, als er ist. Selbst ein recht neurotischer Typus drei scheint nicht neurotisch zu sein. Er wirkt weder depressiv noch scheint er von Ängsten erfüllt, emotional beeinträchtigt, irgendwie unfähig oder selbstzerstörerisch. Im Gegenteil: er deprimiert andere, jagt anderen Angst ein oder lädt ihnen Konflikte auf, lähmt sie und treibt sie in selbstzerstörerische Verhaltensweisen. Immer leiden die anderen, nie er selbst. Typus drei bringt es fertig, eine Beziehung abzubrechen, als sei nichts geschehen, und es ist, was ihn selbst anbelangt, auch wirklich nichts geschehen. Wie Haifische passen sich solche Menschen ihrer Umgebung außerordentlich gut an. Wie Haifische verwunden und töten sie kaltblütig, um sich dann davonzumachen.

Der böswillige Verräter

Ein neurotischer Typus drei möchte andere ausbeuten, ohne daß sein Opportunismus sichtbar wird. Sonst könnte er nicht länger überlegen erscheinen, da er ja seine Fehler und Abhängigkeiten erkennen müßte. Er würde sich gedemütigt fühlen, wenn andere seine Grenzen durchschauten. Zudem würde er wahrscheinlich dafür bestraft, daß er die anderen opportunistisch ausgebeutet hat. Und so werden neurotische Menschen dieses Typus verschlagen und falsch und verbergen ihre wahren Motive und Taten, soweit sie können.

Auf die Fähigkeit, irgendwelche Bilder von sich selbst zu projizieren, wie wir schon beim durchschnittlichen Typus drei sahen, verläßt sich solch ein Mensch mehr denn je. Ein neurotischer Typus drei wird seine Unaufrichtigkeit noch weiter treiben; doch keiner wird ihn für unaufrichtig halten (»Falsch Antlitz tarnt der falschen Seele Sinnen.« – Macbeth, I, VII, 83). Das Bild, das er jetzt projiziert, ist immer noch überzeugend, unter der Oberfläche verbirgt sich jedoch nur noch Unwahrheit. Die anderen finden meistens erst dann heraus, was für ein neurotischer Mensch er ist, wenn er schon beträchtlichen Schaden angerichtet hat.

In seiner Hinterlist und Doppelzüngigkeit schadet ein neurotischer Typus drei anderen Menschen, ohne mit der Wimper zu zucken. Er zögert nicht, den Ruf anderer zu ruinieren, Unfrieden zu stiften, Freunde auseinanderzubringen oder das Vertrauen der anderen zu mißbrauchen. Er hütet kein Geheimnis, er verbreitet falsche Gerüchte über andere und spielt Menschen gegeneinander aus. Er sabotiert die Arbeit der anderen und verletzt jene, die ihn lieben, denn es bereitet ihm geradezu Vergnügen zu sehen, daß die anderen den Schaden haben (»Es ist nicht genug, daß ich Erfolg habe – die anderen müssen scheitern« Oscar Wilde).

Unnötig zu betonen, daß neurotische Menschen vom Typus drei pathologische Lügner sind. Es macht ihnen Spaß zu lügen, selbst wenn nichts davon abhängt, da es ihr narzißtisches Selbstgefühl stärkt. Sie lügen manchmal nur um des Vergnügens willen, verächtlich mit anderen Menschen zu spielen. Erfolgreiche Lügen scheinen ihnen ihre Überlegenheit zu beweisen, während die Dummheit der anderen dadurch noch offensichtlicher wird. Sehr oft aber sind ihre Lügen alles andere als unbedeutend, da sie großen Schaden, finanzielle Verluste oder emotionale Qualen hervorrufen. Aber auch das ist ihnen egal, denn neurotische Menschen vom Typus drei haben ihren Spaß daran, Verwirrung zu stiften. Es tut ihnen gut zu sehen, wie andere leiden.

Während in der Vergangenheit bei ihnen nur manchmal Feindseligkeit aufflammte, ist diese Eigenschaft nun zu einer irrationalen Boshaftigkeit herangewachsen, Ergebnis der übermäßigen Eifersucht, die sie jedem gegenüber empfinden, der etwas hat, das sie gerne hätten. Trotz ihrer Verachtung für andere Menschen sind Neurotiker vom Typus drei insgeheim außerordentlich eifersüchtig auf sie, gerade weil sie sinnvolle Ziele erreicht haben, anstatt narzißtischen Illusionen nachzulaufen. Deshalb ist jeder, der aufrichtigt lebt, fühlt, liebt oder geliebt wird – kurz, jeder, der ein ganz normales menschliches Wesen ist – für ihr Überlegenheitsgefühl eine Bedrohung und Ziel ihrer Boshaftigkeit. Diese Boshaftigkeit kann sich bis zum Wahn steigern, da neurotische Menschen vom Typus drei geradezu besessen davon sind, andere zu ruinieren, um selber triumphieren zu können. Aber ihre dunkle, verborgene Seite können sie anderen nicht zeigen.

Der rachsüchtige Psychopath

Neurotische Menschen vom Typus drei fürchten insgeheim, daß die anderen ihnen überlegen sind und immer überlegen bleiben werden. In diesem Stadium sind sie nicht nur unaufrichtig, sondern unverhüllt rachsüchtig, als wollten sie sagen: »Ich werde um jeden Preis über dich triumphieren!« Und wenn sie nichts zu verlieren haben, werden neurotische Menschen vom Typus drei vor nichts zurückschrecken. Da ihnen die Fähigkeit fehlt, sich auch nur im geringsten einzufühlen, hält sie nichts davon ab, anderen ernsthaft zu schaden. Ja, sie müssen ihnen sogar schaden, wenn sie sich weiterhin überlegen fühlen wollen.

Das Bedürfnis nach einem Triumph der Rachsucht manifestiert sich dann hauptsächlich in oft unwiderstehlichen, meist unbewußten Impulsen, andere in persönlichen Beziehungen zu frustrieren, zu überlisten, zu besiegen… häufiger wird die Gier nach einem Triumph der Rachsucht verborgen. Weil es so destruktiv ist, ist es sogar das verborgenste Element auf der Suche nach Ruhm. Möglicherweise wird nur ein fast besessener Ehrgeiz sichtbar. Nur in der Analyse können wir zu der Erkenntnis kommen, daß die treibende Kraft dahinter das Bedürfnis ist, andere durch Überheblichkeit zu besiegen und zu demütigen. (Karen Horney, *Neurosis and Human Growth,* 27–28)

Menschen dieses Typus sind in diesem Stadium sadistisch, ja diabolisch. Sie sinken auf die unmenschliche Ebene des Psychopathen hinab, setzen sich über die normalen Grenzen des anständigen Verhaltens hinweg und toben ihre grausamsten Rachephantasien aus. Da sich ihrem Verhalten keine inneren Schranken entgegensetzen, tun sie alles, was ihnen zur Verfügung steht, bis ihre Wut ausagiert ist, andere ruiniert sind oder jemand ihnen Einhalt gebietet.

Über körperliche Gewaltanwendung, Brandstiftung und Sabotage hinaus sind psychopathische Menschen vom Typus drei sogar zum Mord fähig. Wahrscheinlich gehören zu diesem Typus Menschen, die Massenmörder oder Terroristen werden, die willkürlich Menschen zu Opfern machen. Sie sind dazu fähig, mit ebensowenig Gewissensbissen zu töten, wie ein normaler Mensch einen Pappbecher zertritt. Ihr psychopathisches Verhalten mag unmotiviert erscheinen, da ihre Gewalt so willkürlich ist, wie beispielsweise bei jemandem, der vom Fenster aus auf Menschen auf der Straße schießt. Vom Standpunkt des psychopathischen Menschen aus ist das Verbrechen durch das dauernde Bedürfnis motiviert, Überlegenheit durch Zerstörung anderer Menschen zu gewinnen.

Es muß dabei bemerkt werden, daß die Opfer männlicher Psychopathen häufig Frauen sind, und da Typus drei sich mit seiner Mutter identifiziert, paßt dies auch ins Gesamtbild. Die hohe Achtung, die ihnen ihre Mutter entgegenbrachte, ließ sie unbeabsichtigterweise narzißtisch werden, und wird ihr Narzißmus frustriert, wendet sich ihr Zorn gegen die Mutter und Mutterersatzpersonen. Vergewaltigung, sadistische Quälereien und andere Sexualverbrechen können die Folge sein.

Trotz ihrer Falschheit und Verschlagenheit können psychopathische Menschen vom Typus drei sich selbst verraten, denn Teil ihres Bedürfnisses nach rachsüchtigem Triumph ist das Bedürfnis, danach ihre Opfer wissen zu lassen, wer ihnen Gewalt angetan hat. Ihre Gier nach Aufmerksamkeit und Bestätigung, die wir von Stadium zu Stadium in verschiedenen Formen sahen, wird zu ihrer Nemesis. Das ist Psychopathen vom Typus drei jedoch gleichgültig. Die öffentliche Verachtung und die Tatsache, nun bekannt zu sein, geben ihnen gerade die Beachtung, ohne die sie nicht sein können; wenn man sie fürchtet oder verachtet, ist das für sie gleichsam eine Bestätigung, »jemand« zu sein.

Analyse der Dynamik von Typus drei

Die Desintegrationslinie: Typus drei entwickelt sich zu Typus neun

Die zugrundeliegende Problematik bei Typus drei ist, daß diese Menschen mit ihren Gefühlen nicht in Kontakt sind. Eine Bewegung zum Typus neun hin verstärkt dieses Problem noch und ist gekennzeichnet durch einen plötzlichen Zusammenbruch aller neurotischen Abwehrmechanismen. Sie fallen in einen beinahe psychotischen Zustand, in eine Traumwelt, aus der sie nicht mehr zu erwachen glauben. Alles wird unwirklich, einschließlich der schrecklichen Taten, die sie anderen

Menschen gegenüber begangen haben mögen. Sie fühlen sich aber nun nicht mehr wütend, feindselig oder rachsüchtig. Wenn sie sich zum Typus neun hin entwickeln, dissoziieren sich neurotische Menschen vom Typus drei unbewußt von den einzigen Gefühlen, die sie haben, nämlich ihren feindseligen Gefühlen, und das so vollständig, daß sie nun wirklich gar nichts mehr empfinden. Sie sind nicht deprimiert, sondern »tot«, leer, ohne Energie und ohne Interesse, sogar an sich selbst.

Wenn ein gestörter Typus drei sich so entpersönlicht, wird erst das Ausmaß seiner wirklichen Entfremdung von sich selbst offensichtlich. Die übersteigerten Illusionen, durch die sein Narzißmus ihm ermöglichte, sein Selbstgefühl zu bewahren, sind wie Seifenblasen zerplatzt. Solch ein Mensch beginnt das Interesse an sich selbst zu verlieren, läßt sich äußerlich gehen (indem er beispielsweise zuviel ißt) und versinkt in eine Art vegetativen Zustand. Ein neurotischer Typus drei erreicht eine Art von Einheit mit sich selbst, es ist jedoch die falsche Einheit der Psychose. Vielleicht erlebt er jetzt auch zum ersten Mal in seinem Leben Augenblicke der Angst.

Kann er dieser Angst nicht entfliehen, indem er von anderen Unterstützung erfährt, so verschlimmert sich der Zustand eines neurotischen Typus drei möglicherweise noch mehr in Richtung einer Persönlichkeitsspaltung. Das ist eine letzte absurde Verzerrung bei Menschen, die sich darauf verlassen haben, sich mit Projektionen von allen möglichen Bildern ihrer selbst durchzumogeln. Ihre gespaltene Persönlichkeit ist vielleicht ein realeres, d. h. zutreffenderes Bild ihrer selbst im Vergleich zu den falschen Vorspiegelungen, die ihnen früher anderen gegenüber gelungen waren.

Die Integrationslinie: Typus drei entwickelt sich zu Typus sechs

Sich in Richtung auf Typus sechs hin zu entwickeln, ist für einen Menschen vom Typus drei erschreckend, da er sich dann jemandem zuwendet und hingibt und damit der Angst ausgesetzt ist, zurückgewiesen zu werden. Die wirkliche Intimität mit einem anderen Menschen scheint für Typus drei etwas Bedrohliches, weil der andere dann wahrscheinlich seine Vorspiegelungen durchschauen wird und die darunter verborgene, oft noch recht unentwickelte Realität seines Charakters ihm nicht entgeht.

Entwickelt sich ein gesunder Typus drei jedoch in Richtung Typus sechs, beginnt er sich ernsthaft mit etwas zu beschäftigen, was außerhalb seiner selbst liegt, um dann zu erkennen, daß sein eigener Wert nicht sinkt, indem er Teil von etwas Größerem wird. Ein Typus drei auf dem Weg zur Integration entdeckt, daß er durch seine Hingabe an etwas außerhalb seiner selbst gerade in seiner Persönlichkeit innerlich zu wachsen beginnt. Die Identifikation mit anderen fördert seine Tiefe und seinen Reichtum.

Indem sich Typus drei anderen Menschen widmet, erlaubt er sich etwas, vor dem er so lange Angst gehabt hatte: jemandem anderen zu zeigen, wie unentwickelt er ist. Aber gerade wenn das gelingt, findet er heraus, daß er trotzdem angenommen wird und bekommt so eine feste Grundlage, auf der er sich weiterentwickeln kann (in diesem Zusammenhang kann eine religiöse Konversion sehr hilfreich sein). Was einem gesunden Menschen vom Typus drei zudem hilft, sich in Richtung Typus sechs zu entwickeln und dort seinen Schwerpunkt zu suchen, ist die Erfahrung des Sich-Verliebens in einen Menschen, der ihm eindeutig überlegen ist. Wenn Typus drei jemanden bewundern kann, mit dem er sich nicht ehrgeizig mißt und sich von ihm geliebt fühlen kann, hat eine Beziehung die Chance zu wirklicher Dauerhaftigkeit. Ist es ihm gelungen, eine tiefe

Beziehung zu einem anderen Menschen einzugehen, weckt das positive Eigenschaften, die ihm selbst helfen, gesund zu bleiben.

Auf seinem Weg zu Typus sechs macht sich Typus drei keine Gedanken mehr darüber, wie er andere durch sein Prestige, seinen Erfolg oder seinen Status beeindrucken kann, und es geht ihm auch nicht mehr darum, sich selbst auf Kosten anderer überlegen zu zeigen. Er benutzt seine Begabung vielleicht sogar eher, den Wert der anderen zu bestätigen und nicht sich selbst. Schließlich entwickelt ein Typus drei auf dem Weg zur Integration dadurch, daß er Werte anerkennt, die außerhalb seiner selbst liegen, auch sein Gewissen. Er erkennt die Grenzen, die ihm in seinem Verhalten gesetzt sind und auch die Grenzen dessen, was er von sich, von anderen und vom Leben erwarten kann.

Die wichtigsten Subtypen von Typus drei

Typus drei mit einer Tendenz zu Typus zwei

Im allgemeinen verstärken sich die Charakterzüge von Typus drei mit einer Tendenz zu Typus zwei gegenseitig. Er hat ganz besondere soziale Begabungen: er ist gerne unter Leuten und liebt es, Mittelpunkt der Aufmerksamkeit zu sein; oft ist er außerordentlich charmant, umgänglich und sehr beliebt. Auch gehört er zum physisch attraktivsten Typus, was seine Begehrtheit noch beträchtlich steigert, ebenso wie seine anregende Wirkung auf andere Menschen. Berühmte Beispiele für diesen Typus sind Burt Reynolds, Elvis Presley, Prinz Andrew, Jack Kent, Brooke Shields, Christopher Reeve, Cybill Shepard, Vanna White, Marc Spitz, Bruce Jenner, Marylou Retton, Jane Pauley, Richard Gere, Philipp Michael Thomas, Arnold Schwarzenegger, Ted Bundy, Gary Gilmore, Hedda Gabler und Lady Macbeth.

Je nachdem wie stark die Zweier-Tendenz sich auswirkt, zeigen gesunde Menschen vom Typus drei bei diesem Subtypus einen gewissen Grad von Wärme und positiven Gefühlen anderen Menschen gegenüber – schließlich ist ein Typus drei ja auch nicht vollständig gefühllos. Die wenigen Menschen, die ihnen nahe sind, liegen ihnen am Herzen. Sie können andere ermutigen und schätzen, ihre Gefühle sind ansprechbar und verletzbar. Typus drei mit einer Tendenz zu Typus zwei sehnt sich gewöhnlich nach einer bestimmten Art von Bestätigung durch andere – abgesehen davon, daß er Aufmerksamkeit erlangen möchte, will er auch geliebt werden. Denn dadurch reagiert er auf die Bedürfnisse und Wünsche anderer stärker. Durchschnittliche Menschen dieses Subtypus können ihre Gefühle zum Ausdruck bringen, manchmal auch die Illusion von Gefühlen. Schauspieler, Fotomodelle und Sänger gehören oft in diese Kategorie. Abgesehen davon, daß bei ihnen ein theatralisches Element zu finden ist, beginnen auch eine gewisse Possessivität, der Wunsch andere zu beherrschen, und Überheblichkeit eine Rolle zu spielen. Menschen dieses Subtypus ist es sehr wichtig, was andere über sie denken: Ehrgeiz, sich messen mit anderen und Erfolg in persönlichen Beziehungen sind von besonderer Bedeutung. Sie möchten nicht nur eine beneidenswerte Beziehung zu ihrem Ehepartner haben, der Ehepartner muß auch noch eine gute Partie sein, sexuell anziehend und gesellschaftlich begehrt, jemand, von dem Glanz auf sie zurückfällt. Auch Kinder sind hier typische narzißtische Selbsterweiterungen, ebenso das Zuhause, die Hobbies, die Urlaubsorte und andere Werte in ihrem Leben. Der Narzißmus dieses Subtypus tritt offener zutage als bei einem Menschen vom Typus drei mit einer Tendenz zu Typus vier, ebenso Exhibitionismus und der Wunsch, verführerisch zu sein.

Ein neurotischer Typus drei dieses Subtypus täuscht nicht nur die anderen über das, was er von ihnen will, sondern wird auch sich selbst täuschen. Er kann manipulativ sein und eine Anspruchshaltung an den Tag legen, die seine Rachelust gegen jene anstachelt, die ihm nicht die erwünschte Aufmerksamkeit und Liebe zukommen lassen. Sowohl Typus drei als auch Typus drei mit einer Tendenz zu Typus zwei haben Probleme mit ihren Aggressionen: Typus zwei wird aggressiv, wenn andere ihn nicht schätzen und Typus drei ist feindselig, wenn er in seinem Narzißmus verletzt wird. Die Kombination beider Haltungen läßt bei einem gefährdeten Menschen besondere Feindseligkeit auftreten. Die Eifersucht, die wir bei einem gestörten Typus drei sehen, ist auch bei einem gestörten Typus zwei vorhanden und motiviert solch einen Menschen, andere dazu zu zwingen, ihm zu geben, was er will. Typus drei mit einer Tendenz zu Typus zwei kann anderen gegenüber boshaft, ja psychopathisch destruktiv handeln. Er ist meist ein charmanter Psychopath, ein attraktiver Mensch, bei dem scheinbar alles glatt geht – bis er plötzlich gewalttätig wird, gewöhnlich gegen jene, die ihm am nächsten stehen, die aber aus irgendwelchen Gründen seine narzißtischen Bedürfnisse frustriert haben.

Typus drei mit einer Tendenz zu Typus vier

Die Charakterzüge eines Typus drei in Verbindung mit denen eines Tendenztypus vier bringen einen komplizierten Subtypus hervor, der oft mit sich selbst in Streit liegt. Typus drei ist im wesentlichen ein »interpersonaler« Typus, während Typus vier sich gerne von den anderen zurückzieht. Je nachdem wie stark die Tendenz zu Typus vier wirksam ist, erscheinen manche Menschen dieses Subtypus eher wie Typus vier als wie Typus drei: sie können schweigsam, eher zurückgezogen und sanft sein, künstlerische Interessen haben und ästhetisch sehr sensibel sein. Berühmte Beispiele für diesen Typus sind Jimmy Carter, Gary Hart, Bryant Bumgel, Chris Wallace, Sting, Mick Jagger, Sylvester Stallone, Henry Winkler, Michael Tilson Thomas, Dick Cavett, Truman Capote, Andy Warhol, Somerset Maugham und Jago.

Ein gesunder Typus drei mit einer Tendenz zu Typus vier zeigt ein gewisses Maß an Intuition und Selbsterkenntnis. Deshalb kommen Menschen dieses Subtypus eher zu einer Entwicklung ihres emotionalen Lebens und einer Vertiefung ihrer selbstkritischen Haltung als Typus drei mit einer Tendenz zu Typus zwei. Sie besitzen oft künstlerische Fähigkeiten, die aber hauptsächlich zum Unterstreichen ihrer Persönlichkeit dienen. Menschen dieses Subtypus sind selbstsicher und auf gewisse Weise hervorragend, zugleich aber ein wenig nach innen gekehrt und sensibel.

Ein durchschnittlicher Mensch vom Typus drei mit einer Tendenz zu Typus vier wird doch immer den Wettstreit mit anderen in den Vordergrund stellen und an Erfolg und Prestige interessiert sein, wenn auch auf subtilere Weise als der andere Subtypus. Die Phantasie spielt bei solchen Menschen eine aktivere Rolle, und ihre Gefühle konzentrieren sich in ihrem Fall mehr auf ästhetische Objekte als auf Personen. Da Typus drei mit einer Tendenz zu Typus vier meist weniger attraktiv ist als bei einer Tendenz zu Typus zwei, legt der Betreffende größeres Gewicht auf seine Intelligenz, was sein Selbstbild und seinen sozialen Umgang betrifft. Menschen dieses Subtypus neigen dazu, mehr von sich eingenommen zu sein als die des anderen Subtypus, sie halten viel von ihren eigenen Ideen und fordern das auch von den anderen. Zudem sind sie distanzierter und nehmen sehr bewußt wahr, wie andere sich ihnen gegenüber verhalten. Narzißtische Gefühle der Überlegenheit und Arroganz vermischen sich mit den für Typus vier typischen Vorstellungen, man habe eine Art Sonderstellung und könne sich so allerlei leisten. Solche Menschen haben durchaus einen Hang zur Angeberei, zwar subtil, aber doch unübersehbar.

Ein gestörter Mensch vom Typus drei dieses Subtypus schwankt zwischen dem Narzißmus von Typus drei und dem

Selbstzweifel von Typus vier. Da drei aber der Grundtypus ist, sind Narzißmus und Grandiositätsphantasien die Regel. Wird solch ein Mensch enttäuscht, reagiert er mit der für Typus vier typischen und selbstanklagenden Haltung, wobei solche Stimmungen aber meist nicht lange anhalten (Menschen dieses Subtypus kann man manchmal mit manisch-depressiv Erkrankten verwechseln, da ihre Stimmungen außerordentlich rasch wechseln. Die Ursache hierfür ist jedoch nicht Angst, sondern Narzißmus und das Empfinden, daß die eigenen überzogenen Erwartungen nicht erfüllt worden sind). Menschen dieses Subtypus können möglicherweise auch selbstzerstörerisches Verhalten an den Tag legen oder Selbstmordabsichten zeigen, wenn sie durch die Realität andauernd frustriert werden.

Einige Gedanken zum Abschluß

Wenn wir uns noch einmal den Typus drei vor Augen führen, so sehen wir, daß nur die gesündesten Menschen dieser Kategorie zu ihrem wahren Selbst vordringen. Selbst in den anderen gesunden Bereichen des Kontinuums entwickeln solche Menschen nur einen Teil ihrer selbst, wie ein Sportler, der nur ganz bestimmte Muskelpartien seines Körpers bewußt ausbildet, anstatt ein Gesamtgleichgewicht zu suchen. Die Eigenschaften, die ein gesunder Mensch vom Typus drei entwickelt, sind zwar wirklich, sind aber dennoch Teile einer Persönlichkeit, keine Gesamtheit. Beim durchschnittlichen Typus drei sahen wir die Überentwicklung eines noch weniger wesentlichen Teiles der Persönlichkeit, des Image, das seiner narzißtischen Selbstverherrlichung dient. Und wir sahen, daß ein gestörter Mensch vom Typus drei andere Menschen ausbeutet und zerstört, anstatt sich selbst auf eine wirklichkeitsnahe, positive Weise weiterzuentwickeln.

Da Menschen vom Typus drei so geschickt darin sind, einen günstigen Eindruck zu erwecken, fällt es gar nicht so sehr auf, daß sie in Wirklichkeit sehr unentwickelte Wesen sind. Die Ironie liegt darin, daß sie immer abhängiger von anderen werden, um sich von ihnen ihren Wert bestätigen zu lassen, und das in dem Maß, wie ihr wirklicher Wert immer mehr abnimmt.

Besonders paradox ist schließlich, daß ein gestörter Typus drei unbewußt genau das heraufbeschwört, was er am meisten fürchtete: die Angst, zurückgewiesen zu werden, ist das Allesbeherrschende; aber gerade wegen ihres narzißtischen Verhaltens, ihrer Ausbeutung anderer und ihrer Boshaftigkeit werden diese Menschen schließlich von jedermann zurückgewiesen. Gerade der Mensch, der fortwährend danach verlangte, von anderen anerkannt zu werden, wird nun nur noch verachtet. So vieles von dem, was die anderen bewunderten, erweist sich als Fassade, die irgendwann zusammenbricht und die innere Leere unübersehbar werden läßt.

Kapitel 6

Typus vier: Der Künstler

Typus vier in Umrissen

Gesund: Entwickelt sich zu einem inspirierten und schöpferischen Menschen, der das Universelle im menschlichen Dasein zum Ausdruck bringen kann. Intuitiv und von nachdenklich selbstbewußter Selbstkritik. Offen, persönlich, emotional, aufrichtig: ernst und heiter, sensibel und gefühlsstark.

Durchschnittlich: Der Künstler und Romantiker, für den Phantasie und Ästhetisches im Leben dominierend sind und der seine persönlichen Gefühle durch schöne Dinge ausdrückt. Kann selbstzentriert, introvertiert, stimmungsabhängig und melancholisch sein. Fühlt sich anders als andere, meint, er hätte Sonderrechte. Selbstmitleidig und sich selbst gegenüber zu nachgiebig, liebt es, Illusionen über das Leben und sich selbst zu nähren. Dekadent, ein Träumer: unpraktisch, unproduktiv, kraftlos und affektiert.

Gestört: Kann sich selbst und anderen entfremdet werden, sich selbst im Weg stehen, depressiv sein: blockiert und emotional gelähmt. Selbstverachtend, gequält von Selbstvorwürfen, Selbsthaß und morbiden Gedanken. Verzweifelt und hoffnungslos, wird immer selbstzerstörerischer, möglicherweise Mißbrauch von Alkohol oder Drogen als Flucht. Im Extremfall: emotionaler Zusammenbruch oder Selbstmord.

Grundmotivation: möchte sich selbst verstehen, sich mit Schönem ausdrücken, sich zurückziehen, um seine Gefühle zu schützen, sich um seine emotionalen Bedürfnisse kümmern, bevor er sich anderen zuwendet.

Beispiele: Tennessee Williams, Rudolf Nurejev, Maria Callas, Ingmar Bergman, J. D. Salinger, Franz Kafka, Marcel Proust, Virginia Woolf, Blanche DuBois und Laura Wingfield.

Gesamtbild von Typus vier

Ich glaube, daß man bei Künstlern aller Art ein inneres Dilemma entdecken kann, das aus der Koexistenz zweier Bestrebungen entsteht: dem dringenden Bedürfnis zu kommunizieren und dem noch dringenderen Bedürfnis, nicht aufgespürt zu werden. (P. W. Winnicott, zitiert in: Anthony Torr, *The Dynamics of Creation,* 58)

Welchen fruchtbaren Weg zur Wiederherstellung des Gleichgewichts gäbe es, als den, die innere Welt in einem Kunstwerk darzustellen und dann andere Menschen davon zu überzeugen, sie anzunehmen, wenn nicht als wirkliche Welt, so doch als höchst bedeutsame? Ein Teil der Befriedigung, die ein schöpferischer Mensch aus seinem Werk zieht, kann das Gefühl sein, daß so wenigstens ein Bereich seines inneren Lebens angenommen wird, der vorher nie Anerkennung fand. Zudem wird die schöpferische Arbeit, da die Kunst mehr zur individuellen Angelegenheit geworden ist als zu einer Aufgabe für anonyme Handwerker, allgemein als besonders geeignet dafür betrachtet, den persönlichen Stil eines Individuums (der natürlich eng mit seiner inneren Welt verbunden ist), zum Ausdruck zu bringen. Der Wert, den wir der Authentizität beimessen, wird oft übertrieben; in einem gewissen Sinn jedoch ist er gerechtfertigt. Wie gut ein Gemälde oder eine Komposition auch sein mag, wenn man sie unabhängig von ihrem Schöpfer betrachtet, ist doch die Tatsache wichtig, ob es sich um einen Ausdruck der Persönlichkeit eines bestimmten Künstlers handelt. Denn entweder ist es eine Erweiterung unseres Wissens über den Künstler oder nicht; eine weitere Enthüllung jenes mysteriösen, undefinierbaren und faszinierenden Wesens – seiner Persönlichkeit. (Anthony Torr, *The Dynamics of Creation,* 58)

Das Wesen des Schöpferischen wird wahrscheinlich immer geheimnisvoll bleiben, da seine Quelle das Irrationale – in den Gefühlen und dem Unbewußten des Schaffenden – ist und da, wie Winnicott schreibt, zur Motivation des Schöpferischen auch gehört, daß der Hervorbringende verborgen bleibt, von anderen nicht entdeckt werden kann. Die Motive der künstlerischen Arbeit, in Kommunikation mit anderen Menschen zu treten und das Selbst zu verbergen, sind nur zwei Möglichkeiten des Antriebs beim Schaffenden. Beim Typus vier, dem künstlerischen Temperament unter den Persönlichkeitstypen, sind diese Motive jedoch besonders zutreffend. Natürlich können auch Menschen jedes anderen Persönlichkeitstypus Künstler werden in dem Sinn, daß sie durch das Hervorbringen von Kunstwerken ihren Lebensunterhalt verdienen; doch Typus vier wendet sich der Kunst und dem Schöpferischen zu als Möglichkeit, mit anderen Menschen in Verbindung zu treten und sich selbst zugleich vor ihnen zu verbergen.

Menschen vom Typus vier sind auf der Suche nach sich selbst. Kunst ist der entscheidende Weg, den sie begehen, um sich selbst zu entdecken; auf diesem Weg teilen sie der Welt aber auch mit, was sie entdeckt haben.

In der Gefühls-Triade

Typus vier ist der Persönlichkeitstypus, der die subjektive Welt der Gefühle in der schöpferischen Tätigkeit und im individuellen Habitus, in der Introversion und in der Selbstversunkenheit, aber auch in Selbstqual und Selbsthaß als primär erlebt. Bei diesem Typus finden wir schöpferische Künstler, romantische Ästheten und zurückgezogene Träumer, Menschen mit starken Gefühlen, die anders empfinden als andere, da ihre Unsicherheit sie davon abhält, aus sich herauszugehen.

Menschen vom Typus vier gehören zu den am meisten auf sich selbst Konzentrierten, sie sind sich ihrer selbst bewußt im Sinn von verunsicherbar, und darin liegt ihre Stärke wie ihre Schwäche. Der dauernde Konflikt, den wir bei diesen Menschen wahrnehmen, besteht zwischen ihrem Bedürfnis, zu Selbstbewußtsein zu gelangen und sich so selbst zu entdecken, und ihrem Drang, über das auf sich selbst Konzentriertsein hinauszugelangen, um nicht in Befangenheit und Unsicherheit zu geraten. Die Spannung zwischen Selbstbewußtsein und Selbsttranszendenz kann durch schöpferisches Tun gelöst werden. Im schöpferischen Augenblick konzentriert ein gesunder Mensch vom Typus vier seine Gefühlswahrnehmung, ohne sie einzuschränken, und bringt nicht nur etwas Schönes hervor, sondern entdeckt zugleich auch, wer er ist. Im Augenblick der Inspiration ist er paradoxerweise zugleich am meisten er selbst und frei von sich selbst. Deshalb werden von diesen Menschen alle Formen der Kreativität so sehr geschätzt, und deshalb ist Kreativität im Zustand der Inspiriertheit so schwer aufrechtzuerhalten. Ein Mensch vom Typus vier kann nur zur Inspiration gelangen, wenn er sich selbst zuvor überwunden hat; gerade das aber ist für die auf sich selbst gerichtete Aufmerksamkeit außerordentlich bedrohlich. In gewissem Sinn können solche Menschen nur dadurch, daß sie lernen, nicht auf sich selbst zu achten, sich selbst finden und dabei eine Erneuerung und Verwandlung erleben.

Problematisch bei einem durchschnittlichen Typus vier ist jedoch, daß er versucht, sich selbst zu verstehen, indem er seine Gefühle beobachtet. Begibt er sich auf der Suche nach seinem Selbst nach innen, wird er so befangen, daß sein subjektiver emotionaler Zustand beherrschende Realität für ihn wird. Auch wenn durchschnittliche Menschen vom Typus vier noch so sehr mit ihrem Emotionalleben beschäftigt sind, pflegen sie ihre Gefühle durchaus nicht direkt zum Ausdruck zu bringen. Nein, sie teilen ihre Gefühle indirekt durch die Kunst mit, wenn sie das Talent und die Übung haben, die dazu notwendig sind.

Solch eine Persönlichkeit ist also vor allem nach innen gerichtet, verliert sich in Nabelschau und Selbstvergessenheit, denn sie spürt, daß sie anders ist als andere Menschen und möchte wissen, warum sie dieses Gefühl hat. Merkwürdigerweise versucht sie jedoch ihren Platz im Leben dadurch zu finden, daß sie sich vom Leben zurückzieht, um sich im Labyrinth ihrer Gefühlswelt zu verlieren. Ergebnis dieses Rückzuges ist, daß selbst ein durchschnittlicher Mensch vom Typus vier außerordentliche Schwierigkeiten hat, mit dem Leben zurechtzukommen, und ein gestörter Typus vier sogar die ernsthaftesten Gefühlsstörungen aller Persönlichkeitstypen haben kann.

Beim gesunden Typus vier wird das reiche Leben des Unbewußten zugänglich und geformt. Mehr als jeder andere Persönlichkeitstypus kann ein gesunder Mensch vom Typus vier eine Brücke schlagen zwischen dem Spirituellen und dem Animalischen in der menschlichen Natur, da er sich dieser beiden Seiten seines Wesens so bewußt ist. Sie spüren in sich die Tiefen, in die ein Mensch hinabzusteigen vermag, ebenso aber auch die Höhen, zu denen er hinaufgetragen werden kann. Kein anderer Persönlichkeitstypus ist sich so dauernd der Möglichkeiten und Grundbedingungen des Menschwerdens bewußt: Menschen sind geistbegabte Tiere in der Schwebe zwischen zwei Existenzbereichen. Typus vier spürt beide Seiten seiner immer wieder in Konflikt geratenden Persönlichkeitselemente und leidet heftig darunter oder gerät dadurch in eine Art Ekstase. Deshalb kann ein gesunder Mensch vom Typus vier oftmals etwas schaffen, das andere Menschen stark bewegt, da er mit den verborgenen Tiefen der menschlichen Natur in Berührung gekommen ist, die er in seinem eigenen Innersten aufgespürt hat. So transzendieren diese Menschen sich selbst und können das Universelle an der Menschennatur entdecken; sie verschmelzen persönliche Konflikte und widerstreitende Gefühle zu einem Kunstwerk.

Wie alle Menschen leben aber die meisten Persönlichkeiten vom Typus vier nicht unbedingt auf der Höhe ihrer Möglichkeiten. Als Reaktion auf ihre Angst verschließen sie sich, werden selbstbezogen und unsicher, vor allem wegen der Negativität, die sie in sich selbst entdecken. Sie kompensieren ihre negativen Gefühle und nehmen zu ihrer Phantasie Zuflucht, um ihr Leben erträglicher zu machen. Das hat zur Folge, daß ein durchschnittlicher Mensch vom Typus vier beginnt, sich vom alltäglichen Leben zurückzuziehen. Er wird egozentrisch und lernt nicht, mit Menschen umzugehen oder die praktischen Dinge zu meistern. Er fühlt sich als Außenseiter, makelhaft und anders als die anderen, unfähig, die Barriere der Unsicherheit zu durchbrechen, die ihn vom leichtfüßigeren Umgang mit der Welt abhält.

Entwickeln sie sich in Richtung Neurose, so potenzieren sich die negativen Gefühle der Menschen von Typus vier noch, da sie sich allen anderen Einflüssen verschlossen haben. Gestörte Menschen vom Typus vier sind den anderen Menschen und paradoxerweise auch sich selbst so entfremdet, daß sie daran verzweifeln, je einen Weg aus ihrer quälenden Befangenheit in sich selbst zu finden. Sie erkennen, daß ihre Suche nach dem Selbst sie in eine Welt nutzloser Phantasien und Illusionen geführt hat. Da sie nur zu deutlich wissen, was sie sich selbst angetan haben und zugleich fürchten, daß es zu spät ist, daran noch etwas zu ändern, hassen und quälen sich diese gestörten Menschen selbst, um zu zerstören, was sie geworden sind.

Probleme mit der Identität

Für einen Menschen vom Typus vier ist es schwer, seine Selbstbezogenheit zu überwinden, da er ja gerade das Gegenteil will: sich seiner selbst bewußter werden, um sich zu finden und zu einem gefestigten Identitätsgefühl durch eine Klärung der eigenen Gefühlswelt zu gelangen. Je selbstbewußter und selbstaufmerksamer sie werden, desto stärker werden Menschen vom Typus vier in ungelöste Widersprüche und irrationale Gefühle hineingezogen, die sie erst ordnen möchten, bevor sie wagen, sie zum Ausdruck zu bringen.

Selbstentdeckung ist ein außerordentlich wichtiges Motiv für einen Menschen vom Typus vier, da er nie glaubt, sein Selbstgefühl sei stark genug, um seine Identität zu schützen, vor allem, wenn er das Bedürfnis hat, sich zu bestätigen. Da seine Gefühle so rasch wechseln, ist sein Identitätsgefühl nicht verläßlich und greifbar. Diese Menschen sind sich im unklaren über sich selbst, als seien sie eine Wolke in der Entstehung, die entweder zu einer machtvollen Gestalt werden oder sich im nächsten Windhauch auflösen kann. Typus vier kann nie sagen, wie der nächste Augenblick ihn beeinflussen wird, und so ist es schwierig für ihn, sich auf sich selbst zu verlassen. Etwas fehlt ihm in seinem Selbstgefühl, etwas Nicht-Greifbares, dessen Abwesenheit aber dennoch deutlich spürbar wird.

Die Schwierigkeit liegt darin, daß ein durchschnittlicher Mensch vom Typus vier oft gar nicht herausfindet, was er fühlt, bis er es persönlich oder künstlerisch ausgedrückt hat. Drückt er aber alles aus, was er fühlt, hat er die Angst, zu viel von sich herzugeben, sich zu blamieren oder bestraft zu werden. Andererseits unterminieren durchschnittliche Menschen vom Typus vier dadurch, daß sie ihre Gefühle nicht zum Ausdruck bringen, die Möglichkeit, sich selbst zu entdecken, da sie sich von ihrer dauernden Selbstbefangenheit wie gelähmt fühlen. Sie wissen sehr genau, daß sie sich selbst beobachten und in sich befangen sind. Sie ziehen sich in Phantasien und Erinnerungen zurück, die letztlich zu Illusionen, Selbstvorwürfen und einem vergeudeten Leben führen.

Ursprünge in der Kindheit

Als Kinder haben sich Menschen vom Typus vier weder mit ihrer Mutter noch mit ihrem Vater identifiziert (»Ich bin nicht wie meine Eltern«). Meist erlebten sie eine unglückliche oder einsame Kindheit, weil die Eltern Eheprobleme hatten, sich scheiden ließen, wegen Krankheiten oder einfach wegen persönlicher Konflikte innerhalb der Familie. Da es ihnen an positiven Rollenvorbildern mangelte, wendeten sich diese Menschen als Kinder nach innen, ihrer Gefühlswelt und ihrer Phantasie zu, von dort aus versuchten sie ihre Identität aufzubauen.

Von Kind an fühlten sich Menschen vom Typus vier einsam im Leben. Es schien ihnen, als hätten ihre Eltern sie aus ihnen unbegreiflichen Gründen zurückgewiesen oder zumindest kein großes Interesse an ihnen gehabt. Deshalb haben Menschen vom Typus vier schon von jeher das Gefühl, daß bei ihnen irgend etwas nicht in Ordnung ist, daß sie irgendwie gezeichnet sind, da ihre Eltern ihnen nicht die liebevolle Aufmerksamkeit zuwandten, die sie als Kinder brauchten. So mußten sie sich an sich selbst halten, um herauszufinden, wer sie waren.

Selbsterkenntnis wurde ihr wichtigstes Ziel. Durch Selbsterkenntnis hofften sie, ihren Platz in der Welt zu finden. Menschen vom Typus vier hatten in ihrer Jugend den Eindruck, sie würden sich nicht mehr so zutiefst anders fühlen als alle anderen, wenn es ihnen gelänge, herauszufinden, wer sie selber sind. Anstatt jedoch durch diese Introspektion zu einem klaren Selbstbild zu gelangen, verfingen sie sich immer mehr in Selbstbeobachtung und Unsicherheit. Diese Tendenz zur Selbstbeobachtung entfremdete sie den anderen, machte sie verletzlich und aggressiv sich selbst und anderen, vor allem den Eltern, gegenüber. Da sie sich aber zugleich machtlos fühlten, und ihre Aggressionen nicht zum Ausdruck bringen oder irgend etwas an ihrem Zustand ändern konnten, zogen sie sich von ihren Eltern und von anderen zurück und richteten ihre Aggressionen gegen sich selbst.

Probleme mit Feindseligkeit und Verzweiflung

Wie Typus zwei und drei hat auch Typus vier Probleme mit seiner Aggressivität. Er richtet sie gegen sich selbst, weil er unbewußt befürchtet, irgend etwas stimme grundsätzlich nicht mit ihm. Da sie als Kind das Gefühl hatten, von ihren Eltern mißachtet zu werden, lernten Menschen vom Typus vier tatsächlich, stets an ihrem Willen zu zweifeln. Aus Unwillen darüber, unvollkommen zu sein, behindern und bestrafen sich diese Menschen auf vielerlei Weise, wie wir sehen werden.

Auf einer tieferen, unbewußten Ebene sind Menschen vom Typus vier ihren Eltern gegenüber voller Feindseligkeit, da sie in dem Gefühl leben, von ihnen nicht das bekommen zu haben, was sie so nötig brauchten. Typus vier glaubt, auf der Welt nicht willkommen zu sein, fühlt sich fehl am Platz, unbeliebt und ungeliebt – und ist im Innersten zornig auf seine Eltern, daß sie ihm das angetan haben. Dieser Zorn liegt jedoch so tief in ihm verborgen, daß er es sich selbst nicht gestatten kann, ihn zum Ausdruck zu bringen. Diese Menschen haben Angst vor ihrer eigenen Wut, unterdrücken sie deshalb und versuchen auf irgendeine Weise, damit zurechtzukommen.

Allmählich erschöpft von dem Bewußtsein, von feindseligen und anderen negativen Gefühlen erfüllt zu sein, versinken durchschnittliche bis gestörte Menschen vom Typus vier immer tiefer in Selbstkritik, Depression und Verzweiflung. Sie verbringen den größten Teil ihrer Zeit damit, um einen gewissen Überlebensmut zu kämpfen, obwohl sie von dem Gefühl beinahe überwältigt sind, daß der grundlegende Mangel, den sie an sich haben, nicht zu heilen sei. Das Gefühl der Hoffnungslosigkeit ist der Strom, gegen den sie immer anzuschwimmen versuchen. Wenn diese unterschwellige Hoffnungslosigkeit überhand nimmt, kann ein gestörter Typus vier einen emotionalen Zusammenbruch erleben oder sogar Selbstmord begehen, da er vollkommen in Verzweiflung versinkt, ohne die Hoffnung, davon je wieder frei zu werden.

Sobald Typus vier sich auf der Suche nach sich selbst vom Leben zurückzieht, beschreitet er den falschen Weg. Wie wichtig ihm diese Suche auch erscheinen mag, mit der Zeit muß er zu der Überzeugung gelangen, daß die unmittelbare Suche nach dem Selbst eine Lockung ist, die schließlich nur in Verzweiflung enden kann.

Andererseits erscheint ein gesunder Typus vier nicht deshalb stabil, weil er sich ein für allemal von der Turbulenz seines Gefühlslebens befreit hat, sondern weil er ein Ziel gefunden hat, auf das er diesen Strom seiner Gefühle hinlenken kann. Ein gesunder Mensch vom Typus vier hat gelernt, seine Identität zu stärken, ohne dabei ausschließlich auf seine Gefühlswelt zu bauen. Indem er der Versuchung widersteht, sich auf der Suche nach sich selbst vom Leben zurückzuziehen, rettet er sich selbst nicht nur vor seiner eigenen zerstörerischen Tendenz, sondern ist darüberhinaus auch noch in der Lage, etwas Schönes und Gutes zu schaffen. Wenn er es lernt, so zu leben, kann Typus vier zu den lebensbejahenden Persönlichkeitstypen gehören, denn ihm gelingt es, im Bösen Gutes zu finden, aus der Hoffnungslosigkeit Hoffnung zu schöpfen, aus der Absurdität Sinn zu gewinnen, zu retten, was verloren schien.

Analyse des gesunden Typus vier

Der inspiriert-schöpferische Mensch

Von allen Persönlichkeitstypen ist ein sehr gesunder Typus vier am meisten in Kontakt mit den Impulsen, die aus seinem Unbewußten aufsteigen. Er hat gelernt, auf seine innere Stimme zu hören, bleibt dabei aber offen für Eindrücke, die von außen kommen. Vor allem aber ist er fähig, unbefangen zu handeln, und wenn er das Talent und die Übung hat, die notwendig sind, kann er seinen unbewußten Impulsen die objektive Form eines Kunstwerks geben, das seinen Namen verdient. Da er seine Selbstbefangenheit überwunden hat, ist ein gesunder Typus vier so frei geworden, daß er im ursprünglichen Sinn schöpferisch sein, also etwas Neues in die Welt setzen kann. Natürlich kommen und gehen tief schöpferische Augenblicke wie sie wollen, denn die Schöpferkraft ist sehr schwer greifbar. Dennoch kann Typus vier im besten Fall eine gewisse Stabilität in seiner schöpferischen Tätigkeit erlangen, da er seine Befangenheit und Selbstbeobachtung überwunden hat und so für Inspirationen offen wird. Er empfängt Anregung aus vielerlei Quellen, das Rohmaterial der Lebenserfahrung wird durch sein Unbewußtes gefiltert. Dadurch ist ein inspirierter Typus vier wie eine Auster; er verwandelt all seine Erfahrungen und seine Erlebnisse, auch die schmerzhaften, in etwas Schönes. Durch solch inspirierte schöpferische Arbeit kann ein gesunder Mensch vom Typus vier eine Quelle der Anregung und der Erkenntnis für andere werden, er gleicht einem Gefäß, das das Schöne, Wahre und Gute auffängt und der Welt weitergibt.

Seine Schöpferkraft hat etwas Paradoxes, denn ein Mensch vom Typus vier ist in der Lage, das Persönliche universell auszudrücken, es zu etwas werden zu lassen, das über sein Schaffen hinaus Resonanz und Sinn hat. Indem er sich seinen eigenen verborgenen Tiefen öffnet, kann Typus vier Wahrheiten zum Ausdruck bringen, die für alle Menschen gelten. Es macht ihm aber Schwierigkeiten, zu erklären, woher seine schöpferische Energie kommt. Ein großer Teil seines Wissens über sich selbst und andere hat die Qualität des Inspirativen, er empfängt es spontan, ungeteilt und auf geheimnisvolle Weise, für die bewußte Kontrolle nicht faßbar.

Das schöpferische Tun beschränkt sich nicht auf den Künstler, sondern ist eine wichtige Fähigkeit, die jeder in sich entdecken sollte. Die wichtigste Form des Schöpferischen ist die Selbsterschaffung – die Erneuerung und Erlösung des Selbst durch die Transzendenz des Ego. Es ist der Prozeß, in dem man alle guten und schlechten Erfahrungen zu etwas macht, das dem Wachstum der Persönlichkeit dienen muß (»Sei ein Mensch, für den nichts vergeblich war« – William James).

> (Otto) Rank verherrlichte nicht den Künstler als solchen, sondern das schöpferische Individuum, dessen Ausdrucksmöglichkeiten je nach den kulturellen Bedingungen, in denen er sich befand, variierten ... Rank war sogar der Ansicht, daß der schöpferische Künstler in der Kunst immer noch eine Zuflucht sucht, die er besser aufgeben sollte, um ins wirkliche Leben zurückzukehren. Ist ihm das einmal gelungen, so wird er ein neuer Mensch, das, was die Psychoanalyse schaffen möchte. (Reuben Fine, A History of Psychoanalysis, 271)

Durch das Tun im Augenblick der Inspiration, der nicht primär ein Augenblick des Fühlens ist, kann Typus vier zugleich etwas hervorbringen und sich selbst durch das, was er in die Welt setzt, entdecken. Das Problem der Identität, das ihn gequält hat, beginnt sich zu lösen. Ein Mensch vom Typus vier erfährt nicht von seinen Eltern, wer er ist, sondern dadurch, was er in seiner Schöpferkraft entdeckt. Deshalb ist Typus vier, wenn er sehr gesund ist, nicht nur ein Künstler, wie Rank sagt, sondern ein schöpferisches, lebensbejahendes Individuum, das zudem noch Künstler sein kann. Die Fähigkeit, das eigene Selbst immer wieder zu erneuern, ist die höchste Form des Schöpferischen, eine Art »Seelen-Schöpfung«, die eine höhere Ebene der Integration erfordert als das Hervorbringen eines Gemäldes, eines Buches oder eines Tanzes. Das ist der Zustand, den die anderen Persönlichkeitstypen von einem gesunden Typus vier lernen können, und es ist jener Zustand, den Typus vier selbst immer anstrebt.

Der aus der Intuition Lebende

Selbst ein relativ gesunder Mensch vom Typus vier lebt nicht immer auf diesen hohen Ebenen des Bewußtseins. Wenn er aus dem inspirierten schöpferischen Augenblick herausfällt und darüber nachzudenken beginnt oder sich über sein Werk freuen möchte, verliert er die Unbefangenheit, die notwendig war, in diesen Zustand zu gelingen. Inspirierte Kreativität kann nur im Tun ausgelebt werden, in der Transzendenz der Selbstbezogenheit. Sobald solch ein Mensch sich seiner selbst bewußt wird, verliert er die Spontaneität des Inspiriertseins, wird selbstbezogen und befangen in sich.

Wie wir in der Einleitung sahen, ist eine seiner grundlegenden Motivationen, da er von seinen Eltern nicht angemessen gespiegelt wurde, sich selbst zu verstehen. (»Wer bin ich?« »Welchen Sinn hat mein Leben?«) Er beschäftigt sich mit seinen Gefühlen und möchte etwas über sich selbst herausfinden, indem er in diese immer zugängliche Quelle der Selbsterkenntnis eintaucht.

Ein Bewußtmachen der eigenen Gefühle schafft jedoch das Problem der Distanzierung von der Umgebung, die selbst einem gesunden Menschen vom Typus vier beinahe automatisch droht. Das Leben wird für ihn zu einer Art Theater, in dem er wohl oder übel zugleich Zuschauer wie Schauspieler ist. Die Introspektion erlaubt es einem gesunden Typus vier, die Distanz, die er zwischen sich und allem anderen wahrnimmt, als Rahmen zu sehen, innerhalb dessen er sich selbst deutlicher erkennt. Zugleich aber macht es ihm diese Introspektion schwer, zu sich zu stehen, sich durchzusetzen oder sich praktischen Aktivitäten zu widmen. Zudem erkennen Menschen vom Typus vier, daß sie sich nirgends verbergen können. Sie sind dazu gezwungen, beunruhigende Realitäten über sich selbst, andere oder das Leben anzuerkennen, da ihre selbstkritische Haltung sie sowohl der Welt als auch ihrem eigenen Unbewußten gegenüber sehr sensibel macht. Dennoch hat ein gesunder Mensch vom Typus vier keine Angst vor dem, was ihm seine Gefühle verraten, selbst wenn diese Gefühle schmerzhaft und beunruhigend sein können.

Typus vier ist nicht nur sich selbst, sondern auch anderen gegenüber sehr sensibel, da er sehr intuitiv reagiert. Die Intuition gibt ihm die Möglichkeit, zu verstehen, wie andere denken und fühlen und die Welt zu erkennen. Intuition ist keine abgehobene Spielerei, sondern eine Möglichkeit, die Realität durch das Unbewußte wahrzunehmen. Ein intuitiver Mensch empfängt gleichsam eine Botschaft in einer Flaschenpost, die an den Strand des Bewußtseins geworfen wurde.

Selbstzugewandtheit ist die psychologische Basis der Intuition. Typus vier ist sich über sich selbst, die Welt und andere Menschen durch das aus seinem eigenen Unbewußten Aufsteigende klar. Und indem sie erleben, wie ihre eigenen Erfahrungen sie bewegen, hoffen diese Menschen, ihre inneren Dimensionen immer besser zu erkennen. (Oder, poetischer ausgedrückt: »Ich nehme das Echo wahr, das die Dinge ertönen lassen, die meine Seele berühren.« – Stendhal).

Typus vier entspricht dem introvertierten, intuitiven Typus nach C. G. Jung.

Die Intuition in der introvertierten Einstellung richtet sich auf die inneren Objekte, wie man mit Recht die Elemente des Unbewußten bezeichnen könnte… Wenn

schon die introvertierte Intuition ihren Anstoß von äußeren Objekten empfangen mag, so hält sie sich doch nicht
bei den äußeren Möglichkeiten auf, sondern verweilt bei
dem, was durch das Äußere innerlich ausgelöst wurde…
Auf diese Weise nimmt die introvertierte Intuition alle
Hintergrundsvorgänge des Bewußtseins etwa mit derselben Deutlichkeit wahr, wie die extravertierte Empfindung
die äußeren Objekte. Für die Intuition erlangen daher die
unbewußten Bilder die Dignität von Dingen oder Objekten. (C. G. Jung, Psychologische Typen, § 726–727)

Da der reichste Teil ihres bewußten Lebens außerhalb ihrer
Kontrolle liegt, sind sich selbst gesunde Menschen vom Typus
vier darüber klar, daß sie sich nicht vollständig in der Hand
haben. Ihre Intuitionen kommen und gehen wie Geister, die
man nicht willentlich herbeirufen kann. Zudem können diese
Intuitionen beunruhigend sein und ihnen Gefühle bewußt
werden lassen, die schwer zu benennen und zu klären sind. Es
ist für solche Menschen auch schwierig, Intuitionen rational
auszudrücken – denn sie sind nun einmal irrational und haben
ihre Wurzeln im Unbewußten. Wie auch immer, ihre Intuitionen lassen ihnen bewußt werden, daß sie in einem endlosen
Strom positiver und negativer Gefühle über sich selbst und die
Welt schwimmen. Deshalb brauchen Menschen vom Typus
vier Zeit, um ihre Intuitionen zu erkennen und zu verstehen,
und Mut, anzunehmen, was sie ihnen sagen.

Der sich offenbarende Mensch

Ein gesunder Mensch vom Typus vier muß zum Ausdruck
bringen, was er empfindet, um zu wissen, was seine Intuitionen ihm über ihn selbst sagen. Es ist der persönlichste unter
den neun Typen, der sich anderen unmittelbar und wahrhaftig
zeigt, wie er ist. Er setzt keine Maske auf, hinter der er seine

Zweifel und Schwächen verstecken könnte, er täuscht sich selbst nicht über seine Gefühle und Impulse, wie unschön oder wenig schmeichelhaft sie auch sein mögen. Ein gesunder Typus vier zeigt seine Schwächen und Irrationalitäten anderen bereitwillig, da er glaubt, diese Dinge seien nicht zufällig, sondern spiegelten sein wahres Wesen wider. Er empfände es als unaufrichtig, mit anderen zu kommunizieren, ohne dabei sich selbst zu zeigen, das Schlechte wie das Gute, Zweifel wie Gewißheit. Es ist etwas sehr Menschliches an dieser Haltung: diesen Menschen ist eine Ursprünglichkeit und Tiefe des Gefühls eigen, eine Bereitschaft, sich berühren zu lassen, selbst wenn es Schmerzen bereitet, wenn das das Ehrlichste ist, was sie tun können.

Ein gesunder Typus vier legt großen Wert darauf, sich selbst gegenüber wahrhaftig zu sein, auch wenn er dabei Gefahr läuft, von den Menschen kritisiert zu werden, denen Tradition oder Konvention mehr wert sind als Selbstverwirklichung. Die emotionale Aufrichtigkeit, die wir bei einem gesunden Menschen vom Typus vier finden, kann andere allerdings vor den Kopf stoßen oder doch zumindest in Verlegenheit setzen; ihnen wäre es wohl oft lieber, daß solch ein Mensch nicht so freimütig über sich selbst spräche. Doch das Element, das ein gesunder Mensch des Typus vier in die Gesellschaft einbringt, ist seine vorbildhafte Humanität, die Botschaft, daß jeder Mensch wertvoll ist, weil er ein Individuum ist.

Ebenso wie ein gesunder Mensch vom Typus vier sich selbst gegenüber wahrhaftig sein möchte, so wünscht er sich, daß auch die anderen das sein mögen. (»Vor allem sei dem eignen selbst getreu/Und folgen muß, so wie die Nacht dem Tage/Du kannst nicht falsch sein gegen irgendwen.« *Hamlet,* I, III, 79–81)

Sie respektieren die Individualität des anderen, sind sensibel ihren eigenen Gefühlen gegenüber und achten darauf, sich einen gewissen Freiraum zu schaffen. Typus vier läßt es bereitwillig zu, daß andere ihren eigenen Weg gehen und versucht nicht, sie zu kontrollieren, deshalb geben diese Menschen auch gute Mütter und Väter, Freunde, Zuhörer und Therapeuten ab. Sie sehen andere Menschen als »den anderen«, nicht als Funktion ihrer selbst oder als Objekte, die sie zu ihrem eigenen Vorteil benutzen.

Da ein gesunder Typus vier sich seiner selbst als Individuum so bewußt ist, hat er auch ein deutliches Gefühl für seine einzigartige Andersheit, ebenso wie für die Andersheit alles anderen. Obwohl er nicht einsam ist, begreift er, daß er im Leben allein ist, ein individuelles Bewußtsein hat. Von diesem Standpunkt aus sind gesunde Menschen vom Typus vier nicht nur Individualisten, sondern Existenzialisten, die sich ihres Daseins als einzigartige Persönlichkeit ganz bewußt sind.

Wenn all das auch ernsthafte Dinge sind, so ist ein gesunder Mensch vom Typus vier nicht immer ernst. Er hat ein feines Gespür für Humor, da er die Absurdität so manches menschlichen Verhaltens im Licht der tieferen Lebensfragen deutlich erkennt. Ein gesunder Typus vier kann das menschliche Wesen zugleich von zwei Seiten erkennen: er sieht den Teufel und den Engel, das Niederträchtige und das Edle am Menschen, vor allem an sich selbst. Die ironische Gegenüberstellung solcher Gegensätze ist für ihn ebenso komisch wie tief berührend. Die Inkongruenz des menschlichen Daseins läßt einen gesunden Typus vier amüsiert lächeln; er ist sich der menschlichen Widersprüche, vor allem in sich selbst, bewußt.

Analyse des durchschnittlichen Typus vier

Der phantasievolle Künstler

Aus Angst mißverstanden oder aus Furcht verletzt zu werden, wenn sie ihre Gefühle zu persönlich ausdrücken, versuchen Menschen vom Typus vier einen Weg zu finden, anders mit ihren Gefühlen umzugehen und weichen auf einen künstlerischen Selbstausdruck aus. Jede Art künstlerischer Aktivität gibt ihnen die Möglichkeit, sich zu verbergen und zugleich mitzuteilen, ohne sich preiszugeben.

Natürlich sind nicht alle durchschnittlichen Menschen vom Typus vier Künstler, und ganz gewiß nicht alle Künstler Menschen vom Typus vier. Da für diesen Typus vier jedoch das Aussprechen der Gefühle für die emotionale Sicherheit sehr wesentlich ist, legen sie besonderes Gewicht auf jede künstlerische Aktivität, der sie sich hingeben, da die Kunst ein Ersatz für ihr Selbst darstellt. Sie übernimmt eine Stellvertreterfunktion für den Selbstausdruck der Welt gegenüber.

Sind sie professionelle Künstler, so müssen diese Menschen entdeckt haben, welches Medium ihrem Talent am meisten entspricht; sie müssen ihr Handwerk zudem beherrschen, um sich adäquat ausdrücken zu können. Sind Menschen vom Typus vier keine professionellen Künstler oder arbeiten in einem Beruf, der es nicht zuläßt, daß sie sich auf irgendeine Weise künstlerisch ausdrücken, betrachten sie meist ihre Arbeit nur als Mittel zum Geldverdienen, während ihre wahren Interessen anderswo liegen – in der Schönheit oder in irgendeiner Art ästhetischem Selbstausdruck. Könnten ihre Wünsche auf wunderbare Weise in Erfüllung gehen, so würden durchschnittliche Menschen vom Typus vier, die keine Künstler sind, sich sofort wünschen, Maler, Sänger, Tänzer, Dichter, Romanautor, Bildhauer, Schriftsteller oder irgendeine andere Art von Künstler zu sein.

Haben sie nicht die nötige Begabung, um Kunstwerke zu schaffen, versuchen durchschnittliche Menschen vom Typus vier ihre Umgebung zu verschönern, indem sie beispielsweise ihre Wohnung geschmackvoll einrichten, Kunstwerke sammeln oder sich stilvoll kleiden. Typus vier fühlt sich zur Schönheit hingezogen, ob sie nun in Menschen oder in Dingen liegt, denn ästhetische Objekte stimulieren seine Gefühle, verstärken sein Selbstgefühl. Zudem symbolisieren ästhetische Objekte die Vollkommenheit und Einheit, die Typus vier eigentlich in sich zu finden wünscht. Da er spürt, daß ihm etwas fehlt, sucht er den Verlust auszugleichen, indem er Schönheit in jeder Form auf seine Gefühle einwirken läßt. Er ist ein Romantiker, der das Schöne idealisiert.

Ein Mensch vom Typus vier benutzt seine Phantasie, um seine Emotionen zu verstärken und zieht seine Aufmerksamkeit in dem Maß immer mehr von der Realität ab, als er die Welt in seinen Phantasievorstellungen verarbeitet. Er möchte von großen Leidenschaften, lyrischen Sehnsüchten und stürmischen Emotionen hingerissen werden, die das Selbstgefühl erheben und deshalb lebendig erhalten. Die romantische Phantasie kann sich auf die Natur, auf Gott, auf das Selbst, auf den anderen oder auf irgendeine Mischung von all dem konzentrieren. Man sucht nach Wundern und Omen, nach dem Sinn hinter den Dingen, ist fasziniert vom Tod und vom Vergehen alles Lebendigen. Weil ein durchschnittlicher Mensch vom Typus vier seine Phantasie so viel einsetzt, wird sie stark und verführerisch, eine unerschöpfliche Quelle des Trostes und der Andacht.

Typus vier fühlt sich zudem stark zu Menschen hingezogen, die seine Gefühle und seinen Schönheitssinn anregen. Allmählich beginnt er jedoch in seiner Phantasie mit den Menschen umzugehen, als seien diese ästhetische Objekte, als müsse man sie wie Kunstwerke betrachten und nicht wie eigenständige Menschen. Typus vier läßt sich auch leicht von anderen verblenden oder betören und führt in seiner Vorstellung lange Gespräche mit geliebten Menschen und Freunden. Er ergeht sich in Liebesszenen und Sehnsuchtsgefühlen, Verehrung und Liebesschmerz, in Vorstellungen, den anderen in sexueller Ekstase zu besitzen und erlebt in der Phantasie den bitteren Schmerz, den geliebten Menschen aufgeben zu müssen.

Leider findet ein großer Teil der Beziehungen zu anderen nur in ihrer Phantasie statt, ohne daß die anderen überhaupt ahnen, wieviel Aufmerksamkeit ihnen entgegengebracht wird und wie heftig die Zuneigung ist. Durch ihre Phantasie steigern durchschnittliche Menschen vom Typus vier die Emotionalität ihrer Beziehungen und lassen sie zu etwas außerordentlich Aufregendem werden, vermeiden aber dabei, sich preiszugeben und ersparen sich den Kummer, womöglich zurückgewiesen zu werden. Natürlich gestalten sich solche Annäherungen an einen anderen Menschen außerordentlich schwierig, nicht zuletzt deshalb, weil diese anderen sich unvermeidlich als ganz anders herausstellen, als man sie sich in der Vorstellung erträumt hat.

Obgleich es nicht negativ ist, phantasievoll zu sein, geraten die Dinge doch aus dem Gleichgewicht, sobald der Wunsch, die Gefühle in der Phantasie zu intensivieren, zu sehr dominiert, denn ein durchschnittlicher Typus vier hat mehr Beziehung zu seinen Wunschvorstellungen als zur Wirklichkeit. Die Intuition, die wir beim gesunden Typus vier sahen, hat sich hier nun zu einem maßlosen Leben in der Phantasiewelt entwickelt, durch das der Ausgleich für nicht gelebte Erfahrungen geschaffen werden soll.

Der selbstverliebte Introvertierte

Wenn ein durchschnittlicher Typus vier aus irgendeinem Grund unfähig ist, sich überhaupt auszudrücken, zieht er sich lieber vollkommen aus der Umgebung zurück, als das Risiko einzugehen, sich emotionale Probleme aufzuladen, indem er irgend etwas von sich nach außen hin erkennen läßt. Er versinkt in Selbstbezogenheit und möchte in Ruhe gelassen werden, um mit seinen Gefühlen zurechtzukommen, wozu auch die Gefühle gehören, die in der Phantasie entstanden sind, bevor er versucht, sich wieder auszudrücken.

In diesem Stadium ist ein durchschnittlicher Mensch vom Typus vier reserviert und schüchtern und lebt sehr zurückgezogen – ein melancholischer Außenseiter, der sich mit Unsicherheit und Selbstkritik quält. Da ihre Gefühle sie in Verwirrung stürzen, sind sich diese Menschen ihrer selbst nicht sicher. Es fällt ihnen schwer, anderen zu begegnen, alltägliche Gespräche zu führen oder mit jemandem zusammenzuarbeiten. Ihr Bedürfnis, sich zurückzuziehen, läßt einen durchschnittlichen Menschen vom Typus vier gesellschaftlich unbeholfen werden und sich unwohl fühlen, wenn er mit anderen zusammen ist, nicht so sehr, weil er andere Menschen nicht mag – ganz im Gegenteil – er sehnt sich nach intimen, intensiven Beziehungen –, sondern weil er so auf sich selbst konzentriert ist, daß er sich nicht unbefangen verhalten und einorden kann.

Natürlich wird das soziale Leben für solche Menschen eine Last. Ihr emotionales Gleichgewicht wird durch den Umgang mit anderen Menschen bedroht. Ein durchschnittlicher Typus vier versucht meist gar nicht erst, umgänglich und freundlich zu sein, vor allem zu jemandem, den er kaum kennt. Er umgibt sich indessen mit einer Aura von Wortkargheit und Hochmut. Während andere ihn vielleicht für geheimnisvoll oder für mysteriös tiefgründig halten, ist ein Mensch vom Typus vier in diesem Stadium ganz einfach introvertiert und versucht, seine wachsende emotionale Verletzlichkeit hinter einem schützenden Schleier der Unzugänglichkeit zu verbergen. Fühlt er sich von jemandem verletzt, zieht er sich zurück, um seine Wunden zu lecken. Doch ist dieser Rückzug von einer Art Aggressivität, die er sich gerade noch erlauben kann: er versagt dem anderen seine Anwesenheit, wobei es ihn natürlich schrecklich ärgert, wenn derjenige, der ihn verletzt hat, nicht einmal merkt, daß er sich entzogen hat.

Viele ihrer Probleme rühren daher, daß durchschnittliche Menschen vom Typus vier alles persönlich nehmen. Sie müssen ihre Erfahrungen verinnerlichen, ihre Gefühle wirklich wahrnehmen, denn was sie erleben, muß einen Sinn ergeben. Doch indem sie alles verinnerlichen, werden sie verletzlich und auf unangenehme Weise selbstbezogen – also hypersensitiv. Die unfreundliche Reaktion einer Kellnerin beispielsweise kann ihnen den ganzen Tag verderben und die scharfsichtige, kritische Bemerkung eines Freundes kann wie ein Pfeil wirken, der monatelang in ihrem Fleisch sitzt und sie quält. Wenn jemand sie gar neckt oder stichelt, fühlen sich durchschnittliche Menschen vom Typus vier zutiefst verletzt und hilflos. (»Was hat der Soundso nur damit gemeint?«) Sie können einfach nicht unbefangen und spontan sein, ihre wachsende Selbstbezogenheit und Verunsicherung läßt es nicht zu.

Da sie alle Erfahrungen verinnerlichen, scheint ihnen alles miteinander in Verbindung zu stehen. Jede neue Erfahrung trifft sie tief und zieht assoziative Zusammenhänge auf sich, bis alles bedeutungsschwer und voller privater Bezüge wird. Sind diese Menschen gesund, kann dieser Reichtum an emotionalen Bezügen ihre Kreativität nähren, da ihre verinnerlichten und gesteigerten Erfahrungen als Inspiration zugänglich werden. Das Ergebnis der übertriebenen Selbstzugewandtheit aber ist ein Verlust des Zuganges zu ihren Emotionen. Sie fühlen sich verwirrt, strukturlos und nicht mehr in irgend etwas Dauerhaftem in sich selbst verankert.

Der Rückzug hilft ihnen nicht, sich über ihre Gefühle klarer zu werden, sondern läßt die durchschnittlichen Menschen dieses Typus vier sich immer noch unbeholfener fühlen. Sie beginnen an ihrer Fähigkeit zu zweifeln, Kontakt mit ihrer Umgebung aufrechtzuerhalten oder sich angemessen zu verteidigen, wo sie sich doch so verletzlich und von den Stürmen des Lebens geschüttelt fühlen. Sie gewinnen immer mehr den Eindruck, sich nicht so leicht, wie andere das scheinbar tun, in die Umgebung einfügen zu können. Es ist nur ein kurzer Schritt von der Frage: »Warum empfinde ich das so?« zu der Frage: »Was stimmt nicht mit mir?« Sie werden von Selbstzweifeln überrannt, ebenso wie sie immer mehr Probleme mit der Selbstachtung haben.

Während ein gesunder Typus vier sich noch recht wohl fühlen kann, wenn er allein ist, spürt ein durchschnittlicher Mensch dieses Typus die Einsamkeit oft stark. Er hat im besten Fall den

Eindruck, von anderen nur toleriert, (selten) aber wirklich gemocht zu werden und meint, jedes Problem in einer Beziehung würde unvermeidlich zur Zurückweisung führen, etwas, das ihnen nur ihre schlimmsten Befürchtungen über sich selbst bestätigt. Ob er seine soziale Situation richtig einschätzt oder nicht, ein durchschnittlicher Typus vier läßt sich selbst kaum die Möglichkeit, herauszufinden, wie sie wirklich ist. Stattdessen schmort er im eigenen Saft. Und weil er emotional so verletzlich gegenüber wirklichen oder eingebildeten Angriffen ist, wird er allmählich außerordentlich launisch und unberechenbar. Er erhebt seine Stimmung zur Bedingung für jedes Handeln, denn ein durchschnittlicher Typus vier starrt unaufhörlich auf seine Gefühle, um zu sehen, in welcher Verfassung er ist, bevor er überhaupt irgend etwas tut. Er verschiebt es, Briefe zu schreiben, einkaufen zu gehen oder sich eine neue Stelle zu suchen, bis er in der richtigen Stimmung dazu ist. Da Typus vier jedoch nie weiß, wann er in die richtige Stimmung kommt, werden die Dinge entweder nicht getan oder werden nur gegen den inneren Widerstand erzwungen, was dem Betreffenden natürlich jede Freude an der Sache nimmt.

Das ist keine befriedigende Art zu leben, selbst für einen Menschen vom Typus vier. Dennoch zieht er sich weiter zurück, denn er hat das Gefühl, er würde von irgend etwas in seinem Inneren dazu gedrängt, obwohl er natürlich nicht ganz sicher ist, was das eigentlich sein könnte. Es ist, als habe er eine physische Wunde und verblute nun langsam. Bevor er irgend etwas anderes tun kann, glaubt Typus vier nun, er müsse zunächst die so notwendige erste Hilfe erhalten. Vor allem muß er sich um sein inneres Chaos kümmern, dann erst kann er seine Aufmerksamkeit auf etwas anderes richten.

Leider ist ein durchschnittlicher Typus vier, je länger er in der Selbstversunkenheit verharrt, desto weniger in der Lage, sein wahres Selbst in den Griff zu bekommen oder zu entdecken, was seinen Schmerz verursacht. Dadurch wird er natürlich nur um so qualvoller dazu angestachelt, die Suche nach dem Selbst fortzusetzen. Er sieht nicht, daß er gerade durch seinen Rückzug aus der Welt die Perspektive verloren hat, aus der er sich selbst sehen könnte. Er bewegt sich in einem Teufelskreis und erkennt immer mehr, wer er nicht ist, anstatt zu sehen, wer er ist. Das ist tragisch für den Persönlichkeitstypus, der es sich zur Lebensaufgabe gemacht hat, Selbsterkenntnis zu erlangen.

Der schwache Ästhet

Diese Menschen schaffen sich unbewußt, je länger sie in ihrer Selbstbezogenheit verharren, praktische und emotionale Schwierigkeiten. Sie haben ihre sozialen und beruflichen Fähigkeiten nicht entwickelt, ihre Selbstachtung hat unter ihrer dauernden Selbstkritik, ihrem Sich-in-Frage-Stellen gelitten. Sie fühlen sich verletzlich und unsicher. Mit einem Wort: ein durchschnittlicher Typus vier glaubt von sich, anders als die anderen zu sein, weil er durch den Rückzug aus der Welt anders geworden ist. Und weil er anders ist, glaubt er Bedürfnisse zu haben, die auf ungewöhnliche Weise befriedigt werden müssen. Deshalb möchte er die Kompensation für das, was ihm fehlt, schaffen, indem er all seinen Wünschen nachgibt. Er fühlt sich als Ausnahme, an ihn darf man keine Erwartungen stellen, er ist vollkommen frei, »er selbst« zu sein. Das Ergebnis ist, daß er immer undisziplinierter wird und sich allmählich zügellos allen emotionalen und materiellen Vergnügungen, die er sich leisten kann, hingibt.

Solch ein Mensch mag vielleicht einmal Interesse auf sich gezogen haben, ja vielleicht auch Sympathie, denn es gab zuweilen Menschen, die seine Zurückhaltung und Unsicherheit rührend oder zumindest irgendwie interessant fanden. Seine Schüchternheit und Verletzlichkeit hat andere Menschen oft berührt. Jetzt aber hat sich das Blatt gewendet. Ein Typus vier, der sich so gehen läßt, erweckt bei anderen Widerstand, weil er so sinnlos eigenwillig ist. Er hat kein Gefühl für soziale Verantwortung, man kann sich nicht auf ihn verlassen, er weigert sich, irgendwelche Verpflichtungen auf sich zu nehmen und reagiert gereizt, wenn die Ereignisse oder andere Menschen ihm irgend etwas auferlegen. Er setzt seinen Stolz darein, sich die Freiheit zu erhalten, die Dinge so zu tun, wie er es will, wann er es will oder sie überhaupt nicht zu tun (»Ich tue, was ich will und wann ich es will«).

Da sich diese Menschen so anders fühlen als andere, haben sie den Eindruck, etwas Besonderes zu sein, nicht so leben zu müssen oder zu können, wie alle anderen, frei zu sein von jeder Verpflichtung. Sie wollen sich den normalen Konventionen des sozialen Lebens nicht unterordnen (»Ich kann in einer Fabrik nun einmal nicht arbeiten!«). Sie meinen, alles sei erlaubt, wo es um ihre emotionalen Bedürfnisse geht. Ihre Zeit gehört ihnen, und sie ärgern sich, wenn irgend jemand etwas von ihnen möchte. Sie wehren sich gegen alles, sei es eine feste Stelle anzunehmen oder normale Selbstdisziplin zu üben, wo es um Zusammenarbeit mit anderen geht, wenn sie glauben, irgendeine andere Tätigkeit oder Verhaltensweise würde sich für sie besser anfühlen. Diese Nachgiebigkeit sich selbst gegenüber stärkt sie aber nicht, sondern schwächt sie nur noch mehr. Mangelnde Disziplin sich selbst gegenüber erfüllt per definitionem keine wirklichen Bedürfnisse, sondern nur vorübergehende Wünsche. Da ein schwacher Mensch vom Typus vier jedoch oft allein lebt, muß er sich meist keine Gedanken darüber machen, daß irgend jemand das volle Ausmaß seiner Nachlässigkeit erfährt oder irgend etwas von ihm verlangt.

In dem Maß, wie er auf der Freiheit beharrt, zu tun, was ihm behagt, wird solch ein Mensch immer anspruchsvoller und unpraktischer, er legt eine schwächliche Verachtung für die Realität an den Tag. Affektiertheit und Gekünsteltsein ersetzt wirklichen Selbstausdruck und verleiht manchem Menschen vom Typus vier eine Art überzogener Weichlichkeit. Ist er immer noch Künstler, wird seine Kunst ebenso undiszipliniert und selbstbezogen sein, wie er selbst es ist. Und da er so disziplinlos ist, arbeitet er meist nicht ernsthaft an irgend etwas, sondern ergeht sich in Erotizismen und sehnsuchtsvoll überzogenen Phantasievorstellungen. Brillante Gedichte, zu Herzen gehende Musik und wunderbare düstere Romane sprudeln nur so aus seiner Phantasie – solange er nicht etwa versucht, sie niederzuschreiben.

In diesem Stadium ist ein durchschnittlicher Mensch vom Typus vier immer noch selbstkritisch genug, um zu wissen, daß er in vielen wichtigen Lebensaspekten, vor allem in Beziehungen, versagt. Das hat zur Folge, daß er sich leid tut. Er kann ein leichter Hypochonder werden, der sich ständig um sich selbst Sorgen macht – da es ja doch niemand anders tut. Selbstmitleid ist einer der am wenigsten anziehenden Charakterzüge, dennoch ergeht sich ein durchschnittlicher Typus vier darin ganz exzessiv, da es ihm erlaubt, alles zu rationalisieren, was er will. Es hält ihn in dem Gefühl, daß das Leben ihm etwas schulde. So kann er sich an seiner tragischen Existenz weiden, ohne den Versuch zu machen, etwas zu ändern, sich selbst Grenzen aufzuerlegen.

Dieses Schwelgen in Gefühlen läßt einen schwachen Typus vier immer den Eindruck haben, etwas zu tun zu haben, beschäftigt zu sein. Leider können ihn seine imaginären Vergnügungen nie befriedigen, da sie immer unreal bleiben. Phantasievorstellungen sind deshalb sehr reizvoll, weil sie seine Gefühle anstacheln. Durch ein Nachgeben gegenüber diesen Phantasien wird sein Selbstgefühl lebendig gehalten, auch wenn ihm Saft und Kraft immer mehr entzogen wird.

Um den Mangel an wirklich Erreichtem auszugleichen, ist es für einen Typus vier in diesem Stadium typisch, sich sinnlichen Vergnügungen hinzugeben, um das hypersensible Selbst seiner wachsenden Unzufriedenheit gegenüber abzustumpfen. So geben sich diese Menschen möglicherweise sexuellen Ausschweifungen hin und lassen sich auf anonyme sexuelle Kontakte ein, um sich Erleichterung zu verschaffen, um menschlicher Nähe auszuweichen oder um sich immer wieder zu erregen. Möglicherweise verzehren sie sich in sexuellen Phantasien, versinken in erotische Tagträume und unternehmen überhaupt nichts Konkretes. Sie masturbieren möglicherweise häufig, was symbolisch für ihre selbstbezogene, nach innen gekehrte Lebensweise ist. Sie verfallen Menschen, in die sie sich in der Phantasie verliebt haben und ziehen so endlos Leid und Lust, Wünsche und Frustrationen, heftige und zerstörerische Gefühle auf sich. Oder sie schlafen übermäßig viel, treiben Mißbrauch mit Essen, Drogen und Alkohol.

Die Abhängigkeit von ihren Phantasievorstellungen hat diese Menschen vom Typus vier in einen Zustand der Überreife gebracht; sie strömen gleichsam einen unangenehmen Geruch aus. Ihre Gefühle sind übersteigert, als seien sie seltene Orchideen, die ihr ganzes Leben in einem Gewächshaus gehütet worden sind – dem Gewächshaus der Selbstversunkenheit. In diesem Stadium sind durchschnittliche Menschen vom Typus vier dekadent, zumindest in der Einschätzung anderer. Natürlich sehen sie sich selbst nicht so – sie entschädigen sich ja nur für ihre vielen Entbehrungen.

Gleichfalls können sie nicht zugeben, daß sie etwas entbehren, da sie sich selbst des Kontaktes mit der Wirklichkeit beraubt haben. Traurige Tatsache ist, daß sie nun die Suche nach dem Selbst aufgegeben haben; Zügellosigkeit ist an die Stelle der Entdeckung ihrer Identität getreten, einer Identität, die immer nebulöser wird.

Analyse des gestörten Typus vier

Der sich selbst entfremdete Depressive

Wie wir gerade sahen, betrachten schwache Menschen vom Typus vier sich als Ausnahme, als jemanden, der das Recht hat, in einer Welt des zügellosen Sich-gehen-Lassens zu leben. Mit der Zeit entsteht daraus eine neue Quelle der Angst: die Furcht nämlich, sie könnten die Möglichkeit verlieren, ihre Hoffnungen und Träume zu erreichen, vor allem ihre Hoffnung auf Selbstverwirklichung. Sich selbst zu verwirklichen, das ist es, was Menschen vom Typus vier immer wollten. Geschieht aber irgend etwas, das ihnen das Gefühl vermittelt, sie hätten ihren Traum verloren, finden sie sich mit einem Mal von sich selbst abgeschnitten. Etwas, das sie getan oder nicht getan haben, fällt nun wieder auf sie zurück; auf einmal beginnen sie, sich ganz in ihr Innerstes zu verkriechen, als Reaktion auf den Schock und als Schutz vor noch größerem Verlust.

Ein gestörter Typus vier zürnt sich selbst für das, was er sich selbst angetan hat. Er erkennt, daß er kostbare Zeit verloren hat, daß er Gelegenheiten verpaßt hat und nun fast in jeder Hinsicht, persönlich, sozial und beruflich hinter anderen zurücksteht. Das beschämt solche Menschen zutiefst. Sie beneiden andere – alle anderen Leute scheinen so glücklich, so tüchtig und so erfolgreich, wie sie es eben gerade nicht sind.

Zu ihrer Bekümmerung sehen diese Menschen vom Typus vier, daß der Rückzug in die Selbstbespiegelung sich keineswegs als Weg zur Selbstfindung erwiesen hat. Nein, es ist alles schiefgelaufen: sie vertun ihr Leben und sie wissen es. Sie fühlen sich verwirrt und von Selbstzweifeln zerfressen. Sie sehen sich als Gescheiterte – sie haben nichts zustande gebracht und fürchten, daß das auch weiterhin so bleiben wird. Ein gestörter Mensch vom Typus vier hindert sich selbst unbewußt daran, irgendwelche sinnvollen Wünsche zu nähren, da er nicht noch mehr verletzt werden will, vor allem dadurch, daß er Hoffnungen und Erwartungen in sich selbst setzt. Ergebnis ist eine plötzliche vollkommene Blockierung aller Gefühle, eine Art Erstarrung und Unlebendigkeit. Mögen solche Menschen auch einst Erfüllung in ihrer künstlerischen Arbeit gefunden haben, mögen sie irgendwelche Hoffnungen gehabt haben, alles hat sich plötzlich aufgelöst. Sie sind mit einem Schlag erschöpft, apathisch, sind sich selbst und anderen entfremdet, sie versinken in einer Art emotionalen Lähmung, unfähig, überhaupt noch etwas Sinnvolles zu tun.

Jede Bemühung fällt ihnen nun außerordentlich schwer. Sie können sich nicht dazu aufschwingen, sich an eine Staffelei oder an eine Schreibmaschine zu setzen, bis ihre kreative Quelle wieder zu fließen beginnt; sie können ihre Freunde nicht anrufen oder einfach ins Kino gehen. Es scheint ihnen unmöglich, Arbeit zu suchen oder einen Therapeuten zu finden. Sie fühlen sich so, daß sie am liebsten im Bett blieben, und tun das auch oft. Es liegt eine gewisse Ironie darin, daß ein gestörter Typus vier nicht einmal mehr egoistisch seinen Bedürfnissen nachgehen kann, selbst wenn er es wollte, da er überhaupt keine Kraft dafür findet, sich mit irgend etwas zu beschäftigen.

So zornig sie auch auf sich selbst sind, fürchten sie sich doch davor, ihren Zorn zum Ausdruck zu bringen, um die Dinge nicht noch schlimmer zu machen. Sind sie auf jemand anderen wütend – auf einen Menschen beispielsweise, in den sie unglücklich verliebt waren –, haben also eine Enttäuschung ihrer Erwartungen erlebt, sind sie so voller Zorn, daß sie es nicht einmal ertragen können, mit dem früher geliebten Menschen im selben Raum zu sein, der doch gerade noch das Objekt heftiger erotischer Wunschvorstellungen war. Sie sind so wütend, daß sie jede Art von Reaktion bei sich unterdrücken, wenn es ihnen irgend möglich ist. (Die anderen sehen ihnen selbstverständlich an, daß sie verzweifelt sind, laut aufseufzen und immer kurz davor sind, in Tränen auszubrechen.)

Ein gestörter Typus vier ist sich seiner selbst immer noch sehr bewußt. Er merkt also, daß er deprimiert ist und immer noch deprimierter werden wird. Er weiß, daß er sich nur mit größter Anstrengung davor wird bewahren können, emotional vollkommen unterzugehen. Ein inneres Licht erlischt in ihm, und er fürchtet, daß es nie wieder leuchten wird. Alles scheint ihm vergeblich, alles stirbt.

Der emotional Leidende

Nun, da er so depressiv und sich selbst und anderen entfremdet ist, verschlimmert sich der Zustand eines gestörten Typus vier mehr und mehr. Er beginnt zu glauben, daß er wegen seiner Depressivität und seiner Unfähigkeit, mit dem Leben zurechtzukommen, irgendwie vom Schicksal verfolgt sei. Seine Enttäuschung über sich selbst wird immer stärker, wird zu verzehrendem Selbsthaß.

Ein neurotischer Typus vier richtet seine absolut vernichtende Selbstverachtung auf sich, sieht nur seine dunklen Seiten. Er zersetzt sich selbst mit Kritik über die Fehler, die er gemacht hat, über die Zeit, die er vertrödelt hat, er hält sich für vollkommen unwürdig, von jemandem geliebt zu werden, und für wertlos als menschliches Wesen. Er wird von zwanghaft negativen Gedanken förmlich überwältigt, und seine schonungslosen Selbstvorwürfe nehmen die Form wahnhafter Gedanken an, die keinem Lichtschimmer der Hoffnung mehr zugänglich sind.

Seine morbiden Phantasien werden zu Obsessionen. Er ist überzeugt davon, daß er ein Versager ist, ein Opfer, unaufhörlich leidend an dem, was seine Eltern ihm angetan haben und was er selbst sich angetan hat. Er bemitleidet sich, weil er von jedem zurückgewiesen wird. Zudem hat er das Gefühl, sich für seine Existenz entschuldigen zu müssen: er hat ja nichts Nützliches getan, besser wäre es, er wäre gar nicht da. Sein Selbsthaß

ist wie ein Elektronenbeschleuniger, der die kleinsten Zufällig-
keiten zu mächtigen Faktoren anwachsen läßt und dadurch
den letzten Rest an Selbstachtung auch noch zerstört.

Ein gestörter Typus vier ist nicht nur überzeugt, ganz und gar
und unabänderlich gescheitert zu sein, er ist zudem sicher,
daß die anderen ihn mit der gleichen Verachtung ansehen wie
er sich selbst. Er hat nicht mehr das geringste Selbstvertrauen
und keinen Grund mehr zu hoffen, je noch welches zu gewinnen. Ein finsterer Abgrund tut sich in seinem Inneren auf, der
den letzten Rest seiner Lebenskraft verschlingt. Er ist wie von
Sinnen, aber unfähig, sich von den Selbstanklagen und dem
Gefühl der Hoffnungslosigkeit, die ihn quälen, zu befreien. Es
kann sein, daß er stundenlang dasitzt, sehr flach atmet, aber
innerlich von qualvollen Gefühlen zerrissen ist. Es kann sein,
daß er plötzlich in Tränen ausbricht, dann aber wieder in
Schweigen versinkt, ganz seinem inneren Leiden ausgeliefert.
Alles wird für solche Menschen zur Quelle unendlicher Qualen: das ganze Leben erinnert sie auf unerträgliche Weise
daran, daß sie sich eben von diesem Leben entfremdet haben.
Waren sie einmal Künstler, so scheinen ihre unvollendeten
Werke ihrer zu spotten; haben sie einmal jemanden geliebt, so
scheint ihr Scheitern ihrer zu spotten; hatten sie einst eine
Familie oder eine Arbeitsstelle, so quält sie ihr Versagen.

Leider basieren viele ihrer Selbstanklagen auch tatsächlich auf
einer handfesten Grundlage. Weil sie so mit sich beschäftigt
und so nachgiebig sich selbst gegenüber waren, haben Menschen vom Typus vier in ihrem Leben viele Gelegenheiten
verpaßt, etwas Positives in die Welt zu setzen. Sie sind im
Grund im vollen Ausmaß dafür verantwortlich, daß sie nun
von Angst beherrscht werden, und sie wissen es – deshalb
quälen ihre Selbstanklagen sie so sehr. Aber anstatt sich durch
eine Art Selbstbestrafung von der Schuld befreien zu können,
zerstört ihr Selbsthaß nur noch die letzten Reserven, die sie
haben. Der einzige Ausweg scheint ihnen, ihr gequältes Bewußtsein ganz auszuschalten.

Der selbstzerstörerische Mensch

Verbessern sich die Bedingungen nicht, wird seine Verzweiflung so tief, daß ein neurotischer Typus vier versuchen wird, sich auf irgendeine Weise selbst zu zerstören. Versinkt er in Hoffnungslosigkeit, bleibt nur noch zu sehen, welche Form seine Verzweiflung annimmt – ob er sich direkt oder indirekt durch Drogen, Alkohol oder auf andere Art das Leben nimmt. Für die anderen Persönlichkeitstypen ist es schwer zu verstehen, daß ein neurotischer Typus vier sich wegen seines Selbsthasses vom Leben abgeschnitten fühlt. Alles auf der Welt – alles Positive, Schöne, Gute und Lebenswerte – ist gleichsam eine Mahnung oder ein Tadel für solche Menschen. Sie können den Gedanken nicht ertragen, so weiterzuleben. Sie müssen irgend etwas tun, um ihrem erdrückend negativen Selbstgefühl zu entfliehen. Im Grunde ist es so, daß ein neurotischer Typus vier sich selbst von sich befreien muß, da er sich vom Leben zurückgewiesen fühlt und keinen Weg mehr sieht, ins Leben zurückzukehren.

Ein neurotischer Mensch vom Typus vier ist wirklich überzeugt davon, nicht mehr die geringste Hoffnung zu haben; der Selbstmordversuch scheint ihm das einzige zu sein, was ihm noch zu tun bleibt. Solch ein Versuch ist kein Hilfeschrei: er ist ein Ausweg. Ein verzweifelter Typus vier sucht den Tod als endgültige Lösung seines immerwährenden Lebens-Problems. Der Tod ist eine willkommene Gelegenheit, sich ins Nichts zu werfen, eine erhoffte Auflösung seines schmerzgepeinigten Selbst-Bewußtseins.

Selbstmord ist nicht nur ein Weg, seinem überwältigenden seelisch-geistigen Leiden zu entrinnen, sondern auch ein Vorwurf an die anderen Menschen, die ihm nicht genug geholfen haben, die seine Bedürfnisse nicht verstanden und die sich nicht um ihn gekümmert haben. Vom Standpunkt eines Menschen vom Typus vier hat der Mangel an Liebe und Verständnis, unter dem sie litten, sie dazu getrieben, den Tod zu suchen. Selbstmord ist für sie der letzte Akt des Rückzugs, eine aggressive Tat, durch die sie andere mit Leiden bestrafen können, ohne aggressiv sein zu müssen, ohne Schuldgefühle zu haben und ohne die Konsequenzen tragen zu müssen.

Der Selbstmord ist auch aus einem anderen Grund anziehend für sie: es ist das einzige im Leben, über das ein verzweifelter Mensch vom Typus vier noch Kontrolle hat. Indem er sich gedanklich mit dem Selbstmord beschäftigt, hat er das Gefühl, noch über irgend etwas Herr zu sein, sei es auch nur die Möglichkeit, Nein zum Leben zu sagen, sich dagegen zu wehren, weiterhin in Qualen zu leben. Der bloße Gedanke, daß er, wenn er wollte, seinem Leben ein Ende setzen könnte, ist ein gewisser Trost für ihn.

Bevor dieses Stadium erreicht ist, haben Menschen vom Typus vier zweifellos sehr oft über das Thema Selbstmord nachgedacht. Die Gefahr besteht darin, daß sie immer mehr vom Tod als einer möglichen Lösung ihrer Probleme fasziniert sind, je mehr sie darüber nachdenken. Wenn ihre Verzweiflung am tiefsten Punkt angelangt ist, können sie, da sie den Selbstmord in ihrer Phantasie schon so oft durchgespielt haben, ohne jede weitere Überlegung und ohne andere Menschen zu warnen, sehr entschlossen handeln.

Die Dynamik von Typus vier

Die Desintegrationslinie: Typus vier entwickelt sich zu Typus zwei

Begeht ein neurotischer Typus vier nicht Selbstmord, wird er wahrscheinlich versuchen, sich auf andere Weise von seinem erdrückenden Selbsthaß zu befreien. Eine Bewegung in Richtung Typus zwei ist eine Metapher für sein Bedürfnis, sich selbst zu entfliehen, indem er von jemandem abhängig wird, der ihm die ersehnte Liebe und das so sehr vermißte Verständnis geben kann.

Obwohl sie gewöhnlich zurückgezogen leben, haben durchschnittliche und vor allem neurotische Menschen vom Typus vier immer das Bedürfnis nach Gesellschaft, und ihre Entwicklung in Richtung Typus zwei ist gleichsam ein paradoxer, unbeabsichtigter Tribut an dieses Bedürfnis. Typus vier fühlt sich zu Typus zwei hingezogen, weil er die Notwendigkeit spürt, seine Entfremdung von sich und anderen zu überwinden, indem er jemanden findet, der ihn liebt. Dadurch hofft er mit der Zeit auch fähig zu werden, sich selbst zu lieben, und das Gute, das in ihm liegt, zu verwirklichen. Leider sind aber neurotische Menschen vom Typus vier beinahe unfähig, eine aufrichtige Beziehung zu einem Menschen einzugehen und aufrechtzuerhalten. Sie sind emotional zu gestört und zu gequält von Selbstverachtung, um sich normal verhalten zu können; noch viel weniger sind sie in der Lage, wahrhaft zu lieben. Es kann sogar sein, daß ein neurotischer Typus vier auf seinem Weg zu Typus zwei eine Art nervösen Zusammenbruch erleidet, durch den er indirekt einen Menschen dazu zwingt, sich um ihn zu kümmern, wobei dieser Mensch nicht unbedingt das Ziel seiner Liebesphantasien war. Mitleid bei anderen zu erregen, ist ein Ersatz dafür, geliebt zu werden. Oft sind diese Menschen auch in einer finanziellen Notlage und erwarten, von jemand anderem leben zu können, was im Grunde eine parasitäre Existenz und eine Fortführung ihres Gefühles ist, keine normale Leistung nötig zu haben. Zudem hat ein Typus vier auf dem Weg zur Neurose durch seinen Zusammenbruch auch das Gefühl, niemand dürfe irgendwelche Erwartungen in ihn setzen, nicht einmal die Erwartung, es würde ihm bessergehen.

Die Ironie des Schicksals will es, daß ein Typus vier in seiner Entwicklung zu Typus zwei wahrscheinlich beginnen wird, gerade den Menschen, von dem er abhängig geworden ist, zu hassen, da seine Abhängigkeit ihn unaufhörlich an seine Mängel und seine fehlende Selbstachtung erinnert. Die Konflikte eskalieren, wenn solche Menschen immer zwischen intensiven

Haßgefühlen sich selbst gegenüber und Aggressionen dem anderen gegenüber hin- und hergerissen sind. Die anderen werden zweifellos auch zornig auf einen solch gestörten Menschen, weil die meisten seiner Probleme entweder durch sein eigenes Handeln verursacht oder doch zumindest verstärkt wurden. Er hat sich vieles selbst zuzuschreiben, und nun haben die anderen das Gefühl, sie seien gezwungen, wiedergutzumachen, was der Mensch vom Typus vier auf so zerstörerische Weise sich selbst zugefügt hat.

Ein neurotischer Typus vier kann der Tatsache nicht entgehen, daß es im Grunde gar keinen Sinn hat, sich selbst durch jemand anderen finden zu wollen, denn er haßt sich ja immer noch. Deshalb wird er gerade die Beziehung, von der er so verzweifelt abhängig ist, selbst zerstören. Diese Prognose für einen neurotischen Typus vier ist wahrhaftig trostlos: Wenn er keine angemessene professionelle Hilfe findet, kann er schließlich geisteskrank werden oder Selbstmord begehen oder sogar beides.

Die Integrationslinie: Typus vier entwickelt sich zu Typus eins

Ein gesunder Mensch vom Typus vier verwirklicht sich selbst, indem er sich auf etwas Objektives konzentriert, etwas, das außerhalb seiner Gefühle und Phantasievorstellungen liegt. Entwickelt sich ein gesunder Typus vier in Richtung Typus eins, bewegt er sich aus der Welt der Subjektivität in die Welt der Objektivität, aus der Selbstbezogenheit zum ethischen Handeln. Er hat den Mut gefunden, ohne Befangenheit im Gefühlsleben zu handeln, und ist dadurch frei geworden vom unwiderstehlichen Sog der Egozentrik. Er wird nicht mehr von seinen Gefühlen beherrscht, sondern von Überzeugungen, und er handelt nach Prinzipien, nicht mehr im Bann seiner Stimmungen.

Typus vier auf dem Weg zu Typus eins erkennt, daß es Werte gibt, denen man sich unterordnen muß. Bereitwillig übt er Selbstdisziplin und arbeitet ausdauernd an der Verwirklichung seiner Potentiale, um etwas Sinnvolles in die Welt setzen zu können. Merkwürdig ist dabei, daß ein Typus vier auf dem Weg zur Integration die Freiheit, die er gesucht hat, nun gerade dadurch findet, daß er tut, was er tun muß, anstatt auf seiner fehlgeleiteten Suche nach dem Selbst aus reiner Willkür zu handeln. Er wird Teil der Welt und hat dadurch den größeren Zusammenhang entdeckt, innerhalb dessen er sich selbst finden kann.

Da solch ein Mensch nun aus der Realität Befriedigung zieht, ist er nicht mehr versucht, sich in allem nachzugeben und hält sich auch nicht mehr für etwas Besonderes. Ein Typus vier auf dem Weg zur Integration ordnet sich sowohl der Realität als auch dem Diktat seines Gewissens unter, er setzt sich freiwillig Grenzen und überwindet so die Tendenz, sich von sozialen und moralischen Verpflichtungen freihalten zu wollen. Ebenso wie gesunde Menschen vom Typus eins sind auch Menschen vom Typus vier auf dem Weg zur Integration außerordentlich gute Lehrer, die sich selbst gegenüber sehr objektiv sein können, aber dank ihrer Typus-vier-Eigenschaften in der Lage sind, den Reichtum der subjektiven Welt ins Bewußtsein zu heben. Ihre Intuition wird von ihrer Urteilskraft gestärkt, ihre persönliche Einsicht durch Vernunft fundiert.

Schließlich ist das, was ein Mensch vom Typus vier auf dem Weg zur Integration hervorbringt, objektiv, da er sich selbst überwunden hat, und so kann er auch aus dem, was er hervorbringt, die Wahrheit über sich selbst erkennen. Ein Typus vier auf dem Weg zur Integration wird das, was er hervorbringt, sei es nun ein Kunstwerk, eine menschenfreundliche Handlung oder eine erfolgreiche Beziehung, klar sehen und dabei nicht nur lernen, wer er selbst ist, sondern auch die Kraft für wahrhaftige Selbstachtung beziehen. Er lernt, daß in dem Maß, wie seine Hervorbringung gut ist, der Hervorbringende selbst auch gut sein muß.

Die wichtigsten Subtypen von Typus vier

Typus vier mit einer Tendenz zu Typus drei

Die Charakterzüge von Typus vier widersprechen bis zu einem gewissen Grad den Zügen, die sich durch eine Tendenz zu Typus drei ergeben. Typus vier ist introvertiert, zurückhaltend, verletzlich und selbstkritisch, während Typus drei extrovertiert, beliebt, durchsetzungsstark und nicht allzusehr mit Selbsterkenntnis gesegnet ist. Die Suche von Typus vier nach dem Selbst steht in starkem Kontrast zur Fähigkeit von Typus drei, simulierte Bilder zu projizieren, die von den anderen anstelle seines wahren Selbst wahrgenommen werden. Die Furcht eines Menschen vom Typus vier, sich preiszugeben (was in gewissem Sinn einer Furcht vor Erfolg gleichkommt), ist das Gegenteil des Dranges zur Selbstdarstellung und des ehrgeizigen Wunsches nach Erfolg bei Typus drei. Die Introversion und Unsicherheit von Typus vier steht in Kontrast zu dem Charme und anderen extravertierten Fähigkeiten von Typus drei.

Wie verschieden diese beiden zusammengesetzten Typen auch sind, geht es doch bei beiden um das Problem der Selbstachtung: Typus vier hat meist eine geringe Selbstachtung, Typus drei achtet sich selbst sehr hoch. Diese gegensätzlichen Charakterzüge können im gleichen Menschen nebeneinander existieren, wenn auch nicht ohne Schwierigkeiten. Bekannte Beispiele für Menschen vom Typus vier mit einer Tendenz zu Typus drei sind: Tennessee Williams, Maria Callas, Rudolf Nurejew, Frédéric Chopin, Marcel Proust, Martha Graham, Paul Simon, Harold Pinter, Lawrence Olivier, Robert DeNiro, Walt Whitman, Albert Camus, E. M. Forster, Gustav Mahler, Peter Iljich Tschaikowsky, Charles Ryder und Blanche DuBois.

Durch die Tendenz zu Typus drei können gesunde Menschen dieses Subtypus sehr umgänglich, zugleich ehrgeizig und begabt sein, vor allem im Bereich der Kunst. Sie sind innerlich verbunden mit dem, was sie sind und wohin sie sich entwikkeln, aber in einer stärker extrovertierten, energetischen Dimension. Menschen dieses Subtypus wirken zudem gewöhnlich ehrgeizig, physisch attraktiv und haben einen gewissen Hang zur Geselligkeit, der die Tendenz des Typus vier zum Rückzug ausgleicht. Sie sind anpassungsfähig, sensibel gegenüber den Bedürfnissen anderer Menschen und haben die Gabe des Humors.

Durchschnittliche Menschen dieses Subtypus können sich über ihre Selbstbezogenheit hinweghelfen, indem sie sich oft Gedanken darüber machen, was andere von ihnen halten. Da Menschen dieses Subtypus die Fähigkeit haben, ein günstiges Bild zu projizieren, können sie ihre wahre emotionale Verfassung wirksamer als der andere Subtypus verbergen: die anderen Menschen merken bei ihnen vielleicht nicht, wie verletzlich sie sind, oder wie sehr ihre Gefühle aus dem Gleichgewicht geraten sind. Ein Mensch vom Typus vier mit der Tendenz zu Typus drei ist ehrgeizig und legt Wert darauf, aus sich etwas zu machen, fürchtet aber zugleich Erfolg, Selbstdarstellung und die Möglichkeit, gedemütigt zu werden. Je nachdem, wie stark die Tendenz zu Typus drei wirksam wird, kann dieser Subtypus auch narzißtische Neigungen zeigen (also exhibitionistische Wünsche, Aufmerksamkeit und Bewunderung zu erregen), die als zusätzliche Motivation für sein Verhalten dienen können. Und in dem Maß, wie seine narzißtischen Bedürfnisse in der Wirklichkeit unerfüllt bleiben, kann sein Wunsch, überlegen zu sein, einerseits einen wichtigen Teil seines Phantasielebens ausmachen und andererseits eine Ursache für Enttäuschungen werden.

Da gestörte Menschen dieses Subtypus immer noch grundlegend dem Typus vier angehören, richten sich ihre Aggressionen hauptsächlich gegen sich selbst. Sie sind dann verunsichert und anderen entfremdet, deprimiert, voller Selbstverachtung und so weiter. In dem Maß jedoch, wie die Tendenz zu Typus drei in der Gesamtpersönlichkeit vorherrscht, wird es Augenblicke geben, in denen sie sich wie ein gestörter

Typus drei verhalten. Menschen dieses Subtypus können feindselig und boshaft sein; ihr verborgener Neid auf andere wird noch durch die Neigung zu Eifersucht, die für Typus drei typisch ist, verstärkt. Die Tendenz, andere auszunützen, Opportunismus und Falschheit können ebenfalls auftreten, obwohl diese Charakterzüge dann immerhin ihre Scham und ihr Schuldgefühl verstärken, wenn sie sie bei sich entdecken. Die Rachsucht und Boshaftigkeit, die wir bei Typus drei finden, wird von diesem Subtypus selten ausgelebt. Geschieht das tatsächlich einmal, bestrafen Neurotiker dieses Subtypus sich selbst noch heftiger, was dann schlimmer ist als der Schmerz, den sie anderen zufügen. Es ist möglich, daß von solchen Menschen Verbrechen aus Leidenschaft oder Selbstmord begangen werden.

Typus vier mit einer Tendenz zu Typus fünf

Die Charakterzüge von Typus vier und Typus fünf verstärken sich gegenseitig. Beide Charaktertypen lieben die Zurückgezogenheit: Typus vier zieht sich zurück, um seine Gefühle zu schützen, Typus fünf um seiner Sicherheit willen. Menschen vom Typus vier mit einer Tendenz zu Typus fünf sind auffällig aufmerksam für ihre Umgebung, vor allem für andere Menschen. Bei ihnen findet sich eine intellektuelle Tiefe und Intensität, die beim anderen Subtypus nicht vorhanden ist, dazu aber auch ein Gefühl der Unsicherheit im Umgang mit anderen Menschen. Berühmte Beispiele für Typus vier mit einer Tendenz zu Typus fünf sind: Virginia Woolf, Franz Kafka, Ingmar Bergman, Saul Steinberg, J. D. Salinger, Bob Dylan, Søren Kierkegaard, Hermann Hesse, William Blake und Hamlet.
Gesunde, begabte Individuen dieses Subtypus sind wahrscheinlich die schöpferischsten Menschen unter allen Persönlichkeitstypen, da sich bei ihnen Intuition mit Einsicht, emotionale Sensibilität mit intellektueller Auffassungsgabe und zu-

dem häufig mit erstaunlich originellen, ja prophetischen Gaben verbinden. Typus vier mit einer Tendenz zu Typus fünf brennt lichterloh im Vergleich zu Typus vier mit einer Tendenz zu Typus drei, geht jedoch das Risiko ein, auch schneller zu verbrennen.

Durchschnittliche Menschen dieses Subtypus neigen nicht nur zur Selbstversunkenheit, sondern auch zur philosophischen und religiösen Spekulation. Ihre emotionale Welt ist die für sie dominierende Realität, jedoch mit einer stark intellektuellen Färbung. Menschen dieses Subtypus neigen dazu, extrem zurückgezogen zu leben, ihr Mangel an sozialen Beziehungen ist noch ausgeprägter als beim anderen Subtypus. Deshalb sind ihre künstlerischen Ausdrucksmöglichkeiten noch stärker Ersatz für den Umgang mit Menschen als bei Typus vier mit einer Tendenz zu Typus drei. Solche Persönlichkeiten haben häufig auch eine geradezu jenseitige, ätherische Ausstrahlung; sie sind außerordentlich unabhängig und so unkonventionell, daß man sie schon exzentrisch nennen kann. Auch neigen sie dazu, ihre Gedanken und Gefühle zu verbergen; sie sind intensiv mit ihrer Gedankenwelt beschäftigt und geben sich geradezu betont rätselhaft. Ihre schöpferischen Ideen sind oft ungewöhnlich, manchmal geradezu surrealistisch. Menschen, die diesem Subtypus angehören, bemühen sich nicht sehr darum, mit denen zu kommunizieren, die sie nicht verstehen. Es interessiert sie vielmehr, ihre inneren Visionen zum Ausdruck zu bringen, ob sie nun erhaben oder erschreckend, düster oder lyrisch sind.

Gestörte Menschen dieses Subtypus bewohnen eine besonders düstere und erschreckende innere Welt. In ihnen steckt ein selbstverleugnendes, ja lebensfeindliches Element inneren Widerstandes allem Äußeren gegenüber, was die ohnehin bei Typus vier vorhandenen existenziellen Probleme noch verschärft. Da Typus vier der zugrunde liegende Persönlichkeitstypus ist, sind Menschen vom Typus vier mit einer Tendenz zu Typus fünf von Selbstzweifeln, Depressionen, von Entfremdung, Arbeitsstörungen und Selbstverachtung geplagt. Je nachdem, wie stark die Tendenz zu Typus fünf in der Gesamtpersönlichkeit überwiegt, wehren sich gestörte Menschen dieses Subtypus auch dagegen, sich von anderen helfen zu lassen, wodurch ihre Entfremdung noch verstärkt wird. Sie neigen zudem dazu, ihre Ängste in die Umgebung zu projizieren, was zu verzerrten Denkmustern führt, bei denen auch Elemente des Mißtrauens, der Paranoia und der Phobie eine Rolle spielen können. Menschen dieses Subtypus werden oft von Selbsthaß gequält, sie können wenig Positives in der sie umgebenden Welt sehen und haben eine pessimistische Einstellung, da ihnen das Leben so sinnlos erscheint. Von allen Persönlichkeitstypen ist dieser am meisten in Gefahr, von sich selbst und von der Realität isoliert zu leben. Möglicherweise verfällt er in depressive Formen der Schizophrenie.

Einige Gedanken zum Abschluß

Verfolgen wir den Weg ihrer Neurotisierung, können wir sehen, daß gestörte Menschen vom Typus vier paradoxerweise gerade das hervorbringen, wovor sie sich am meisten gefürchtet haben, nämlich in irgendeiner Weise gestört zu sein. Das Traurige ist, daß diese Menschen vielleicht nicht einmal annähernd so gestört und schwierig waren, wie sie sich fühlten, daß sie es aber allmählich wurden, weil sie sich selbst haßten. Sie haben eine »self-fulfilling prophecy« (eine sich selbst erfüllende Prophezeihung) geschaffen und leben mit den Konsequenzen dieser Haltung.

Aus unserer jetzigen Perspektive können wir zudem sehen, daß einer der entscheidendsten Fehler der Menschen von Typus vier darin liegt, sich selbst mit ihren Gefühlen gleichzusetzen. Ihr Trugschluß besteht darin, daß sie glauben, um sich selbst zu verstehen, müßten sie ihre Gefühle verstehen, vor allem ihre negativen, und erst dann könnten sie handeln. Ein

Mensch vom Typus vier erkennt nicht, daß sein Selbst nicht mit seinen Gefühlen gleichzusetzen ist, oder daß das Vorhandensein negativer Gefühle das Gute in ihm nicht ausschließt. Doch geht es mit ihm bergab, wird das Gute allerdings vom Bösen ausgetrieben: seine negativen Gefühle sich selbst gegenüber löschen allmählich alle positiven aus.

Ein Mensch vom Typus vier muß voller Vertrauen den Schritt unternehmen, daß er trotz seines Mangels an klarem Selbstgefühl, sich selbst doch am sichersten wird erkennen können, wenn er sich anderen Menschen gegenüber positiv verhält. Er muß es lernen, andere zu lieben, selbst wenn er das Gefühl hat, von ihnen nicht entsprechend geliebt worden zu sein. Wenn er andere Menschen liebt, wird Typus vier entdecken, wer er ist, und dann wird sich auch Selbstachtung bei ihm einstellen. Er wird, da er in der Lage ist zu lieben, zudem entdecken, daß er irgendwo gelernt haben muß, wie man liebt. Vielleicht ist also das, was er bekommen hat, schließlich doch genug gewesen?

Kapitel 7

Typus fünf: Der Denker

Typus fünf in Umrissen

Gesund: Wird zum Visionär mit tiefem Weltverständnis, der Neues entdeckt; hat Anlagen zur Genialität. Beobachtet alles mit außerordentlicher Wachheit und Scharfblick. Kann sich konzentrieren und geistig vertiefen. Hat großes Wissen, manchmal auch Weisheit. Erfindungsreich, bringt große, originelle Ideen hervor.

Durchschnittlich: Der Intellektuelle, wird analytisch, spezialisiert sich, macht aus allen Dingen eine Wissenschaft, Talent für Forschung und Lehre. Unvoreingenommen, spekuliert gerne über abstrakte Ideen und denkt sich komplizierte Interpretationen der Realität aus. Beginnt alles gemäß seiner Lieblingstheorie zu deuten, kann reduktionistisch werden, dazu neigen, die Dinge an den Haaren herbeizuziehen, neigt zur Exzentrizität, stülpt allem seine Ideen über. Bilderstürmerisch, extremistisch, neigt zu radikalen Interpretationen.

Gestört: Kann sehr zurückgezogen und von der Realität isoliert leben. Zynisch und feindselig, wehrt sich gegen Bindungen an andere Menschen. Besessen von seltsamen, bedrohlichen Ideen, Neigung zur Paranoia, zu groben Verzerrungen der Realität und zu Phobien. Geistige Störungen mit schizophrenen Tendenzen kommen häufig vor.

Grundmotivation: Möchte seine Umgebung verstehen, Wissen ansammeln, alles interpretieren, um sich gegen die Bedrohungen aus der Umwelt zu schützen.

Beispiele: Albert Einstein, Sigmund Freud, Friedrich Nietzsche, D. H. Lawrence, Emily Dickinson, Simone Weil, Jean-Paul Sartre, Jacob Bronowski, James Joyce, Charles Ives, Bobby Fischer und Ezra Pound.

Gesamtbild von Typus fünf

Über die Beziehung zwischen Genie und Wahnsinn wurde viel diskutiert. Es sind zwei vollkommen gegensätzliche Pole des Persönlichkeitsspektrums. Das Genie ist ein Mensch, der Wissen mit Welterkenntnis verbindet, der die Fähigkeit hat, die Dinge mit äußerster Klarheit zu sehen und mit ehrfurchtgebietender Erkenntnisfähigkeit zu durchdringen. Was das Genie vom Wahnsinnigen unterscheidet, ist die Tatsache, daß der Genius nicht nur außergewöhnliche Einsichten hat, sondern auch in der Lage ist, die Dinge richtig und in ihrem Gesamt-Zusammenhang zu sehen. Das Genie nimmt tatsächlich vorhandene Muster wahr, während der Gestörte der Wirklichkeit Muster aufzwingt und in alles irrtümliche Ideen projiziert. Das Genie scheint zwar manchmal mit der Wirklichkeit nicht in Berührung zu sein, in Wirklichkeit aber gehen dann bei ihm Dinge auf einer tiefergehenden Ebene vor sich. Der Wahnsinnige hingegen hat den Kontakt mit der Wirklichkeit tatsächlich verloren und lebt mit Täuschungen als Ersatz dafür.

Typus fünf ist der Persönlichkeitstypus, der beide Extreme am deutlichsten verkörpert. Bei diesem Typus finden wir sowohl das Genie als auch den Wahnsinnigen, den Intellektuellen wie den Gelehrten, den leicht exzentrischen Spinner, wie den vollkommen gestörten, wahnhaften Paranoiden. Wenn man erkennt, daß diese weit auseinanderliegenden Zustände Teil einer Persönlichkeit sein können, so versteht man den Menschen vom Typus fünf.

In der Handlungs-Triade

Typus fünf gehört zur Handlungs-Triade. Diese Menschen haben meist Probleme mit dem Handeln, da sie das Denken wichtiger nehmen als das Tun und dazu neigen, sich ganz in ihre Theorien einzuspinnen. Ein Mensch vom Typus fünf denkt so viel, daß seine Vorstellungswelt ihn vollkommen in Bann hält, was dazu führen kann, daß alles andere ausgeschlossen wird. Das heißt nicht, daß ein Mensch vom Typus fünf überhaupt nichts tut, aber er fühlt sich vor allem in seiner Gedankenwelt zu Hause, er neigt dazu, seine Umgebung abstrakt zu analysieren und ist weniger mit der Welt des praktischen Handelns vertraut.

Alle drei Persönlichkeitstypen der Handlungs-Triade – Typus fünf, sechs und sieben – konzentrieren sich vor allem auf die Welt außerhalb ihrer selbst. Das scheint bei Typus fünf der Tatsache zu widersprechen, daß diese Menschen meist in ihre Gedanken versponnen sind; es ist aber in Wirklichkeit kein Widerspruch. Menschen vom Typus fünf richten ihre Aufmerksamkeit aus vielerlei Gründen auf die äußere Welt, vor allem weil das Material, über das sie nachdenken, aus ihren Sinneswahrnehmungen gewonnen wird – und sie sind sich über die Genauigkeit dieser Wahrnehmung nie ganz im klaren, da sie keine sicheren Aussagen über das machen können, was außerhalb ihrer selbst liegt. Das einzige, was sie durch und durch kennen, sind ihre eigenen Gedanken. Ihre Aufmerksamkeit aber ist im Grunde nach außen, auf die Umgebung, gerichtet. Die Quelle vieler Probleme, die sie haben, ist das Bedürfnis herauszufinden, inwieweit ihre Wahrnehmungen von der Welt mit der Wirklichkeit übereinstimmen, damit sie dann auch dieser Wirklichkeit entsprechend handeln und mit innerer Gewißheit Dinge in die *Tat* umsetzen können.

Probleme mit Sicherheitsbedürfnissen und Angstgefühlen

Wie die beiden anderen Vertreter der Handlungs-Triade neigen durchschnittliche Menschen vom Typus fünf dazu, Probleme mit ihrem Sicherheitsbedürfnis zu haben, da sie in dem Glauben leben, die Umgebung sei unberechenbar, vielleicht sogar bedrohlich. Typus fünf schützt sich, indem er so wachsam wie möglich ist, um Probleme in der unmittelbaren Umgebung vorhersehen zu können, vor allem Probleme mit anderen Menschen. Seine Neugier, seine Wachheit und das Bedürfnis, seine Wahrnehmungen in einen sinnvollen Bezugsrahmen zu stellen – möglicherweise auch seine paranoiden Tendenzen –, sind gleichermaßen Versuche, sich vor realen oder vorgestellten Gefahren zu schützen.

Wenn ein Mensch vom Typus fünf gesund ist, nimmt er die Wirklichkeit wahr, wie sie ist und kann komplexe Phänomene mit einem Blick durchschauen. Da das Bedürfnis nach Sicherheit jedoch so groß ist, kann die Wahrnehmung sogar beim durchschnittlichen Typus fünf Verzerrungen unterworfen sein. Er kommt zu voreiligen Schlüssen über die Dinge, die ihn umgeben, weil er seine falschen Interpretationen in sie hineinprojiziert. Er beginnt die Komplexität der Wirklichkeit auf eine einzelne, alles umfassende Idee zu reduzieren und möchte sich schützen, indem er alles in den Griff zu bekommen versucht. Wenn er neurotisch wird, läßt Typus fünf seine exzentrischen Ideen in solch absurde Extreme entgleisen, daß er von völlig verqueren Realitätsauffassungen wie besessen ist. Letztlich wird ein gestörter Typus fünf paranoid und läßt sich durch bedrohliche Visionen, die in seinem eigenen Kopf entstanden sind, in Angst und Schrecken versetzen.

Das Problem, das Menschen dieses Typus mit ihrer Angst haben – einem Thema, das bei allen Persönlichkeitstypen der Handlungstriade eine Rolle spielt –, hängt mit ihrer Schwierigkeit zusammen, die Wirklichkeit objektiv wahrzunehmen. Sie fürchten sich davor, irgend jemanden oder irgend etwas Einfluß auf ihre Gedanken nehmen zu lassen. Sie haben Angst, von jemand anderem kontrolliert oder besessen zu werden. Es liegt eine gewisse Ironie darin, daß aber gerade ein durchschnittlicher Typus fünf gar nicht so viel dagegen einzuwenden hat, von einer Idee besessen zu sein, solange die Idee auf seinem eigenen Mist gewachsen ist. Sein Denken darf von nichts beeinflußt werden, damit sein Selbstgefühl nicht leidet; aber gerade durch dieses Ausgeliefertsein an die eigenen Ideen, die nicht an der Realität überprüft wurden, werden solche Menschen schließlich immer wirklichkeitsfremder.

Folglich ist ein durchschnittlicher oder gestörter Typus fünf sich nicht mehr sicher, ob seine Wahrnehmungen bezüglich der Umgebung stimmen. Diese Menschen können nicht mehr unterscheiden, was real und was das Produkt ihres eigenen Kopfes ist. Sie projizieren ihre angsterfüllten Gedanken und ihre aggressiven Impulse in die Umgebung und leben in Furcht vor den feindseligen Kräften, die sich gegen sie verschworen zu haben scheinen. Allmählich gelangen sie zu der Überzeugung, daß ihre absonderlichen und immer stärker paranoiden Wahrnehmungen der Wirklichkeit entsprechen. Schließlich werden sie so in die Enge getrieben, daß sie nicht mehr zu handeln vermögen, auch wenn die Angst sie treibt.

Die Grundlage seiner Lebenseinstellung ist also das Denken – Persönlichkeitstypus fünf entspricht dem introvertierten Denktypus von C. G. Jung.

Das introvertierte Denken orientiert sich in erster Linie am subjektiven Faktor. Es führt also nicht aus der konkreten Erfahrung wieder in die objektiven Dinge zurück, sondern zum subjektiven Inhalt. Die äußeren Tatsachen sind nicht Ursache und Ziel dieses Denkens, obschon der Introvertierte seinem Denken diesen Anschein geben möchte, sondern dieses Denken beginnt im Subjekt und führt zum Subjekt zurück, auch wenn es die weitesten Ausflüge in das Gebiet realer Tatsächlichkeit unternimmt… Tatsachen werden nur gesammelt als Beweistümer, niemals um ihrer selbst willen. (C. G. Jung, *Psychologische Typen,* § 700)

Auch wenn Menschen vom Typus fünf dem introvertierten Denktypus nach C. G. Jung entsprechen, könnte man sie vielleicht genauer als subjektiven Denktypus charakterisieren, da das Ziel ihres Denkens nicht introvertiert (d. h. auf sie selbst gerichtet) ist. Vielmehr richtet es sich nach außen, auf die Umgebung, die diese Menschen verstehen wollen, um sich dadurch schützen zu können. Der Impetus ihres Denkens kommt, wie Jung sagt, aus dem »subjektiven Faktor«, ihrem Bedürfnis zu erfahren, was außerhalb ihrer selbst liegt, aber ebenso auch aus ihrer Angst, wenn sie die Welt nicht verstehen. Deshalb ist Denken die Methode, mit der Typus fünf paradoxerweise sowohl versucht, sich in die Welt einzuordnen, als auch sich gegen sie zu verteidigen.

Eine der Folgen der Denkungsart von Typus fünf ist, daß selbst ein gesunder Mensch dieses Persönlichkeitstypus nicht sehr tief in der Erfahrung verwurzelt ist. Er ist die Art Mensch, die aus jeder noch so geringfügigen Erfahrung viel intellektuellen Nutzen zieht, weil er immer etwas Bedeutsames in Dingen findet, in denen andere wenig oder nichts sehen. Das kann zu großen Entdeckungen führen. Wenn ein Mensch vom Typus fünf jedoch aufhört, die Welt zu beobachten und seine Aufmerksamkeit auf seine Interpretationen ebendieser Welt richtet, beginnt er den Kontakt mit der Wirklichkeit zu verlieren. Anstatt sich bei der Weltbetrachtung geistig offen zu halten, verstricken sich diese Menschen zu sehr in ihre eigenen Gedanken. Stimmt etwas nicht mit ihren Vorstellungen überein, wird es entweder nicht wahrgenommen oder zurückgewiesen, was ernsthafte Folgen für den Betreffenden hat.

Ursprünge in der Kindheit

Das Ergebnis ihrer Kindheitserfahrungen war, daß diese Menschen beiden Eltern gegenüber ambivalent empfanden. Die Eltern verhielten sich ihnen gegenüber wechselhaft, waren möglicherweise emotional gestört, alkoholabhängig oder in einer lieblosen Ehe gefangen, folglich waren sie für das Kind keine verläßliche Quelle der Liebe und Sicherheit. Daraus ergibt sich, daß solche Menschen nicht nur Vater und Mutter gegenüber ambivalent reagieren, sondern auch der Welt gegenüber.

Diese Ambivalenz hat bei Menschen vom Typus fünf zur Folge, daß sie lernen, immerzu in gespannter Wachheit die Umgebung zu betrachten. Da sie fürchten, von anderen beherrscht zu werden, gewöhnen sie sich an, sowohl ihre Eltern als auch die allgemeine Umgebung immer zu beobachten, um Ereignisse vorauszusehen und schützende Maßnahmen ergreifen zu können.

Der fortwährende Konflikt, den ein Mensch vom Typus fünf unbewußt hervorruft, liegt darin, daß er zugleich das Bedürfnis hat, die Welt zu verstehen und sich gegen sie zu wehren. Ebenso wie diese Menschen ihre Eltern lieben und hassen, lieben und hassen sie auch das, was sie umgibt, und fühlen sich hin- und hergerissen zwischen dem Wunsch, sich mit ihrer Umgebung zu identifizieren und sich zugleich von ihr losgelöst zu empfinden. Menschen dieses Typus versuchen ihre Ambivalenz dadurch zu lösen, daß sie sich mit nichts anderem identifizieren als mit ihren Gedanken über die sie umgebende Welt. Sie haben das Gefühl, daß ihre Gedanken »gut« sind (d. h. richtig, was bedeutet, daß man sich ungestraft mit ihnen identifizieren kann), während die äußere Realität »schlecht« ist (und deshalb aufmerksam beobachtet werden muß), damit sie dann augenblicklich abgewehrt werden kann. Obwohl diese Menschen ihre Eltern, die Welt und andere Menschen weiterhin faszinierend und notwendig finden, haben sie das Gefühl, alles und jeden auf Distanz halten zu müssen, um nicht in Gefahr zu geraten, von einer äußeren Kraft überwältigt zu werden. So schaffen Menschen vom Typus fünf durch die Art ihres Denkens – ihren kognitiven Stil – einen strikten Dualismus zwischen dem Selbst und der Welt: sie sehen alles in zwei grundsätzlich verschiedene Bereiche gespalten – die innere Welt und die äußere Welt, Subjekt und Objekt, das Bekannte und das Unbekannte, das Gefährliche und das Sichere usw. Diese scharfe Trennung zwischen sich selbst als Subjekt und dem Rest der Welt als Objekt hat nicht zu unterschätzende Auswirkungen auf ihr ganzes weiteres Leben.

Probleme mit Distanziertheit und Paranoia

Ist ein Mensch vom Typus fünf gesund, muß er sich nicht von der Umgebung distanzieren. Er fühlt sich sicher genug, die Wirklichkeit so zu sehen, wie sie ist. Auf dem Weg der Neurotisierung, in der Abwärtsbewegung auf dem Kontinuum der Charakterzüge, konzentrieren sich seine Wahrnehmungen aber immer stärker auf das scheinbar Bedrohliche und Gefährliche in der Umgebung. Als Folge dieser dauernden Vorahnung von Bedrohungen füllen sie ihre Gedankenwelt mit immer mehr Ängsten. Paradoxerweise muß ein Mensch vom Typus fünf »Gefahr« im Kopf haben, um sich sicher zu fühlen: je paranoider er wird, desto mehr versucht er sich mit seinen Abwehrmechanismen zu schützen.

Da diese Menschen vom Typus fünf sich immer mehr auf das Bedrohliche konzentrieren, wenden sie ihre erschreckenden Projektionen schließlich gegen ihre *einzige* Realität, sie wenden sich mit ihren Gedanken gegen sich selbst, sie verlieren den Kopf. So fühlen sie sich vollständig wehrlos gegenüber der Umgebung, die sie nur noch als gefährlich wahrnehmen können, weil sie sie in ihrer eigenen Vorstellungswelt so haben werden lassen. Sie werden so paranoid, daß es für sie außerordentlich schwierig ist, sich noch an irgend jemanden zu wenden, damit er ihnen helfe. Kann solch ein paranoider Mensch vom Typus fünf jedoch nicht Verbindung zu irgend jemandem aufnehmen, gibt es für ihn nur noch eine geringe Chance, wieder zur Wirklichkeit zurückzukehren.

Hat ein solcher Mensch lange Zeit auf diese Weise gelebt, ist seine Gedankenwelt schließlich so voller Täuschungen von Schrecken, daß er sich nicht nur von der Welt, sondern von seinen eigenen Gedanken distanzieren muß. Ein neurotischer Typus fünf wird schizoid, er spaltet sich selbst unbewußt von seinem Geist ab, um überhaupt weiterleben zu können. In einem Kreislauf des Schreckens zieht er sich immer mehr in die Leere zurück – die von immer mehr Schrecken erfüllt ist.

Analyse des gesunden Typus fünf

Der Pionier und Visionär

In einem sehr gesunden, positiven Stadium besitzt Typus fünf die paradoxe Fähigkeit, sowohl tief in die Wirklichkeit einzudringen, als auch gleichzeitig eine umfassende Erkenntnis über sie zu gewinnen. Er ist in der Lage, das große Ganze zu sehen und Strukturen und Muster zu erkennen, wo andere nur Chaos wahrnehmen. Er kann eine Synthese aus bestehendem Wissen ziehen und Beziehungen zwischen Phänomenen herstellen, die früher nicht erkannt worden waren: also Erkenntnisse beispielsweise über Raum und Zeit, über die Strukturen der DNS-Moleküle oder über die Beziehungen zwischen den chemisch-physiologischen Gehirnabläufen und dem menschlichen Verhalten.

Einem überragenden Menschen vom Typus fünf liegt nichts daran, sich an seine eigenen Ideen zu klammern, sondern es geht ihm darum zu erkennen, wie die Welt funktioniert. Diese Menschen haben so einen tiefen und umfassenden Blick für die Wirklichkeit, daß sie zu ungeahnten Wahrheiten vorstoßen können, zu denen man durch bloßes Theoretisieren nicht gelangen würde. Sie machen Entdeckungen, gerade weil sie eine Zeitlang gar nicht damit rechnen, Antwort zu finden, weil sie sich gedankliche Offenheit und Freiheit bewahren und mit diesem ungetrübten Blick die Wirklichkeit beobachten.

Da sie ihre Gedanken der Realität nicht aufzwingen, sind gesunde Menschen vom Typus fünf in der Lage, die innere Logik der Struktur dessen, was sie beobachten, zu entdecken. Dadurch können sie schwer durchschaubare Tatsachen mit klaren Gedanken erfassen und sind in der Lage, Ereignisse vorauszusagen, die oft der Fähigkeit anderer, die Dinge zu durchdringen, weit vorauseilt. Typus fünf kann, wenn er auf dem Gipfel seiner Möglichkeiten ist, wie ein Prophet oder Visionär wirken, die Erklärung dieser seiner Gaben ist jedoch relativ einfach. Er besitzt die Gabe der Voraussicht, weil er die Welt mit außerordentlicher Klarheit erkennt, wie ein Weber, der das Muster eines Teppichs im Geiste vor sich sieht, bevor das Stück vollendet ist.

Das kann dahin führen, daß solche Menschen die rationalen Gedanken transzendieren, die objektive Realität enthüllen und sich dadurch dem Unaussprechlichen nähern, einer Ebene der Erkenntnis, auf der Worte, Theorie und Symbole keine Bedeutung mehr haben. Sie durchdringen die Welt in all ihrer Komplexität und Einfachheit mit einem visionären Schauen, das über sie hinauszugehen scheint. Sie sind einem kontemplativ Versunkenen näher als einem reinen Denker.

Ein besonders begabter, gesunder Mensch vom Typus fünf beschreibt die Wirklichkeit so einleuchtend, daß seine Entdeckungen einfach und vollkommen auf der Hand liegend erscheinen, so, als hätte jeder darauf kommen können. Die Erkenntnisse eines Genies sind aber immer nur im Rückblick so unumstößlich einfach. Den Sprung vom Bekannten zum Unbekannten zu machen, das Unbekannte so klar und genau zu beschreiben, daß die Entdeckung vollkommen in Einklang mit dem schon Bekannten ist, das ist eine schwer nachvollziehbare Leistung. So sind besonders geniale Menschen vom Typus fünf geistige Pioniere, die neue Wissensbereiche erschließen. Ein Mensch vom Typus fünf kann, wenn er über große Gaben verfügt, zum Genie von historischer Dimension werden, es können ihm entscheidende geistige Durchbrüche gelingen, die die ganze Menschheit beeinflussen. Ein ganz großes Genie kann zum ersten Mal in der Geschichte verstehen, was die Welt im Innersten zusammenhält. Weniger geniale Menschen können sich wohl schwerlich vorstellen, wie erregend es für jemanden sein muß, etwas vollkommen Neues zu entdecken – wenn diese Entdeckung nicht nur für jenen einzelnen, sondern für alle Welt überraschend ist.

Der erkennende Beobachter

Auch wenn Typus fünf nicht so sehr auf der Höhe seiner Möglichkeiten steht, ist er sich doch immer der ihn umgebenden Welt mit ihren Herrlichkeiten und ihren Schrecken, ihren Unstimmigkeiten und ihrer unerschöpflichen Komplexität außerordentlich bewußt. Er ist der geistig wachste Persönlichkeitstypus, der allem mit Neugier begegnet. Ein gesunder Mensch vom Typus fünf liebt das Denken um seiner selbst willen; sich Wissen anzueignen – zu wissen, daß er etwas weiß und in der Lage sein, all das in seinem Kopf zu bewegen – ist für ihn ein großes Vergnügen. Wissen und Erkenntnis sind ihm eine Lust.

Sind diese Menschen mit ausreichender Intelligenz begabt, so dringen sie unter die Oberfläche der Dinge und kommen sehr rasch in tiefere Schichten. Sie können so zu überragenden Erkenntnissen und Einsichten gelangen, da sie eine beinahe unheimliche Fähigkeit haben, in das Innerste der Dinge zu schauen, das Anomale wahrzunehmen, die merkwürdige und bisher unbeobachtete Tatsache oder das verborgene Element zu erspüren, das den Schlüssel zum Verständnis des Ganzen liefert. Da sie die Welt mit solch unfehlbarer Erkenntnis durchdringen, haben sie immer etwas Interessantes und Wichtiges zu sagen. Der Akt des Sehens ist geradezu ein Symbol ihrer gesamtpsychologischen Orientierung. Kann etwas gesehen werden, d. h. durch die Sinne oder den Geist aufgenommen werden, so hat Typus fünf das Gefühl, es sei auch »einzusehen«. Und wenn etwas einmal verstanden werden kann, so kann es auch beherrscht werden. Dann hat solch ein Mensch die Möglichkeit, mit der von ihm ersehnten Sicherheit zu handeln.

Einem gesunden Menschen vom Typus fünf entgeht nichts, da er die Welt nicht nur passiv beobachtet, sondern sich auf sie konzentriert und wahrnimmt, wie sich die Dinge zu Strukturen formen, welchen Sinn sie in sich tragen. Menschen und Gegenstände werden bis in alle Einzelheiten wahrgenommen, als hätte der Vertreter des Typus fünf immer ein Vergrößerungsglas, durch das er die Umgebung ansieht. Da sie geistig so aktiv sind und alles um sich herum so interessant finden, haben Menschen vom Typus fünf nie Langeweile. Sie lieben, das zu lernen, was sie noch nicht wissen, und zu verstehen, was nicht auf der Hand liegt. Wieviel Wissen sie auch schon gesammelt haben mögen, sie wollen immer noch mehr aufnehmen, und da die Welt in jeder Hinsicht in ihrer Komplexität unendlich ist, gibt es immer noch mehr, das man erfahren kann.

Ein gesunder Typus fünf ist zudem in der Lage, weit mehr als andere wahrzunehmen, weil er die Fähigkeit besitzt, immer konzentriert zu bleiben; er läßt sich nicht leicht ablenken. Rasch ist er vom Objekt seiner aufmerksamen Beobachtungen gefangen und versteht, wie es funktioniert – warum es so ist, wie es ist. Seine intellektuelle Neugier läßt ihn beträchtliche Mühe aufwenden, um mehr über die Dinge herauszufinden, die ihn in Bann gezogen haben. Er ist ein unglaublich harter Arbeiter, der jahrelang an einem Problem bleiben kann, bis er es gelöst hat oder bis deutlich geworden ist, daß es unlösbar bleiben muß. Auch liegt es ihm sehr, Begriffe zu bilden, die richtigen, grundlegenden Fragen zu stellen und die angemessenen geistigen Grenzen des Problems zu definieren, mit denen er sich beschäftigt. Er versucht nicht das Unmögliche zu tun, nur zu verstehen, was verstehbar ist.

Ein gesunder Typus fünf möchte Wissen über die objektive Welt sammeln, aber gerade das Eindringen in die Dinge verleiht dem Vorgang unmittelbar ein subjektives Element (die moderne Physik hat uns diese psychologische Wahrheit gelehrt – daß nämlich die Anwesenheit des Beobachters das beobachtete Objekt verändert). Allerdings muß auch gesagt werden, daß das Bedürfnis, die Welt zu verstehen, zwar gesund ist, der Wunsch, soviel Wissen wie möglich zu sammeln, jedoch auch eine Disposition zur Furcht vor dem Unbekannten verrät. Selbst auf dieser Ebene laufen gesunde Menschen vom Typus fünf Gefahr, in einer gewissen Angst vor der Umgebung zu leben, wenn sie sie nicht ganz verstehen (und da sie sie natürlich nicht verstehen können, bevor sie sich nicht tätig in ihr erlebt haben, sind sie in einem Dilemma befangen). So spiegelt die Gewohnheit, alles genauestens zu beobachten, nicht nur eine leidenschaftslose Neugier, sondern auch ein zutiefst persönliches Bedürfnis wider.

Der kundige Experte

Durch Beobachten der Welt und durch das Gewinnen von Einsicht und Erkenntnis in die Welt sammeln gesunde Menschen vom Typus fünf Wissen an. Doch möchten sie ihre Ideen auch praktisch anwenden. Mehr als jeder andere Persönlichkeitstypus liebt es ein gesunder Mensch vom Typus fünf, sein Wissen anzuwenden, um zu sehen, wie es mit der Wirklichkeit übereinstimmt und auf welche Weise es die Wirklichkeit beeinflussen kann.

Solche Persönlichkeiten verfügen auf verschiedenen intellektuellen Gebieten über Fachwissen, sei es nun in der Kunst (z. B. die französische Oper im 17. Jahrhundert oder ägyptische Hieroglyphen), in der Wissenschaft (wie man einen Computer baut oder Satelliten in den Weltraum sendet). Ein gesunder Typus fünf ist gewöhnlich eine Art »Universalgenie«, er verfügt über Kenntnisse in einem breiten Spektrum von Wissensgebieten und ist überall Experte. Ein solcher Mensch weiß, wovon er spricht, und teilt sein Wissen gerne mit. Es ist ihm eine Freude, das von ihm Gelernte jedermann zugänglich zu machen. Gerade weil ihre Erkenntnisfähigkeit so sehr im Mittelpunkt steht, sind diese Menschen ebenso wie ihre Ideen für ihre Umgebung so wertvoll.

Manchmal ist das Ergebnis ihrer Expertise eine geniale Erfindung und ein technologisches Wunder, das außerordentlich praktische Ergebnisse zeitigt. Ein andermal haben ihre originiellen Ideen zunächst einmal kaum Folgen, werden aber mit der Zeit doch praktisch anwendbar. Was in einem Bereich oft nicht konkret verwertbar scheint, wird später in einem völlig neuen Wissenszweig oder bei einer neuen Technologie Grundlage für wichtige Errungenschaften, so wie beispielsweise Physik zum Fernsehen und zum Radar geführt hat.

Da ein Mensch vom Typus fünf die Dinge so gründlich erfaßt, kann er die Schwierigkeiten so durchdringen, daß er Probleme und mögliche Lösungen anderen Menschen in aller

Klarheit darzulegen vermag. Ein gesunder Typus fünf liebt es, sein Wissen mitzuteilen, weil er oft noch dazulernt, wenn er Ideen mit jemand anderem austauscht. Deshalb sind gesunde Menschen vom Typus fünf großartige Lehrer, Kollegen und Freunde. Ihre Begeisterung für ihre Ideen ist ansteckend, sie lieben es, ihre eigenen Fachgebiete durch die Einfälle anderer Intellektueller und Denker zu befruchten und freuen sich über den Austausch mit jedem, der ebenso interessiert, neugierig und klug ist wie sie selbst.

Sosehr sie es schätzen, unter Menschen zu sein, die ihre Erkenntnisse verstehen und würdigen können, sind solche Persönlichkeiten zugleich außerordentlich unabhängig. Meist ist Lernen und Denken ein einsames Abenteuer, das sie am liebsten alleine bestehen. Da sie nie zu sagen wissen, wohin ihre Entdeckungen führen, schätzen Menschen vom Typus fünf in diesem Stadium ihre Unabhängigkeit sehr hoch ein; sie sind bereit, sich so unorthodox zu verhalten, wie ihre Forschungen es erfordern, und verfolgen ihre Interessen und Entdeckungen völlig frei davon, ob andere das gutheißen oder ob die Gesellschaft sie sanktioniert. Sie haben keine Angst davor, wenn nötig, bestehende Dogmen anzufechten.

Ihre Innovationen können revolutionär sein und alte Denkmodelle umstürzen. Da ihr Interessengebiet so weitreichend und ihr Verstand so scharf ist, können gesunde Menschen vom Typus fünf durch ihre großen Ideen den Lauf der Geschichte buchstäblich verändern.

Analyse des durchschnittlichen Typus fünf

Der Analytiker und Spezialist

Der wesentliche Unterschied zwischen einem durchschnittlichen und einem besonders gesunden Menschen vom Typus fünf ist der, daß der durchschnittliche zu fürchten beginnt, er wisse nicht genug, um zu handeln oder um seine Ideen und Entdeckungen publik zu machen. Er meint, er müsse noch mehr lernen, forschen und experimentieren, sich noch gründlicher mit seinem Thema beschäftigen (»Je mehr man weiß, um so mehr weiß man, daß man nichts weiß.«). Solch ein Mensch wird dadurch zum höchst analytischen Denker, der sich immer mehr spezialisiert und die Wirklichkeit in immer einfachere Bestandteile zerlegt, damit sie noch gründlicher studiert werden kann. Mit einem Wort: Ein gesunder Typus fünf weiß sich im Besitz von Wissen, während ein durchschnittlicher immer auf der Jagd danach ist.

Menschen dieses Typus analysieren alles bis ins kleinste Detail und nehmen die Dinge auseinander – im buchstäblichen Sinn oder intellektuell, um herauszufinden, wie sie funktionieren. Sie benutzen dabei die empirische Methode, quantifizieren die Dinge und versuchen objektiv zu sein, um zu einem sicheren Wissen zu gelangen. Indem sie das aber tun, beginnen sie unbewußt, die Dinge aus dem Zusammenhang zu reißen und verlieren den Überblick.

Durch die Neigung, alles zu quantifizieren und zu analysieren, macht ein durchschnittlicher Typus fünf leicht aus allem, was ihn interessiert, eine Wissenschaft, sei es nun Geschichte, Linguistik, eine Stereoausrüstung, Jogging-Schuhe oder die Soziologie von Affenfamilien. Hier erkennen wir, wie allmählich die Tendenz überhand nimmt, von der Realität zu abstrahieren, wobei sich der Betreffende nur mit jenen Aspekten der Wirklichkeit beschäftigt, die seine Aufmerksamkeit anziehen. Noch hat er nicht im geringsten ein gestörtes Verhältnis zur Realität in dem Sinn, daß er den Kontakt zu ihr verloren hätte. Aber er ist dabei, den Blickwinkel seiner Wahrnehmung zu verändern, um seine intellektuellen Interessen gründlicher verfolgen zu können.

Natürlich können viele Dinge der physischen Welt präzise gemessen werden: die Entfernung zum Mond, die Geschwindigkeit eines Geschosses, die Tiefenunterschiede des Ozeans.

Problematisch bei der empirischen Methode ist jedoch, daß sie alles eliminiert, was die Meßwerkzeuge einer bestimmten Analyse nicht erfassen können. Was nicht objektiv meßbar ist, das ist nicht zu verifizieren, deshalb nicht wissenschaftlich, also nicht gesichert (Aber können nicht gerade die wertvollsten Dinge im Leben *nicht* empirisch gemessen werden? Das Gewicht der Liebe beispielsweise kann man auf keiner Waage ablesen. Wenn ein durchschnittlicher Typus fünf die Liebe wissenschaftlich studiert, mißt er Dinge wie den Augenkontakt, den Pulsschlag, die chemischen Vorgänge im Gehirn, also alles Dinge, die quantifizierbar sind).

Auf ihrer Jagd nach Wissen neigen durchschnittliche Menschen vom Typus fünf dazu, sich auf irgendeinen Bereich zu spezialisieren, wobei sie sich einen technischen Wissensschatz erwerben, der den meisten nicht zugänglich ist. (Als Spezialisten erfüllt es sie mit Stolz und Freude, sagen zu können: »Ich weiß etwas, was du nicht weißt.«) Manche Menschen vom Typus fünf werden möglicherweise Spezialisten in einer akademischen Disziplin; sie analysieren genetische Strukturen oder die geometrische Form einer Schneeflocke oder auch die Verhaltensstrukturen von Zugvögeln im Amazonas-Delta. Andere wiederum spezialisieren sich in weniger akademischen Bereichen, sie werden Fachleute für Antiquitäten, Briefmarkensammlungen oder Jazz. In jedem Fall geht es ihnen um das gleiche: Daten zu sammeln und zu analysieren, um mehr Wissen zu erwerben.

Ein durchschnittlicher Mensch vom Typus fünf ist ein typischer Büchermensch. Er frequentiert Bücherläden und Bibliotheken und liebt es, sich in Kaffeehäusern unter Intellektuelle zu mischen und dort bis spät in die Nacht über Politik, Filme und Literatur zu diskutieren. Diese Menschen lieben die Gelehrsamkeit und sind fasziniert von den technischen Hilfsmitteln, durch die man Wissen erwerben kann. Und während sie für alles, was sie zur Verfolgung ihrer geistigen Interessen brauchen, seien es mittelalterliche Manuskripte oder eine Computerausrüstung, bereitwillig tief in die Tasche greifen, sind durchschnittliche Menschen vom Typus fünf gewöhnlich wenig großzügig, wenn es darum geht, Geld für sich selbst oder ihre Bequemlichkeit auszugeben, da sie sich mit ihrem Geist und nicht mit ihrem Körper identifizieren.

Selbst jene Menschen vom Typus fünf, die keine Wissenschaftler sind, sehen ihre Denkweise gerne als wissenschaftlich oder zumindest streng intellektuell an. Jeder Persönlichkeitstypus wendet sich seiner stärksten Begabung zu, und der Intellekt ist das, womit Typus fünf am meisten gesegnet ist, und was er in seiner Entwicklung auch am meisten zu fördern bereit ist. Als Gesamtheit gelten Menschen vom Typus fünf als die intelligentesten unter den Persönlichkeitstypen, es sind viele Nobelpreisträger unter ihnen. Da die Zugehörigkeit zu diesem Typus in erster Linie eine psychologische Lebenseinstellung bedeutet und nicht nur auf intellektuelle Begabung hinweist, gibt es auch Menschen vom Typus fünf, die nicht einmal ungewöhnlich intelligent sind. Dennoch ist der Gebrauch der geistigen Fähigkeiten auch ihr Weg, sich einen Platz in der Welt zu schaffen und zur Sicherheit und Selbstachtung zu gelangen. (Möglicherweise haben auch Kinder, die »als häßliches Entlein« galten, ihre intellektuellen Fähigkeiten in den Vordergrund gestellt, um so ihre physischen oder sozialen Handicaps zu kompensieren.) In jedem Fall hält sich ein durchschnittlicher Typus fünf für einen Denker und Intellektuellen, da er mehr in seiner Gedankenwelt lebt als in der Welt des Handelns oder der Praxis.

Der versponnene Theoretiker

Scheitern ihre wissenschaftlichen und analytischen Methoden oder führen sie nicht rasch genug zu den erwünschten Antworten, um ihre emotionalen Bedürfnisse zu erfüllen, werden durchschnittliche Menschen vom Typus fünf sich der Bedeutung ihrer eigenen Ideen unsicher in dem Maße, wie ihr Bedürfnis nach Gewißheit wächst. Neue Fragen treten auf, auf die sie keine Antwort wissen. So nehmen sie zu Spekulation und Interpretation Zuflucht und vernachlässigen Beobachtung und Nachforschung. Sie verspinnen sich immer mehr in ihre Ideenwelt und verlieren allmählich den Kontakt zur Wirklichkeit.

Das ist ein Wendepunkt in ihrer Entwicklung. Anstatt die objektive Welt zu erforschen, beginnen durchschnittliche Menschen vom Typus fünf in diesem Stadium sich nur noch um ihre eigenen Interpretationen dieser Welt zu drehen, sie lösen sich geistig aus der Umgebung heraus und versinken immer mehr in einem Teilaspekt der sie umgebenden Realität.

Mehr als alle anderen Persönlichkeitstypen personifizieren durchschnittliche Menschen vom Typus fünf den berühmten Ausspruch von Descartes: »Ich denke, also bin ich.« Man kann sie kurz als körperlosen Geist charakterisieren, denn sie betrachten ihren Körper nur noch als Vehikel für ihre Gedankenwelt. In diesem Stadium achten sie nicht mehr sehr auf ihren physischen Zustand, es sei denn, er hindere sie am Denken. Sie sind so vertieft in irgendwelche Projekte, daß sie vergessen zu essen, zu schlafen oder sich frische Kleider anzuziehen. Oft sehen sie aus wie der sprichwörtliche zerstreute Professor oder der »deutsche Metaphysiker«, mit wirrem Haar und zerbeulten Hosen. Doch das ist ihnen gleichgültig. Für sie ist das geistige Leben, die Faszination der Suche nach Wissen und das sich Aneignen von Wissen das einzige, was zählt.

Diese Menschen tauchen in komplexe intellektuelle Rätselwelten und labyrinthische Systeme ein – komplizierte, undurchdringliche Netze, durch die sie sich von der Welt absondern. Sie vertiefen sich in hochspezialisierte, vertrackte Gedankensysteme, steigern sich in osbkure Theorien hinein, ob sie nun mit entlegenen Gebieten traditioneller akademischer Studiengebiete wie Astronomie, Mathematik oder Philosophie zu tun haben oder mit Esoterischem wie der Kabbala, Astrologie oder

Okkultismus. Sie sind zutiefst fasziniert von intellektuellen Spielen (wie z. B. Schach) und machen aus ihrer Wissenschaft ein Spiel, ebenso wie sie aus einem Spiel eine Wissenschaft machen.

Problematisch ist, daß ein Mensch vom Typus fünf allmählich vor lauter Bäumen den Wald nicht mehr sieht, weil er endlos spekuliert, theoretisiert, seine Ideen hin- und herwälzt, sie von allen möglichen Gesichtspunkten aus überprüft und endlos zu neuen Interpretationen gelangt. Jede neue Mutmaßung stürzt ihn in die Ungewißheit, ob seine Spekulationen je zu einem Ende kommen werden: alles bleibt in der Luft hängen, in einer Nebelwolke von Möglichkeiten. Schreibt solch ein Mensch beispielsweise, so wird die Ausarbeitung seines Manuskripts immer komplexer, bis sie vollständig unverständlich geworden ist. Trotz aller geistiger Brillianz gelingt es einem durchschnittlichen Typus fünf selten, seine Ideen auch zu veröffentlichen, weil er sich nicht dazu entschließen kann, sie dem Publikum vorzulegen.

Zudem erscheinen Menschen vom Typus fünf alle Ideen gleich plausibel, da sie überzeugende Argumente für fast alles finden, über das sie nachdenken. Alles Denkbare scheint ihnen möglich. Alles Denkbare erscheint ihnen real. Sie sind intellektuell und emotional dazu in der Lage, jede neue Erforschung zu durchdenken, auch wenn sie erschreckend oder abwegig ist, da das Spekulieren über neue Möglichkeiten im Grunde alles ist, womit sie sich beschäftigen. Ihre Ideen beginnen jedoch allmählich die unmittelbare Verbindung zur Außenwelt zu verlieren (erkenntnistheoretische Probleme faszinieren solche Menschen nicht nur, sie leben sie auch unbewußt aus). Das Herstellen einer Beziehung zwischen ihren Ideen und der Wirklichkeit ist nicht mehr die Primärfunktion ihres Denkens. Es ist inzwischen so, daß die Spekulation ihr Selbstgefühl aufrechterhält, in dem Maß, wie sie ihren Geist beschäftigt und aktiv sein läßt.

Zudem treten durchschnittliche Menschen vom Typus fünf, die

sich in ihre Gedankenwelt einspinnen, mit anderen nicht in klare Kommunikation, da ebendiese Gedankenwelt zu komplex und verwickelt ist. Sie gehen zu sehr ins Detail, ihre Ideen werden immer dichter. Ihr Bewußtseinsstrom ergießt sich in weitschweifigen Monologen, und es ist für andere Menschen schwer, ihren Gedankengängen zu folgen. Sie machen Gedankensprünge, ohne die dazwischenliegenden Schritte logisch nachvollziehbar werden zu lassen. Einer klugen Ausführung zu Beethovens 9. Symphonie kann unmittelbar danach eine Theorie der Taubheit folgen, die in Auslassungen über die Notwendigkeit übergeht, die elektronischen Geräte immer weiter zu verkleinern, wenn »Star Wars« funktionieren solle. Ihre Monologe mögen faszinierend sein, sich vielleicht auch auf atemberaubenden intellektuellen Höhen bewegen; sie haben aber oft auch etwas Befremdliches, sind weitschweifig und ermüden den Zuhörer, weil von ihm dauernd geistige Klimmzüge erwartet werden. Dabei ist es nicht einmal klar, ob sich die Mühe des Zuhörens lohnt, obwohl ein durchschnittlicher Typus fünf immer der Ansicht ist, daß das, was er sagt, für andere ebenso interessant sei wie für ihn selbst.

Dazu reagieren solche Menschen noch überempfindlich, weil ihr Nervensystem stärker angespannt ist als das der anderen Persönlichkeitstypen, was sich ebenso negativ wie positiv auswirken kann. Den Menschen dieses Typus fehlt die Fähigkeit, die unbewußten Impulse zu unterdrücken, die in sein Denken einbrechen, und die seine intensive Beschäftigung mit seiner Wahrnehmung, seiner Arbeit und seinen Beziehungen zu anderen Menschen gleichsam unter Hochspannung setzen.

Und so spalten sich durchschnittliche Menschen vom Typus fünf, während sie sich in ihren Spekulationen versteigen, durch die verzehrende Intensität ihrer Gedankenarbeit immer mehr von allem ab, was sie umgibt. Sie sind mehr in ihrer Ideenwelt zu Hause als in der objektiven Realität. Unaufhörlich bringen sie Theorien hervor, einerseits, um sich von der Welt zu distanzieren, andererseits aber, um die Beziehung zu ihr nicht zu verlieren. So läßt der Typus fünf in seiner Abwärtsbewegung auf dem Kontinuum zum neurotischen Verhalten hin merkwürdigerweise gerade seine ursprüngliche Fähigkeit zur Beobachtung fallen, lebt immer ausschließlicher in seinen Gedanken – und verliert dadurch die Beziehung zur Realität. Er sieht keine vernünftigen Zusammenhänge mehr, findet aber überall verborgene Bedeutungen und Ursachen.

Da sie beinahe überall geheimnisvolle Implikationen entdekken, ist es für durchschnittliche Menschen dieses Typus logisch, von der Macht fasziniert zu sein. Sie meinen, Wissen sei Macht, und durch den Besitz von Wissen hätten sie Sicherheit, da sie dann mehr wahrnehmen als andere – sich also schützen können. Wissensgebiete, bei denen es um irgendeine Form von Macht geht, sei es in der Natur, in der Politik oder im menschlichen Verhalten, ziehen sie an. Solche Menschen haben aber auch eine ambivalente Haltung gegenüber der Macht und Mißtrauen gegenüber jenen, die bestimmen. Es scheint ihnen, als könne jeder, der Macht hat, diese gegen sie benutzen. Und anderen unterlegen zu sein, von ihnen kontrolliert zu werden, ist eine ihrer tiefsten Ängste.

Je distanzierter ein durchschnittlicher Mensch vom Typus fünf ist, desto ambivalenter verhält er sich fast jedem gegenüber – er fühlt sich zu Menschen hingezogen, mißtraut ihnen aber zugleich. Er möchte herausfinden, wie andere funktionieren, ebenso wie er andere Objekte seines intellektuellen Interesses analysiert. (»Es war vielsagend, was du eben gesagt hast – du hast eine ziemliche Abneigung gegen Frauen, nicht?«). Dennoch versucht er möglichst, einer tieferen Beziehung aus dem Weg zu gehen, da die Menschen ja so unberechenbar sind. Eine emotionale Beziehung weckt starke Gefühle, die ein durchschnittlicher Typus fünf fürchtet, nur schwer unter Kontrolle halten zu können. Die Leidenschaften überfluten zu leicht seinen Verstand. Da Typus fünf aber starke sexuelle Impulse hat, kann er Beziehungen zu anderen Menschen nicht gänzlich aus dem Weg gehen, auch wenn er das gerne täte. Er findet Menschen und Beziehungen zwar überaus faszinierend, verschanzt sich aber doch hinter seinem Argwohn.

So ist es typisch für einen durchschnittlichen Menschen vom Typus fünf, unverheiratet zu bleiben oder viele heftige Beziehungen zu verschiedenen Menschen zu haben. Wirkliche Intimität mit anderen macht ihn jedoch zu abhängig, ist zu komplex und erschöpfend, so daß er allmählich aufhört, Beziehungen zu suchen. Er zieht sich immer mehr zurück und vergräbt sich bald vollständig in seiner Arbeit und in seiner Ideenwelt. Niemand darf ihm so nahe kommen, daß er über seine Gedanken Kontrolle ausüben könnte, da seine Gedanken doch sein einziger sicherer Herrschaftsbereich sind.

Deshalb sind durchschnittliche Menschen vom Typus fünf auch von Natur aus Agnostiker und Atheisten, mehr als alle anderen Persönlichkeitstypen, da Gott als ein allmächtiges Wesen für sie eine unerträgliche Vorstellung ist. Sie können sich nicht dazu herablassen, an etwas zu glauben, das sie nicht verstehen können, oder jemanden anzubeten, den man gar nicht kennen kann. Auch wollen sie nicht, daß Gott etwa ihre Gedanken liest. Typus fünf möchte selbst allwissend sein, deshalb gefällt ihm die Vorstellung gar nicht, daß ein Gott dies sein könnte. Zudem erscheint ihm das Problem des Bösen als beträchtlicher Stein des Anstoßes. Die Schrecken und die Ungewißheiten der Welt sind so offensichtlich für ihn, daß ein Gott, der eine solche Welt zuläßt, sadistisch sein muß, ein böser Gott, ein Gott, mit dem er nichts zu tun haben will.

Der extreme Reduktionist

Mit der Zeit schaffen die Komplexitäten, die Typus fünf in seinem Kopf entstehen läßt, neue und kompliziertere Probleme für ihn. Nichts ist gewiß, und so wächst seine Angst. Um die Gewißheit zu haben, die sie zum Handeln brauchen, wenn sie handeln müssen, beginnen durchschnittliche Menschen vom Typus fünf, ihre Schlüsse an den Haaren herbeizuziehen. Ihr Geist sucht Ordnung, und wenn solche Menschen sie nach vielem Spekulieren nicht erkennen können, entsteht in ihrem Kopf eine eigene Art von Ordnung. Dann projizieren sie unbewußt ihre Wahrnehmungen in die Umgebung und sind allmählich vollkommen überzeugt von der Wahrheit einer bestimmten Idee, die für sie den Schlüssel zum Verständnis darstellt. Wenn es einmal hieß: »Was wäre, wenn?«, so heißt es jetzt: »So ist es!«

So lesen sie aus den Dingen mehr heraus, als in ihnen liegt, werden reduktionistisch, eliminieren alle Komplexitäten und stülpen allem eine umfassende Erklärung über. In diesem Stadium reduzieren sie alles auf einen niedrigeren gemeinsamen Nenner als notwendig, sie erklären alles als weitere Variation von etwas anderem. So finden ihre Theorien natürlich immer Bestätigung. Die Ungewißheit hört auf.

Reduktionisten sind Denker, die nicht genug Geduld haben, um die richtige Antwort zu finden. Da sie sich so intensiv auf eine Sache konzentrieren, verlieren sie alles andere aus dem Blickfeld, vor allem sehen sie nicht mehr, wie sich dieses eine in einen größeren Zusammenhang einordnet. Paradoxerweise neigt ein reduktionistischer Typus fünf dazu, die Wirklichkeit zu simplifizieren, obgleich er doch gerade zu komplexen Gedanken begabt ist. Solch ein Mensch sieht beispielsweise nicht die Blume, sondern den Morast, aus dem sie hervorgewachsen ist, als sei die strahlendste Blüte nichts anderes als Erdenstaub in einem unbedeutend veränderten Stadium. Malen ist nichts als der Trieb, mit Exkrementen herumzuschmieren; Gott ist nichts anderes als eine Projektion des Vaters in den Kosmos; Menschen sind nichts weiter als biologische Maschinen, weil sie unter einem bestimmten Aspekt wie eine Maschine funktionieren, usw. Ergebnis ist, daß sich in den Vorstellungen solcher Menschen legitime Erkenntnisse mit sehr extremen Interpretationen vermischen, während sie selbst nicht mehr zwischen beidem unterscheiden können.

Ein gewisser Extremismus ist für ihr Sozialverhalten ebenso typisch wie für ihren Denkstil. In politischen oder künstlerischen Bereichen sind reduktionistische Menschen vom Typus fünf gewöhnlich radikal oder treten für die Avantgarde ein. Sie treiben ihre Ideen bis zum Extrem – weil sie es lieben, zu schockieren, sich über das hinwegzusetzen, was konventionellerweise gedacht oder getan wird, oder um populäre Ansichten zu unterminieren und zu zerstören. (Und selbst wenn ihre provokativen Ideen nicht so zutreffend sind, wie Menschen vom Typus fünf das glauben, zwingen sie die anderen doch zu einer Reaktion, weil sie über alles Debatten heraufbeschwören.) Als waschechte Nonkonformisten und Dissidenten rebellieren sie gegen alle sozialen Konventionen, Regeln und Erwartungen, ob es nun um Feminismus, Politik, Kindererziehung, sexuelle Befreiung oder alles zusammen in einer bestimmten Verbindung geht. Sie verfolgen dabei immer eigennützige Zwecke. Polemik ist ihnen wichtiger als Einsicht.

Jetzt, wo ihre Ideen so ausgefallen und weit hergeholt wirken, wirkt die subjektive Natur ihres introvertierten Denkens unübersehbar. Ein Mensch vom Typus fünf findet auf dieser Ebene für alles, was er denkt, eine Bestätigung, auch wenn die bestehenden Tatsachen gegen ihn sprechen.

Ein irrationales Element, eine Art unsinnigen Widerstandes gegen die Wirklichkeit hat seine Denkweise beträchtlich gefärbt. Reduktionistische Menschen vom Typus fünf sind nicht verrückt, auch wenn ihre Ideen eher merkwürdig und sehr unorthodox wirken. Ihre gesunde Originalität ist nun zu extremer Exzentrizität heruntergekommen, das Genie ist nur noch ein wunderlicher Kauz (der z. B. glaubt, daß die Koedukation moralischen Verfall mit sich bringe, oder daß die Spitze der großen Pyramide heilkräftig sei). Ihre ausgefallenen, extremen Ideen sind jedoch so sehr Teil ihres Selbstgefühls, daß Menschen dieses Typus sie um jeden Preis verteidigen werden, nichts kann sie davon abbringen, alle Gegenargumente werden zerpflückt. Zänkisch und streitsüchtig kämpfen sie immer darum, intellektuell überlegen zu sein und ihre Ideen zu verteidigen, ja sie drohen sogar ein gerichtliches Verfahren an, wenn sie glauben, jemand hätte ihnen eine ihrer brillanten Ideen gestohlen.

Dennoch sind durchschnittliche Menschen vom Typus fünf nicht völlig »daneben«, auch wenn viele ihrer Ideen eben radikal und reduktionistisch sein mögen, wie wir das eben beschrieben haben. Gewöhnlich sind sie zu intelligent, um nicht etwas Interessantes zu sagen zu haben. Das Problem für sie ist, herauszufinden, welche ihrer Ideen Wert haben und welche nicht.

Analyse des gestörten Typus fünf

Der isolierte Nihilist

Das Bedürfnis, seine Wirklichkeitsinterpretation um jeden Preis zu untermauern, bereitet den Boden dafür, daß Typus fünf jedem gegenüber, der seine Meinung nicht teilt, feindselig zu werden droht. Es weckt seine Aggressionen, wenn Menschen seine Ideen in Frage zu stellen wagen – oder schlimmer, wenn seine Ideen lächerlich gemacht oder nicht beachtet werden. Um seine Identität zu bewahren, die für ihn so sehr mit seiner Gedankenwelt verschmolzen ist, geht ein gestörter Typus fünf in die Offensive: er beginnt andere zu diskreditieren, versucht zu beweisen, daß ihre Ideen wertlos und ihre Problemlösungen eine Illusion sind, kurz gesagt, daß sie die Dummen sind. So reizen gestörte Menschen vom Typus fünf die anderen unbewußt zur Abwehr, um dann den Wert aller Beziehungen grundsätzlich herunterzumachen. Dadurch aber begeben sich diese Menschen in eine tiefe Isolation; sie zerstören durch ihren Zynismus die Möglichkeit, überhaupt noch mit jemandem in Beziehung zu treten.

Ihr Bedürfnis, das von der Hand zu weisen, was andere glauben, ist so stark, daß es ihnen geradezu Vergnügen bereitet, alles Positive im Leben zu entlarven. Sie versuchen, sich zu beweisen, wie unmöglich menschliche Beziehungen überhaupt sind, wie verdorben und schlecht der Mensch ist. Ein gestörter Mensch dieses Typus hat geradezu seine Lust daran, was er bei den anderen sieht, als bourgeoise Illusion abzuwerten, mit denen sie sich bequem durchs Leben mogeln. Illusionen, denen sie selbst natürlich nie verfallen würden, weil sie ja geistig so überlegen und lauter sind.

Wie immer ist auch das nur eine halbe Wahrheit. Die anderen mögen ja wirklich zu bequem und eigennützig sein, sie mögen sich selbst betrügen, es mag Familien und Beziehungen geben, die von Heuchelei, Eifersucht und Machtkämpfen angekränkelt sind – deshalb ist Zynismus immer noch nicht die beste Reaktion auf solche Dinge. Gestörte Menschen vom Typus fünf schütten das Kind mit dem Bad aus: Glaube, Hoffnung, Liebe, Freundlichkeit, Freundschaft – all das erscheint ihnen sehr suspekt, da sie solche Angst haben, auf andere wirklich einzugehen. In diesem Stadium empfinden solche Menschen Bindungen als etwas Bedrohliches und müssen ihre Isolation rechtfertigen, indem sie nihilistisch und zynisch jede Art von Beziehung abwerten – ja selbst den Wert der Menschlichkeit leugnen.

Ebenso wie ein starker Wasserstrahl aus einem Feuerwehrschlauch eine Menschenmenge in Schach halten kann, so wehrt die Intensität ihres Verstandes, der durch ausbrechende aggressive Impulse überhitzt ist, alles ab, was sie beeinflussen könnte. Ihre vernichtende Kritik und Feindseligkeit richtet sich vor allem gegen Menschen, da gestörte Charaktere vom Typus fünf ihre Isolation immer aufrechterhalten müssen, um sich nur ja von niemandem beeinflussen zu lassen. Obwohl er gewöhnlich nicht gewalttätig ist, kann er zornige Tiraden loslassen, geifern und toben oder zu schriftlichen Ausfällen und Denunziationen greifen, wenn er sich nicht plötzlich in ein finsteres, haßerfülltes Schweigen zurückzieht. Da die meisten

Menschen sich von einem solchen Verhalten abgestoßen fühlen, vertieft sich die Isolation des gestörten Typus fünf rapide, und genau das ist es, was er will. Aus demselben Grund aber wird er Opfer immer schlimmerer Verzerrungen seiner Vorstellungs- und Gedankenwelt. Natürlich reagieren die anderen Menschen auf diese vernichtende Herablassung und übergehen ihn als nicht ernstzunehmenden Kranken oder gehen zum Gegenangriff über. Aggressionen und Angst eskalieren weiter. Ein gestörter Mensch vom Typus fünf schmort im eigenen Saft seiner Gefühle, seiner Verachtung für alles. Während seine Feindseligkeit sein Selbstgefühl stützt, durchtränkt sie seine Gedanken unglücklicherweise immer mehr mit Haß. Und indem sie alles entwerten und alle Bedingungen an die Umgebung zurückweisen, sind solche Menschen nicht nur isoliert, nein, schlimmer noch, sie stecken voller Aggressionen, die sich nicht entladen können, weil sie nicht in heftige Konflikte mit anderen geraten möchten. Ein gestörter Typus fünf befindet sich deshalb in einem schrecklichen Dilemma: er ist von seinen Aggressionen besessen, aber unfähig, sie aus Angst vor den Konsequenzen auszuleben. Daraus resultiert eine vollständige Handlungsunfähigkeit. Innerlich aber kochen diese Menschen vor Wut.

Der von Wahnvorstellungen Gequälte

Ein gestörter Typus fünf möchte im Grunde alles zerstören, so verabscheuungswürdig ist die Welt in seinen Augen. Absurderweise beginnt er aber allmählich zu glauben, daß jeder *ihn* haßt und *ihn* zerstören möchte. Deshalb werden neurotische Menschen vom Typus fünf allmählich paranoid: sie projizieren ihre feindseligen Gefühle in die Außenwelt.
Weil sie ihre Ängste und Aggressionen unentwegt auf andere projizieren, fühlen sich neurotische Menschen vom Typus fünf immer mehr von allen verfolgt. Alles und jedes erscheint

ihnen gefährlich. Jeder Zufall wird für sie zum beziehungsvollen Faktum. Auch die harmloseste Bemerkung, in aller Ahnungslosigkeit gemacht, bestätigt sie in ihrer Paranoia. Irgendeinen Fremden, der ihnen auf der Straße entgegekommt, halten sie für einen Polizisten, der sie verhaften will, einen Spion, der sie bewacht oder einen Verrückten, der sie überfallen will. Sie stellen vollkommen unsinnige Gedankenverbindungen her; sie sehen Beziehungen, wo keine sind, behaupten aber mit vollster Überzeugung, daß diese Beziehungen bestehen. Ihre Wahnvorstellungen lassen ihre Ängste leider immer dramatischer werden. Bloße Exzentrizität ist nun zu einer wirklichen geistigen Störung geworden – zu verrückten, paranoiden Wahnvorstellungen.

Paranoider Verfolgungswahn kann mit kompensierenden Größen- und Beziehungswahnvorstellungen abwechseln; der Eindruck, von einer wichtigen Figur – von Gott oder außerirdischen Wesen beispielsweise – beobachtet zu werden, gibt neurotischen Menschen vom Typus fünf das Gefühl, bedeutend zu sein. Sie halten sich zuweilen für große Erfinder oder für Napoleon oder die heilige Johanna. Diese grandiosen Wahnvorstellungen mischen sich oftmals mit paranoiden Elementen: sie glauben, das FBI sei hinter ihnen her, da ja nur sie etwas über die neusten Kernforschungsprojekte wissen. Oder die paranoiden Elemente allein dominieren ihr wahnhaftes Denken: sie sind überzeugt, ihr Telefon werde abgehört, ihre Post vom CIA gelesen, ihr Essen sei vergiftet, und ihre Freunde hätten sich hinterrücks gegen sie verschworen. Dabei glauben paranoide Menschen vom Typus fünf nun mehr denn je, sie hätten die Wirklichkeit tiefer begriffen als alle anderen. Nur sie bekommen mit, was wirklich vorgeht.

Was selbst neurotische Menschen vom Typus fünf zu erschrecken beginnt, ist die Tatsache, daß ihre Gedanken eine Art Eigenleben entwickeln. Sie sind unkontrollierbar und machen ihnen angst. Ihr Kopf arbeitet fieberhaft, und sie fürchten sich immer mehr vor Vorstellungen, denen sie nicht entrinnen können, da sie ja schließlich aus ihnen selbst entspringen. Wie Frankenstein laufen sie Gefahr, von Dingen zerstört zu werden, die sie selbst ins Leben gesetzt haben.

Je mehr sich die Ängste solcher Menschen ausbreiten und an Intensität zunehmen, desto mehr Wirklichkeit verschlingen und verzerren sie, bis es ihnen schier unmöglich wird, überhaupt noch zu handeln, da alles mit erschreckenden, hintergründigen Bedeutungen besetzt ist. So können neurotische Menschen dieses Typus allmählich durch ihre Phobien vollständig handlungsunfähig werden. Unbelebte Objekte werden für sie zu immer bedrohlicheren Erscheinungen – die Decke wird bald auf sie herabfallen, ihr Sessel sie verschlingen, das Fernsehen einen Gehirntumor bei ihnen auslösen. Auch können sie von Halluzinationen gequält werden – sie hören Stimmen oder haben stark verzerrte visuelle Wahrnehmungen. Allmählich erscheint ihnen ihr Körper immer fremder und wendet sich gegen sie selbst, wie die Umwelt sich gegen sie zu wenden schien. Neurotische Menschen vom Typus fünf können nicht mehr ruhen, schlafen oder sich ablenken, da sie immer wachsam sein müssen und ihren Kopf niemals abschalten können. Dadurch geraten sie in einen körperlichen Erschöpfungszustand, der ihre Probleme nur noch verschlimmert.

Das Leben wird für sie unerträglich: sie glauben, zuviel zu sehen, als hätte man ihnen die Augenlider abgeschnitten. In Wahrheit aber werden sie von ihren eigenen Gedanken verschlungen. Die Welt ist für sie voller Schrecken, weil ihr eigener Kopf voller Schrecken ist.

Der leere Schizoide

Auf der letzten Stufe »lösen« neurotische Menschen vom Typus fünf die Frage, wie sie ihre Gedanken (und vor allem die Angst, die von ihrer verzehrenden Paranoia produziert wird), unter Kontrolle halten können, unbewußt dadurch, daß sie ihr Bewußtsein in zwei Teile spalten. Sie ziehen sich in den Teil ihres Inneren zurück, der ihnen sicher erscheint, sie regredieren in eine Art autistischen Zustand, der der Psychose ähnelt. Auf dieser letzten Ebene wehren sie sich gegen die Wirklichkeit, indem sie sich unbewußt von jeder Beziehung zu ihr abschneiden. Um es anders zu sagen: der neurotische Typus fünf hat solche Angst vor seinen Gedanken, daß er sie auf irgendeine Weise loswerden muß. Das tut er, indem er sich mit der Leere identifiziert, die in ihm entsteht, wenn er die ihm verbleibenden Identifikationen negiert. So spaltet er sich also tatsächlich von sich selbst ab, wie Eltern, die alles wegwerfen, was sie an ihr totes Kind erinnert, um nicht mehr von ihrer Vergangenheit gequält zu werden. Das hat zur Folge, daß solch ein Mensch in einem vollkommen leeren Haus lebt – sein Selbst, das von allem entleert wurde, was ihn an seine erschreckenden und schmerzhaften Bindungen an die Welt erinnern könnte.

So geraten neurotische Menschen vom Typus 5 allmählich in einen Zustand innerer Leere, und wenn sie weiter so leben, dann aller Wahrscheinlichkeit nach in irgendeinem schizophrenen Zustand.[1]

---

[1] Aufgrund der Bedeutung der Schizophrenie sollten wir die hypothetischen Beziehungen zwischen dieser Krankheit und Typus fünf in Betracht ziehen. Es könnte sein, daß die Schizophrenie aus der Verhaltensweise des neurotischen Menschen dieses Typus entspringt. Der Streß, der verursacht wird durch soziale Isolation und physische Erschöpfung, die aus einem hyperaktiven Geist entstanden sind, bewirkt möglicherweise eine Veränderung in der chemischen Zusammensetzung des Gehirns, woraus die Denkstörungen der Schizophrenie entstehen können. Natürlich ist nicht jeder gestörte Mensch vom Typus fünf schizophren und nicht jeder Schizophrene gehört dem Typus fünf an. Aber dieser Persönlichkeitstypus scheint eher gefährdet zu sein als alle anderen.

Eine Möglichkeit, sich die Beziehung zwischen Typus fünf und der Schizophrenie vorzustellen, ist der Gedanke, daß diese beiden Daseinsformen sich auf zwei parallelen geistigen Bahnen bewegen. An dem Punkt, an dem innerhalb seiner Lebenssituation beim neurotischen Typus fünf das Gehirn nicht mehr funktioniert, schwenkt es von der Neurose zur Schizophrenie über. Der

Die Dynamik von Typus fünf

Die Desintegrationslinie: Typus fünf entwickelt sich zu Typus sieben

Das Hauptproblem für Typus fünf besteht darin, sich vom Denken zum Tun, vom Wissen zur Erfahrung zu entwickeln. Er muß eine Quelle der Gewißheit in sich selbst entdecken, um in die Lage zu kommen, aus einem vernünftigen Maß an Sicherheit heraus zu handeln. Ein schizoider Typus fünf müßte die Beziehung zur Wirklichkeit wiederherstellen (vor allem zu den positiven Aspekten dieser Wirklichkeit), obgleich er natürlich im Augenblick vollständig unfähig dazu ist. Wenn ein neurotischer Typus fünf eine negative Entwicklung in Richtung Typus sieben nimmt, handelt er impulsiv, sprunghaft und hysterisch. Er beginnt seine Angst auszuleben wie ein neurotischer, manisch-depressiver Typus sieben.

Ein neurotischer Typus fünf taumelt dann aus seinem isolierten, paranoiden Zustand, in dem er starr vor Angst ist, in eine wilde manische Aktivität hinein. Er stürzt sich in buchstäblich kopflose Aktionen, durch die er sich nur noch in schlimmere Schwierigkeiten und ernsthaftere Konflikte mit der Umwelt bringt. Solch eine Entwicklung kann seine wirklichen Bedürfnisse natürlich nicht erfüllen, denn da er noch immer neurotisch ist, ist er auch tatsächlich unfähig, etwas aus neuen Erfahrungen zu lernen. Er verhält sich irrational, hat außerordentlich wenig Urteilskraft und kann sich nur sehr schwer entscheiden, wie er handeln soll. Da er sich immer noch nicht mit

Betreffende begibt sich aus einer psychologischen Anpassungsschwierigkeit in einen ganz anderen Bereich: in eine Krankheit, die chemische und physische Ursachen und Auswirkungen hat, und die sich natürlich psychologisch deuten läßt. Das könnte erklären, warum manche neurotische Menschen vom Typus fünf »nur« neurotisch bleiben, während andere sich zur Schizophrenie hin entwickeln, und warum andererseits manche Schizophrene krank werden, ohne zum Typus fünf zu gehören oder neurotisch zu sein.

irgend etwas oder irgend jemandem zu identifizieren vermag, kann er in keinerlei sinnvollen Kontakt mit der Umgebung treten. Daß er sich selbst immer wieder in neue Erfahrungen hineinkatapultiert, hilft dabei nicht im geringsten.

Eine weitere Folge einer Bewegung in Richtung Typus sieben ist, daß ein gestörter Typus fünf dabei vollkommen außer Kontrolle gerät. Manche schrecklichen Dinge, die er befürchtet hat, passieren vielleicht wirklich als Ergebnis seines unberechenbaren und unverantwortlichen Verhaltens. Beispielsweise kann es geschehen, daß solch ein Mensch ganz plötzlich umkommt; nicht weil er vom CIA oder von Marsmenschen ermordet wird, sondern weil er unachtsam über die Straße geht und dabei von einem Lastwagen überfahren wird. Ein unkontrollierter Typus fünf ist leichtfertig und wird allzu schnell Opfer von Unfällen: vielleicht wird er vergiftet, aber nicht vom KGB, sondern weil er an den Folgen falscher Ernährung stirbt. Aus Angst davor, einen schrecklichen Schlußpunkt ihres Lebens erreicht zu haben, fügen sich diese Menschen selbst impulsiv andauernd Schaden zu oder tun anderen etwas an. Da ihre Angst sich immer mehr steigert, passiert vielleicht etwas nicht wieder Gutzumachendes – sie können z. B. plötzlich in der Lage sein, jemanden im Affekt umzubringen oder Selbstmord zu begehen.

Die Integrationslinie: Typus fünf entwickelt sich zu Typus acht

Es ist kennzeichnend für einen Menschen vom Typus fünf, daß er das Gefühl hat, nie genug zu wissen, um zu handeln: es gibt immer noch mehr, was er sich erst aneignen muß. Er wird sich immer unsicher fühlen, bevor er die reale Welt beherrscht, und bevor er nicht schlicht auch Herr über seine eigenen Gedanken ist. Von einem psychoanalytischen Standpunkt aus ist bei solchen Menschen das Ich zu schwach für das Es – seine

Aggressionen und anderen Impulse können plötzlich stärker werden als der Kopf.

Gesunden Menschen vom Typus fünf auf dem Weg zur Integration passiert das nicht mehr, weil sie ihre Wahrnehmung in der Außenwelt integriert haben, indem sie sich auf sie einlassen und sie nicht mehr nur beobachten. Sie identifizieren sich nicht mehr ausschließlich mit ihren Gedanken, sondern auch mit den Objekten ihres Denkens. So hat ein Typus fünf auf dem Weg zur Integration seine Angst vor der Umwelt überwunden und gelernt, ihr zu vertrauen. Damit wächst sein Selbstvertrauen, etwas, das für Typus acht selbstverständlich ist.

Auf dem Weg zu Typus acht erkennt Typus fünf auch, daß er immer noch mehr weiß als alle anderen, selbst wenn er glaubt, es sei zuwenig. Ebenso erkennt er, daß er nicht unbedingt alles durchschaut haben muß, bevor er handeln kann. Er wird mehr lernen, je mehr er tut; er wird in der Lage sein, neue Probleme zu lösen, wenn sie auftauchen; absolute Sicherheit ist eine Illusion; sie kann niemals erreicht werden.

Typus fünf auf dem Weg zur Integration handelt auf der Grundlage seiner Sicherheit in der Beherrschung von Dingen. Auch wenn er nicht alles weiß, er weiß genug, um andere zu führen und ihnen Vertrauen zu geben. Die Richtigkeit seiner Ideen wurde durch die Wirklichkeit deutlich bestätigt. Daher hat er keine Angst mehr, zu handeln. Er bekommt allmählich den Mut, den er braucht, um seine Ideen und infolgedessen auch sich selbst ins Lot zu bringen. So erkennt Typus fünf auf dem Weg zur Integration, daß er fähig ist, anderen etwas Wichtiges zu geben. Er kann seiner Gedankenwelt endlich Ausdruck verleihen, indem er handelt, und möglicherweise auch, indem er andere führt und über sein Wissen hinaus anleitet. Und wie wir sahen, kann der praktische Wert seiner Ideen unschätzbar sein.

Die wichtigsten Subtypen von Typus fünf

Typus fünf mit einer Tendenz zu Typus vier

Die Züge von Typus fünf mit einer Tendenz zu Typus vier stehen oft in Widerspruch zueinander: Typus fünf ist kopfbetont und scheut die Erfahrung, während Typus vier alles verinnerlicht, um seine Gefühle zu intensivieren. Trotz dieser Unterschiede – oder gerade wegen dieser Unterschiede – bilden diese beiden Persönlichkeitstypen einen der umfassendsten, reichsten Subtypen, in dem sich die Möglichkeiten zu hervorragenden künstlerischen Leistungen ebenso wie zu geistiger Größe verbinden. Berühmte Beispiele für diesen Subtypus sind: Albert Einstein, D. H. Lawrence, Friedrich Nietzsche, Oriana Fallaci, Hanna Arendt, Emily Dickinson, Italo Calvino, Jean-Paul Sartre, Jacob Bronowski, Glenn Gould, Peter Serkin, Klaus Tennstedt, Elvis Costello und Stanley Kubrick.

Bei gesunden Menschen dieses Subtypus finden wir eine Verbindung von Intuition und Wissen, Sensibilität und Erkenntnisfähigkeit, ästhetischer Wahrnehmung und intellektueller Begabung. Dieser Subtypus ist sich vor allem des Schönen (beispielsweise in einer mathematischen Formel) bewußt; er sucht immer danach. Für diesen Subtypus ist Schönheit einer der Wegweiser zur Wahrheit, da die Ordnung, die die Schönheit verkörpert, eine Bestätigung der objektiven Richtigkeit einer Idee für ihn darstellt. Eine der größten Stärken eines gesunden Typus fünf mit einer Tendenz zu Typus vier liegt eben in dieser Intuitionsgabe, da sie ihm hilft, Wissensgebiete zu entdecken, in die sich ihr bewußtes Denken noch nicht gewagt hat. Für sie ist Inspiration »die rechte Hand« der Entdeckung. Typus fünf mit der Tendenz zu Typus vier ist zudem menschlicher, künstlerisch begabter, persönlicher, emotionaler als der andere Subtypus.

Bei durchschnittlichen Menschen dieses Subtypus kann es oft eine starke Distanziertheit von der Umwelt geben, weil sie ebensosehr in ihre Gedanken versunken wie introvertiert und emotional mit sich selbst beschäftigt sind. Ihre analytischen Kräfte werden oft genutzt, um sich die Menschen vom Leibe zu halten und nicht, um sie besser zu verstehen. In ihrer emotionalen Empfindsamkeit sind Menschen dieses Subtypus leicht launisch und übersensibel gegenüber Kritik, vor allem, wenn sie den Wert ihrer Arbeit oder ihrer Ideen betrifft, da sie dadurch ihre Selbstachtung gefährdet sehen. Beide zusammengesetzten Typen neigen dazu, sich zurückzuziehen, Distanz zu den Menschen zu halten. Da Typus fünf der Grundtypus ist, leben Menschen dieses Subtypus sehr intensiv und sind fähig, sich auf ihre Arbeit und ihre Ideenwelt zu konzentrieren. In dem Maß aber, wie die Tendenz zu Typus vier wirksam wird, fühlen sie sich auch emotional verletzlich, was ihre Arbeitsfähigkeit beeinträchtigt. Eine typische »Lösung« für sie ist es, emotionalen Trost in verschiedenen Formen des disziplinlosen Genusses zu suchen – durch Alkohol, Drogen oder sexuelle Eskapaden.

Gestörte Menschen dieses Subtypus können zu schwächenden Depressionszuständen neigen, zugleich aber auch von aggressiven Impulsen zerstört werden. Der Neid anderer Menschen gegenüber mischt sich mit der Verachtung für sie; der Wunsch, sich von der Welt zu isolieren, trägt zugleich auch Bedauern darüber in sich. Ihre intellektuellen Konflikte geben ihnen oft das Gefühl, ihr emotionales Leben sei von Hoffnungslosigkeit überschattet, während ihre emotionalen Konflikte es ihnen schwermachen, bei ihrer geistigen Arbeit zu bleiben. Wird dieser Subtypus neurotisch, neigt er von allen Persönlichkeitstypen am meisten zu tiefster Hoffnungslosigkeit, zu Nihilismus, Gehemmtheit, Isoliertheit und Selbsthaß. Selbstmord ist hier nicht ausgeschlossen.

Typus fünf mit einer Tendenz zu Typus sechs

Die Züge von Typus fünf und jene der Tendenz zu Typus sechs
verstärken sich gegenseitig; diese Verbindung bringt Charaktere hervor, mit denen es am schwierigsten ist, in intimen
Kontakt zu treten oder eine Beziehung aufrechtzuerhalten.
Menschen dieses Subtypus haben Probleme damit, anderen zu
vertrauen, weil sie einerseits grundlegend von Typus fünf
geprägt sind und andererseits durch die Tendenz zu Typus
sechs ihre Angst noch verstärkt wird. Dadurch erscheint ihnen
das Risiko, das sie durch eine Beziehung eingehen, allzu hoch.
Deshalb sind ihre zwischenmenschlichen Beziehungen sehr
sprunghaft und oft kein wirklicher Bestandteil ihres Lebens.
Berühmte Beispiele dieses Subtypus sind: Sigmund Freud,
Simone Weil, James Joyce, Charles Darwin, Karl Marx, James
Watson, Doris Lessing, Cynthia Ozick, Bobby Fischer, B. F.
Skinner, Isaac Asimov, Ezra Pound und Stephen Hawking.
Menschen dieses Subtypus sind loyal und sehr engagiert für
ihre Familie und für ihre Überzeugung. Man kann sie als
außerordentlich harte Arbeiter bezeichnen, die sich wenig um
ihre eigene Bequemlichkeit kümmern, sich dafür aber um so
mehr für ihre Arbeit und die Erfüllung ihrer Pflichten einset-
zen. Sie können munter und ausgelassen sein, haben Humor
und andere anziehende, liebenswerte Eigenschaften. Wird
man von ihnen geprüft und angenommen, entdeckt man, daß
Menschen dieses Subtypus zu tiefer Freundschaft und Hingabe
fähig sind. Es liegt etwas Rührendes in ihrem Wunsch, von
anderen akzeptiert zu werden, und auch wenn sie manchmal
im Umgang mit Menschen etwas ungeschickt sein mögen, man
kann nicht anders, als von ihrem Eifer in der Bemühung um
andere Menschen angesprochen zu sein.
Durchschnittliche Menschen dieses Subtypus haben im allgemeinen jedoch Probleme mit ihren Beziehungen. Sie scheinen
nicht zu wissen, wie sie mit ihren Gefühlen umgehen sollen,
und noch viel weniger, wie sie sie direkt ausdrücken können.

So finden wir bei ihnen einen Mangel an Sensibilität ihren eigenen Gefühlen und emotionalen Bedürfnissen gegenüber, aber auch gegenüber den Gefühlen und Bedürfnissen anderer. Es ist ihnen nicht bewußt, wie sie sich mitteilen. Sie sind immer ganz mit ihrer Gedankenwelt beschäftigt und stürzen sich so in ihre Arbeit, daß für nichts anderes mehr Raum bleibt. Treten zwischenmenschliche Konflikte auf, gehen durchschnittliche Menschen dieses Subtypus dem Problem aus dem Weg, indem sie sich noch tiefer in ihre Bücher und Papiere vergraben, und nehmen zu passiv-aggressivem Verhalten Zuflucht, durch das sie die Menschen und die Probleme von sich weisen, anstatt sich mit ihnen direkt auseinanderzusetzen. Sie können ohne ersichtlichen Grund rebellisch und streitsüchtig sein, wohl weil irgend etwas unbewußte emotionale Assoziationen geweckt hat.

Neurotiker dieses Subtypus tendieren zu Mißtrauen und haben große Angst vor jeder Nähe. Die Isolation und Paranoia, die wir beim gestörten Typus fünf sehen, werden durch das Mißtrauen, die Minderwertigkeitsgefühle und die Überzeugung, verfolgt zu werden, bei diesem Subtypus noch verstärkt. Auch finden wir hier die Tendenz zu Überreaktionen, also zu irrationalem Verhalten und masochistischen Abwehrmanövern.

Einige Gedanken zum Abschluß

Betrachten wir Typus fünf noch einmal insgesamt, erkennen wir, daß es hier einen Kampf gab zwischen verschiedensten polaren Gegensätzen: zwischen Denken und Handeln, zwischen der Faszination für die Welt und Angst vor der Welt, zwischen Identifikation mit anderen und Abwehr, zwischen Liebe und Haß. Dieser Prozeß der Anziehung und Abstoßung der Umwelt als Ganzes begann mit ihrer Ambivalenz ihren Eltern gegenüber. Leider werden diese Menschen allmählich so besessen davon, sich vor möglichen Bedrohungen aus der Umgebung zu schützen – also vor allem, was sie als böse ansehen –, daß sie damit auch das Gute ausschließen. Schließlich bleibt nichts mehr auf der Welt, womit sich Menschen vom Typus fünf identifizieren, nichts Wahres und Wertvolles, an das sie glauben. Letztes Ergebnis davon ist Nihilismus: es gibt nichts mehr, an das sich solche Menschen binden können.

Wie jeder andere Persönlichkeitstypus, der in die abwärtsgehende Spiralbewegung der Neurose gerät, bringt auch Typus fünf gerade das hervor, was er am meisten fürchtet: die Welt wird für ihn bedrohlich, unberechenbar und letztlich sinnlos. Das Kuriose ist dabei, daß diese Menschen die Sinnlosigkeit selbst herbeigeführt haben, da sie die Bindung an alles und jeden mieden. Und durch einen immer gründlicheren Rückzug in ihre Gedankenwelt konnten Menschen vom Typus fünf nicht Sicherheit und Macht finden, sondern nur ihre eigene Unsicherheit und Machtlosigkeit selbst bewirken.

Das Ende ist tragisch. Liegt etwas Perverses und Dunkles, ja Dämonisches auf einem Menschen vom Typus fünf, so deshalb, weil er, um sich selbst zu schützen, die Welt und andere Menschen unbarmherzig zurückgewiesen hat. Was aber bleibt dann? Nur noch Faszination für die Dunkelheit.

Kapitel 8

Typus sechs: Der Loyale

Typus sechs, in Umrissen

Gesund: Selbstbewußt, vertraut sich selbst und anderen, unabhängig, zugleich aber im symbiotischen Austausch mit anderen und kooperativ als gleichwertiges Gegenüber. Anziehend und liebenswert, weckt starke emotionale Reaktionen bei anderen. Hingebungsvoll und loyal den Menschen gegenüber, mit denen er sich identifiziert; Familie und Freunde sind wichtig. Verläßlich, verantwortungsbewußt, vertrauenerweckend.

Durchschnittlich: Identifiziert sich mit einer Autoritätsfigur, gehorcht ihr, der Traditionalist und Organisationsmensch; pflichtbewußt, hat aber auch die Neigung, sich gegen Autorität zu wehren. Ambivalent, passiv-aggressiv, unentschlossen, nicht festlegbar und vorsichtig. Reagiert mit Abwehr auf Ambivalenz und spielt dann den »harten Mann«. Autoritär, parteigängerisch, neigt dazu, andere anzuschwärzen und verantwortlich zu machen, um seine eigenen Ängste zu kompensieren.

Gestört: Kann unsicher, übermäßig anhänglich und voller Selbstverachtung sein, fühlt sich unterlegen. Sehr ängstlich, reagiert übermäßig auf Bedrohungen. Paranoid, fühlt sich verfolgt. Verhält sich irrational und bewirkt gerade das, was er am meisten fürchtet. Selbstzerstörerisch, demütigt sich, um von den Konsequenzen seines Handelns und von seiner Angst loszukommen; masochistische Tendenzen.

Grundmotivation: Möchte Sicherheit, will geliebt und von anderen bestätigt werden, stellt die anderen auf die Probe, was ihre Einstellung ihm gegenüber anbelangt, kämpft gegen Angst und Unsicherheit.

Beispiele: Robert F. Kennedy, Walter Mondale, Phil Donahue, Marilyn Monroe, Diane Keaton, Johnny Carson, Pat Turner, J. Edgar Hoover, Jerry Falwell, Richard Nixon, G. Gordon Liddy, Joseph McCarty und Archie Bunker.

Gesamtbild von Typus sechs

Ein Mensch vom Typus sechs steckt voller Widersprüche. Er ist emotional abhängig von anderen, will aber nicht zuviel von sich preisgeben. Er möchte anderen nahe sein, sie aber doch zuvor auf die Probe stellen, ob er ihnen vertrauen kann. Solche Menschen sind autoritätsgläubig, fürchten aber zugleich jede Autorität. Sie sind gehorsam und zugleich ungehorsam, haben Angst vor Aggression, sind aber manchmal selbst äußerst aggressiv. Sie suchen nach Sicherheit, fühlen sich aber unsicher. Sie sind liebenswert und gewinnend, können aber auch böse und haßerfüllt sein. Sie glauben an traditionelle Werte, werfen aber gerade diese Werte manchmal über Bord. Sie möchten einer möglichen Strafe entgehen, strafen sich aber oftmals selbst. Typus sechs ist voller Widersprüche, da ihn die Angst zwischen verschiedenen psychischen Verfassungen hin- und herschwanken läßt. Als Reaktion darauf sucht er nach einer Autorität, um diese Angst zum Schweigen zu bringen.

Unser Erziehungssystem lehrt uns, an etwas zu glauben – an eine Gesellschaft, eine Ehe, ein Geschäft, einen Beruf, eine Religion, an Politik, an etwas, man könnte sagen, etwas Beliebiges, das uns bestimmte Regeln vorsetzt, denen wir gehorchen können, und das uns für den Gehorsam belohnt. Es ist viel sicherer, ein Haustier zu sein als ein wildes Tier. (Michael Korda, *POWER!*, 254)

Für einen Menschen vom Typus sechs kommt Sicherheit aus einer traditionsreichen Verbundenheit zu einer äußeren Autorität, der er gehorchen kann. Er möchte sich beschützt und sicher fühlen, geführt durch etwas Größeres und Stärkeres. Das kann IBM sein oder die kommunistische Partei, die republikanische Partei oder die Kirche. Die Doktrinen, an die diese Menschen glauben, sind für sie wichtig, aber nicht so wichtig wie die Tatsache, daß sie jemanden haben, dem sie vertrauen können.

In der Handlungs-Triade

Typus sechs ist der primäre Persönlichkeitstypus in der Handlungs-Triade. Er hat die geringste Beziehung zu der Fähigkeit, Entscheidungen zu treffen und selbständig zu handeln, ohne sich auf jemand anderen, vor allem eine Autoritätsfigur in Form einer Person, einer Institution oder eines Glaubenssystems zu beziehen. Menschen vom Typus sechs sehen zu einer Autorität auf und wollen, daß sie ihnen eine Richtung im Leben gibt, daß sie ihnen sagt, was sie tun können und nicht tun sollen und ihnen Grenzen auferlegt – in einem Wort, sie suchen bei ihr Sicherheit, vor allem emotionale Sicherheit. Natürlich haben alle neun Persönlichkeitstypen auf irgendeine Weise eine Beziehung zu Autoritätsfiguren, Menschen vom Typus sechs aber sind von diesem Bedürfnis nach Rückendeckung am meisten geprägt.

Typus sechs gehört zu den verwirrendsten der neun Persönlichkeitstypen, da er reaktiv handelt und sehr rasch von einem Zustand zum nächsten – meist zum Gegenteil – überspringt. Er kann die anderen verwirren und frustieren, weil er sich so häufig verändert. Er kann liebenswürdig und gewinnend sein, aber im nächsten Augenblick schon reizbar und negativ; er kann entschlossen und durchsetzungskräftig sein und schon einen Augenblick später unentschlossen und anhänglich. Während er die Zustimmung jener Menschen sucht, die für ihn wichtig sind, weigert er sich zugleich, unterlegen zu sein. Er mag einmal gehorsam und angepaßt, dann aber sofort wieder rebellisch sein und versuchen, genau das Gegenteil von dem zu tun, was ihm die Autorität gesagt hat. Wegen dieser Widersprüchlichkeit sind Menschen vom Typus sechs von allen Persönlichkeitstypen am schwierigsten zu verstehen. Oft bleiben sie selbst ihnen sehr nahestehenden Menschen so rätselhaft, daß man nicht viel mehr über sie sagen kann, als: »Ich mag ihn, aber ich kenne ihn eigentlich nicht.«

Der Schlüssel zum Verständnis von Typus sechs ist seine Ambivalenz. Die beiden Seiten seiner Persönlichkeit schwanken zwischen aggressiven Tendenzen und der Neigung zur Abhängigkeit. Er fühlt sich zugleich stark und schwach, abhängig und unabhängig, passiv und aggressiv. Wie bei Dr. Jekyll und Mister Hyde ist es schwierig vorherzusagen, in welchem Zustand Typus sechs im nächsten Augenblick sein wird. Auf jeder Ebene entfaltet er eine Persönlichkeit, die grundsätzlich anders ist als jene, die man zuvor zu erkennen glaubte.

Um die Sache noch schwieriger zu machen, ist Typus sechs nicht nur anderen gegenüber, sondern auch sich selbst gegenüber ambivalent. Er mag sich und setzt sich zugleich selbst herab, weil er sich anderen unterlegen fühlt. Er ist voller Vertrauen und erscheint im nächsten Atemzug so schwach, als könne er nichts ohne die Hilfe anderer tun. Die Knie werden ihm schnell weich, und er ist feige, kann aber im nächsten Augenblick voller Zorn auf andere losgehen. Sehr gegensätzliche Impulse von Abhängigkeit und Aggressivität sind in ihm wirksam und treten in verschiedensten komplexen Kombinationen unaufhörlich in Interaktion, da Typus sechs ambivalent nicht nur auf eine äußere Autorität, sondern auch auf seine innere Autorität, sein Über-Ich reagiert.

Das hat zur Folge, daß Typus sechs zwischen den verschiedensten emotionalen Zuständen hin- und herschwankt. Weil er so gleichsam innerlich sein Mäntelchen nach dem Wind hängt, kann er scheinbar wenig emotionale Stabilität und zwischenmenschliche Sicherheit sein eigen nennen. Deshalb kann man Typus sechs leicht als den Persönlichkeitstypus beschreiben, der die größten Schwierigkeiten mit dem Handeln hat – nicht nur, weil er immer außerhalb seiner selbst nach einer Handlungsanweisung von einer Autorität zu suchen scheint, sondern auch, weil das, was er tatsächlich tut, oft von Unentschlossenheit und Umständlichkeit zeugt.

Es ist unmöglich, einen Menschen vom Typus sechs zu verstehen, wenn man die Schwankungen seiner Natur nicht begreift. Die Erhaltung seines Selbstgefühles erfordert, daß beide Seiten seiner Psyche miteinander interagieren. Typus sechs kann nicht das Schwergewicht auf eine Seite seines Charakters legen und die andere ignorieren – er kann also beispielsweise nicht unabhängig werden, indem er seine abhängige Seite unterdrückt. Er ist nun einmal eine Mischung beider Seiten seines Wesens. Ist er gesund, so können diese gegensätzlichen Seiten positiv zusammenwirken. Wächst aber die Spannung zwischen beiden Seiten, so wächst auch seine Angst, und darin liegt die Ursache all seiner Schwierigkeiten.

Probleme mit Angst und Unsicherheit

Alle drei Persönlichkeitstypen der Handlungs-Triade haben Probleme mit ihrer Angst, aber Typus sechs als der Primärtyp leidet am meisten unter Ängsten. Er ist der Typus, der sich seiner Angst am meisten bewußt ist – »er hat Angst davor, Angst zu haben« – im Unterschied zu den anderen Persönlichkeitstypen, die sich ihrer Angst entweder nicht bewußt sind oder sie unbewußt in andere Symptome umwandeln. Typus fünf beispielsweise kaschiert seine Angst durch geistige Beschäftigung; Typus sieben unterdrückt sie durch dauernde Aktivitäten. Typus sechs aber weiß, daß er Angst hat: manchmal widersteht er der Angst, manchmal unterliegt er ihr. Aufgrund seiner psychischen Dynamik kann er aber nicht immer zeigen, wieviel Angst er wirklich hat. Ab und zu scheint es, als sei er überhaupt nicht ängstlich, denn wenn er auf seine Angst reagiert, kann ein durchschnittlicher Mensch vom Typus sechs durchaus aggressiv wirken. Dennoch liegt auch solchem Verhalten Angst zugrunde, und dieses Verhalten ist entweder ein Ausdruck dieser Angst oder eine Reaktion darauf.

Zu ihrer Angst fühlen sich durchschnittliche und gestörte Menschen vom Typus sechs auch noch unsicher, da ihre Gefühle ambivalent sind: sie wissen nicht, was sie anderen Menschen gegenüber empfinden. Typus sechs möchte, daß andere ihn mögen, aber er mißtraut ihnen und fürchtet, ihre Zuneigung könne unecht sein. Solche Menschen wissen nie, was die anderen von ihnen halten. Deshalb prüfen sie sie, um ihre Einstellung ihnen selbst gegenüber herauszufinden und sind dauernd darauf aus, Beweise für Zustimmung oder Ablehnung zu suchen. Sobald ein durchschnittlicher Typus sechs sich zur Neurose hin bewegt, entwickelt er ein so starkes Mißtrauen anderen gegenüber, daß er paranoid und völlig verängstigt wird und so unsicher ist, daß er sich nicht mehr normal verhalten kann.

Typus sechs entspricht C. G. Jungs introvertiertem Fühltypus. Auch wenn er zur Handlungs-Triade gehört, ist Typus sechs emotional, da seine Gefühle von seiner Angst geprägt sind. Leider ist C. G. Jungs Beschreibung nicht besonders eindeutig. Wahrscheinlich, um die Schwierigkeit zu erklären, die er bei der Darstellung dieses Typus hatte, sagte Jung:

Es gehört zweifellos zu den schwierigeren Dingen, den introvertierten Gefühlsprozeß intellektuell darzustellen oder auch nur annähernd zu beschreiben, obschon das eigentümliche Wesen dieses Fühlens unbedingt auffällt, wenn man seiner überhaupt gewahr wird. (C. G. Jung, *Psychologische Typen*, § 709)

Wie wir sahen, ist es schwierig, diesen Persönlichkeitstypus mit einfachen Worten zu beschreiben, da seine psychische Verfassung ständig wechselt. Es kann hilfreich sein, sich Typus sechs als »ambivertiert«, also als eine Mischung von extravertierten und introvertierten Gefühlen vorzustellen. Deshalb reagieren diese Menschen auf alles, was sie getan haben, vor allem dann, wenn es angstbesetzt war, indem sie zur Kompensation das Gegenteil tun. Dann reagieren sie auf diesen neuen Zustand, dann wiederum auf den nächsten, ad infinitum. Beispielsweise haben sie eine herzliche Zuneigung zu einem gewissen Menschen gefaßt; daraufhin fürchten sie, er könne sie ausnutzen, und so werden sie gerade dem Menschen gegenüber mißtrauisch, der eben noch Ziel ihrer wärmsten Gefühle war. Da sie aber Angst vor ihrem eigenen Mißtrauen bekommen, versuchen sie sich so schnell wie möglich zu versichern, daß die Beziehung noch in Ordnung ist. Sobald sie die Bestätigung dafür vom anderen bekommen haben, fragen sich Menschen vom Typus sechs, ob sie sich nicht vielleicht doch zu sehr eingeschmeichelt haben und überkompensieren mit Abwehr, indem sie so tun, als brauchten sie den anderen Menschen nicht. Und so geht es immer weiter. Wenn Sie Schwierigkeiten haben, einen Menschen zu verstehen, der ein einziges Bündel von Widersprüchen ist, haben Sie es wahrscheinlich mit einem Typus sechs zu tun.

Wichtig ist auch zu erkennen, daß Typus sechs zwar emotional ist, seine Emotionen aber nicht direkt zeigt – wie Typus zwei es beispielsweise tut – selbst denen gegenüber nicht, die ihm am nächsten stehen. Seine Ambivalenz sich selbst und anderen gegenüber bewirkt, daß er widersprüchliche Signale aussendet. Oder, um es in anderen Worten zu sagen: Typus sechs reagiert auf seine Gefühle – vor allem Angst – und kommuniziert dann eher diese Reaktion auf seine Gefühle als seine Gefühle selbst. Ist solch ein Mensch nicht ausgesprochen gesund, können andere schwerlich sicher sein, was wirklich in ihm vorgeht.

Deshalb ist Unabhängigkeit und emotionale Stabilität, vor allem Freiheit von Angst, so wichtig für diese Menschen. Sind sie zu stark angepaßt, leidet ihre Selbstachtung: sie fühlen sich dann anderen gegenüber unterlegen, meinen, sie seien jemand, den man einfach so herumschubsen könne. Andererseits fürchten sie, wenn sie auf ihrer Suche nach Unabhängigkeit zu aggressiv sind, daß sie gerade die Menschen abstoßen, die ihnen Sicherheit geben, und daß sie deshalb auf irgendeine schreckliche Weise bestraft werden könnten. Die Herausforderung, vor die Typus sechs sich gestellt sieht, heißt, einen Weg zu finden, wie er beide Seiten seiner Persönlichkeit erhalten und allmählich die Spannungen zwischen den widersprüchlichen Teilen seines Charakters so reduzieren kann, daß sie eine sich ergänzende Einheit bilden – die Einheit seines gesunden Selbst.

Ursprünge in der Kindheit

Als Folge ihrer Kindheitserfahrungen identifizieren sich Menschen vom Typus sechs positiv mit ihrem Vater oder einer Vaterfigur, wie dem Großvater oder Lehrer. Als Kinder sehnten sie sich nach Sicherheit, die für sie daraus bestand, daß sie von ihrem Vater akzeptiert wurden, und bekamen es mit der Angst zu tun, wenn sie seinen Beifall nicht fanden. Im Heranwachsen ging ihre positive Identifikation mit ihrem Vater über in eine Identifikation mit abstrakteren Vaterfiguren wie gesellschaftlichen Autoritäten oder Glaubenssystemen, die ihnen Sicherheit verleihen konnten.

Als Kinder lernten Menschen vom Typus sechs, sich sicher zu fühlen, wenn sie versuchten, ihrem Vater auf jede geforderte Weise zu gefallen und gefügig zu sein. Sie lernten die häuslichen Regeln zu befolgen und verantwortliche Mitglieder dieser Gesellschaft zu werden, indem sie gehorsame, geschätzte Mitglieder der ersten sozialen Gruppe, ihrer Familie, waren. Dadurch lernten sie jedoch, daß der Schwerpunkt außerhalb ihrer selbst lag, in eben jener Autorität, die sie belohnte, wenn sie taten, was man von ihnen verlangte. Fügen sie sich der Autorität nicht auch weiterhin, fürchten Menschen vom Typus sechs Strafe – sowohl von der Autorität als auch von dem, was sie von ihr verinnerlicht haben, also einem starken und sehr aktiven Über-Ich. Natürlich kann der einzelne Mensch vom Typus sechs im späteren Leben gegen seine Autoritätsfigur rebellieren, das Muster der Lebensorientierung jedoch, das darin besteht, immer auf die Zustimmung anderer angewiesen zu sein (jener anderen, die auf irgendeine Weise als Autoritätsfiguren fungieren), ist inzwischen so eingefleischt, daß es zu einem Wesenszug geworden ist.

Typus sechs kann von allen Persönlichkeitstypen der anziehendste und liebenswerteste sein, wenn er gesund ist. Die starke Reaktionsfähigkeit und Anregbarkeit ihrer Psyche macht solche Menschen zu herrlich verspielten und unberechenbaren Wesen. Sie möchten gemocht werden und haben etwas liebreizend Kindliches an sich, das man bei keinem anderen Persönlichkeitstypus findet. Wenn solch ein Mensch einem vertraut, kann er einer der loyalsten Freunde sein. Erfreut man sich einmal seiner Loyalität, wird er für einen kämpfen wie für sich selbst, ja sogar noch mehr. Ein durchschnittlicher Mensch vom Typus sechs aber kann zu abhängig von einer Autoritätsfigur sein und sich zugleich gegen seine Abhängigkeit wehren – durch das beschriebene passiv-aggressive ambivalente Verhalten. Gewinnt ihre aggressive Seite die Oberhand, können durchschnittliche Menschen vom Typus sechs außerordentlich engstirnig und boshaft werden – bigott, autoritär und voller

Vorurteile – und dann sind sie keineswegs mehr liebenswert und anziehend, wie sie das in ihrem gesunden Stadium waren. Werden sie neurotisch, so fühlen sich solche Menschen furchtbar unsicher und ängstlich und neigen zu Überreaktionen auf alles und jedes; ihre heftig schwankenden Emotionen beschwören dann ernste Probleme für sie selbst und andere herauf. Können sie ihre Ängste und Konflikte nicht lösen, verhalten sich Menschen vom Typus sechs selbstzerstörerisch; sie ziehen gerade die Strafe, die sie so sehr fürchten, selbst auf sich.

Analyse des gesunden Typus sechs

Die selbstbewußte Persönlichkeit

Im besten Fall lernt ein sehr gesunder Mensch vom Typus sechs, sich selbstbewußt durchzusetzen. So hat er eine positive Basis, um ausgeglichene Beziehungen zu anderen zu schaffen und gleichfalls in sich selbst ausgeglichener zu werden. Er gewinnt Sicherheit, wird akzeptiert und fühlt sich wohl in seiner Haut.

Selbstsicherheit ist etwas Innerliches, ein Akt des Glaubens an sich selbst. Es ist ganz entschieden nicht das gleiche wie narzißtische Aufschneiderei. Das Selbst-Bewußtsein eines sehr gesunden Menschen vom Typus sechs ist ein Akt des Selbst-Vertrauens, das aus der Erkenntnis des eigenen Wertes erwächst, ohne daß der Betreffende sich dabei auf irgend jemand anderen beziehen müßte. Seine Durchsetzungskraft ist ein Zeichen dafür, daß er nicht mehr nur alles Gute in den anderen, vor allem in einer Autoritätsfigur, sieht, sondern zu einer realistischen Einschätzung seiner selbst gelangt ist. Ein sehr gesunder Typus sechs muß nicht mehr ständig reagieren, sondern ist reif, eine eigenständige Persönlichkeit. Er ist deutlich erwachsener als er je zuvor war, in einem Maß, daß andere sich nun vollständig auf ihn verlassen können – wie Menschen vom Typus sechs früher sich wahrscheinlich auf andere verlassen haben.

In ihren Beziehungen gelangen sehr gesunde Menschen dieses Typus zu einer dynamischen, wirklichen Gegenseitigkeit, die bei beiden die besten Seiten auftreten läßt. Keiner herrscht in der Beziehung, keiner ist unterlegen. Ein gesunder Typus sechs kann andere bestärken und unterstützen und sich bestärken und unterstützen lassen, er kann lieben und geliebt werden, er kann allein, aber auch mit anderen arbeiten. Er ist durch und durch kooperativ, ein gleichwertiger Partner, der ohne Angst mit anderen in Interaktion treten kann. Zum ersten Mal in seinem Leben fühlt er sich wirklich von innen heraus sicher, weil er sich selbst vertraut, und so auch in der Lage ist, jenen zu vertrauen, die es wert sind.

Solche Menschen können die tiefsten Gefühle zeigen, denn sie sind zu ihrer inneren Quelle des Mutes gelangt – zum Vertrauen in sich selbst. Sie müssen nicht mehr nur auf ihre Gefühle reagieren und können sich nun sinnvoll ausdrücken, sowohl persönlich als auch in ihrer Arbeit. Haben sie die nötige Begabung und Übung, können sie zu hervorragenden Künstlern oder führenden Persönlichkeiten heranwachsen, denn sie haben sich das notwendige emotionale Rüstzeug dazu erworben. Sehr gesunde Menschen vom Typus sechs sind besonders in der Lage dazu, eine führende Rolle einzunehmen, da sie wissen, was es bedeutet, sich unsicher zu fühlen und nach Hilfe zu suchen. Sie wecken in anderen wirklich das Gefühl von Sicherheit und Geborgenheit. Für Typus sechs bedeutet es sehr viel, wenn es ihm gelingt, mutig zu sein; deshalb findet er diesen Mut auch nur, wenn er das höchstmögliche Stadium an Stabilität erreicht hat. Der Mut eines ungewöhnlich gesunden Menschen vom Typus sechs ist um so bewundernswerter, da er nicht nur äußeren Schwierigkeiten, sondern inneren Zweifeln zum Trotz errungen wurde (»Die einzige Sicherheit, die es gibt, ist der Mut.« – La Rochefoucault).

Da Angst nun einmal zum Menschen gehört, sollte auch ein sehr gesunder Mensch vom Typus sechs nicht vergessen, daß er nie ganz frei von Angst sein wird. Natürlich fühlt sich Typus sechs, je integrierter er ist, um so weniger von Angst gequält. Dennoch kann er nicht erwarten, daß er sich nie mehr vor etwas fürchten wird. Der Mensch kann sich nicht gegen Krankheit, Verlust oder all die anderen hunderterlei Schicksalsschläge, die es gibt, versichern. Ein gesunder, selbstsicherer Mensch vom Typus sechs sollte deshalb nicht von sich fordern, sich immer sicher zu fühlen, denn dann würde er sich ein unmögliches Ziel stecken. Er muß vielmehr lernen, das unvermeidliche Maß an Angst in den Griff zu bekommen, das zum menschlichen Dasein, auf dem Weg zu höheren Zielen, unbedingt gehört.

Der liebenswerte Mensch

Auch ein relativ gesunder Mensch vom Typus sechs setzt sich nicht unentwegt selbstbewußt durch, er fühlt sich den anderen nicht immer gleichwertig. Er beginnt außerhalb seiner selbst nach Sicherheit zu suchen, da er aus irgendwelchen Gründen Angst hat, verlassen zu werden und einsam zu sein. Er glaubt, andere Menschen zu brauchen und meint, sein Wohlbefinden hinge von dem Anknüpfen und Aufrechterhalten positiver Beziehungen ab.

Vertrauen ist hier ein wichtiges Thema. Typus sechs möchte jemanden finden, dem er vollkommen vertrauen kann, um eine dauerhafte emotionale Bindung entstehen lassen zu können, die ihm die ersehnte Sicherheit gibt. Er möchte geliebt werden, um die emotionale Sicherheit zu haben, die für ihn daraus entspringt, daß andere ihn akzeptieren. Zu diesem Ziel hin entwickeln gesunde Menschen vom Typus sechs die Fähigkeit, andere emotional anzuziehen und zu binden.

Selbst erwachsene, gesunde Menschen vom Typus sechs haben etwas unübersehbar kindlich Anziehendes, das die anderen unbewußt anspricht. Sicher war es diese Eigenschaft, auf die sich Jung bezog, als er von der Schwierigkeit sprach, den introvertierten Gefühlsprozeß zu beschreiben.

Manchmal ist es schwierig zu sagen, was einen gesunden Menschen vom Typus sechs so außerordentlich anziehend macht, denn es drückt sich rein subjektiv aus. Was den einen anspricht, berührt den anderen vielleicht nicht. Immer jedoch gelingt es gesunden Menschen vom Typus sechs, starke emotionale Reaktionen bei anderen zu erwecken, da sie unbewußt deren Gefühle ansprechen. Sie haben die Fähigkeit, die anderen Menschen in ihren Bann zu ziehen, weil sie zudem, wie auch Typus drei, zu den physisch attraktivsten Persönlichkeitstypen gehören. Ein Element ihrer Anziehungskraft ist sicher sexuell-verführerisch gefärbt. (»Ich wollte berühmt werden, damit mich jeder mag, und ich von Liebe und Zuneigung umgeben bin« – Marilyn Monroe.)

Doch es kommt noch etwas hinzu. Was einen intakten Menschen vom Typus sechs so anziehend und liebenswert macht, und was andere drängt, ihm die emotionale Sicherheit zu geben, die er sucht, ist eben jene Art von Interaktion, die von diesem Typus selbst in Gang gesetzt wird. Sein Wunsch, von anderen akzeptiert zu werden, führt ihn dazu, sich auf eine Weise zu verhalten, die andere ermutigt, ihm Liebe anzubieten. Er hat etwas Einladendes, Einschmeichelndes, das Beziehungen schafft. Zudem ist die Anziehungskraft, die er ausübt, nicht immer leicht zu identifizieren, sie kann sehr subtil sein – eine Art zu schauen, viel zu lächeln oder unterschwellige Körpersignale zu geben. Diese Anziehungskraft ist aber auch nicht offensichtlich verführerisch oder auf aufdringliche Weise einschmeichelnd.

Wir verstehen sie vielleicht besser, wenn wir das kindliche Verhalten studieren: die Vertrauensseligkeit, Erwartung und Liebe, die Kinder ihren Eltern gegenüber an den Tag legen, ähneln der unschuldigen Ausstrahlung, mit der harmonische

Menschen vom Typus sechs andere anziehen; sie kommunizieren die non-verbale Botschaft: »Keine Angst – du kannst mir ruhig nahe kommen, wenn du mich nahe an dich heranläßt.« Manche Menschen sind dafür natürlich nicht zugänglich; sie finden das einschmeichelnde Wesen selbst bei einem intakten Menschen vom Typus sechs kindlich, auch wenn es nicht notwendigerweise unreif ist. Aber auch wenn es ein paar Menschen gibt, die sich von ihnen distanzieren, so sind doch die meisten empfänglich für ihre Ausstrahlung. Es gibt tatsächlich viel Liebenswertes an ihnen, da sie sich solche Mühe geben, gemocht zu werden. Sie können außerordentlich gewinnend, verspielt, ja ein wenig töricht sein und ein wenig das »niedliche kleine Mädchen« oder den »süßen frechen Jungen« spielen. Sie haben ein ansteckendes Lächeln und einen drolligen Humor, mit dem sie sich selbst scheinbar ein wenig heruntermachen und die Menschen necken, denen sie näherkommen wollen. Gutmütige Neckereien sind eigentlich ein Zeichen der Zuneigung, das Menschen vom Typus sechs geben, ein Zeichen dafür, daß sie Nähe suchen.

Natürlich ist ihr Versuch, zu jemandem in Beziehung zu treten, für den Betreffenden schmeichelhaft. Er wird, mehr durch ihr Verhalten als durch ihre Worte, verlockt, Freundschaft zu gewähren und bekommt reichlich Vertrauen und Zuneigung dafür geschenkt. Eine Beziehung mit einem intakten Menschen vom Typus sechs kann herrlich und für beide Beteiligten emotional sehr erfüllend sein. Man darf dabei aber nicht vergessen, daß der Wunsch, den anderen an sich zu binden, eben jenen anderen beinahe automatisch in eine überlegene Position bringt, eine Tatsache, die später bedeutsame Folgen haben wird.

Der engagierte und loyale Freund

Der Versuch, jemanden anzuziehen, bringt aber zumindest auch das Risiko mit sich, daß dieser Versuch zurückgewiesen wird, oder daß die Beziehung sich nicht positiv entwickelt. Das Bedürfnis, andere an sich zu binden, ist immer ein wenig von Angst überschattet, selbst bei einem harmonischen Menschen vom Typus sechs. Er kann nicht umhin zu erkennen, daß er durch seine Suche nach Sicherheit außerhalb seiner selbst, im Wohlwollen und der Akzeptanz durch andere, ja nicht umhin kann, auch eine gewisse Unsicherheit zu empfinden. Deshalb möchten solche Menschen nicht nur beschützende Gefühle bei anderen wecken, sondern auch dauerhafte Verbindungen entstehen lassen. Um dazu etwas beizutragen, engagieren sie sich besonders stark, verhalten sich außerordentlich loyal und sehr zuverlässsig.

Ein gesunder Mensch vom Typus sechs kann sehr hingebungs-voll sein, besonders wenn er sich mit jemandem gefühlsmäßig stark verbunden fühlt. Er ist ganz für den anderen da und erwartet von ihm als Reaktion darauf das gleiche Verhalten. Deshalb ist es für ihn so wichtig, Teil irgendeiner »Familie« zu sein. Die Familie ist das Symbol für die Art emotionaler Stütze und Stabilität, die er sucht. Er möchte Menschen um sich haben, auf die er sich verlassen kann, er möchte bedingungs-los akzeptiert werden und wissen, wohin er gehört. Hat er eine enge Beziehung zur Familie und zu Freunden, gibt ihm das das Gefühl, nicht allein zu sein. Die Hingabe an andere Men-schen verringert seine Angst, verlassen zu werden.

Einem Menschen vom Typus sechs ist es beinahe unmöglich, eine emotionale Bindung zu lösen, selbst wenn er wollte. Hat solch ein Mensch einmal sein Herz verschenkt, kann sich seine Liebe vielleicht irgendwann einmal in Haß verwandeln, nie jedoch in Gleichgültigkeit. Nie wird er ganz von seinen Bin-dungen frei werden, sei es eine Bindung an einen einzelnen, eine Fußballmannschaft, ein Land oder eine Religion. Seine

Treue ist dauerhaft, da sie nicht auf einer oberflächlichen Entscheidung beruht, sondern auf einer tiefen Identifikation, die zum wichtigen Teil seiner selbst geworden ist.

Ein gesunder Mensch vom Typus sechs drückt sein Engagement für andere Menschen aus, indem er außerordentlich loyal ist und nie zögert, seine Freunde und die Beziehung zu ihnen zu verteidigen. Ob die anderen Recht haben oder nicht, auf einen solchen Menschen kann man zählen. Er ist immer für sie da. Er gehört zu den Menschen, von denen andere wissen, daß sie sich absolut auf sie verlassen können. Im Geschäftsleben sind Menschen vom Typus sechs sehr geschätzt, da sie unglaublich harte Arbeiter sind, tüchtig, verläßlich und fähig, Verantwortung zu übernehmen. Gesunde Menschen dieses Typus arbeiten mit unermüdlichem Fleiß und haben keine Probleme, etwas in die Tat umzusetzen. Sie werden um ihrer Zuverlässigkeit willen geachtet, ob sie nun alleine arbeiten oder mit anderen zusammen. Deshalb, und auch weil sie so liebenswert sind, machen gesunde Menschen vom Typus sechs oft Karriere, vor allem wenn sie über intellektuelle Gaben verfügen. Sie gelangen ans Ziel wie die zähe Schildkröte, die den schnelleren, aber flüchtigeren Hasen aus dem Feld schlägt.

Manche Tugenden eines gesunden Menschen vom Typus sechs sind in der heutigen Gesellschaft, wo es darum geht, seine Ellbogen zu gebrauchen und immer im Vordergrund stehen zu wollen, nicht sehr gefragt. Die Eigenschaften dieses Persönlichkeitstypus – Engagement, Ausdauer, treues Festhalten an allgemeingültigen Werten, Glaube an Loyalität, Familie, Religion, Freunde und das Wohlergehen der Gruppe als Ganzes – sprechen für sich selbst und bedürfen keiner Rechtfertigung.

Analyse des durchschnittlichen Typus sechs

Der gehorsame Traditionalist

Hat ein Mensch vom Typus sechs sich einmal für eine Person oder eine Gruppe engagiert, beginnt er möglicherweise, eine Scheu davor zu entwickeln, Verantwortung für sich selbst zu übernehmen. Er möchte sich sicher fühlen, indem er sich den Regeln der Gruppe unterwirft und die Zustimmung der anderen, vor allem einer Autoritätsperson, bekommt, bevor er irgend etwas Wichtiges unternimmt. Ein durchschnittlicher Mensch vom Typus sechs ist nicht unabhängig, und Unabhängigkeit ist ihm auch gar nicht wichtig. Er möchte, daß eine Autorität ihm Grenzen setzt, sei diese Autorität nun eine bestimmte Person (wie das oft der Fall ist) oder eine Regel oder Überzeugung.

Ein gesundes Loyalitätsgefühl jenen gegenüber, für die sich diese Menschen engagiert haben, hat sich nun zu einer eher negativen Abhängigkeit entwickelt. Ein durchschnittlicher Mensch vom Typus sechs hat es gerne, wenn man ihm sagt, was er tun soll, und mehr als jeder andere Persönlichkeitstypus sucht er Sicherheit darin zu finden, daß er einer allesumfassenden Autorität gehorcht, die ihm in jedem wichtigen Lebensbereich das Gefühl des Geführtseins vermittelt. Er stellt diese Autorität auch nicht in Frage, denn dann würde er sich allein fühlen und Angst bekommen, und gerade dem Alleinsein und der Angst möchte er ja entfliehen.

Im Unterschied zu dem Phänomen, das wir beim gesunden Typus sechs sahen, neigen durchschnittliche Menschen dieses Typus eher dazu, nachzufolgen als zu führen. Anstatt selbst Entscheidungen zu treffen, suchen sie nach Präzedenzfällen, nach Antworten in Dokumenten oder Regeln und Festlegungen – »Festgeschriebenes« auf die eine oder andere Weise. (Ein durchschnittlicher Mensch vom Typus sechs, der eine Führungsposition innehat, nimmt wahrscheinlich zur Bildung von Komitees Zuflucht und übt seine Macht eher durch Übereinstimmung mit den anderen aus als durch ein unabhängiges Treffen von Entscheidungen.) Die Regeln, denen ein durchschnittlicher Mensch vom Typus sechs folgt, sind immer der Interpretation einer Autoritätsgestalt unterworfen, sei es ein Feldwebel, der die starren Regeln der Armee anwendet, ein Priester, der die Regeln der Kirche interpretiert oder das Gesetz selbst, das die gesellschaftlichen Regeln festsetzt. Typus sechs lebt in der Meinung, daß niemand ihn kritisieren oder bestrafen könne, wenn er die Regeln strikt befolgt, gleichgültig, was diese Regeln ihm vorschreiben. (»Ich habe nur die mir gegebenen Anordnungen befolgt.« »Der Priester sagte, es sei schon so recht«, und: »Ich frage nicht, ich tue, was man mir sagt.« Diese Sätze sind typisch für die Einstellung der Menschen in diesem Stadium. Während der Gehorsam den durchschnittlichen Typus sechs von einem großen Teil seiner Angst befreit, kann er doch die Reifung seiner Persönlichkeit gefährden, da solch ein Mensch immer von jemand anderem abhängt, der die Verantwortung für seine Entscheidungen übernehmen soll.

Das heißt nun nicht, daß ein durchschnittlicher Mensch vom Typus sechs nicht in bestimmten Bereichen Entscheidungen treffen könne, aber es fällt ihm schwer, solch weitreichende Entschlüsse, wie die, ob er jemanden Bestimmten heiraten oder eine bestimmte Stelle annehmen solle, allein zu fassen. Am liebsten wäre ihm, wenn ihm jemand anders sagte, was er tun soll. In der Ehe beispielsweise liegt die Last der Entscheidung beim Ehepartner. Das bedeutet nicht, daß die Abhängigkeit, die wir beim durchschnittlichen Typus sechs finden, Hilflosigkeit und Anklammern wäre, aber es bedeutet, daß diese Menschen vor allem Sicherheit suchen und bereit sind, sich jemand anderem deshalb unterzuordnen.

Ein durchschnittlicher Mensch vom Typus sechs ist aber keineswegs ein rückgratloser Wackelpudding. Er ist voller Glauben und voller Vertrauen und gehorcht aus seinem Standpunkt heraus nur legitimen Vorschriften, die befolgt werden müssen, weil sie das Gewicht der Autorität und bewährte traditionelle Werte auf ihrer Seite haben. Diese Menschen stört es auch nicht weiter, wenn sie irgendeine Art von »Erlaubnis« bekommen müssen, bevor sie etwas tun, auch befolgen sie gerne allgemeine Regeln und unterwerfen sich offiziellen Verfahren. (Zudem sind durchschnittliche Menschen vom Typus sechs sehr geschickt, wenn es darum geht, Regeln und Vorschriften einer Autorität für sich arbeiten zu lassen: wenn man das Gesetz oder die Organisation auf seiner Seite hat, kann das oft sehr vorteilhaft sein.)

So sind solche Menschen ganz zufrieden, Traditionalisten zu sein, Organisationstalente und Mitspieler in einem Team. Sie gehören zu dem Persönlichkeitstypus, der die meisten Institutionen und bürokratischen Einrichtungen bevölkert, sie sind das Rückgrat aller Arten von Gruppen. Diese Menschen fühlen sich von einer Autorität nicht eingeschränkt und bedrückt, sondern gestärkt. Die Zugehörigkeit zu einer Gruppe gibt ihnen das Gefühl, nicht allein zu sein, ja sie fühlen sich stärker und sicherer, gerade weil sie Mitglieder der Gruppe sind. (Eine Bruderschaft, ein Club oder eine große Firma kann diese Funktion erfüllen, ebenso aber politische Parteien, Vereinigungen und religiöse Zusammenschlüsse.) Die Stärke der Gruppe geht weit über die Stärke jedes einzelnen Mitgliedes hinaus, und Gruppen sind in der Lage, viele Dinge zu erreichen, die ein einzelner nicht erreichen kann. Auch entstehen enge Freundschaften (eine starke Verbundenheit in Sport-Teams oder unter Frauen in einem Büro beispielsweise), die emotional befriedigend sind für einen durchschnittlichen Menschen vom Typus sechs. Doch die Sache hat mindestens zwei Haken. Erstens neigt ein durchschnittlicher Mensch vom Typus sechs dazu, Dinge zu tun, weil sie angeordnet worden sind. Blinder Gehorsam mag aber keineswegs im Interesse des Individuums, nicht einmal im Interesse der Gruppe selbst liegen.

Zweitens fördert eine solche Gruppenidentität eine gewisse Engstirnigkeit der Weltanschauung, in der jeder danach eingeteilt wird, ob er zur Gruppe gehört oder nicht. Natürlich wird die Welt sehr simplifiziert, wenn die Menschen genau wissen, wer so denkt wie sie, wer dieselben Wertvorstellungen hat, wer das gleiche über Religion, das Vaterland oder über Politik denkt. Aber solch eine kleinbürgerliche Weltanschauung schafft auch unnötige Trennungen zwischen den Menschen. Und selbst innerhalb seiner eigenen Gruppe ist ein durchschnittlicher Typus sechs geschäftig darum bemüht, herauszufinden, wer an seinem Strang zieht und wer nicht. Er mag es gar nicht, wenn die anderen die Autoritätsfigur oder die aufgestellten Regeln nicht genauso ernst nehmen wie er selbst. Sind diese anderen nämlich nicht ebenso loyal und gehorsam wie er, macht ihn das nicht nur wütend – es ist auch bedrohlich für ihn.

Der Ambivalente

Werden durchschnittliche Menschen vom Typus sechs zu gehorsam, beginnen sie sich zu fragen, was die anderen in der Gruppe wohl von ihnen denken. Sie brauchen es nämlich zur Aufrechterhaltung ihrer Selbstachtung, daß sie sich, zumindest manchmal, gegen die anderen (auch gegen die Autorität) auflehnen. Sie möchten keineswegs mit dem Gefühl leben, man nütze sie aus oder sie würden nicht respektiert. So beginnen sie eine Abwehrhaltung einzunehmen, ergreifen Ausflüchte, verhalten sich unberechenbar, manchmal nur auf unscheinbare Weise, manchmal aber auch, indem sie dauernd auf der Hut sind und sich unübersehbar defensiv verhalten.

Man darf dabei nicht vergessen, daß Typus sechs sich auf den verschiedenen Ebenen des Kontinuums sehr unterschiedlich verhalten kann. Jetzt sind seine Schwankungen deutlicher zu sehen – vom Gehorsam zur Ambivalenz, von der Fügsamkeit zur Auflehnung. In diesem Stadium beginnen Menschen vom Typus sechs die anderen (einschließlich der Autorität) mit einem gewissen Mißtrauen zu betrachten, um herauszufinden, wie sie ihnen gegenüber eingestellt sind. Sie versuchen die anderen aber auch deshalb auf die Probe zu stellen, weil sie sich ihrer eigenen Gefühle unsicher sind und herausfinden wollen, was eigentlich in ihnen selbst vorgeht. Sie sind ängstlich in sich selbst und ängstlich besorgt anderen gegenüber, reagieren manchmal aggressiv auf andere Menschen, manchmal aber auch wieder nachgiebig. Es scheint zuweilen sogar, als seien sie beides zugleich. Kurz gesagt: ihre Gefühle sind verworren und widersprüchlich.

Wegen dieser Gegensätze in ihnen selbst und in ihren Beziehungen kann man durchschnittliche Menschen vom Typus sechs als zutiefst ambivalent bezeichnen. In dem Maß, wie die einander widersprechenden Aspekte ihrer schwankenden psychischen Verfassung auftreten, fluktuieren diese Menschen zwischen so gegensätzlichen Impulsen wie Anpassung und Aggression; sie sind einmal davon überzeugt, daß die anderen sie mögen, dann wieder vom Gegenteil. Oder sie selbst meinen einmal, die anderen gern zu haben, dann wieder nicht. Da sie ihre eigene Ambivalenz anderen Menschen gegenüber erkennen, können sie gar nicht anders, als auch zu glauben, die anderen empfänden ihnen gegenüber ebenso ambivalent. Und da sie wissen, wie rasch sie gegen einen anderen Menschen eingenommen sein können, meinen sie, auch die anderen könnten sich sehr schnell gegen sie wenden. So versuchen sie ständig auf der Hut zu sein und auszuweichen.

Da sie auch ihre eigenen Bestrebungen kaum kennen, haben durchschnittliche Menschen vom Typus sechs jetzt Schwierigkeiten, Dinge selbständig zu tun, eigene Entscheidungen zu treffen oder anderen Anweisungen zu geben, wenn das von ihnen erwartet wird. Sie bewegen sich im Kreis, unfähig zur Entscheidung, unsicher über sich selbst und darüber, was sie eigentlich wollen, verunsichert und immer in dem Gefühl, unter Druck und Zwang zu stehen. Müssen sie handeln, so sind sie außerordentlich vorsichtig, treffen nur sehr zögernd Entscheidungen und sichern sich nach allen Seiten hin mit Regelungen und Präzedenzfällen ab, durch die sie sich sowohl leiten als auch beschützen lassen. Wenn etwas getan werden muß, warten sie bis zum allerletzten Augenblick und arbeiten dann unter Hochdruck, um ihren Verpflichtungen noch nachkommen zu können.

Die Psychologen haben den Zustand der Ambivalenz ausführlich beschrieben, wahrscheinlich, weil Unentschlossenheit und Angst viele Patienten dazu veranlaßt, sich einer Therapie zu unterziehen.

> Die Ambivalenz passiv-aggressiver Menschen wird immerzu in ihrem Alltagsleben spürbar; sie führt zu Unentschlossenheit, ständig wechselnden Verhaltensweisen, gegensätzlichen Äußerungen und Emotionen und einer allgemeinen Unklarheit und Unberechenbarkeit. Sie können sich nicht entschließen, ob sie sich den Wünschen anderer fügen sollen, um dadurch tröstende Unterstützung und Sicherheit zu gewinnen, *oder* ob sie sich lieber an sich selbst halten, um das gleiche zu erreichen; ob sie gehorsam und abhängig andern gegenüber *oder* voller Abwehr und unabhängig sein sollen, ob sie die Initiative ergreifen sollen, um ihr Leben zu meistern, *oder* tatenlos und passiv warten, bis andere die Führung übernehmen; sie schwanken hin und her wie der sprichwörtliche Esel, der erst einen Schritt in die eine, dann in die andere Richtung tut und nie herausfindet, welcher Heuhaufen der bessere ist. (Theodore Millon, *Disorders of Personality,* 244)

Während ihre Ambivalenz Menschen vom Typus sechs erlaubt, ihrer Verantwortung für ihr Verhalten auszuweichen, erzeugt sie aber auch eine beträchtliche emotionale Anspannung, die dann zur Erschöpfung führt. Es ist, als stünden sie mit einem Fuß auf dem Gaspedal und mit dem anderen gleichzeitig auf der Bremse. Wenn sie sich in irgendeiner Art Spannungszustand befinden, beklagen sie sich laufend, werden reizbar und sehen alles negativ. Sie können auch frigide oder impotent werden, wenn Angst oder Spannung ihr Sexualleben trüben. Zur Lösung dieser Spannungen greifen sie oft zu Drogen oder Alkohol. Mißbrauchen Menschen vom Typus sechs das eine oder andere jedoch zur Lösung ihrer Angstspannungen, riskieren sie Abhängigkeit und verlagern paradoxerweise die Abhängigkeit von einer Autorität auf die Abhängigkeit von etwas anderem, vielleicht noch schlimmerem.

Der Umgang mit diesen Menschen kann außerordentlich frustrieren, da sie die anderen zwingen, Verantwortung für ihre Entscheidungen zu übernehmen, gleichzeitig aber sehr widersprüchliche Signale über ihre eigenen Bestrebungen aussenden. Das führt beispielsweise dazu, daß niemand von ihnen eine klare Antwort bekommt: »ja« bedeutet »nein« und umgekehrt. Sie behaupten beispielsweise, sich gerne mit jemandem für ein Abendessen zu verabreden, sind dann aber nicht in der Lage, sich mit dem anderen auf ein gemeinsames Datum zu einigen. Sie scheinen freundlich zu sein, sind aber defensiv, ziehen die anderen mit der einen Hand zu sich heran und stoßen sie aber mit der anderen gleichzeitig von sich. Seine Ausweichmanöver zwingen die anderen, in allen Dingen die Führung zu übernehmen, während der durchschnittliche Mensch vom Typus sechs sich einfach unberechenbar verhält, weil er einmal das, was beschlossen wurde, akzeptiert und es das andere Mal wieder ablehnt. Wenn etwas schiefgeht, beklagt er sich lauthals darüber, weigert sich aber, irgendeine Verantwortung für die falsche Entscheidung zu übernehmen.

Durch ihre indirekte Aggressivität anderen gegenüber drükken durchschnittliche Menschen dieses Typus die angriffsbereite Seite ihres passiv-aggressiven Wesens aus. Ist solch ein Mensch z. B. wütend auf jemanden, läßt er ihn vielleicht am

Telefon warten, und »vergißt« dann, das Gespräch wiederaufzunehmen. Ein passiv-aggressiver Angestellter frustriert seinen Chef vielleicht, indem er einen wichtigen Termin »vergißt« oder Dokumente verliert. Da sie so indirekt sind, werden passiv-aggressive Abwehrhaltungen nie offensichtlich, und so kann Typus sechs die Verantwortung für sie abschütteln.

Passiv-aggressive Indirektheit zeigt sich in allen ihren sozialen Interaktionen, selbst in ihrem Humor, der nun eine bissige, sarkastische Note bekommt. Passiv-aggressiver Humor erlaubt es ihnen, den anderen indirekt einen Hieb zu versetzen, indem sie das Gegenteil von dem sagen, was sie meinen. (»Natürlich respektiere ich dich – ich behandle dich genau mit dem Respekt, den du verdienst.«) Die anderen verstehen vielleicht gar nicht, wie beißend ihre Späßchen sind, bis der aggressive Unterton ihnen allmählich bewußt wird.

Diese Ebene ist ein Wendepunkt in der Entwicklung des durchschnittlichen Typus sechs zum Negativen. Zum ersten Mal erkennt er selbst, daß seine Haltung sich selbst und anderen gegenüber komplex und verworren ist. Er beginnt anderen wie sich selbst zu mißtrauen. Er ist sich der Autorität und ihrer Einstellung ihm gegenüber nicht mehr sicher. Er kennt weder seine Gedanken noch seine Gefühle; er weiß nicht mehr, was er tun soll und was nicht. Kurz gesagt: eine ganze Menge Zweifel und Ängste machen sich in ihm breit, und wenn es einmal soweit ist, sind sie auch nicht mehr leicht zu besänftigen.

Der überkompensierende »harte Mann«

Anstatt den Versuch zu unternehmen, ihre Zweifel und Ängste zu überwinden, reagieren durchschnittliche Menschen vom Typus sechs gegen sie, indem sie sich wieder ein vollkommen neues Verhalten zulegen. Sie überkompensieren ihre Ambivalenz und Unentschlossenheit, indem sie sich selber und anderen gegenüber außerordentlich aggressiv werden, um sich dadurch zu beweisen, daß sie durchaus nicht ängstlich, unentschlossen oder abhängig sind. Sie betonen die aggressive Seite ihrer passiv-aggressiven Ambivalenz, um dadurch zu versuchen, die passive Seite zu unterdrücken.

In diesem Stadium wenden Menschen vom Typus sechs den Abwehrmechanismus der »Gegenangst« an; sie versuchen, ihre wachsenden Ängste zu beherrschen, indem sie alles bekämpfen, was sie geweckt zu haben scheint. In ihrer unschuldigen Form ist diese »Gegenangst« ein gutes Mittel für Menschen, ihre Furcht zu überwinden – wenn beispielsweise ein Kind sich vor Dunkelheit fürchtet und deshalb absichtlich in einen dunklen Raum geht, um seine Angst zu überwinden. In diesem Stadium aber sind durchschnittliche Menschen vom Typus sechs weit davon entfernt, solch harmlose Mittel anzuwenden. Ihre »Gegenangst« führt zu Überkompensation: sie kämpfen zu aggressiv gegen alles Bedrohliche. Sie werden zu prahlerischen, großspurigen Männern, zu rebellischen und angriffslustigen Frauen, die die anderen Menschen übervorteilen und ihnen Hindernisse in den Weg legen, wo sie nur können, um zu beweisen, daß man mit ihnen nicht alles machen kann.

Ihre überkompensierenden Aggressionen sind kein Zeichen wirklicher Stärke, sondern eher eine Möglichkeit, sich anderen überlegen zu fühlen, indem sie sie auf irgendeine Weise frustrieren oder ihnen schaden. Anstatt stärker zu werden, macht ein durchschnittlicher Typus sechs in diesem Stadium anderen das Leben schwer, mit Boshaftigkeit und gelegentlich sogar mit Gewalttätigkeit. Er ist die Karikatur einer Autorität, ein Leuteschinder und lächerlicher Tyrann, aufgeblasen, gefährlich, aber schwach – und wegen dieser Schwäche ganz besonders gefährlich.

Wie wir bereits sahen, identifizieren sich durchschnittliche Menschen vom Typus sechs mit einer Gruppe; jetzt aber sind sie außerordentlich parteigängerisch und autoritär und teilen die Menschen ganz strikt in jene ein, die »für uns« sind und jene, die »gegen uns« sind. Jeder wird nur darauf reduziert, ob er draußen steht oder zu den Insidern gehört, ob er Feind ist oder Freund. Die Loyalität, die wir bei einem gesunden Typus sechs sahen, hat sich nun ins Negative verkehrt, zu krasser militanter Parteigängerei. Die Einstellung solcher Menschen ist: »Mein Land (meine Autorität, mein Führer, meine Überzeugung) über alles.« Und wird ihre Gruppe gar angegriffen, so sehen durchschnittliche Menschen vom Typus sechs dies als eine Attacke nicht nur auf ihre Autorität und ihr Glaubenssystem, sondern auf ihren ganzen Lebensstil. Angst ist zwar immer noch das zugrundeliegende Problem, in diesem Stadium manifestiert sie sich jedoch in Haß auf die anderen.

Autoritäre Menschen vom Typus sechs lassen sich bei der Verteidigung ihrer eigenen Gruppe ausschließlich von Vorurteilen leiten, sie setzen allen Außenseitern heftig zu und sehen jeden voller Mißtrauen als möglichen Feind. Als gehörten sie zur Volksjustiz, kämpfen sie manchmal auch recht hinterlistig gegen Außenseiter – und selbst gegen Mitglieder ihrer eigenen Gruppe, die ihrer Meinung nach nicht restlos auf der »richtigen« Seite stehen. In der Dynamik der Überkompensation liegt auch begründet, daß Typus sechs gerade von den Regeln, die ihm beigebracht wurden, nun allzu schnell abweicht. Er, der so fest an Demokratie glaubte, wird zum rabiaten Leugner selbst allgemeiner menschlicher Rechte gegenüber seinen Mitmenschen. Als Christ ist er voller Haß und steht damit vollkommen in Widerspruch zu seinem christlichen Glauben. Der Gesetzestreue und Ordnungsfanatiker wird ein Gesetzesbrecher eben im Namen dieses Gesetzes.

Menschen vom Typus sechs in Führungspositionen werden in diesem Stadium besonders gefährlich. Vielleicht hat man sie gerade in diese Position erhoben, weil sie offensichtlich aggressiv und bereit sind, um jeden Preis die »traditionellen Werte« der Gruppe zu verteidigen. Leider stellt es sich meist heraus, daß sie Demagogen sind, denen es vor allem darum geht, Unsicherheit zu wecken, um sich die Stärke der blinden Masse zu sichern, die hinter ihnen steht. Unsicherheit und Haß, nicht aber Mut, sind hier die treibende Kraft.

Gibt es keinen klar definierten Feind, so wird ein überkompensierender Mensch vom Typus sechs gewiß einen finden und einen beliebigen Sündenbock zur Zielscheibe seiner Aggressionen machen. Einer der häßlichen Aspekte in diesem Stadium ist sein Bedürfnis, eine Person oder eine Gruppe zu finden, an denen er seine Aggressionen auslassen kann. Er unterstellt diesem Sündenbock immer die niedrigsten Motive, um sich in seiner Bigotterie gerechtfertigt zu fühlen und mit ihm auf jede beliebige Weise umgehen zu können, wenn es nur seine emotionalen Bedürfnisse erfüllt. Ironischerweise verkörpern gerade die Menschen, die er typischerweise haßt – Schwarze, Juden, Homosexuelle, Ausländer, Außenseiter jeder Art – die Schwächen und Unsicherheiten, die Typus sechs in sich selbst niederhalten möchte.

Es würde schwerfallen, jemanden, der ihn früher nicht kannte, zu überzeugen, daß dieser Mensch einmal durchaus liebenswert und anziehend gewesen war. Jetzt ist er so boshaft und engstirnig, daß man ihn beim besten Willen nicht mehr als anziehend bezeichnen kann. Zudem ist er, da die Stärke seiner autoritären Kampfeslust auf einer wackeligen psychischen Grundlage ruht, nie in einem permanent gleichen Zustand. Leider aber sind seine Aggressionen so real, so tief verwurzelt, daß Typus sechs nun anderen Menschen ernsthaften Schaden zufügen kann.

Analyse des gestörten Typus sechs

Der unsichere Mensch

Handeln sie zu aggressiv, beginnen Menschen vom Typus sechs möglicherweise zu fürchten, ihre Beziehung zu der sie bestimmenden Autorität aufs Spiel gesetzt zu haben und deshalb auf irgendeine Art Strafe warten zu müssen. Auch wenn sie gar nicht wirklich mit der Autorität in Konfrontation geraten sind, leben sie in der Furcht, das könne irgendwie geschehen sein. Das hat zur Folge, daß sie von heftigen Ängsten ergriffen werden und immer nach Versicherungen dafür suchen, daß ihre Beziehungen zur Autorität noch intakt sind, gleichgültig was sie in der Vergangenheit getan haben. (Hinter der Maske des harten autoritären Menschen verbirgt sich ein ängstliches, unsicheres Kind.)

Der durchschnittliche Mensch vom Typus sechs, der sich einmal großsprecherisch und hart gegeben hat und in gewissen Augenblicken sogar glaubte, die Autorität nicht mehr zu brauchen, erlebt nun einen abrupten Umschwung. Er zeigt sich nun weinerlich und unterwürfig und verabscheut sich selbst dafür, nicht hart genug gewesen zu sein, um auf seinen eigenen Füßen zu stehen, sich zu wehren, unabhängig zu sein. Er fühlt sich wie ein Feigling, weil es ihm nicht möglich war, sein aggressives Gehabe durchzuhalten, obwohl er es versucht hat.

Menschen vom Typus sechs entwickeln sich in Richtung Neurose, weil ihre massive Selbstverachtung und Unsicherheit starke Minderwertigkeits- und Wertlosigkeitsgefühle bewirken. Die Unentschiedenheit und Unkonkretheit, die wir beim durchschnittlichen Typus sechs sahen, haben sich nun zu übermäßiger Unsicherheit und Angst gesteigert. Ein gestörter Typus sechs ist überzeugt, unfähig zu sein und nichts selbständig tun zu können. Er gerät in hoffnungslose Abhängigkeit von »seiner« Autorität oder, wenn die frühere Autorität ihn verlassen oder zurückgewiesen hat, von irgendeinem neuen »Übervater«.

Ein gestörter Mensch vom Typus sechs fühlt sich vollkommen wertlos. Er jammert und klagt und macht sich selbst so schlecht, daß er auch die letzte verbleibende Kraft, die er hat, noch weiter schwächt und für jeden emotional zur Belastung wird. Die Menschen in seiner Umgebung beginnen sich selbst unsicher und ängstlich zu fühlen, weil dieser Typus die unheimliche Fähigkeit besitzt, seine Ängste ebenso wie seine anderen Gefühle auf andere Menschen zu übertragen. Seine Verzagtheit belastet auch andere, ja schlägt sie in die Flucht. Aus dieser Situation heraus versucht er sich immer mehr anzuklammern, er wird noch stärker pathologisch abhängig, wie Karen Horney es nennt, und es wird immer schwieriger, mit ihm überhaupt noch zurechtzukommen.

Solche Menschen kennen nur noch niederdrückende Gedanken und fühlen sich tatsächlich jedem unterlegen. (»Wer mich mag, mit dem kann irgendwas nicht stimmen.«) Indem sie sich selbst heruntersetzen, scheinen sie zu sagen: »Du mußt mich lieben, weil ich hilflos bin und du eigentlich gar nichts von mir hast.« Sie glauben nicht an sich selbst und können auch nicht glauben, daß jemand anders das tun könnte. Ermutigt sie jemand, machen gestörte Menschen vom Typus sechs alles Positive sofort herunter. Sie sind nicht so sehr darauf aus, daß man sie bestärkt, auch wenn ihnen das im Augenblick hilft, sondern im Grunde darauf, daß jemand stark ist und ihnen unerschütterlich verspricht, die Dinge für sie in die Hand zu nehmen.

An ihrer Arbeitsstelle können ihre Kollegen nicht umhin, ihre Unsicherheit und Angst zu bemerken. Sie schaffen nichts Rechtes, weil sie viel zu ängstlich sind, um sich wirklich konzentrieren zu können und weil sie häufig fehlen – wegen mysteriöser psychosomatischer Gesundheitsprobleme, kleiner physischer Zusammenbrüche, wegen denen sie ein oder zwei Tage im Bett liegen müssen, oder weil sie sich einige Zeit in Alkohol flüchten. (Wenn schon Probleme mit Alkoholismus bestanden, werden sie nun beträchtlich verstärkt, da ein gestörter Typus sechs Alkohol oder eine andere Droge braucht, um seine Angst zu überdecken und seine Unsicherheit zeitweise zu überwinden.)

Je länger Typus sechs in diesem Zustand verharrt, desto hoffnungsloser und unsicherer fühlt er sich, und desto hoffnungsloser und unsicherer wird er auch tatsächlich. Seine Umgebung schöpft allmählich Verdacht, daß er nicht wirklich daran interessiert ist, seine Probleme zu lösen, denn Probleme zu haben und sich darüber beklagen zu können, ist für ihn eine Möglichkeit, Zuwendung von anderen zu erlangen. Tatsächlich hat ein gestörter Typus sechs ein unterschwelliges Interesse daran, seine Probleme zu behalten, damit jemand ihm zu Hilfe eilt und ihm die Sicherheit vermittelt, nach der er sich so sehnt.

Der Hysteriker

Und wieder macht sich die schwankende Natur ihrer Psyche bemerkbar: Gestörte Menschen vom Typus sechs setzen sich nun nicht mehr nur ständig selbst herab, sondern sie neigen zu überschießenden Reaktionen und werden hysterisch-ängstlich. Im vorhergehenden Stadium hatten sie Angst, weil sie sich selbst herabsetzten und unterlegen fühlten. Nun sind neurotische Menschen vom Typus sechs zusätzlich auch noch voller Angst, weil sie die Fähigkeit verloren haben, ihre Angst unter Kontrolle zu halten. Sie werden irrational und hysterisch, wenn sie über sich selbst nachdenken, und mißtrauisch und paranoid, wenn sie an andere denken.

Ihre Unsicherheit ist zu einem Zustand frei fluktuierender Angst eskaliert, die so stark geworden ist, daß der neurotische Typus sechs die Wirklichkeit völlig irrational wahrnimmt und alles zu einer Krise aufbauscht. Er projiziert unbewußt seine eigenen Aggressionen auf andere und reagiert paranoid auf Aggressionen, die er vermutet oder denen er begegnet. Dadurch bekommt die Verschlimmerung seines Zustandes neue Nahrung, da neurotische Menschen dieses Typus nicht mehr ihre eigene Unterlegenheit oder Minderwertigkeit als Hauptproblem sehen, sondern die Feindseligkeit, die andere ihnen scheinbar entgegenbringen. Um es anders zu sagen: vorher fürchteten sie sich selbst, jetzt fürchten sie die anderen.

In gewissem Sinn werden die Ängste des durchschnittlichen Typus sechs nun in dem Maß, wie sie neurotischer werden, in intensiverer Form wiederholt. Dieser Mensch versucht nun, die anderen auf die Probe zu stellen, um herauszufinden, wie er ihnen gegenüber empfindet. Er ist sich dabei absolut sicher, daß das Urteil negativ ausfällt, und daß die anderen sich gegen ihn verschworen haben. Ist ihr Chef beispielsweise ihnen gegenüber schroff, reagieren sie auf ganz irrationale Weise und sind sich vollkommen sicher, daß sie bald darauf ihre Kündigung bekommen werden. Gibt es eine Auseinandersetzung mit ihrem Vermieter, so glauben sie fest, daß er sie demnächst auf die Straße setzen oder sich auf irgendeine andere Art rächen wird. Sie haben das Gefühl, daß überall gegen sie Verschwörungen im Gang seien, sie fühlen sich von jedem verfolgt, vor allem von der Autorität, die, davon sind sie überzeugt, sie für ihre Fehler zu bestrafen versucht. Ein neurotischer Mensch vom Typus sechs steht »seiner« Autorität gegenüber in einem besonders quälenden Konflikt: weil er voller Angst ist, braucht er diese Autorität mehr denn je; weil er sich so verfolgt fühlt, glaubt er, eben diese Autorität hasse ihn.

Man muß verstehen, daß ein neurotischer Mensch dieses Typus ein Häufchen irrationaler Ängste ist und immer nach etwas Ausschau hält, was diesen Ängsten noch Nahrung gibt. Diese Menschen leben wie unter einem Damoklesschwert und sind absolut sicher, daß ihnen bald etwas Schreckliches passieren wird, und so gelingt es ihnen auch, aus dem kleinsten Unfall eine Riesenaffäre zu machen. Natürlich wird es unmöglich, mit ihnen zu argumentieren. Alles erscheint ihnen von Weltuntergangsstimmung überschattet zu sein, und da sie zweifellos mit wirklich ernsthaften Problemen leben, versetzt sie alles und jedes sofort in Panik. Und gerade dann, wenn ihre Probleme und Fehler sich mehr und mehr verstärken, werden sie mit ihnen natürlich immer weniger fertig.

Ihre hysterischen Überreaktionen können aber auch eine gewisse Anpassungsfunktion haben. Irrationales Verhalten – die Art hysterischer, übertriebener Verhaltensweise, die neurotische Menschen vom Typus sechs an den Tag legen – schützen sie in gewisser Weise davor, sich ihren Ängsten wirklich zu stellen. Hysterie ist hier eine Art manischer Abwehrhaltung, die ihnen erlaubt, vor allem davonzulaufen, was ihnen bedrohlich erscheint.

Zudem haben sie dadurch eine Möglichkeit, sich von anderen helfen zu lassen; sie brauchen es ja, denn sie haben ja solche Angst.

Der selbstzerstörerische Masochist

Wenn eine Überreaktion auf ihre Ängste andere nicht dazu veranlaßt, ihnen die Hilfe zu geben, die sie suchen, provozieren neurotische Menschen vom Typus sechs möglicherweise Bestrafungen durch andere, um überhaupt in eine Beziehung zu ihnen zu treten, selbst wenn es eine masochistische ist.

Nun beginnen sie sich selbst zu zerstören. Anstatt weiter von Angst beherrscht zu sein und unter der ständigen Bedrohung zu leben, daß etwas Schreckliches passieren könnte, ziehen neurotische Menschen vom Typus sechs jetzt Fehlschläge und Bestrafungen selbst auf sich. Und es liegt eine Ironie darin, daß sie, die früher andere zum Sündenbock gemacht und verfolgt haben, nun ihre Aggressionen gegen sich selbst wenden – mit dem gleichen Haß und dem gleichen Rachedurst.

Neurotische Menschen dieses Typus stürzen sich in irgendeine Art von Unglück, nicht, um ihre Beziehung zur Autorität zu

beenden, sondern um eine beschützende Beziehung wieder-
herzustellen. Indem sie sich selbst Niederlagen zufügen, vermeiden sie es wenigstens, daß jemand anderes das übernimmt. So schmerzhaft und demütigend das, was sie sich jetzt
antun, für sie ist, es sühnt ihre Schuld und entschärft ihre
Verdammung, die sie in den Selbstmord treiben könnte. Sie
erniedrigen und demütigen sich selbst, damit sie vor einem
schlimmeren Schicksal bewahrt bleiben.

Wichtig ist auch zu verstehen, daß neurotische Menschen vom
Typus sechs nicht deshalb masochistisch sind, weil ihnen das
Leiden als solches Vergnügen bereitete, sondern weil sie hof-
fen, ihr Leiden werde jemanden anziehen, der sich ihnen zur
Seite stellt und sie rettet. Der masochistisch Leidende sucht die
Verbindung mit dem anderen, als wolle er sagen: »Bestrafe
mich, weil ich böse war. Dann kannst du mich wieder lieben.«

> Wilhelm Reich war ebenfalls der Ansicht, daß hinter ma-
> sochistischem Verhalten der Wunsch liegt, Autoritätsfigu-
> ren zu provozieren, er glaubte jedoch nicht, daß das
> geschieht, um das Über-Ich zu bestechen oder eine ge-
> fürchtete Bestrafung auszuführen. Er vertrat vielmehr die
> Ansicht, daß diese grandiose Provokation eine Abwehr
> gegen Bestrafung und Angst verkörpert, indem sie eine
> mildere Strafe an ihre Stelle setzt und die provozierte
> Autoritätsfigur dadurch in die Situation bringt, den Vor-
> wurf des Masochisten zu rechtfertigen: »Sieh nur, wie
> schlecht du mich behandelst.« Hinter solch einer Provo-
> kation liegt eine tiefe Enttäuschung über die Liebe, eine
> Enttäuschung der exzessiven Forderung des Masochisten
> nach Liebe, die sich auf die Furcht, alleingelassen zu
> werden, gründet. (Leland, E. Hinsey und Robert J. Camp-
> bell, *Psychiatric Dictionary*, 452)

Selbst wenn es neurotischen Menschen vom Typus sechs gelingt, von jemandem bestraft zu werden, behalten sie die Situation noch bis zu einem gewissen Grad unter Kontrolle. So ist
ihre Selbstachtung noch nicht auf den absoluten Nullpunkt
gesunken. Sie haben die Strafe heraufbeschworen und sich
dadurch, also gerade durch das Bestraftwerden, der Zuwendung versichert, die sie bei der Autorität suchen. Für neurotische Menschen vom Typus sechs bedeutet von einer Autorität
bestraft zu werden, immer noch geliebt zu werden. Es beschäftigt sich noch jemand mit ihnen. So vermeiden sie durch
Masochismus das wesentlich bedrohlichere Problem, zurückgewiesen und verlassen zu werden und gewinnen daraus doch
noch eine gewisse Befriedigung – ohne die sie vermutlich
Selbstmord begingen.

Die Dynamik von Typus sechs

Die Desintegrationslinie: Typus sechs entwickelt sich zu Typus drei

Typus sechs, der sich in Richtung Typus drei entwickelt, wendet seine Aggressionen nicht mehr masochistisch gegen sich
selbst, sondern richtet sie gegen andere Menschen, die er
leiden sehen möchte. Die Entwicklung in Richtung Typus drei
kennzeichnet den Ausbruch seiner sadistischen und aggressiven Gefühle in ungehinderter Wucht. Natürlich haben sich
Aggressionen gegen die anderen Menschen schon eine ganze
Weile aufgestaut, aber Typus sechs hält sie gewöhnlich zurück,
um Liebe und Schutz aus anderen herauszulocken, außer in
der Phase, in der er sich in streitsüchtige Überkompensation
flüchtet.
Nun werden die inneren Schranken, die solche Menschen
früher vor ihr aggressives Verhalten setzten, eingerissen, und
sie werden so psychopathisch wie ein neurotischer Typus drei.

Der autoritäre Haß, den wir beim durchschnittlichen Typus sechs sahen, kehrt nun in einer viel aggressiveren und gefährlicheren Form wieder. Ein neurotischer Mensch vom Typus sechs greift andere fast gewalttätig an, um seine Minderwertigkeitsgefühle ein für allemal zu überwinden. Rachsüchtig verletzt er die anderen Menschen, selbst wenn seine Opfer nicht die wirkliche Ursache seines Leidens sind.

Typus sechs auf dem Weg zu Typus drei manifestiert alle Charakterzüge eines gestörten Typus drei. Er kann psychopathisch, sadistisch und destruktiv sein, von Haß verzehrt und von dem Wunsch besessen, die zu zerstören, die ihn nicht lieben. Er wird ein pathologischer Lügner, aus dem gleichen Grund, wie ein gestörter Typus drei es geworden ist – er lügt, um andere an der Nase herumzuführen und über sie zu triumphieren. Er kann sogar so weit gehen, Menschen zu vergewaltigen, zu quälen und seine Opfer zu ermorden.

Aber Typus sechs mit dieser starken Typus-drei-Betonung bleibt doch im Grunde seines Wesens Typus sechs und empfindet dem gehaßten Objekt gegenüber sehr ambivalent: seine immer noch gespaltene Psyche möchte sogar dem Menschen, dem gegenüber er sich vielleicht gewalttätig verhält, Liebe entlocken. Psychopathische Gewalt ist, zumindest bei einem neurotischen Typus sechs, nur eine Variante der Selbstzerstörung, die jedoch die schärfste Bestrafung fordert. Hat Typus sechs auf dem Weg zu Typus drei das Gesetz gebrochen, wird es ihm nicht gelingen, eine Strafe auf sich zu ziehen, die ihn mit dem anderen versöhnt. Nein, er wird vielleicht sogar im Gefängnis landen oder selbst das Ziel von Haß und Rache werden.

Die Integrationslinie: Typus sechs entwickelt sich zu Typus neun

Mit einfachen Worten gesagt: Typus sechs muß seine Ambivalenz und seine Angst sich selbst und anderen gegenüber auflösen. Genau das geschieht, wenn er sich zu Typus neun hin entwickelt.

Dann wird Typus sechs nämlich emotional offener, empfänglicher und anderen Menschen gegenüber mitfühlender, und das wiederum hat zur Folge, daß sein emotionales Spektrum sich beträchtlich erweitert. Ein Typus sechs auf dem Weg zur Integration ist emotional stabil, friedlich und bei sich selbst. Er überwindet seine Tendenzen zur Abhängigkeit vollständig und wird stattdessen ein autonomer und unabhängiger Mensch, auf den andere sich verlassen können. Ein Typus sechs auf dem Weg zur Integration kann andere stützen und stärken, anstatt selbst bei anderen diese Stärke zu suchen, wie wir das in allen Phasen des Entwicklungskontinuums bei ihm sahen.

Typus sechs auf dem Weg zu Typus neun ist sogar ganz anders als ein gesunder Typus sechs. Eine revolutionäre Veränderung zum Besseren hin hat bei ihm auf dem Weg zur Integration stattgefunden: er wird unabhängig und ist doch zugleich anderen Menschen näher als je zuvor.

Eine ganz unerwartete Folge dieser Entwicklung zeigt, daß ein Typus sechs auf dem Weg zur Integration viel mehr Freunde hat als zu der Zeit, da er schutzsuchend nach anderen Ausschau hielt und wo er diese anderen als Autoritätsfiguren oder als Mitglieder seiner Gruppe suchte. Jetzt ist er nicht mehr ein Mensch, der immer nur reagiert; er ist in der Lage, eine stabile Verbindung mit anderen einzugehen. Die anderen suchen seine Nähe, weil er so gesund, gereift und umgänglich ist. Seine spielerische Art und sein Humor, der eigentlich zu Typus sechs gehört, ist nicht verlorengegangen, es kommt zu diesen Qualitäten aber noch das sonnige Gemüt, der Optimismus und die Freundlichkeit von Typus neun hinzu, Charakterzüge, die bei Typus sechs nicht unbedingt natürlich sind, die aber jetzt aufs Angenehmste auftreten.

Ein Mensch vom Typus sechs auf dem Weg zur Integration findet nun nicht nur die gesuchte Sicherheit, sondern vermag auch anderen zu vertrauen, etwas, das für ihn bisher unvorstellbar war. Weil er sich jetzt selbst vertraut, kann er dieses Vertrauen auch anderen zuwenden, und er tut es auch.

Die wichtigsten Subtypen von Typus sechs

Typus sechs mit einer Tendenz zu Typus fünf

Die Charakterzüge des Typus sechs und des Typus sechs mit Tendenz zu Typus fünf stehen teilweise in Widerspruch zueinander. Die allgemeine Orientierung von Typus sechs ist Abhängigkeit von anderen, während die Orientierung von Typus fünf gerade Unabhängigkeit bedeutet, das Vermeiden von Beeinflussung durch andere. Bekannte Beispiele dieses Subtyps sind u. a.: Richard Nixon, Robert F. Kennedy, Robert Redford, Peter Ueberroth, Rock Hudson, Paul Newman, Billy Graham, Walter Mondale, Alexander Haig, D. Gordon Liddy, Joseph McCarthy, J. Edgar Hoover, Jerry Falwell, Lyndon La Rouche, Meir Kahane und John Hinckley jun.

Gesunde Menschen dieses Subtyps sind nicht nur sympathische, sondern auch sehr interessante Persönlichkeiten. Sie haben eine starke intellektuelle Begabung, die davon abhängt, welchen Raum die Tendenz zu Typus fünf in ihrer Gesamtpersönlichkeit einnimmt. Oftmals kommen sie zu sehr klugen Erkenntnissen, die entweder auf akademischer Ausbildung oder auf praktischem Wissen beruhen. Gewöhnlich sind sie scharfe Beobachter ihrer Umgebung, vor allem anderer Menschen, und es liegt ihnen viel daran, vorausschauend zu sein und vorhersagen zu können, wie andere reagieren werden. Ihre Wahrnehmungen erscheinen origineller als die von Typus sechs mit einer Tendenz zu Typus sieben. Weil Typus sechs jedoch der Grundtypus ist, wirken sie nicht wie intellektuelle, sondern eher wie sehr tüchtige, gescheite Menschen. Die Angst, die wir vom durchschnittlichen Typus sechs kennen, macht diesen Subtypus zu einem intensiveren Menschen als einen Typus sechs mit einer Tendenz zu Typus sieben. Solche Menschen wirken manchmal im emotionalen Ausdruck etwas gehemmt und meist zynischer, negativer und streitsüchtiger. Ihre Energien setzen sie am liebsten im Bereich des Rechts und des Geschäftslebens ein. Auch sie erfahren die Umwelt als etwas Bedrohliches; man findet bei ihnen häufig Mißtrauen, Geheimnistuerei, Fanatismus und Mitgliedschaft in Organisationen, bei denen der gegenseitige Schutz im Vordergrund steht. Auch sind sie häufig physisch attraktiver als der andere Subtypus; (nach zeitgenössischem amerikanischen Standard gehören zu dieser Gruppe die körperlich attraktivsten Menschen von allen Persönlichkeitstypen überhaupt). Bei ihnen kann Narzißmus (Arroganz, Taktlosigkeit) eine Überkompensation für ihre Unsicherheit und ihre Minderwertigkeitsgefühle sein. Auch sexuelle Konflikte werden hier häufiger zum Problem, was mit dem verstärkten Mißtrauen anderer Menschen gegenüber zusammenhängt.

Gestörte Menschen dieses Subtypus sind sogar außerordentlich mißtrauisch, ja sie neigen manchmal zu schwächeren oder ernsthafteren Formen von Paranoia. Oft treiben sie Mißbrauch mit Alkohol oder Drogen, um mit ihrer Angst und ihren paranoiden Wahnvorstellungen fertigzuwerden, aber auch um ihre Minderwertigkeitsgefühle zu dämpfen. In ihrem Sexualleben können sadomasochistische Tendenzen eine Rolle spielen. Das Ausmaß und das Wesen ihrer selbstzerstörerischen Neigungen ist für andere oft nicht leicht erkennbar, da sie sehr verschlossen sind. Dieser Subtypus hat auch eine Tendenz zu Gewalttätigkeit. Starker Streß kann bei ihm zu Wutausbrüchen und zu extrem zerstörerischen Verhalten führen, begleitet von Realitätsverlust. Diese Menschen begehen eher einen Mord, als sich selbst das Leben zu nehmen.

Typus sechs mit einer Tendenz zu Typus sieben

Die Charakterzüge von Typus sechs und die einer Tendenz zu Typus sieben verstärken einander. Dieser Subtypus wirkt deutlicher extrovertiert, mehr interessiert daran, es sich gut gehen zu lassen, geselliger, und er ist nicht immer zu seinem Vorteil, intensiver auf die Umgebung und auf sich selbst konzentriert als der andere Subtypus. Bekannte Beispiele dieses Subtypus sind u. a.: Ted Kennedy, Marilyn Monroe, Johnny Carson, Phil Donahue, Bruce Springsteen, Gary Field, Diane Keaton, Teri Garr, Elton John, Rob Reiner, Michail Baryschnikow, Reggie Jackson, Tom Selleck, Billy Carter, Andy Rooney, Fred Mertz, Archie Bunker und der »Feige Löwe«.

Gesunde Menschen dieses Subtypus wollen nicht nur von anderen akzeptiert werden und sich bei ihnen sicher fühlen, sondern auch glücklich sein, vor allem in Hinsicht auf materielles Wohlergehen. Sie sind außerordentlich liebenswürdig und gesellig, nehmen weder sich selbst noch das Leben allzu schwer, zumindest aber liegt ihnen feierlicher Ernst fern. Sind sie intelligent und talentiert, so bringen sie es in einer Vielzahl von Bereichen, vor allem im Sport, in der Unterhaltung, in der Politik oder in der Kunst sehr weit – also alles Bereiche, die mit anderen Leuten oder mit Publikum in Kontakt stehen. Menschen dieses Subtypus sind gewöhnlich außerordentlich verspielt und lustig; ihr Humor ist eine ihrer wichtigsten »Waffen« im Umgang mit dem Leben und seinen Spannungen.

Durchschnittliche Menschen dieses Subtypus können mit Angst, Spannungen und Druck nicht ganz so gut umgehen. Sie reagieren darauf, indem sie ambivalent und unentschlossen, aber auch impulsiv, reizbar und mürrisch werden. Ihren Humor verwenden sie, um andere abzuweisen, und ihr passiv-aggressives Verhalten, um sich aus unangenehmen Situationen herauszuwinden. Sie reagieren leicht griesgrämig und sauer auf die Leute und Dinge, die ihnen Mißbehagen bereiten oder ihre Aggressionen und Angst geweckt haben. Aber im Grunde machen sie eher Gepolter, als wirklichen Schaden anzurichten.

Gestörte Menschen dieses Subtypus können leicht von anderen abhängig werden und versuchen nicht die Tiefe ihrer emotionalen Bedürfnisse zu verbergen. Minderwertigkeitsgefühle verbinden sich bei ihnen mit dem Wunsch, sich selbst zu entfliehen. Gestörte Menschen vom Typus sechs mit einer Tendenz zu Typus sieben finden kaum eine Möglichkeit, mit ihrer Angst umzugehen, und wenn ihre Angst sich steigert, verhalten sie sich emotional immer unzugänglicher und unverständlicher. Menschen dieses Subtypus flüchten ständig vor ihrer Angst und können eher eine Tendenz zu manischem Verhalten als zu Paranoia entwickeln. Sie leben ihre unbewußten Ängste aus und flüchten sich viel eher in hysterische Überreaktionen als der andere Subtypus. Anfallsweise treten immer wieder Panikgefühle auf, denn bei ihnen gewinnt die Angst leicht Oberhand über die Aggressionen. Selbstmordversuche sollten daher als eine Art Hilfeschrei verstanden werden.

Einige Gedanken zum Abschluß

Wenn wir den Weg zur Neurose bei Typus sechs beobachten, können wir sehen, daß diese Menschen ihren Wunsch nach Sicherheit selbst zerstört haben. Ein neurotischer Typus sechs ist sich im Grunde selbst der schlimmste Feind. Bleibt er bei seinem masochistischen, selbstzerstörerischen Verhalten, wird er wahrscheinlich jeden, von dem er abhängig ist, in die Flucht schlagen. Irgendwann ist er dann vollkommen allein – gerade das, was er am meisten gefürchtet hat.

Es ist ja im Grunde nichts Schlechtes daran, mit anderen enge Verbindungen einzugehen; aber für Typus sechs ist es entscheidend, sich über den Charakter der von ihm gewählten Autoritätsfigur ganz im klaren zu sein, da diese einen so entscheidenden Einfluß auf ihn ausübt. Hingabe an einen guten

Menschen hilft Typus sechs, selbst gut zu sein; Hingabe an einen Menschen, der seine Aggressionen und Unsicherheiten weckt, wirkt sich in jedem Fall sehr negativ auf ihn aus.

Typus sechs fürchtet Verlassenheit und Alleinsein; wenn er nicht wenigstens einen Menschen hat, der ihm sehr nahe steht, fühlt er sich seiner Angst vollkommen ausgeliefert. Andere Menschen setzen ihm Grenzen und können ihm helfen, sein Fluktuieren zwischen der Angst und ihrer Reaktion darauf, der Aggression, ein wenig in Schach zu halten. Dieser Typus braucht jedoch ein gewisses Maß an innerseelischer Spannung, um sein Selbstgefühl aufrechtzuerhalten. So tritt Typus sechs paradoxerweise mit anderen Menschen in Interaktion, um seine Angst unter Kontrolle zu halten und sie gleichzeitig zu stimulieren. Da Angst unangenehm und Aggressionen gefährlich sind, hält solch ein Mensch allerdings auch Ausschau nach Halt bei anderen, um sich vor den Konsequenzen beider Zustände zu bewahren, falls sie einmal überhand nehmen sollten. So verkörpert seine Psyche einen unlösbaren Widerspruch, solange er keinen Weg gefunden hat, sich vollkommen daraus zu befreien. Er muß lernen, daß er nicht mehr auf Menschen reagieren oder von ihnen abhängig sein wird, wenn er sich selbst vertraut. Und er kann sich selbst nur dann vertrauen, wenn er lernt, daß er in sich selbst eine Autorität hat. In dem Maß, wie er sich vertraut, lernt er auch anderen zu vertrauen und kann dann seine Aggressionen zu einer Quelle konstruktiver Kraft werden lassen.

Kapitel 9

Typus sieben: Der Vielseitige

Typus sieben in Umrissen

Gesund: Empfänglich, achtungsvoll, dankbar, ist den Wundern des Lebens gegenüber ehrfürchtig; voll überschwenglicher Freude. Reagiert sehr stark, belastungsfähig, lebhaft und munter. Praktisch, produktiv, tüchtig; der Vielseitige und »Alleskönner«. Oft geradezu ein Tausendsassa, mit vielfältigen Begabungen.

Durchschnittlich: Der weltgewandte Kenner, der sich immer über neue Dinge und Erfahrungen begeistert, extrovertiert, unbekümmert, hyperaktiv, ein Tatmensch und Tausendsassa, der zu vieles zu oberflächlich tut: ein Dilettant. Materialistisch, liebt das Aufwendige, möchte aber immer noch mehr, hat nie das Gefühl, genug zu haben. Fordernd, ego-zentriert, neigt zur Übertreibung, ist aber zugleich übersättigt.

Gestört: Ist grob und unsensibel den Bedürfnissen anderer

gegenüber, wenn er seinen eigenen Gelüsten nachgeht. Impulsiv, infantil und lästig, kennt seine Grenzen nicht. Ein ausschweifender, zerstreuungssüchtiger Wirklichkeitsflüchtling. Verliert leicht die Kontrolle und lebt die Dinge eher aus, als sich mit seiner Angst auseinanderzusetzen. Suchtgefährdet, zwanghafte, manisch-depressive Abwehrmechanismen. »Hysterische«, panische Reaktionen, wenn diese Abwehrmechanismen scheitern.

Grundmotivation: Möchte glücklich sein, Spaß haben und sich amüsieren, möchte viel tun und haben, um der Angst zu entfliehen.

Beispiele: Arthur Rubinstein, Leonard Bernstein, Barbra Streisand, Peter Ustinov, Joan Collins, Joan Rivers, Liberace, John Belushi, Auntie Mame und Martha aus »Wer hat Angst vor Virginia Woolf?«

Gesamtbild von Typus sieben

Es ist unschwer zu erkennen, warum das Leben in seinen vielen hedonistischen Formen auch für den Betreffenden selbst unbefriedigend ist. Der Langeweile, seinem Erzfeind, entgeht er nicht... Ein Leben, das ganz darauf aus ist, angenehme oder »interessante« Erfahrungen zu sammeln, ist ein leeres Leben. Es ist kein geistiges Leben, sondern ein Leben, in dem der Geist sich in der Vielfalt der Zerstreuungen auflöst... Wenn wir es recht bedenken, so wissen wir alle, daß die Menschen, die in der Lage sind, die süßen Zerstreuungen des Lebens zu kosten, im Grunde keineswegs besser dastehen als die anderen. Wir wissen, daß jene, die sich in ein Leben der Zügellosigkeit gestürzt haben, oft von Leere, Einsamkeit, Selbsthaß und schwermütiger Sehnsucht gequält und dennoch nicht bereit sind, ihr Leben zu ändern. Obwohl wir all das wissen, würden wir dennoch zögern, die Gelegenheit für solch ein Leben auszuschlagen. Warum ist das so? Weil wir überzeugt sind, wir könnten mit dem Vergnügen vernünftiger umgehen. Wir würden uns zügeln ... Ein Leben der oberflächlichen Zerstreuungen zieht uns an, wie süße Leckereien das Kind anziehen. Im letzteren Fall liegt das daran, weil, wie wir wissen, das Kind unüberlegte Eßgewohnheiten hat. Aber genauso steht es um uns: sich dem Genuß hinzugeben, heißt zu sagen: »Alles, was ich bin, ist eine Möglichkeit zum Vergnügen. Je mehr Vergnügen, desto größer bin ich.« Natürlich kann das niemand ernsthaft glauben, und deshalb muß solch ein Leben sich auf Selbsttäuschung gründen. (John Douglas Mullen, *Kierkegaard's Philosophy,* 100–101)

Manche der Menschen, die mit den süßesten Vergnügungen des Lebens gesegnet sind, fühlen sich allerdings nicht von »Leere, Einsamkeit und Haß gequält«. Manche von ihnen sind wirklich glücklich und wissen, wie gut sie es haben. Dann gibt es aber auch jene, die zwar recht glücklich zu sein scheinen – oder zumindest glauben sie, es zu sein – die aber nur amüsiert und zerstreut sind und eher den Vergnügungen des Lebens nachjagen, als ein tiefes Glück zu erfahren. Und schließlich gibt es jene Menschen, die zwar alles haben, aber dennoch voller Bitterkeit und Enttäuschung leben. Aus irgendeinem Grund war der Besitz von Geld und allen guten Dingen für sie nicht genug. Warum diese Unterschiede?
Alle Persönlichkeitstypen müssen sich mit dem Problem auseinandersetzen, wie sie die Welt zu ihrem Vorteil »nutzen« können; aber Typus sieben verdeutlicht diese universelle Problematik am einprägsamsten. Wie kann man sich vergnügen, ohne dem Vergnügen nachzujagen? Wie kann man die guten Dinge des Lebens haben, ohne den Bedürfnissen der anderen gegenüber unsensibel zu werden? Wie kann man in der Welt leben, ohne sich in ihr zu verlieren? Diese Fragen prägen im positiven wie im negativen Sinn das Leben des Typus sieben.

In der Handlungs-Triade

Typus sieben ist einer der drei Persönlichkeitstypen in der Handlungs-Triade. Der Grund seiner möglichen Probleme mit dem Handeln liegt in seiner Neigung, alles zu übertreiben und auf der Suche nach Glück die Kontrolle über sich selbst zu verlieren. Typus sieben fühlt sich von der Umwelt immerzu angeregt: er reagiert stark auf jedes Stimulans und wirft sich mit heftiger Vitalität in die Welt der Erfahrung. Er antwortet auf alles mit solcher Unmittelbarkeit, daß jede Handlung sofort noch mehr Aktion auslöst.

Erfahrung ist sein Leitstern. Typus sieben fühlt sich im Wohlgeschmack, in den Farben, Geräuschen und Geweben der materiellen Welt zu Hause. Seine Identität und seine Selbstachtung hängen davon ab, einen ununterbrochenen Strom von Sinneswahrnehmungen zu spüren. Seine Charakterzüge, seine Abwehrmechanismen und seine Motivationen zeugen von der Tatsache, daß für ihn alles Wünschbare außerhalb seiner selbst in der Welt der Dinge und Erfahrungen ruht. Typus sieben hat deshalb sehr wenig Interesse an dem, was er nicht unmittelbar mit den Sinnen aufnehmen kann. Er ist weder introspektiv noch besonders personenorientiert. Er ist erfahrungsorientiert, extravertiert, praktisch und materialistisch. Er hat das Gefühl, die Welt existiere zu seinem Vergnügen, und es läge an ihm, sich das zu holen, was er für sich haben will.

Ist Typus sieben gesund, sind seine Erfahrungen eine Quelle unendlicher Befriedigung für ihn, und er lernt viele Dinge gut zu machen, da seine Aufmerksamkeit sich ganz darauf richtet, etwas in die Welt zu stellen. Der Schwerpunkt eines durchschnittlichen Typus sieben jedoch verlagert sich von der Produktivität zum Besitz und Verbrauch von immer mehr Gütern und Erfahrungen. Andauernd ist er damit beschäftigt, sich unaufhörliche Stimulation zu beschaffen. Durch seine Hyperaktivität entzieht sich ihm das Glücklichsein jedoch letztlich, da er nichts, was er tut oder hat, wirklich zu schätzen weiß. So verwandeln sich die Menschen vom Typus sieben, wenn sie sich zur Neurose hin entwickeln, allmählich zu zerstreuten Eskapisten, die nur noch impulsiv und immer unkontrollierter handeln.

Typus sieben entspricht dem extrovertierten Gefühlstypus in der Psychologie von C. G. Jung:

> Das Empfinden wird vorzugsweise durch das Objekt determiniert, und diejenigen Objekte, welche die stärkste Empfindung auslösen, sind für die Psychologie des Individuums ausschlaggebend. Dadurch entsteht eine ausgesprochen *sinnliche Bindung* an die Objekte... Insofern Objekte Empfindungen auslösen, gelten sie und werden auch, insoweit dies durch Empfindungen überhaupt möglich ist, völlig in das Bewußtsein aufgenommen, ob sie nun dem vernünftigen Urteil passen oder nicht. Ihr Wertkriterium ist einzig die durch ihre objektiven Eigenschaften bedingte Empfindungsstärke...
> Es gibt keinen anderen menschlichen Typus, der an Realismus dem extravertierten Empfindungstypus gleichkäme. Sein objektiver Tatsachensinn ist außerordentlich entwickelt. Er häuft in seinem Leben reale Erfahrungen am konkreten Objekt ... Was er empfindet, dient ihm höchstens als Wegleitung zu neuen Empfindungen... denn für ihn ist Empfindung konkrete Lebensäußerung; sie bedeutet ihm eine Fülle wirklichen Lebens. Seine Absicht geht auf den konkreten Genuß, ebenso seine Moralität. (C. G. Jung, *Psychologische Typen*, § 674/675)

Die Jungsche Beschreibung des extrovertierten Gefühlstyps paßt außerordentlich gut zu unserem Typus sieben. Kein Persönlichkeitstypus ist praktischer orientiert und vielseitiger als er. Seine positive, ja fröhliche Lebenseinstellung läßt ihn selbst recht glücklich sein, kann aber auch anderen etwas von diesem Glücksgefühl vermitteln. Wird jedoch der Appetit ungezügelt, konsumieren durchschnittliche Menschen vom Typus sieben mehr, als sie brauchen und mehr, als sie wirklich aufnehmen und schätzen können. Sie vermögen ihre Erfahrungen weniger zu genießen und beginnen, unruhig immer mehr Neuem nachzujagen.

Probleme mit Angst und Unsicherheit

In dem Maß wie ihre Freude abnimmt, fühlen sich Menschen vom Typus sieben immer angstvoller und unsicherer, Probleme, die alle Typen der Handlungs-Triade gemeinsam haben und die dazu führen, daß sie ihre Aktivitäten nur noch mehr steigern. Aber indem sie hyperaktiv werden, tun durchschnittliche bis gestörte Menschen vom Typus sieben nicht mehr das, was ihnen Spaß macht, sondern sie werden noch angstvoller und unsicherer und geraten in Versuchung, sich mehr und mehr zu zerstreuen. Sie erkennen nicht, daß es für sie immer schwieriger werden wird, aus diesem Teufelskreis auszubrechen, sobald sie einmal davon abhängig geworden sind, unentwegt in Bewegung zu bleiben.

Weil diese Menschen so gründlich extravertiert sind, können sie Angst ganz und gar nicht ertragen. Sie möchten sich mit der Angst nicht auseinandersetzen, ihre Ursachen in ihrem Leben nicht herausfinden, denn das würde sie mit ihrem eigenen Inneren konfrontieren und noch mehr Angst auslösen; ihre Extraversion zieht sich nach außen in die Umwelt und unterdrückt automatisch alle Angst. Sie entdecken, daß die Zerstreuungen, die ihre Aktivitäten ihnen verschaffen, immer die Angst in Schach halten, wenn sie plötzlich ins Bewußtsein aufzusteigen droht. Deshalb suchen sie immer noch mehr und mehr Erfahrungen, um der Auseinandersetzung mit der Angst oder dem Gefühl, unglücklich zu sein, aus dem Weg zu gehen.

Sie sehen nicht, daß ihr Glück gefährdet und unhaltbar ist, weil sie ihre Erfahrungen nicht verinnerlichen und ihre Gier nicht zügeln können. Letztlich werden sie von dem, was sie tun, niemals befriedigt sein, weil sie so wenig von sich selbst in ihre Erfahrungen einbringen. Mit wachsendem Erschrecken erkennen sie, daß nichts sie glücklich macht. Dann ergreift sie Wut und Angst, denn es scheint ihnen, als hätte das Leben ihnen das Glück grausam vorenthalten.

Ursprünge in der Kindheit

Die Entwicklung der Menschen von Typus sieben verläuft wie beschrieben, da sie als Kinder eine negative Beziehung zu ihrer Mutter oder zu einer Mutterersatzperson hatten. Es kann die unterschiedlichsten Gründe haben, warum sie sich durch ihre Mutter, die ihnen kein Gefühl der Sicherheit verleihen konnte, frustriert fühlten. Als Kompensation für die entgangene Fürsorge versuchen Menschen vom Typus sieben, sich die Dinge selbst zu verschaffen. Wahrscheinlich wollten ihre Mütter sie in den meisten Fällen gar nicht frustrieren, als sie noch Kinder waren. Es können auch andere Entbehrungen in ihrer Kindheit (beispielsweise Armut, Krieg, der Verlust der Eltern oder eine lange Krankheit) ihre Erwartung erschüttert haben, daß ihnen etwas Gutes im Leben geschenkt werden könnte. Die erlittene Armut beispielsweise könnte sie dahin treiben, immer dem Geld nachzujagen, um nie mehr die Entbehrungen der Armut erleiden zu müssen. So wird, aus welchen Gründen auch immer, die Furcht vor Entbehrung die fundamentale Motivation dieses Persönlichkeitstypus. Die andere Seite der Medaille ist, daß Typus sieben in der Erwartung lebt, all seine Wünsche müßten erfüllt werden. Der Besitz der Dinge, von denen diese Menschen glauben, sie könnten sie glücklich machen, wird für sie zum Symbol für die ihnen entgangene Mutterliebe.

Probleme mit Gelüsten und Aggressionen

Ein durchschnittlicher Typus sieben möchte unmittelbare Befriedigung. Er setzt sich keine Grenzen und kann nicht entsagen, nicht verzichten. Wenn er etwas sieht, das er haben will, dann muß er es gleich haben. Wenn er meint, etwas tun zu müssen, dann muß er es sofort tun. Wenn ihm etwas Vergnügen macht, möchte er mehr davon. Die Gelüste dieser Menschen sind heftig, und sie gehen zur Befriedigung ihrer Wünsche so weit, daß man sie als aggressive Menschen charakterisieren kann. Aber da sie zugleich auch unsicher sind, ergibt sich ein sehr gemischtes Bild: sie benutzen ihre aggressiven Impulse, um ihre Angst und Unsicherheit abzuwehren.

Es ist für diese Menschen auch typisch, mit anderen in Konflikt zu geraten, da sie die anderen dazu bringen, ihnen Grenzen aufzuerlegen, anstatt das selbst zu tun. Ein durchschnittlicher Typus sieben muß alle Selbstkontrolle von außen auferlegt bekommen, entweder von Menschen, die gezwungen werden, ihm Nein zu sagen, oder durch die Wirklichkeit selbst, die ihre Wünsche oft nicht erfüllt. Werden sie frustriert, so geraten Menschen vom Typus sieben in Wut, da sie dadurch unbewußt an ihre realen oder eingebildeten Entbehrungen in der Kindheit erinnert werden. Wer einen durchschnittlichen oder neurotischen Typus sieben frustriert, wird die Wut, die er bei ihm hervorruft, kaum vergessen können; und vielleicht ahnt er, welch tiefes Bedürfnis dieser Mensch dadurch unbewußt zum Ausdruck gebracht hat.

Ein gesunder Mensch vom Typus sieben beschäftigt sich eher mit der Befriedigung seiner wirklichen Bedürfnisse als mit der Zufriedenstellung jedes beliebigen Wunsches. Er ist produktiv und setzt etwas in die Welt, anstatt nur von ihr zu nehmen. Er entwickelt Fähigkeiten und entlockt der Welt für sich selbst, aber auch für andere, ihre Reichtümer. Sie sind deshalb sehr glückliche Menschen, da sie sich ihre Erfahrungen zu eigen machen können und mit ihren Gefühlen und mit ihrem Selbst in Verbindung stehen.

Auf dem Weg zur Neurotisierung erlaubt ein Mensch vom Typus sieben seinen Gelüsten, Amok zu laufen, er wird gierig, egozentrisch und unsensibel den Bedürfnissen der anderen gegenüber. Es geht ihm nur um seine eigene Befriedigung. Die schreckliche Ironie liegt darin, daß nichts einen neurotischen Typus sieben wirklich befriedigen wird, weil er sich ja nichts zu eigen machen, verinnerlichen kann. Er gleicht einem Drogenabhängigen, der ein immer noch größeres Quantum braucht, um seine künstlich erzeugten Hochstimmungen aufrechtzuerhalten. Schließlich wird ein gestörter Typus sieben auf seiner Suche nach Glück so anspruchslos, daß er die Kontrolle über sich vollkommen verliert, sowohl in seinem Handeln als auch in der Fähigkeit, seine wachsende Angst zu unterdrücken. Er wird von Panik überwältigt, weil er keinen festen Grund hat, auf dem er sich verankern könnte. Dieser Persönlichkeitstypus, der so lebensvoll wirkt, wenn er gesund ist, wird im neurotischen Stadium zu einem Menschen, der gerade vor dem Leben selbst Angst hat.

Analyse des gesunden Typus sieben

Der ekstatische Genießer

Im besten Fall hat ein sehr gesunder Mensch vom Typus sieben genug Glauben an die Realität, um sich zu erlauben, der Welt zu begegnen, ohne daß er dabei immer den Versuch machen müßte, etwas zu bekommen. Er entdeckt, daß alles, was das Leben für ihn bereithält, genug ist, um ihn zufriedenzustellen – wenn er es sich wirklich zu eigen macht. Zudem wird er durch eine tiefe Erfahrung der Wirklichkeit nicht nur zufrieden, sondern geradezu ekstatisch glücklich, er geht über das Akzeptieren der Realität hinaus und liebt das Leben, wie es ist. (»Ich liebe das Leben bedingungslos!« – Arthur Rubinstein.)

In seiner Lebenszugewandtheit kann ein Mensch vom Typus sieben auch das Mysterium, die Ungewißheit der menschlichen Existenz, zulassen. Die Unsicherheit und die Zerbrechlichkeit der menschlichen Existenz machen ihm keine Angst, sondern lassen ihn das Leben feiern, wie es ist. Ein sehr gesunder Mensch vom Typus sieben ist vielleicht zum ersten Mal in seinem Leben dazu in der Lage, etwas jenseits der Oberfläche des Lebens wahrzunehmen, die Möglichkeit einer metaphysischen Realität, von der er vorher keine Ahnung hatte. Die Wirklichkeit aus der Tiefe seiner Seele anzunehmen, ist für einen Menschen vom Typus sieben etwas ganz Besonderes. Es trägt ihn in einen Zustand, der über bloße psychologische Zufriedenheit hinausgeht, in ein Glücksgefühl, das jenseits der Worte und Empfindungen liegt. Solche Menschen spüren, daß das Leben etwas Heiliges ist, das man verehren und respektieren muß. Ganz erfüllt von diesem Wunderbaren und vertieft in ihre Bewunderung, gehen sie auf die Knie, um zu danken und anzubeten.

Sie sind außerordentlich dankbar für alles, schon allein für die unerklärliche Tatsache der Existenz selbst. Das Leben ist so wunderbar, ehrfurchtgebietend und bestaunenswert, daß sehr gesunde Menschen vom Typus sieben in allem etwas Gutes finden, selbst in Dingen, von denen sie niemals glaubten, sie könnten sie glücklich machen. Der unendliche Reichtum des Daseins lebt in ihnen und verwandelt diese Menschen von innen heraus. Sein inneres Leben – sein spirituelles Leben – ist für einen gesunden Typus sieben eine Realität. So wird auch die dunkle Seite des Lebens und das Wissen, daß es im Tode enden muß, für ihn Teil des Daseins, das er ganz und gar annimmt; es verliert so jeden Schrecken. Paradoxerweise bedeutet das Leben für einen solchen Menschen gerade dann, wenn er es loslassen kann, mehr als je zuvor.

Da er erkennt, daß alles ein Geschenk ist und nicht etwas, das seiner egozentrischen Befriedigung dient, lernt er die Dinge als das zu schätzen, was sie sind und nicht als Objekte zu sehen, die man konsumiert. So gewinnt ein sehr gesunder Mensch vom Typus sieben Vertrauen in die Güte des Daseins. (»Seht die Lilien auf dem Felde, sie säen nicht, sie ernten nicht.«) Solche Menschen erkennen, daß, wenn alles gesagt und getan ist, sie durch das, was sie haben, zutiefst glücklich werden können. Sie müssen nicht mehr dem Besitz nachlaufen, da jeder Augenblick, wenn er wirklich erfaßt wird, in sich die Möglichkeit birgt, ihre tiefsten Bedürfnisse zu erfüllen. Sie können gar nicht unglücklich sein, wenn sie sich auf das konzentrieren, was wirklich das Beste im Leben ist – keine äußerlichen Besitztümer, sondern wirkliche Güter, Dinge von Wert, die Dauer haben.

Befindet sich ein sehr gesunder Mensch vom Typus sieben in diesem Zustand ekstatischer Lebenszugewandtheit, wird er von der Wirklichkeit immerzu überrascht. Denn sie hat Dimensionen, die er vorher nie wahrnehmen konnte, was für einen Menschen, der glaubt, alles erlebt zu haben, eine große Überraschung sein wird. Sein ekstatisches Glücksgefühl, dieses Leben auf einem inneren Höhepunkt, kann immer wieder gefunden werden, da die Wirklichkeit unerschöpflich ist. Er wird immer genug bekommen. Ihm kann es an nichts mangeln.

Der glückliche Enthusiast

Auch ein gesunder Mensch vom Typus sieben kann nicht immer auf dieser hohen Stufe seelischen Gleichgewichts leben. Er verinnerlicht die Erfahrung nicht so stark, sondern reagiert unmittelbar auf sie. Sein Bewußtsein wird extravertiert, es wendet sich nach außen, jede Anregung bringt eine unmittelbare Reaktion hervor und macht ihn bereit dafür, wieder neue Anregungen aufzunehmen.

Ein gesunder Typus sieben ist für Erfahrungen auf eine Weise offen, wie kein anderer Persönlichkeitstypus. Die sinnliche

Welt erregt ihn, und er möchte, daß seine Begeisterung für sie so lange wie möglich anhält und so vielfältig und angenehm wie möglich ist. Seine Psyche ist von der greifbaren Welt so erfüllt, daß der Zugang zu seinen unbewußten Erfahrungen verschlossen bleibt, da er sich der Wirklichkeit immer sofort gewahr wird und unmittelbar auf sie reagiert.

Die »innere Welt« ist selbst beim gesunden Menschen vom Typus sieben schwer zu beschreiben, da sie aus den Eindrükken von Dingen der realen Welt besteht. Sein Innenleben ist ein Katalog von Erfahrungen. Ein Typus sieben lebt nicht so sehr in einer inneren Welt, sondern eher in einer äußeren Landschaft, in einem Netzwerk von Aktivitäten und Interessen, durch das er immer mehr Anregungsquellen für sich selbst erschließt. Diese schaffen wiederum eine Aura von Energie und Erregung um ihn, als wolle er sagen: »Ich fühle und erlebe, deshalb bin ich lebendig.«

Ein gesunder Mensch vom Typus sieben sieht sich selbst als einen glücklichen und begeisterten Menschen. Er ist gerne froh und macht sein seelisches Glücksempfinden, das Gefühl der Euphorie, zum Ziel seines Lebens. Er ist ein höchst angenehmer Gesellschafter, da er selbst meist die beste Laune hat. Seine Vitalität und Lebhaftigkeit, seine Lebensfreude wirken ansteckend und regen andere Menschen, die sich in seiner Gesellschaft befinden, immer wieder an. Es macht Spaß, mit ihm zusammen zu sein, da er so beschwingt und überschwenglich ist. Die anderen können sich seiner guten Laune selten entziehen. (»Energie ist ewiges Entzücken« – William Blake.)

Ist ihre Intelligenz entsprechend hoch, haben Menschen vom Typus sieben eine starke linguistische Begabung: sie lernen leicht Sprachen, sind witzig und schlagfertig und rasch in ihrer Auffassungsgabe, wenn es um Form und Struktur geht, von der Sprache der Musik bis zu der des Auges – Farbe, Form und Muster. Diese Menschen haben ein ausgezeichnetes Gedächtnis, da sich in ihrem Kopf alles wie Licht auf einem Film abzeichnet. Ein kurzer Blick, und das Bild ist festgehalten. Sie erinnern sich augenblicklich und mühelos an Geschichten, Anekdoten, musikalische Sequenzen, Dialoge aus Filmen und geschichtliche Tatsachen.

Obwohl ein gesunder Mensch vom Typus sieben starke Vorlieben und Abneigungen hat, ist er allem gegenüber im Grunde positiv eingestellt. Er hat ein junges, bewegliches Denken und behält diese jugendliche Beweglichkeit auch im Alter bei. Er wirkt außerordentlich widerstandsfähig und steigt aus unvermeidlichen Rückschlägen und Enttäuschungen immer wieder wie ein Phönix aus der Asche auf. Ein Mensch vom Typus sieben läßt sich von nichts lange Zeit niederdrücken; er scheint die Begabung zu haben, aus jeder Situation das Beste zu machen. (»Wenn das Leben einem saure Zitronen liefert, dann macht man eben Limonade daraus.«)

Kurz gesagt: Typus sieben scheint mit enormer physischer Vitalität gesegnet zu sein und offenbar auch mit der Fähigkeit, aus allem, was ihm widerfährt, Kraft zu beziehen. Jede Berührung mit der Welt scheint ihm neuen Auftrieb zu geben, jede Erfahrung seine Fähigkeit zu steigern, noch mehr zu erfahren.

Der tüchtige Alleskönner

Abgesehen von ihrer Vitalität und ihrem enormen Enthusiasmus tun gesunde Menschen vom Typus sieben Sinnvolles für andere, da sie außerordentlich praktische und produktive Geschöpfe sind, denen eigentlich alles gelingt. Sie sind überreichlich begabt und es ist erstaunlich, an wie vielen Dingen sie ihren Spaß haben. Alles, was sie tun, gelingt ihnen so gut, daß sie zwischen all ihren Erfahrungsbereichen Brücken zu schlagen vermögen. Sie wissen Erstaunliches über die unterschiedlichsten Dinge, und durch ihre große praktische Begabung stellen sie verblüffende Verbindungen zwischen ihren vielfältigen Interessengebieten her.

Ein gesunder Mensch vom Typus sieben kommt mit allem beneidenswert gut zurecht: er spricht verschiedene Sprachen, spielt mehrere Musikinstrumente, ist in seinem Beruf außerordentlich tüchtig, kann gut kochen, skifahren, weiß Bescheid über Kunst, Musik, Theater usw. Gesunde Menschen vom Typus sieben bilden die Gruppe innerhalb der Persönlichkeitstypen, die am meisten begabt ist. Sie sind außerordentlich intelligent und waren vielleicht einmal sogenannte Wunderkinder. Aber auch wenn sie nicht so genial sind, haben sie ihre Fähigkeiten gewöhnlich weit über ihr Alter hinaus entwickelt. Das ist zum großen Teil ihrer extrovertierten Psyche zu verdanken: im Grunde ist all ihre Aufmerksamkeit und Energie nach außen, in die Welt gerichtet. Typus sieben läßt sich nicht auf introspektive Grübeleien ein, die ihn vom praktischen Handeln ablenken könnten. Im Gegenteil, er ist immer auf der Jagd nach neuen Projekten. Es zeichnet ihn geradezu aus, daß er nie Angst davor hat, etwas Neues zu versuchen. Seine Begeisterung für die Welt führt ihn immer wieder zur Welt zurück. Folglich erwachen in ihm stets neue Interessen und neue Fähigkeiten.

Je gesünder sich ein solcher Mensch entwickelt, desto stärker nehmen seine Fähigkeiten zu, die immer wieder neue Fähigkeiten hervorzubringen. Wenn er sich auf einem Gebiet übt, bringt ihn das zugleich auf neue Bereiche, und er wird in dem Maß tüchtiger, wie er sich übt. Beispielsweise könnte ein Mensch vom Typus sieben Klavier spielen lernen und schon bald von einer Sängerin gebeten werden, sie zu begleiten. Sofort beginnt er sich für die Tätigkeit des Korrepetitors zu interessieren – da taucht vielleicht gerade die Möglichkeit auf, eine kleine Oper zu dirigieren oder ein Orchester aufzubauen – und seine Karriere folgt auf dem Fuß. Ein anderer Typus sieben erzählt seinen Geschwistern vielleicht gerne Geschichten und beschließt, einige davon aufzuschreiben und zu publizieren. Bald entsteht daraus ein Buch, dann ein Roman oder ein Drehbuch, und vielleicht schreibt er schließlich Theaterstücke und wird Schauspieler. Immer ergibt sich das eine aus dem anderen, und solange ein Mensch vom Typus sieben sich intensiv mit etwas beschäftigt, ist er nicht nur davon begeistert, sondern kann durch das, was er hervorbringt, auch andere begeistern und erfreuen.

Eine der verläßlichsten Quellen der Freude für ihn ist es, seine Begeisterung auf andere Menschen zu übertragen. Ob er sich nun für ein Bild, einen Kuchen, ein Musikstück oder eine Idee entzündet hat – einem gesunden Menschen vom Typus sieben macht es Spaß, seine Freude weiterzugeben. Er möchte, daß es auch anderen gutgeht und sie schön finden, was ihm gefällt. Natürlich macht ihn das zu einem sehr liebenswerten Menschen.

Analyse des durchschnittlichen Typus sieben

Der welterfahrene Lebenskünstler

Da sie solche Lust an Erfahrungen haben, beginnen Menschen vom Typus sieben zu fürchten, sie könnten etwas verpassen, wenn sie sich nur auf ein oder zwei Dinge konzentrieren. So können sie allmählich von dem, was sie glücklich gemacht hat, nicht mehr genug bekommen. Das ist kein unvernünftiger Wunsch, aber man wird daraus schließen: »Ihre Augen sind größer als ihr Magen«, und ihr Appetit wächst immer noch mehr. Folglich wird ein durchschnittlicher Mensch vom Typus sieben wirklich immer erfahrener. Er muß alles einmal ausprobiert haben, um auf jeden Fall der Angst zu entgehen, die daraus entstehen könnte, daß er sich irgend etwas versagt.

Der Unterschied zwischen einem gesunden und einem durchschnittlichen Menschen vom Typus sieben besteht darin, daß ein durchschnittlicher Typus sieben weniger produktiv und mehr materialistisch ist, weniger schöpferisch als gierig, etwas zu bekommen. Er wirft sein Netz immer weiter aus, um noch mehr einzufangen, das seine Sinne reizen könnte. Er wünscht sich stets Neues und Besseres: es gefällt ihm (oder ihr), einen Pelzmantel zu haben, in teure Restaurants zu gehen und sich mit edlem Schmuck und schönen Kleidern auszustaffieren. Kurz gesagt: ein durchschnittlicher Mensch vom Typus sieben möchte mehr besitzen und mehr Erfahrungen machen, da er glaubt, je mehr er hätte, desto glücklicher werde er sein.

Mit dem nötigen finanziellen Hintergrund werden durchschnittliche Menschen vom Typus sieben in diesem Stadium oft zu Leuten mit hochgestochenen Ansprüchen und großer Weltgewandtheit, Persönlichkeiten mit »Klasse«, die wissen, wie man ein luxuriöses und elegantes Leben führt. Die aber, die weniger Geld haben, können sich auch nur weniger leisten, haben aber darum nicht weniger das Bedürfnis, mehr an sich zu raffen.

Auf niederer Stufe ist dieser Typus der Mensch der tastbaren Wirklichkeit, ohne Neigung zu Reflexionen … sein stetiges Motiv ist, das Objekt zu empfinden, Sensationen zu haben, und womöglich zu genießen. Er ist kein unliebenswürdiger Mensch, im Gegenteil, er ist häufig von erfreulicher und lebendiger Genußfähigkeit, bisweilen ein lustiger Kumpan, bisweilen ein geschmackvoller Ästhet. Im ersteren Fall hängen die großen Probleme des Lebens von einem mehr oder weniger guten Mittagstisch ab, im letzteren ist alles eine Frage des guten Geschmacks. Wenn er empfindet, so ist für ihn alles Wesentliche gesagt und erfüllt. Nichts kann mehr als konkret und wirklich sein; Vermutungen daneben oder darüber hinaus sind nur zugelassen, soweit sie die Empfindung verstärken. Sie brauchen diese keineswegs im angenehmen Sinn zu verstärken, denn dieser Typus ist nicht ein gewöhnlicher Lüstling, sondern er will nur die stärkste Empfindung, die er seiner Natur nach immer von außen empfangen muß. Was von innen kommt, erscheint ihm als krankhaft und verwerflich … Insofern er normal ist, ist er der gegebenen Wirklichkeit auffallend angepaßt, auffallend darum, weil es immer sichtbar ist. Sein Ideal ist die Tatsächlichkeit, er ist rücksichtsvoll in dieser Beziehung. Er hat keine Ideen-Ideale, darum auch keinen Grund, sich irgendwie gegen die tatsächliche Wirklichkeit fremd zu verhalten. (C. G. Jung, *Psychologische Typen,* § 676)

Wie auch Jung bemerkt, sind durchschnittliche Menschen dieses Typus keineswegs unbeliebt; es sind Lebenskünstler, die sich nicht genieren dafür, daß sie sich ein schönes Leben machen wollen. Geistreiches Geschäker und leichtfüßige Fröhlichkeit gehören bei ihnen zur Tagesordnung. Typus sieben ist zudem ein ausgezeichneter Gastgeber; er liebt es, Gesellschaften zu arrangieren und seine Gäste so stilvoll wie möglich zu bewirten. Er weiß gutes Essen zu schätzen und kann selbst gut kochen – oder läßt sich die besten Dinge ins Haus liefern. Meist geht er nach der Mode, und gewöhnlich hat er ein sicheres Stilgefühl. Ein durchschnittlicher Mensch vom Typus sieben weiß, wie man eine luxuriöse Atmosphäre für sich selbst, für seine Familie und seine Freunde schafft und hat große Freude daran. Er träumt davon, so viel Geld zu haben, daß er sich um Geld keine Sorgen mehr zu machen braucht. Der Stil und der Grad ihres Lebensgenusses kann bei durchschnittlichen Menschen vom Typus sieben allerdings sehr unterschiedlich sein. Das hängt davon ab, wie raffiniert ihre Vergnügungen sind, wieviel Geld sie zur Verfügung haben, welcher sozio-ökonomischen Gruppe sie angehören und wie hoch ihr Bildungs- und Intelligenzgrad ist. Manche Menschen vom Typus sieben zeichnen sich durch lässige Eleganz aus, sie sind »Trend-Setter«, die immer die neuesten Restaurants besuchen und bei allen Opern- und Theaterpremieren zur Stelle sind. Wenn seine Finanzen es ihm nicht erlauben, muß sich der eine oder andere durchschnittliche Mensch vom Typus sieben allerdings mit etwas weniger zufrieden geben, aber selbst wenn er nicht ganz so verschwenderisch ausgestattet ist, wird er immer versuchen, soviel Besitz und Erfahrungen anzuhäufen, wie es ihm möglich ist. Er geht dann vielleicht ins Kino anstatt ins Theater oder macht nur einmal im Jahr eine Flugreise, anstatt drei- oder viermal, wie er es gerne täte. Anstatt Nightclubs besucht er Tanzlokale und bummelt durch Einkaufsstraßen. Anstatt Diamanten trägt er Bergkristall. Wichtig für einen durchschnittlichen Typus sieben ist es, immer wieder neue, vergnügliche Erfahrungen an sich zu reißen (»Ich will alles!«).

Eine Gefahr für alle Menschen vom Typus sieben auf dieser durchschnittlichen Ebene besteht darin, daß mit dem Wachsen ihrer Gelüste die Erfahrungen immer wahlloser gesucht und sie eher zu Konsumenten werden und nicht mehr Kenner sind. Sie wollen immer mehr, als sie bekommen können.

Der hyperaktive Extrovertierte

Je mehr sie tun, desto anspruchsloser werden Menschen vom Typus sieben hinsichtlich der Vielfalt und Qualität der Erfahrungen, die sie machen. Sie fürchten, es könnte auch nur einen Augenblick lang nichts los sein, denn dann hätte die Angst eine Chance, sich in ihnen breitzumachen. Sie werden von Menschen, die das Erlesene schätzen, zu Menschen, die hemmungslos in dauernde Aktivitäten stürzen, um sich ununterbrochen zu stimulieren und dadurch ihr Selbstgefühl nicht zu verlieren. Sie sind unentwegt in Bewegung und verschleudern gleichsam all ihre Energie nach außen in einer zentrifugalen Flucht vor sich selbst, auf der Suche nach immer neuen Erfahrungen. Ihr Credo scheint zu heißen: »Ich tue, deshalb bin ich.«

Weil sie zu nichts »Nein« sagen können, stopfen durchschnittliche Menschen vom Typus sieben so viele Erfahrungen in einen Tag, wie vierundzwanzig Stunden nur gerade fassen können. Immer brauchen sie Abwechslung, ständig halten sie Ausschau nach etwas Neuem und Anderem, was sie tun können, um sich zu vergnügen. Sie jagen dahin, je schneller, desto besser. Sie haben nicht das geringste Interesse daran, über ihr Verhalten nachzudenken oder im Strudel ihrer Aktivitäten für einen Augenblick zur Ruhe und zum Nachdenken zu kommen. Sie tun im buchstäblichen Sinne alles schnell. Sie essen schnell, reden schnell, denken schnell – damit sie so bald wie möglich zum nächsten Programmpunkt übergehen können. Sie sind so daran gewöhnt, das Leben im 120-Stundenkilometer-Tempo zu nehmen, daß selbst ein Heruntergehen auf 100 km für sie schon langweilig wäre.

Das Lustprinzip ist ihr Leitprinzip. Alles muß Spaß machen! Wenn nicht, dann verlieren sie sofort das Interesse daran und gehen zu etwas anderem über. Menschen vom Typus sieben sind lustig, laut und brillant, nichts macht ihnen mehr Spaß, als mit einer Gruppe anderer, lustiger Leute zusammen zu sein. Wenn man ihnen zuhört, ist alles »wundervoll«, »toll« und »irre« – drei ihrer Lieblingsadjektive, die für alles passen. (»Das Stück war sensationell, die Schauspieler wundervoll und das Bühnenbild unwahrscheinlich toll; dann gingen wir in ein wahnsinnig schönes Restaurant und verbrachten einen irrsinnig netten Abend!«)

Typus sieben hat etwas eindeutig Orales an sich, denn viele seiner Lieblingsbeschäftigungen wie Reden, Essen, Trinken, Rauchen, Lachen, Flachsen und Ratschen sind typisch für ihn – und am liebsten tut er alles zugleich, wenn das möglich ist. Von allen Persönlichkeitstypen ist er der gesprächigste; er trägt sein Herz auf der Zunge. Da er wenige Hemmungen hat, ist er ein sehr lustiger Mensch, und da er gewöhnlich schon so vielerlei Verschiedenes im Leben getan hat, kann er immer eine ganze Reihe von Geschichten auftischen, die er in einer bildhaften Sprache und mit großer Begeisterung vorträgt. In seiner frechen und respektlosen Art nimmt er nichts ernst, er zieht alles ins Lächerliche, um damit seinen Ängsten und Problemen auszuweichen.

Viele professionelle Schauspieler gehören diesem Typus an; ihre komische Art und ihre Schauspielkunst nährt sich von Unsicherheit und Angst, die unter ihrer humorvollen Schicht verborgen ist. Ihr Humor hängt, wie ihr Leben, davon ab, daß sie ungehemmt tun können, was sie wollen, und daß sie sich so wenig wie möglich beschränken. Durchschnittliche Menschen vom Typus sieben sind nicht sehr feinfühlig: sie sagen dem anderen genau, was sie denken, selbst wenn sie seine Gefühle verletzen. Und während einige beleidigt sein mögen, finden andere ihre hemmungslose Offenheit erfrischend.

So amüsant und gesellig sie auch sind, kann man durchschnittliche Menschen vom Typus sieben gewöhnlich doch nicht als gute Gesprächspartner bezeichnen, da sie nicht zuhören können. Sie möchten der Mittelpunkt der Aufmerksamkeit sein, wollen, daß andere ihnen zuhören, über ihre Witze lachen und sich für das interessieren, was sie interessiert. Aber sie können dem anderen kein aufrichtiges Interesse entgegenbringen. (»Oh, wie nett. Und jetzt lassen Sie mich erzählen, was ich heute gemacht habe.«) Zudem springen sie von einem Thema zum nächsten, sobald ihnen ein neuer Gedanke durch den Kopf schießt und unterbrechen die anderen, um wieder einmal einen neuen Scherz loszuwerden. Selbst wenn sie sich in hitzige Streitereien einlassen, ist das für sie etwas Aufregendes und Anregendes, etwas, das ihnen Spaß macht.

Ihre Hyperaktivität ist deshalb problematisch, weil sie Oberflächlichkeit und Trivialität fördert, denn ein durchschnittlicher Typus sieben tut zu viele verschiedene Dinge, um irgend etwas gut tun zu können. Dummerweise nehmen solche Menschen, soviel sie auch tun, ihre Erfahrungen gar nicht wirklich wahr, da sie darüber nicht sehr lange nachdenken. Entweder tun sie mehrere Dinge zugleich (z. B. das Programm lesen, während sie ein Theaterstück ansehen) oder sie sind immer schon auf dem Weg zur nächsten Vergnügung, ohne sich überhaupt die Zeit zu nehmen, über das nachzudenken, was sie gerade erlebt haben. Im besten Fall lassen sie einen kritischen Satz fallen, und damit hat sich die Sache. (»Das Essen war gut, aber ich habe schon Besseres gegessen.«)

Obwohl sie oft so begabt und intelligent sind, lassen durchschnittliche Menschen vom Typus sieben viele Gelegenheiten ungenutzt vorübergehen, etwas Sinnvolles zu leisten. Sie bleiben an der Oberfläche und verplempern ihre Zeit. Auch wenn sie es nicht gerne zugeben, sind sie einfach leichtfertig und oberflächlich. Die große Begabtheit, die wir beim gesunden Typus sieben sahen, ist zur Bequemlichkeit heruntergekommen. Nun ist er kein Kenner mehr, sondern nur noch ein Dilettant. (Er singt vielleicht noch, aber nicht gut, da er nicht übt; er lernt ein paar Sätze Französisch und beschäftigt sich dann ein wenig mit Russisch; er fängt an zu nähen, dann zu malen, dann zu fotografieren und später Klavier zu spielen. Aber nie lernt er etwas wirklich, weil er sich nie lange genug damit abgibt.) Sobald irgend etwas eine aktive Konzentration und Bemühung erfordert, fängt der durchschnittliche Typus sieben an, sich zu langweilen und geht zu etwas Neuem über. Er rationalisiert seine Oberflächlichkeit, indem er sich selbst für einen Alleskönner hält, aber im Grunde ist er ein Nichtskönner.

Menschen sind wichtig in seinem Leben, da er nicht allein bleiben kann. Dennoch haben Freundschaften oder Beziehungen zu Menschen bei ihm etwas Zufälliges: Menschen dieses Typus setzen Beziehungen nur dann fort, die ihnen Spaß machen und lassen Menschen unbedenklich fallen, bei denen es nicht so ist. Eine Ehe dauert vielleicht nur ein Jahr oder zwei, weniger ernste Beziehungen leben beträchtlich kürzer. Sobald das Neue abgenutzt ist, möchte der durchschnittliche Typus sieben sich mit etwas anderem beschäftigen.

Auch seine berufliche Arbeit leidet, denn darin tüchtig zu sein, erfordert Konzentration, doch er widmet Routineangelegenheiten nie gerne seine Zeit und Aufmerksamkeit. Er ist mit den

Gedanken immer anderswo, bei angenehmeren Aktivitäten. Er macht ständig lange Pausen, geht während der Arbeit einkaufen oder macht so oft wie möglich Ferien, weil er so erschöpft von seinem randvollen Stundenplan ist. Hier sehen wir einen Wendepunkt in seiner Entwicklung, da Hyperaktivität viel weniger von Produktivität zeugt als von Geschäftigkeit und Rastlosigkeit. Diese Menschen haben kein Sitzfleisch; sie müssen jeden Augenblick etwas zu tun haben, auch in den Ferien. (Unter einem Sonnenschirm am Strand zu sitzen, würde sie wahnsinnig machen, es sei denn, dieser Sonnenschirm stünde mitten in Rio de Janeiro.) Sie lassen sich sehr leicht ablenken. Ja, sie schaffen sich diese Ablenkungen selbst, um nur nie der Langeweile zu verfallen. Stille können sie kaum ertragen – die Stereoanlage muß ebenso laufen wie der Fernseher, während sie ein Telefongespräch führen.

Das persönliche Aufnehmen und Verarbeiten der Dinge fehlt dem durchschnittlichen Typus sieben. Was Menschen anziehend macht, ist das subjektive Element, die Art, wie ihre Erfahrungen in sie eingehen. Interessant ist beispielsweise nicht die Tatsache, wie viele Filme jemand in einer Woche gesehen hat, sondern was diese Filme für ihn bedeuten. Doch da sie Erfahrungen nur konsumieren, um ihre Stimulation aufrechtzuerhalten, wissen durchschnittliche Menschen vom Typus sieben das, was sie tun, nur sehr wenig zu schätzen. Und weil sie ihre Erfahrungen nicht wirklich verarbeiten, werden sie paradoxerweise als Persönlichkeit auch immer uninteressanter, unentwickelter und infantiler. Zwischenmenschliche Konflikte entstehen oft daraus, daß ihre Gesellschaft für andere immer unbefriedigender wird. Unausgesetzte Aktivität wirkt ermüdend.

Der exzessive Materialist

In diesem Stadium haben solche Menschen Angst davor, auf irgendeine Weise frustriert zu werden, und so fordern sie mehr und mehr, vor allem von dem, was sie einmal zerstreut oder vergnügt hat. (Jetzt geben sie sich mit einem Cadillac nicht mehr zufrieden, jetzt muß es ein Rolls-Royce oder ein Jaguar sein. Ein Pelzmantel ist nicht genug; es müssen zwei oder drei sein.) Sie werden gierig und aufdringlich, sie bestehen darauf, daß die anderen ihnen all ihre Wünsche unmittelbar erfüllen. (»Ich will mehr, und ich will es jetzt!«) Sie besitzen keinerlei Toleranz für physische oder emotionale Probleme oder dafür, daß irgend etwas nicht klappt. Ihre Bedürfnisse müssen ihnen auf der Stelle erfüllt werden.

Ein durchschnittlicher Mensch vom Typus sieben auf dieser Ebene legt größten Wert darauf, viel zu haben und sich alles, was er will, sofort verschaffen zu können. Er gibt natürlich all sein Geld für sich selbst aus, wobei er gewöhnlich auch noch große Schulden macht. Er kann zu nichts Nein sagen und sieht keinen Grund darin, sich die Erfüllung irgendeines Wunsches zu versagen, wenn er doch mit seiner Kreditkarte sofort alles haben kann. Ein Mensch vom Typus sieben, der nicht viel Geld hat, setzt das Geldverdienen an erste Stelle, entweder, indem er Geld heiratet oder selbst genug verdient, um sich den Lebensstil verschaffen zu können, an den er sich gewöhnt hat. Aus Liebe zu heiraten mag für solch einen Menschen eine Idealvorstellung sein; ein materialistischer Typus sieben läßt es nicht zu, daß die Liebe oder die Abwesenheit von Liebe ihm etwa bei der Erreichung seiner Ziele im Wege steht.

Sein Lebensstil ist ganz offen materialistisch, er führt ein aufwendiges Leben, bei dem Prestige und das ostentative Zurschaustellen von Reichtum eine große Rolle spielen. In diesem Stadium sind durchschnittliche Menschen vom Typus sieben gierige Konsumenten. (»Wenn ich sehe, was ich will, gebe ich keine Ruhe, bis ich es habe.«) Gier ist die schlimmste Sünde dieses Typus, und sie ist nirgends so offensichtlich wie in diesem maßlosen Materialismus, der schon etwas Obszönes hat. Er treibt alles auf die Spitze und geht immer über seine wirklichen Bedürfnisse und den guten Geschmack hinaus, so daß sein ganzes Verhalten etwas ekelhaft Exzessives bekommt. (»Wenn eine Sache gut ist, so sind zwei noch besser.«) Es liegt eine Ironie darin, daß der weltgewandte, blasierte Kenner nun in Protzerei und Vulgarität absinkt, wenn diese krasse Form von Materialismus von ihm Besitz ergriffen hat.

Er verhält sich nun in jedem Lebensbereich exzessiv, auch was die Maßnahmen anbelangt, die er ergreift, um seine Gesundheit und Jugend zu erhalten, beides Dinge, die natürlich außerordentlich wichtig für ihn sind (»Man kann nie zu reich oder zu schlank sein.« – die Herzogin von Windsor). Solche Menschen bräunen sich so lange, bis ihre Haut wie Leder aussieht und sie sich einer kosmetischen Operation unterziehen müssen. Sie essen und trinken so viel, daß sie eine Schlankheitskur auf einer Schönheitsfarm machen oder sich in einem Sanatorium erholen müssen. Frauen vom Typus sieben haben die Tendenz, sich übertrieben anzuziehen und so viel Make-up und Schmuck zu tragen, daß sie billig und primitiv wirken, auch wenn sie für ihre Ausstattung ein Vermögen ausgegeben haben. Ein männlicher Typus sieben kommt meist in ungeheuer auffallender, neureicher Aufmachung daher und trägt grelle Farben und Muster – wobei alles sehr teuer, aber nicht gerade sehr geschmackvoll ist.

Natürlich kann jeder Persönlichkeitstypus auch manchmal zu einem exzessiven Lebenswandel neigen, aber bei Typus sieben in diesem Stadium ist die Übertreibung geradezu ein Markenzeichen, da er sich bewußt keinerlei Schranken auferlegt, selbst eine gewisse Mäßigung seinem Hedonismus keineswegs abträglich wäre (»Nur wer übertreibt, hat Erfolg.«). In seiner Verschwendungssucht konsumiert er alles und wirft es sofort weg, wenn er es genossen hat. Seine Einstellung: »Ich habe mir meinen Teil gesichert, was gehen mich die anderen an?«

Obwohl sie schon soviel haben, sind diese Menschen eifersüchtig auf alle, die mehr zu haben scheinen. Zudem sind sie absolut egozentrisch und vollkommen unsensibel gegenüber dem Wohlergehen der anderen, es sei denn, es trage auch zu ihrer eigenen Annehmlichkeit und Bequemlichkeit bei. Menschen vom Typus sieben in diesem Stadium teilen das, was sie haben, mit niemandem und möchten nicht, daß andere von ihnen abhängig sind. Selbst wenn noch eine Schicht von weltmännischen Manieren geblieben sein mag, sind sie darunter hart wie Kieselsteine.

Es ist unnötig zu betonen, daß diese Menschen schlechte Eltern sind, da sie immer nur daran denken, es sich selbst so angenehm wie möglich zu machen und viel zu egozentrisch leben, um sich wirklich um die Bedürfnisse ihrer Kinder zu kümmern. Männer vom Typus sieben sind gewiß alles andere als fürsorglich und Frauen dieses Typus weit davon entfernt, Mütterlichkeit auszustrahlen. Nie würden sie es zulassen, daß ein Kind ihren Lebensstil in irgendeiner Weise beeinträchtigt, und so würden sie eher noch eine Abtreibung vorziehen oder ein Kind zur Adoption freigeben. Eine Familie zu haben, ist für sie eine zu feste Bindung und stellt Forderungen an sie, und das ist etwas, was sie auf jeden Fall vermeiden wollen.

Das Problem, das Typus sieben unbewußt für sich selbst schafft, liegt darin, daß er an die Unmäßigkeit so gewöhnt ist, daß ihn nichts mehr wirklich befriedigen kann, wenn es nicht im Exzess betrieben wird. Er braucht immer stärkere Stimulanzien, damit überhaupt noch etwas auf ihn wirkt. Um den Erregungszustand, den er haben will, aber nicht auf natürliche Weise erreichen kann, irgendwie zu erlangen, beginnt er vielleicht sich der sexuellen Promiskuität hinzugeben oder Drogen (vor allem Kokain und Alkohol) zu benutzen oder große Summen von Geld für neue, noch aufwendigere Spielzeuge auszugeben. Aber auch hier schafft er sich nur neue Probleme der Abhängigkeit. Ein Mensch vom Typus sieben liefert sich dieser Abhängigkeit sehr leicht aus, egal ob es die Abhängigkeit von Fernsehen, Ausgehen, Sex oder Drogen ist. Und wenn er einmal an etwas gewöhnt ist, so ist er gefangen – er kann ohne die Gewohnheit nicht mehr auskommen.

Traurigerweise fehlt durchschnittlichen Menschen vom Typus sieben in diesem Stadium das Gefühl wirklichen Glücklichseins vollständig. Sie haben alles, was sie sich mit Geld erwerben können, aber ihre Erfahrungen sind weder wirklich erweitert noch vertieft. Im Gegenteil: sie haben sich emotional verhärtet und werden immer unzufriedener. Leider sind sie zudem unersättlich. Die Gewohnheit an den Exzess hat sie zu vollkommen unbefriedigten Menschen gemacht.

Analyse des gestörten Typus sieben

Der impulsive Eskapist

Da Menschen vom Typus sieben ihre Erfahrungen nicht zum Erlebnis werden lassen, können sie sich meist gar nicht vorstellen, warum sie unglücklich oder unzufrieden sind, vor allem, da sie ja meist so ungeheuer viel von den guten Dingen des Lebens besitzen. Sie spüren jedoch nur, daß sie unglücklich sind, und so beginnen sie gegen alles zu kämpfen, was ihnen im Wege steht und gegen jeden, der ihnen etwas vorzuenthalten scheint.

Ein gestörter Typus sieben bleibt weiter in Bewegung, ja im Flug, wie ein Surfer, der auf dem Kamm einer Welle schwebt, bevor sie bricht. Die ungehemmte Aktivität, die wir beim durchschnittlichen Typus sieben sahen, ist nun zu einem vollkommen hemmungslosen Verhalten geworden, das in dem Gefühl gipfelt, alles sei möglich, wenn es dem Betreffenden verspricht, ihn glücklich zu machen oder seine Ängste und Spannungen zu lösen. Er stürzt sich jetzt vielleicht in sexuelle Eskapaden, in Trink- oder Drogengelage, bis er vor lauter Ausschweifung ganz heruntergekommen ist. Er spielt möglicherweise mit äußerst verderbten sexuellen Praktiken herum, da er immer auf der Suche nach einem neuen Nervenkitzel und einem neuen Fluchtweg vor sich selbst ist. Er ist inzwischen so zersplittert, daß er sich nicht mehr zentrieren kann, und er will mit nichts mehr in wirkliche Beziehung treten. Wir sahen gerade, daß Typus sieben suchtgefährdet ist, weil er von allem abhängig wird, was ihm Lust bereitet oder seine Angst mildert. Die Anlage zur Sucht in den verschiedensten Formen, nach Aufputschmitteln (um mehr Spaß zu haben), beruhigenden Mitteln (um sich entspannen zu können und das Bewußtsein zu verlieren, ohne Angst zu haben), ist sehr gewachsen. An diesem Punkt hat ein Mensch vom Typus sieben wahrscheinlich fast jede Art von Stimulanzien und Beruhigungsmitteln versucht, die er auf seiner Jagd nach dem Glück in die Finger bekommen konnte und ist bei jedem Schritt auf diesem Weg unglücklicher geworden.

Ist solch ein Mensch auch nur einen Augenblick lang frustriert, wird er außerordentlich wütend und sagt und tut Dinge, die beleidigend, grob und unüberlegt sind. Er verhält sich wie ein verwöhntes Kind, das heftig und angriffslustig wird, wenn die anderen ihm nicht geben, was er will und impulsiv sagt, was immer ihm gerade in den Sinn kommt, gleichgültig wie unwahr oder verletzend es sein mag. Aber auch wenn die anderen dieses Verhalten ärgerlich und verachtenswürdig empfinden, können sie nicht viel dagegen angehen. Ein gestörter Typus sieben schert sich keinen Deut darum, ob er die Gefühle eines anderen verletzt oder eine Gelegenheit zerstört. Wenn etwas nicht nach seinem Kopf ist, bekommt er einen Koller, beginnt zu schreien oder macht eine heftige Szene, um sich durch seinen Zorn zu rächen.

Da er nicht mehr die Fähigkeit besitzt, seine Impulse im Zaum zu halten, lebt er alles aus und gibt jeder Augenblickslaune nach. Ist er ärgerlich, greift er nach irgend etwas und wirft es durchs Zimmer. Ist er traurig, bricht er in Tränen aus. Wenn er das Gefühl hat, jemanden beleidigen zu müssen, wird er das ohne Zögern und ohne die geringste Verlegenheit tun. Ein gestörter Typus sieben hält nichts zurück, denn die einzige Möglichkeit für ihn, mit Angst, Aggressionen oder anderen zerstörenden Gefühlen umzugehen, ist es, ihnen nachzugeben und sie ungehemmt zu entladen.

Natürlich kommt er durch dieses Verhalten oft nicht nur zum Ziel (da die anderen aus Verlegenheit schweigen oder vor lauter Schreck nachgeben), sondern es verschafft ihm zusätzlich noch eine neue und augenblickliche Befriedigung, da es seine Spannungen löst. Dennoch verstärkt sich die Impulsivität bei einem gestörten Typus sieben durch das Ausleben seiner Gefühle noch mehr, wodurch auf die Dauer gesehen alles nur schlimmer für ihn wird. Zudem zeigt seine Impulsivität, wie infantil und emotional unreif er ist. So kann es auch niemand lange mit ihm aushalten, was einen gestörten Typus sieben natürlich mehr und mehr frustriert und in Rage bringt.

Der manisch-triebhafte Mensch

In einer immer brutaleren Flucht vor sich selbst wird ein gestörter Typus sieben vom impulsiven zum manischen Menschen. Ein neurotischer Typus sieben bringt nur Chaos in seine Umgebung und in seine Beziehungen, da er vollständig unkontrolliert und sowohl in seinem Verhalten als auch in seinen Stimmungen sehr instabil wirkt. Er ist chaotisch und unberechenbar wie ein Tornado.

Die Hyperaktivität, die wir beim durchschnittlichen Typus sieben sahen, hat sich so verschlimmert, daß nun ein neurotisch-manisches Verhalten vorherrscht, in dem Stimmungen, Ideen und Handlungsweisen ständig umschlagen. Die Stimmung eines solchen Menschen kann von kämpferischer Feindseligkeit innerhalb weniger Minuten in tränenreiche Zerknirschtheit oder hochmütige Überlegenheit umschlagen. Natürlich fällt es den anderen Menschen schwer, damit zurechtzukommen, und wenn sie versuchen, mit einem neurotischen Typus sieben zu argumentieren oder ihm in seinen Hochstimmungen Schranken zu setzen, reagiert der Betreffende auf irgendeine unberechenbare und gefährliche Art.

Obwohl er sich meistens in einer Art Hochstimmung befindet, ist an diesen Stimmungsaufschwüngen etwas typisch Unnatürlich-Zwanghaftes. Er fühlt sich als der Größte und lebt ständig in Übererregung. Er spricht laut und schnell, als hätte er ein Anregungsmittel geschluckt. Er glaubt, er könne alles in die Tat umsetzen und verschleudert große Mengen von Geld für grandiose Pläne, die er nie ausführen wird. Oder er nimmt gefährliche Dosen von Drogen oder Alkohol zu sich, um sich sein Hochgefühl zu erhalten, weil er keinen Augenblick innehält, um sich über die Konsequenzen dieses Verhaltens Gedanken zu machen.

Für einen manischen Typus sieben ist es kennzeichnend, sich zwanghaft in allerlei Aktivitäten zu stürzen, um seine Abwehrmechanismen gegen das Versinken in Depressionen aufrechtzuerhalten. Diese zwanghaften Aktivitäten können sehr verschiedene Formen annehmen – vom zwanghaften Einkaufen und Spielen über dauernden übermäßigen Alkohol- oder Drogenmißbrauch bis zu zwanghaftem Essen oder zwanghaften sexuellen Aktivitäten. Auch typische Manien wie Kleptomanie (der neurotische Drang zu stehlen) kann hier beispielsweise eine Rolle spielen. Es hängt ganz davon ab, auf welche Objekte sich die Begierde dieser Menschen verlagert hat.

Erkennt ein neurotischer Typus sieben nicht, daß er sich etwas vormacht, so deshalb, weil er nicht einsehen kann, bis zu welchem Maß er schon jede Kontrolle über sich verloren hat. Von seinem Standpunkt gesehen, ist die einzige Abwehr gegen seine Angst das Ausagieren, bevor ihm irgend etwas davon ins Bewußtsein kommt. Es liegt eine gewisse Logik darin, da neurotische Menschen vom Typus sieben sich immer neue, wenn auch illusorische Erfahrungen verschaffen können, durch die sie ihre Angst loswerden. Es geht also in Wirklichkeit gar nicht darum, daß sie ihre Pläne auch ausführen, sondern es geht ihnen darum, sich Fluchtwege zu suchen.

Was dieser Mensch allerdings nicht erkennt, ist, daß er sich jetzt in einer sehr gefährlichen Situation befindet. Seine Seele ist wie aufgesplittert in Wassertropfen, die auf einem heißen Eisen hin- und herhüpfen. Würden sie reglos liegenbleiben, wäre das ihr Ende. Würden diese Menschen die Fähigkeit verlieren, in einer dauernden, angstüberdeckenden Bewegung zu bleiben, würden sie in ernsthafte Depressionen verfallen, und genau das soll ihre manische Aktivität verhindern, weshalb man diesen Zustand manisch-depressive Abwehr nennt. Zudem beginnen sie durch die Zwanghaftigkeit ihrer Aktivitäten unvermeidlich in Schwierigkeiten zu geraten. Die anderen Menschen (und die Wirklichkeit selbst) muß sie notwendigerweise frustrieren und ihnen die Wege versperren, auf denen sie vor sich selbst fliehen können.

Der von panischer Angst befallene »Hysteriker«

Manische Menschen vom Typus sieben erreichen schließlich einen Punkt, an dem sie alles in der Welt »konsumiert« haben, und ihnen kein fester Grund mehr unter den Füßen bleibt. Die Angst, die sie durch ständige Bewegung unterdrücken konnten, dringt nun in ihr Bewußtsein. Doch jetzt wissen sie nicht mehr, wohin sie sich wenden oder woran sie sich halten sollen. Das hat hysterische Angst zur Folge; sie fühlen sich wie von einem wilden Untier gehetzt. Sie sind »hysterisch« im trivialen Sinn des Wortes – von panischer Angst besessen, zitternd und vor lauter Angst und Schrecken unfähig zu handeln oder sich auf irgendeine Weise aus der Situation zu retten.

Diese harten, weltgewandten Menschen, die so sehr alles im Griff zu haben schienen, werden nun von einem Strom von Angst überflutet, dem sie nicht mehr entrinnen können. Ihre

Abwehrmechanismen brechen sehr plötzlich und vollständig zusammen und liefern den neurotischen Typus sieben seiner überwältigenden Angst vollständig aus. Natürlich ist jede Angst, selbst für einen durchschnittlichen Menschen dieses Typus, außerordentlich bedrohlich, da sie ja vom Unbewußten kommt, einem Bereich, der sich ihnen vollständig entzieht. Das gilt jedoch um so mehr für neurotische Menschen dieses Typus, die plötzlich das Gefühl haben, als würden sie verschluckt. Die greifbare Welt, die ihnen einst so fest und verläßlich erschien, ist nun nicht mehr verläßlich genug, um sie vor der undämmbaren Furcht zu retten, die sie verschlingt, in dem Maß, wie ihr Unbewußtes ihr Bewußtsein überschwemmt.

In solchen Zeiten der panischen Angst erleben neurotische Menschen vom Typus sieben im Wachen die Art von Angst und Schrecken, die normale Menschen in einem Alptraum erleben, aus dem sie glücklicherweise wieder erwachen. Normale Menschen kommen durch das Erwachen wieder mit der Realität in Berührung und können ihre Angst überwinden. Für einen neurotischen Menschen vom Typus sieben in diesem Stadium ist das nicht mehr möglich. Er ist vollkommen wach und weiß nicht mehr, wohin er sich flüchten soll. Er fühlt sich klaustrophobisch von Angst gelähmt, zu Tode erschreckt vom Nichts, von der Angst, wahnsinnig zu werden und von der Furcht davor, in endloser Qual gefangen zu sein, der er nicht mehr entrinnen kann.

Eine der schlimmsten Aspekte ihrer Angst ist, daß der Ursprung dieses Schreckens immer noch unnennbar ist, und daß diese Menschen deshalb kaum damit umgehen oder ihn gar auflösen können. Der Grund dafür liegt darin, daß sie sich gewöhnlich einem sehr äußerlichen Leben hingegeben haben, einem Leben immer schneller einander jagender Erfahrungen und Stimulationen, und daß sie deshalb nie gelernt haben, mit sich selbst ins reine zu kommen. Auf ihrem Abstieg, ihrem Weg zur Neurose, haben sie in gewissem Sinn das Problem nur vor sich hergeschoben, in der Hoffnung, ihre oberflächli-

che Lebensweise würde keine negativen Folgen tragen. Jetzt
erkennen sie, daß sie sich gründlich geirrt haben.

Die Dynamik von Typus sieben

*Die Desintegrationslinie: Typus sieben entwickelt
sich zu Typus eins*

Wir wir sahen, ist ein neurotischer Mensch vom Typus sieben
vollkommen in Panik und rücksichtslos unkontrolliert. Wenn
er sich in Richtung Typus eins entwickelt, wirft er all seine
Energie auf eine Sache oder einen Plan, durch die er wieder
Kontrolle über sich oder sein Leben zu bekommen hofft.
Selbstkontrolle – eine Möglichkeit, sich zu zentrieren und zu
emotionaler Stabilität zu finden – ist etwas, das er am meisten
braucht, und der Weg zu Typus eins hin scheint ihm das auch
zu verschaffen. All die Energie, die er früher auf der Suche
nach Glück in die Außenwelt investiert hat, implodiert nun in
ein Zentrum des Hasses gegen die Realität und gegen jene, die
ihn frustriert haben.

Ein gestörter Typus sieben gibt seiner Existenz nun wirklich
eine einzige straffe Richtung, er intensiviert sein Interesse in
eine Person oder in einen Gegenstand bis zur Obsession. Wir
sahen schon früher, daß die Manie bei ihm eine Möglichkeit
war, neue Bindungen an die Umwelt zu schaffen, aus einem
unbewußten Drang heraus, mit der Angst zurechtzukommen.
Jetzt dienen besessene Ziele dem gleichen Zweck. Die manische Abwehr wird eine obsessive Abwehr, durch die der neurotische Typus sieben hofft, Kontrolle über sich selbst zu
erlangen und seine Angst unterdrücken zu können. Der Weg
zu den Charakterzügen von Typus eins liefert ihm eine Rationalisierung, durch die er jeden anderen sadistisch bestrafen
kann, der ihm nicht gibt, was er will. Der Drang zu bestrafen

und bösartigste Verwünschungen an andere Menschen weiterzugeben, sind hier an der Tagesordnung.

Der Weg zu Typus eins ist jedoch nicht gangbar, da der Sammelpunkt, an dem ein gestörter Typus sieben eine Rettung für sich selbst zu finden hofft, außerhalb seiner selbst liegt und paradoxerweise als eine Art Blitzableiter für seine destruktiven Impulse herhalten muß. Wenn man einem Menschen vom Typus sieben hilft, seine destruktiven Impulse zu unterdrücken oder konstruktiv mit ihnen umzugehen, wird der Mensch, der für ihn der Rettungsanker geworden ist, gleichzeitig Ziel des Hasses, jenes Hasses nämlich, den Typus sieben auf die Menschen hat, die ihm seine Wünsche in der Vergangenheit versagten.

Der neurotische Typus sieben ist nicht nur gefährlich, weil er impulsiv und gewalttätig ist, sondern weil sein Denken gestört ist. Es kann nun geschehen, daß er in einem Anfall hysterischer Leidenschaft oder einem Augenblick vorübergehenden Wahnsinns gerade den Menschen, auf den sich seine Intensität richtete, tötet oder schwer verletzt. Auch wenn keine Mordtendenzen in ihnen schlummern, können gestörte Menschen vom Typus sieben ihren Kindern oder Ehegefährten gegenüber sehr gewalttätig werden. Wenn tatsächlich ein Mord oder eine Verletzung an anderen Menschen geschieht, kann ihre manische Abwehr zusammenbrechen und einer schweren Depression Raum machen, bei der Selbstmord der letzte Schritt ist.

Die Integrationslinie: Typus sieben entwickelt sich zu Typus fünf

Da ein Mensch vom Typus sieben auf dem Weg zur Integration sein psychologisches Gleichgewicht wiedergefunden hat, fürchtet er nicht mehr, vom Glück ausgeschlossen zu sein. Entwickelt er sich in Richtung Typus fünf, beginnt er sich tief auf die Dinge einzulassen. Durch eine Verinnerlichung seiner

Erfahrungen, also wirkliches Erleben, erreicht ein Typus sieben auf dem Weg zur Integration den Anker, durch den er Stabilität und Sicherheit für sein Leben findet.

Die Dankbarkeit für das Leben, das Menschen vom Typus sieben auf dem Weg zur Integration finden, wenn sie sehr gesund sind, bringt sie dazu, mehr herausfinden zu wollen über das, was sie so außerordentlich glücklich gemacht hat. Nun geben sie sich nicht mehr nur dem Erleben der Welt hin, sondern sie wollen mehr über sie wissen. Erstes Ziel ihrer Aufmerksamkeit sind nicht mehr nur sie selbst (ihre Erfahrungen und ihr unmittelbares Glücksgefühl), sondern die sie umgebende Welt. Menschen vom Typus sieben auf dem Weg zur Integration werden respektvoller gegenüber der Integrität aller Dinge, sie verstehen die Welt als etwas, das keineswegs nur dazu da ist, damit sie es gut haben. Sie sind nicht mehr Konsumenten der Welt, sondern ruhige Betrachter des Lebens geworden. Ihre Dankbarkeit blüht nun auf zu einem Gefühl der staunenden Verwunderung über die Schöpfung.

Menschen vom Typus sieben auf dem Weg zur Integration haben sich nun weit über ihre Tendenz zur Zerstreuung und zur Weltflucht hinausentwickelt. Typus sieben auf dem Weg zu Typus fünf konzentriert sich auf seine Erfahrungen und wird für seine Bemühungen belohnt, denn alles wird für ihn viel tiefer befriedigend. In dem Maß, wie er sein Zentrum in sich selbst findet, werden ihm ganz neue Erlebnistiefen zugänglich. Er sammelt wirkliche Erfahrungen, er dringt tief in die Realität ein und läßt es zu, daß auch die Realität in ihn eingeht. Typus sieben auf dem Weg zur Integration läßt seine beträchtlichen Begabungen und Talente in seine Erfahrungswelt einfließen. Er verliert seinen gesunden Enthusiasmus oder seine Produktivität nicht, wenn er sich in Richtung Typus fünf entwickelt. Im Gegenteil, solch ein Mensch wird vielleicht noch produktiver, indem er etwas ganz Eigenständiges in die Welt setzt.

Die wichtigsten Subtypen von Typus sieben

Typus sieben mit einer Tendenz zu Typus sechs

Die Charakterzüge von Typus sieben und die einer Tendenz zu Typus sechs stehen in einem gewissen Widerspruch zueinander: Typus sechs ist auf Menschen hin gerichtet, während Typus sieben auf Dinge und Erfahrungen hin orientiert und durchaus in der Lage ist, sich seine eigenen Bedürfnisse selbst zu erfüllen. Bei beiden Persönlichkeitstypen gibt es jedoch Abhängigkeiten; Typus sechs hängt davon ab, bei anderen Zustimmung und Sicherheit zu finden, während Typus sieben davon abhängt, daß die Umwelt ihn glücklich macht. Menschen dieses Subtypus versuchen selbst für ihre Zufriedenheit zu sorgen, während sie andere Menschen als zusätzliche Anregungen und Glücksquelle betrachten. Bekannte Beispiele dieses Subtypus sind: John F. Kennedy, Arthur Rubinstein, Leonard Bernstein, Mae West, Elizabeth Taylor, Zsa Zsa Gabor, Bette Midler, Lisa Minelli, Robin Williams, Peter Ustinov, Carol Burnett, Shelley Winters, Liberace, Richard Simmons, Mickey Roney, Bob Hope, Sid Caesar, Mel Brooks, Zero Mastel, John Belushi und Miss Piggy.

Gesunde Menschen dieses Subtypus wirken liebenswert und anziehend. Man lebt gerne in ihrer Gesellschaft, da ihr Humor sich durch unbekümmerte Verspieltheit, Schalk und geistreiche Einfälle auszeichnet. Im Grunde sind sie eher aggressiv, wollen aber trotzdem, daß die anderen sie mögen und akzeptieren. Haben sie Geld, so benehmen sie sich oft sehr großzügig anderen gegenüber, vor allem, was ihre sozialen Kontakte, das Einladen von Gästen und Reisen anbelangt. Menschen dieses Subtypus haben eine sanfte, liebenswürdige Seite, die sehr einnehmend sein kann. Sie sind eine Art Kaleidoskop widersprüchlicher Charakterzüge – einschmeichelnd und forsch, verletzlich und doch unverwüstlich, spontan, aber zugleich auch abhängig, erwachsen und dabei doch kindlich.

Durchschnittliche Menschen dieses Subtypus wirken defensiv und impulsiv. Sie suchen Zustimmung und fürchten sich vor ihrer Angst oder Einsamkeit. Sie möchten geliebt werden und verlieben sich rasch. Ebenso rasch aber fliegt ihre Verliebtheit vorbei, sobald die Sache nicht mehr ganz frisch ist. Verliebt zu sein ist ein starkes Gefühl, das durchschnittliche Menschen dieses Subtypus genießen. Sie können immer noch einen Hang zur Lustigkeit verspüren, dicht unter der Oberfläche aber lebt bereits ein Hauch von Angst. Sie sind gesellig, aber doch unsicher darüber, was die anderen über sie denken; impulsiv, aber doch nicht sicher in ihren Entscheidungen; materialistisch, aber doch geneigt, ihr Geld zusammenzuhalten. Wächst ihre Angst, neigen Menschen dieses Subtypus dazu, immer unsensibler anderen gegenüber zu werden, ohne sich dessen bewußt zu sein. Sie werden zunehmend egozentrischer und fordern, daß die anderen ihnen aus ihren Angstzuständen heraushelfen. So mildert die Tendenz zu Typus sechs die aggressive Seite von Typus sieben, verstärkt aber zugleich auch seine Angst.

Gestörte Menschen dieses Subtypus neigen zu starker Unsicherheit. Sie brauchen die Zuneigung und Zustimmung anderer und haben wahrscheinlich große Schwierigkeiten mit Minderwertigkeits- und Angstgefühlen, Charakterzüge, die bei beiden zusammengesetzten Subtypen eine Rolle spielen. Sie hängen sich an andere Menschen und fordern tränenreich, aber hartnäckig, daß diese ihre Probleme für sie lösen. Funktioniert das nicht, werden Menschen dieses Subtypus leicht hysterisch und sehr hilflos, wobei sie um sich schlagen, die anderen in die Flucht treiben und zugleich versuchen, sie wieder für sich zu gewinnen. Dieser Subtypus neigt auch stark zu selbstzerstörerischem Verhalten und dramatischen masochistischen Episoden, wie Selbstmordversuchen.

Typus sieben mit einer Tendenz zu Typus acht

Typus sieben und die Tendenz zu Typus acht bringt eine Persönlichkeitskombination hervor, die sehr aggressiv ist, da jede Komponente zur Aggressivität neigt. Menschen dieses Subtypus sind auf zweierlei Weise aggressiv: in den Forderungen, die sie an die Umwelt stellen und in der Stärke ihres Egos, die diese Forderungen bekräftigt. Niemand kommt ungeschoren davon, der einen Menschen dieses Subtypus frustriert. Bekannte Beispiele sind: Joan Collins, Barbra Streisand, John Rivers, die Herzogin von Windsor, Marlene Dietrich, Phyllis Diller, Helen Gurley Brown, George Plimpton, Cary Grant, Noël Coward, Cole Porter, David Niven, Lauren Bacall, Judith Krantz, Jacqueline Susann und Martha in: »Wer hat Angst vor Virginia Woolf?«

Gesunde Menschen dieses Subtypus wirken überschwenglich und ausgelassen, da sie im Grunde ihres Wesens zu Typus sieben gehören. Die Tendenz zu Typus acht fügt das Element des Selbstvertrauens, der Willens- und der Durchsetzungskraft hinzu, das diesen Menschen hilft, Hindernisse zu überwinden und mit Ausdauer alle Schwierigkeiten zu ertragen, die sich ihnen in den Weg stellen. Dieser Subtypus besitzt die Fähigkeit zur Führung. Manche Menschen dieses Subtypus in Führungspositionen sind bekannt für ihre rasche Auffassungsgabe und die Brillanz ihres persönlichen Umgangsstils. Sie sind fast immer außerordentlich tüchtig, da die Tendenz zu Typus acht mit dem dazugehörigen Selbstvertrauen Menschen vom Typus sieben in die Lage versetzt, sich in eine Vielzahl von Aktivitäten zu begeben; ihr starkes Ich erlaubt es ihnen, in allem so lange bei einer Sache zu bleiben, bis ihnen der gewünschte Erfolg beschieden ist.

Durchschnittliche Menschen dieses Subtypus sind praktischer, weltgewandter und kosmopolitischer als Menschen vom Typus sieben mit einer Tendenz zu Typus sechs. Sie zeigen, was sie wollen und verfolgen ihre Wünsche mit weniger Rücksicht auf die Bedürfnisse, Wünsche oder Gefühle anderer, manchmal auch ohne Rücksicht auf Gesetz und Moral. Die aggressive Note, die durch die Tendenz zu Typus acht mitschwingt, läßt Menschen dieses Subtypus in allem, was sie tun, energischer und egozentrischer wirken. Es liegt ihnen sehr daran, viel Geld zu haben, und da sie über einen starken Willen verfügen, tun sie alles, um es zu bekommen. Sie versuchen gar nicht, Konflikten aus dem Weg zu gehen; meist ist sogar das Gegenteil der Fall: durch Konfrontationen werden sie stimuliert, denn sie brauchen die Erregung, die durch Konflikte erzeugt wird. Im allgemeinen ist das ein härterer, willensstärkerer und egozentrischerer Subtypus. Diese Menschen kümmern sich vor allem um sich selbst und sind viel materialistischer und hedonistischer als Menschen vom Typus sieben mit einer Tendenz zu Typus sechs.

Gestörte Menschen dieses Subtypus mischen die manischen Charakterzüge von Typus sieben mit den unsozialen, gewalttätigen Zügen von Typus acht. Sie können vollkommen rücksichtslos sein, vor allem, wenn jemand das hat, was sie wollen, sei es ein Mensch oder ein Gegenstand. Da gestörte Menschen vom Typus sieben leicht die Kontrolle über sich verlieren und neurotische Menschen vom Typus acht ihre Kraft überschätzen, werden gestörte Menschen dieses Subtypus außerordentlich rücksichtslos und gefährlich. Sie können physisch destruktiv werden, wenn sie diese Eigenschaften ausleben, was natürlich auch für andere Menschen zerstörerische Folgen haben kann.

Einige Gedanken zum Abschluß

Wenn wir den Weg ihrer Neurotisierung zurückverfolgen, so sehen wir, daß gestörte Menschen vom Typus sieben gerade das bewirkt haben, was sie am meisten fürchten: das Glück, das sie suchen, fehlt ihnen nicht deshalb, weil die Welt es darauf abgesehen hat, sie zu frustrieren, sondern weil sie dem Leben nicht genug Vertrauen entgegengebracht haben. Sie haben ihre Erfahrungen nicht *erlebt*, sondern *verlebt*, und sind über alles oberflächlich hinweggegangen, als gäbe es nichts, was nicht zu ihrem Vergnügen da wäre. Doch dieses Leben nach dem Lustprinzip hat das Glück, das sie suchten, nicht hervorgebracht, sondern genau das Gegenteil.

Dabei muß bemerkt werden, daß Typus sieben sich zwar unbefriedigt fühlt, daß er aber selten wirklich minderbemittelt ist, zumindest nicht für lange Zeit. Weil er den Mangel fürchtet, tut er alles, was er kann, um ihm nie ausgesetzt zu sein. Und weil er aggressiv ist, gelingt es ihm gewöhnlich zu bekommen, was er will. Aber gerade wegen seiner Aggressivität neigt er dazu, über das Ziel hinauszuschießen, sich selbst durch Exzesse zu ruinieren und so die Möglichkeit, wirkliches Glück zu erfahren, vollkommen zu zerstören.

Wenn Typus sieben seine Erfahrungen nicht wirklich innerlich erlebt, wird alles, was er tut, wertlos und vergeudet sein. Der kostbarste Besitz und die stärksten Erlebnisse können für ihn nichts bedeuten, wenn er sie sich nicht zu eigen macht. Gelingt es einem Menschen vom Typus sieben schließlich nicht, seine Angst vor dem Nicht-Haben zu überwinden, wird er weiter konsumieren und weiter unzufrieden bleiben. Es gibt jedoch keine Möglichkeit, solch einen Menschen von dieser Wahrheit zu überzeugen, da die wertvollsten Erfahrungen im Leben erst gemacht werden können, wenn ein Mensch seelisch und geistig auf sie vorbereitet ist. Läßt ein Mensch vom Typus sieben seine Erlebnisse nicht in die Tiefen seiner Seele ein, wird er sich selbst für immer der köstlichsten Erfahrungen berauben, die das Leben zu bieten hat. So tauscht er, ohne es zu wissen, echtes Gold gegen wertloses Blech ein.

Kapitel 10

Typus acht: Der Führer

Typus acht in Umrissen

Gesund: Wird zu einem großmütigen, selbstbeherrschten, mutigen, sogar heroischen Menschen, von manchmal historischer Größe. Selbstbewußt, voller Selbstvertrauen und Stärke. Die Führernatur schlechthin, ein Mensch, der andere inspirieren kann. Entschieden, durchsetzungskräftig und überzeugend. Er fördert andere Menschen, beschützt sie und ist durch und durch ehrenwert.

Durchschnittlich: Voller Unternehmungsgeist, der krasse Individualist und kluge Geschäftsmann, oft Unternehmer. Stark aggressiv, expansiv – der Machtmensch und Herrscher, der die Umgebung im Griff hat. Wird eigensinnig, kämpferisch, schüchtert andere ein, um alle Hindernisse aus dem Weg zu räumen: liebt Konfrontationen, ist kämpferisch und schafft streitlustige Beziehungen.

Gestört: Kann hemmungslos aggressiv und rücksichtslos sein: diktatorisch, tyrannisch und grobschlächtig. Entwickelt grandiose Vorstellungen über sich selbst: Größenwahn, das Gefühl, absolut unantastbar zu sein. Kann alles brutal zerstören, was sich seinem Willen nicht unterordnet. Rachsüchtig, gewalttätig, barbarisch, voller Mordgelüste.

Grundmotivation: Möchte unabhängig sein und im eigenen Interesse handeln, die Umwelt beeinflussen und über andere herrschen.

Beispiele: Martin Luther King, Franklin D. Roosevelt, Michail Gorbatschow, Lyndon B. Johnson, Lee Iacocca, Golda Meir, Indira Gandhi, Frank Sinatra, Pablo Picasso, John DeLorean, Napoleon, Idi Amin, Reverend Jim Jones und Don Vito Corleone.

Gesamtbild von Typus acht

Die Alltagssprache beschreibt genau die Gründe, aus denen Macht angestrebt wird. Ist sie nur auf das Interesse eines Individuums oder einer Gruppe beschränkt, sagt man, sie werde zu eigennützigen Zwecken ausgeübt; spiegelt sie das Interesse oder die Anschauung einer größeren Zahl von Menschen wider, werden die Betreffenden als kluge Führer oder Staatsmänner betrachtet ... Weit schlechter angesehen ist das Ausmaß, in dem es bei der Macht nur um die Machtausübung selbst geht. In allen Gesellschaften, von der primitivsten zur scheinbar zivilisiertesten hat jeder seine größte Freude an der Machtausübung. Komplizierte Huldigungsrituale – bewundernde Menschenmassen, beklatschte Reden, Vorsitz bei Abendgesellschaften und Banketten, ein Platz im Autocorso, Zugang zum Firmenjet, Militärparaden – zelebrieren den Besitz von Macht. Diese Rituale werden als außerordentlich lohnend empfunden, ebenso die Einsprüche und Vermittlungsversuche jener, die andere in ihrer Machtausübung zu beeinflussen suchen und natürlich der Akt der Machtausübung selbst – die Anweisungen an Untergebene, die militärischen Kommandos, die Mitteilung von Gerichtsentscheidungen, das Statement am Ende der Versammlung, wenn die leitende Persönlichkeit sagt: »Nun, das ist also zu tun.« Sowohl im Kontext als auch in der Ausübung von Macht liegt ein Gefühl von selbstinszeniertem Wert. In keinem anderen Aspekt der menschlichen Existenz ist Eitelkeit so sehr gegenwärtig; wie William Hazlitt sagt: »Die Liebe zur Macht ist die Liebe zu uns selbst.« Daraus folgt, daß Macht nicht nur gesucht wird, weil sie in persönlichen Interessen, Werten oder sozialen Stellungen liegt, sondern auch um ihrer selbst willen, um der emotionalen und materiellen Befriedigung willen, die in ihrem Besitz und in ihrer Ausübung liegt. (John Kenneth Galbraith, *The Anatomy of Power,* 9–10)

Es ist schwierig, das Phänomen der Macht zu beschreiben, ohne sich in sehr zwiespältige Bereiche zu begeben – denn hier geht es zugleich um Führungsqualitäten, Autorität, Willensausübung, Mut, Selbstvertrauen und Destruktivität. Was beispielsweise ist der Unterschied zwischen Eigenwilligkeit und Selbstbehauptung? Der Wille als solcher kann als gut, aber auch als schlecht betrachtet werden, was jedoch mehr von seiner Ausübung als von seiner Eigentlichkeit abhängt. Es ist schwer zu sagen, was einem Menschen Autorität verleiht, oder was jemanden zu einem besonders fähigen Menschenführer macht. Ist es richtig, den Gebrauch von Macht als sinnvoll und gesund zu bezeichnen, wenn wir mit dem Betreffenden übereinstimmen, und bei jenen, mit denen wir nicht übereinstimmen, ihren Gebrauch zu verdammen? Wir können hier nicht wirklich der Komplexität des Phänomens Macht gerecht werden, doch werden wir immer wieder auf sie zu sprechen kommen, da dieses Kapitel sich mit dem Persönlichkeitstypus beschäftigt, der die Macht am stärksten verkörpert.

Beim Persönlichkeitstypus acht finden wir Mut, Willenskraft, Selbstvertrauen, Führungseigenschaften, Autorität, Selbstbehauptungsfähigkeit und – die dunkle Seite der Macht – die Fähigkeit, das zu zerstören, was die Macht geschaffen hat.

In der Beziehungs-Triade

Typus acht ist einer der drei Typen in der Beziehungstriade. Alle drei Persönlichkeitstypen dieser Triade versuchen sich die Umwelt auf verschiedene Weise anzupassen – Typus acht, indem er sie dominieren will, Typus neun, indem er sich mit ihr zu vereinen sucht und Typus eins, indem er versucht, sie zu vervollkommnen. Typus acht neigt dazu, sich sehr stark auf alles in der Umgebung zu beziehen, um es zu dominieren und über es herrschen zu können.

Von allen Persönlichkeitstypen des Enneagramms ist Typus acht die am offensichtlichsten aggressive Persönlichkeit: der Mensch, der Verantwortung übernimmt, der der Umwelt seinen Willen aufzwingen will – und natürlich auch anderen Menschen. Einen solchen Menschen kann niemand ignorieren; wer das tut, riskiert einiges. Menschen vom Typus acht gehören zu denen, die am leichtesten zu erkennen sind, weil sie so willensstark und mächtig sind; aus eben den gleichen Gründen aber ist es schwer, mit ihnen umzugehen, da für sie Durchsetzung so überaus wichtig ist. Im gesunden Stadium benutzen sie ihr Selbstvertrauen und ihren Willen dazu, die Welt auf konstruktive Weise zu verändern. Sind sie jedoch neurotisch, so gleitet jede Art von Macht, die ein Mensch vom Typus acht hat, zum bloßen Wunsch ab, über andere zu herrschen, und das um jeden Preis, selbst wenn es bedeutet, jemanden zu vernichten, der ihnen im Weg steht.

Die Quelle ihres Beziehungsproblems liegt darin, daß Menschen vom Typus acht sich stärker als alle anderen fühlen. Da sie sich so schnell durchsetzen und meist mit sehr viel Erfolg, entwickeln sie ein recht robustes Vertrauen in ihre Macht. Eiserne Entschlossenheit und Sturheit ist bei Menschen vom Typus acht stärker ausgeprägt als bei jedem anderen Persönlichkeitstypus. Was sie jedoch nicht erkennen, ist, daß ihre Fähigkeit, sich durchzusetzen, außerordentlich destruktiv werden kann, wenn sie ihrem Eigenwillen erlauben, überhand zu nehmen. Sie sehen nicht, daß sie durch ihre Dominanz um jeden Preis schließlich die anderen Menschen inhuman zu behandeln beginnen und dabei selbst unmenschlich werden. Typus acht entspricht dem extravertierten, intuitiven Typus der Jungschen Typologie.

> Der (extravertierte) Intuitive … hat eine feine Witterung für Keimendes und Zukunftversprechendes. Nie findet er sie in stabilen, seit langem bestehenden und wohlgegründeten Verhältnissen von allgemein anerkanntem, aber beschränktem Wert. Da er sich immer auf der Suche nach neuen Möglichkeiten befindet, droht er in stabilen Verhältnissen zu ersticken … Weder Vernunft noch Gefühl können ihn zurückhalten oder von einer neuen Möglichkeit abschrecken, auch wenn sie unter Umständen seinen bisherigen Überzeugungen zuwiderläuft … Die Rücksicht auf das Wohlergehen der Umgebung ist gering. Ihr physisches Wohlempfinden ist so wenig wie sein eigenes ein stichhaltiges Argument. Ebensowenig empfindet er Respekt für die Überzeugungen und Lebensgewohnheiten seiner Umgebung, so daß er nicht selten als unmoralischer und rücksichtsloser Abenteurer gilt. Da seine Intuition sich mit äußeren Objekten befaßt und äußere Möglichkeiten herauswittert, so wendet er sich gerne Berufen zu, wo er seine Fähigkeiten möglichst vielseitig entfalten kann. Viele Kaufleute, Unternehmer, Spekulanten, Agenten, Politiker usw. gehören zu diesem Typus …
> Es ist ohne weiteres verständlich, daß ein solcher Typus sowohl volkswirtschaftlich wie auch als Kulturförderer

ungemein bedeutsam ist. Wenn er gutgeartet, d. h. nicht zu selbstbezogen eingestellt ist, so kann er sich als Initiator oder doch wenigstens als Förderer vieler neuer Ideen ungemeine Verdienste erwerben. Er ist ein natürlicher Anwalt aller zukunftversprechenden Minoritäten. Da er, wenn er weniger auf Sachen als auf Menschen eingestellt ist, gewisse Fähigkeiten und Möglichkeiten in ihnen ahnungsweise erfaßt, so kann er auch Leute »machen«. Niemand wie er hat die Fähigkeit, seinen Mitmenschen Mut zu machen oder Begeisterung einzuflößen für eine neue Sache, auch wenn er sie schon übermorgen wieder verläßt. Je stärker seine Intuition, desto mehr verschmilzt auch sein Subjekt mit der geschauten Möglichkeit. Er belebt sie, er führt sie anschaulich und mit überzeugender Wärme vor, er verkörpert sie sozusagen. Es ist keine Schauspielerei, sondern ein Schicksal. (C. G. Jung, *Psychologische Typen,* § 681–683)

Menschen vom Typus acht vertrauen darauf, sich so stark durchsetzen zu können, daß sie ihre Ziele erreichen; und, wie Jung bemerkt, bringen ihre persönlichen Ziele, wenn sie nicht zu egozentrisch sind, auch für andere außerordentlichen Nutzen. So bauen sie vielleicht Wolkenkratzer, ganze Städte oder Nationen, die, obwohl persönlicher Ausdruck des Betreffenden, für das Wohlergehen anderer ebenso sinnvoll sind.
Typus acht ist von allen Persönlichkeitstypen von Natur aus am besten zum Führen geeignet. Er kann sogar ein gewisses Maß historischer Größe erreichen, wenn seine Ziele nur weit genug über sein persönliches Interesse hinausgehen. Sein enormes Selbstvertrauen inspiriert die anderen Menschen so, daß ihre Kräfte für sinnvolle Unternehmungen gewonnen werden können.
Leider neigt Typus acht, wie Jung beschreibt, dazu, egozentrisch zu werden. Er läßt sich vom Schwung seines Ego und den Projekten, die er in Gang gesetzt hat, mitreißen. Selbst ein

durchschnittlicher Mensch vom Typus acht beginnt sich mit anderen zu messen und in Macht- und Dominanzkämpfe zu verwickeln, als bedeute das Wohlergehen der anderen automatisch, daß sein eigenes darunter leiden müsse. Ein durchschnittlicher Typus acht ist der Überzeugung, daß nur einer an der Spitze stehen kann, und er hat sich in den Kopf gesetzt, dieser eine zu sein. Er glaubt, die Welt müsse sich ihm anpassen und die anderen müßten ihm zur Verfügung stehen, um ihm bei der Erreichung seiner Ziele zu helfen.

Bei dieser Anlage überrascht es nicht, daß Typus acht im neurotischen Stadium außerordentlich gefährlich werden kann. Er kann sich zu einem rücksichtslos aggressiven Verfolger seiner Ziele entwickeln, selbst wenn das bedeutet – und das bedeutet es letztlich immer –, daß die Rechte und Bedürfnisse der anderen geopfert werden, damit nur er das Sagen behält. So kontrastieren beide Enden des Spektrums ihrer Charakterzüge stark: ist der Betreffende gesund, so besitzt er wie kein anderer Persönlichkeitstypus die Fähigkeit, konstruktiven Einfluß auf das Leben vieler Menschen zu nehmen. Die Kehrseite jedoch bedeutet, daß kein anderer Persönlichkeitstypus Macht so gründlich mißbrauchen oder so hemmungslos destruktiv werden kann wie ein gestörter Typus acht.

Probleme mit Aggression und Repression

Die drei Persönlichkeitstypen der Beziehungs-Triade haben gemeinsame Probleme mit Aggressionen und mangelnder Charakterentwicklung, da bei ihnen Unterdrückung eine so große Rolle spielt. Jeder dieser Typen lebt mit aggressiven Impulsen, die entweder vollkommen unterdrückt (Typus neun), durch idealistische Arbeit sublimiert (Typus eins) oder stark durchgesetzt werden (Typus acht). Zudem unterdrückt jeder dieser drei Persönlichkeitstypen einen Aspekt seines Selbst, was sich auf ihre Persönlichkeit auf sehr charakteristische Weise auswirkt: im allgemeinen glaubt keiner dieser drei Persönlichkeitstypen, es könne irgend etwas mit ihm nicht stimmen. Alle drei sind der Ansicht, alle wichtigen Probleme lägen außerhalb ihrer selbst in der Umwelt, die sie entweder zu dominieren versuchen (acht), mit der sie sich eins fühlen wollen (neun) oder die sie zu verbessern versuchen (eins). Zudem schützt die Unterdrückung diese Menschen davor, Angst angesichts der Konsequenzen ihres Handelns zu empfinden, so daß sie relativ ungestört durch emotionale Konflikte oder Selbstzweifel dahinleben können. Kurz gesagt: Für diese Menschen selbst mag solch eine Anlage zwar angenehm sein, doch anderen kann sie das Leben beträchtlich erschweren.

Die Repression bringt eine grundsätzliche Störung des Gleichgewichts in der psychischen Verfassung bei Typus acht hervor. Es ist, als fehle etwas bei diesen Menschen. Sie entwickeln sich eindimensional; in Freudscher Terminologie dominieren das Ich und das Es ihre Psyche auf Kosten ihres Über-Ichs und damit ihres Gewissens. Kurz gesagt: was bei Typus acht (aufgrund der Überentwicklung seines Ichs) fehlt, ist die Fähigkeit, sich mit anderen zu identifizieren, zu sehen, daß auch andere legitime Bedürfnisse und Rechte haben. Sind solche Menschen nicht sehr gesund, entwickeln sie nie die Fähigkeit zur Einfühlung in andere: es ist ihnen gleichgültig, ob sie Recht oder Unrecht haben, solange nur alles nach ihrem Sinn geht. Sie glauben, ihre eigenen Bedürfnisse und Wünsche seien die einzigen, die zählen – sie allein seien die einzigen, die Rechte haben. Jeder und alles in der Umgebung ist für sie nichts als ein Sklave, den man benutzt, um die eigenen Ziele zu erreichen – um zu bekommen, was in ihrem eigenen Interesse liegt, um ihre Macht auszuweiten, um ihr Überleben zu sichern.

Die Stärke ihres Es hat zur Folge, daß bei durchschnittlichen bis gestörten Menschen vom Typus acht die Fähigkeit fehlt, sich selbst Grenzen zu setzen. Sie sind durchsetzungsstark, unternehmend, aggressiv, genuß- und streitsüchtig; immer drängen sie nach vorwärts, erproben sich selbst und versuchen, ihre

Grenzen zu erweitern. Es ist für sie ganz wichtig, alle zu dominieren, da durchschnittliche bis gestörte Menschen vom Typus acht fürchten, sie könnten sonst dazu gezwungen werden, sich jemand anderem unterzuordnen. Doch gerade das fürchten sie, weil sie ja dann so schlecht behandelt werden könnten, wie sie die anderen meist behandeln. (Wie bei vielen negativen Entwicklungen ist auch hier das Motiv der sich selbsterfüllenden Prophezeiung wirksam: Typus acht müßte die anderen Menschen gar nicht so sehr fürchten, wenn er nicht selbst die Tendenz hätte, eben jene anderen so rücksichtslos zu behandeln.)

Ursprünge in der Kindheit

Aus vielerlei Gründen entstand bei Menschen vom Typus acht in der Kindheit eine ambivalente Einstellung der Mutter oder einer Mutterfigur gegenüber. Sie wollten von ihren Müttern geliebt und behütet werden, lernten jedoch, daß ihre Mütter auf ihre Bedürfnisse nicht reagierten, wenn sie sich nicht selbst aggressiv durchsetzten. Ihre Fähigkeit, ihre Mutter zu dominieren, veranlaßte diese Menschen, zu erkennen, daß sie, obwohl noch ein Kind, stärker waren als die Erwachsenen. So fanden sie schon recht bald heraus, daß sie die Fähigkeit besaßen, zu erreichen, was sie wollten, daß das »quietschende Rad sein Öl bekommt«. Früh schon verstanden sie es, mit Vergnügen andere zu dominieren, ohne dabei Schuldgefühle oder Angst vor Strafe haben zu müssen.

Die Menschen vom Typus acht lernten sich vor etwaiger Angst oder vor Schuldgefühlen zu schützen, indem sie diesen Gefühlen ebenso trotzten, wie sie lernten, ihrer Mutter zu trotzen. Sie lernten es, jede Art von Sanftmut zu verweigern und keine Vergebung bei anderen zu suchen. Und indem sie es lernten, der Furcht und dem Schuldgefühl die Stirn zu bieten, bereiteten sie sich darauf vor, später im Leben all dem noch stärker zu trotzen, damit diese Gefühle auch weiterhin unterdrückbar blieben.

Da fast jeder Persönlichkeits-Typus dazu neigt, zu glauben, die anderen seien mehr oder weniger wie er selbst, glaubt ein durchschnittlicher Mensch vom Typus acht, daß alle anderen ebenso fähig seien, ihr Eigeninteresse so aggressiv zu verteidigen wie er selbst. Menschen dieses Typus meinen, die anderen liebten harte Konfrontationen und heftige Konflikte ebenso wie sie. Aber die verschiedenen Persönlichkeitstypen sind darin selbstverständlich keineswegs gleich, und es ist auch nicht jeder so fähig wie ein Mensch vom Typus acht, der Umgebung seinen Willen aufzuzwingen. Typus acht zieht die Gefühle anderer nicht in Betracht, ebensowenig wie ihre möglichen physischen, ökonomischen oder emotionalen Beeinträchtigungen.

Ganz im Gegenteil: ein durchschnittlicher Mensch dieses Typus sieht das Leben immer nur hinsichtlich des Themas Macht und ihrer Ausübung: anstatt denen, die schwächer sind als er, zu helfen, macht er sich jede Schwäche, die er bei ihnen wahrnimmt, zunutze. Seine aggressive Einstellung der Umwelt – und vor allem Menschen – gegenüber, wird fast mit Gewißheit negative Folgen für die anderen haben. Und seine Aggressionen werden letztlich auch für ihn selbst verheerende Konsequenzen mit sich bringen, da sein eigenes Überleben gefährdet ist, je illegaler, unmoralischer und barbarischer er handeln wird.

Analyse des gesunden Typus acht

Der großmütige Held

Auf der höchsten Stufe besiegt ein gesunder Mensch vom Typus acht seine Tendenz zur Durchsetzung. Er beherrscht sich und seine Leidenschaften und beweist die Tiefe seiner ursprünglichen Kraft, indem er darauf verzichten kann, sich anderen gegenüber in seiner Stärke durchzusetzen. Es liegt eine gewisse Paradoxie darin, daß Typus acht nie so stark wirkt, wie wenn er selbstbeherrscht handelt. Dabei wird er zum geduldigen Menschen, der großmütige, echte Dominanz ausstrahlt und nicht Herrschsucht. Seine Selbstbeherrschung zeigt großen Mut, und die Stärke seines Mutes wird auf die Probe gestellt, weil das, was er tut oder nicht tut, sein eigenes Leben durchaus gefährden kann. Ein sehr gesunder Mensch vom Typus acht verfügt nicht nur über physischen Mut, sondern auch über moralischen Mut, und steht zu dem, woran er glaubt. So kann er zum Helden werden, zu dem andere aufsehen und den sie zutiefst achten.

Dieser Typus verfügt über das psychologische Potential, das ihn dazu bewegt, für eine große Zahl von Menschen das Beste zu tun. Ein sehr intakter Typus acht hat meist eine charismatische Ausstrahlung, eine Aura absoluter Selbstbeherrschung, die andere inspiriert, sich um ihn zu scharen und bei ihm Führung, Sicherheit und Schutz zu suchen. Seine geistige Größe hebt und verwandelt jeden, der mit ihm zu tun hat. Ein sehr gesunder Mensch vom Typus acht bringt die besten Voraussetzungen mit, etwas wirklich Großes zu erreichen, da er sein Ego überwunden hat und objektive Werte verwirklicht, wie beispielsweise die Wiederherstellung des Friedens, die Errichtung von Schulen oder Hilfe für andere Menschen auf sinnvolle, konkrete Weise.

Das Wesen seiner Größe liegt in seiner Fähigkeit, die Last der anderen zu erleichtern, den Menschen das Leben schöner zu machen. Ein sehr gesunder Mensch dieses Typus nimmt es auf sich, Probleme zu lösen, indem er alles, was in seiner Macht steht, für das Gemeinwohl tut. Deshalb wird er auch allgemein als Wohltäter für seine unmittelbare Umgebung, sein Land und die Welt angesehen. Die Menschen sind ihm zutiefst dankbar, daß er die Möglichkeit für sie schafft, ein besseres Leben in Frieden und Wohlstand zu führen. So ist auch jedermann einem gesunden Menschen vom Typus acht gegenüber außerordentlich loyal und begegnet ihm mit fast anbetungsvoller Hingabe.

Ein Mensch vom Typus acht kann auch als groß beurteilt werden, wenn es ihm persönlich nicht gelingt, all seine Ziele wirklich zu erreichen. Vielleicht sieht er nur allzu deutlich, welche Grenzen seinen Visionen gesetzt sind, wirkt aber dennoch stark nach außen hin, da das Beispiel seines heroischen Mutes und seiner Ideale unzählige Menschen dazu inspirieren kann, ihre Arbeit fortzuführen und in seinem Namen große Dinge zu vollbringen. Wenn ein Mensch von solchem Format stirbt, bevor er sein Lebenswerk vollendet hat, wird sein Tod als schwerer Verlust empfunden. Die Menschen leiden unter dem Gefühl, ihr Beschützer sei ihnen genommen worden, und glauben, nun stünden sie den Ungewißheiten des Schicksals ohne Obhut gegenüber. Kein anderer Persönlichkeitstypus hat solch eine elementare, tiefgehende Wirkung auf andere Menschen, die stolz darauf sind, sich als seine Nachfolger betrachten zu dürfen.

So erreichen heroische Menschen vom Typus acht »Unsterblichkeit«, da sie sich einen dauerhaften Platz in den Herzen und Köpfen ihrer Mitmenschen erobern. Sie hinterlassen eine ganz tiefe Spur in der Welt – eine Spur, die nur ein Mensch hinterläßt, der geliebt und verehrt wird.

Der von Selbstvertrauen erfüllte Mensch

Ein gesunder Typus acht kann sich nicht immer auf dieser Ebene befinden. Unterliegt er seiner Angst, sich jemandem unterordnen zu müssen, wird der Wunsch nach Unabhängigkeit in ihm stärker. Er möchte seinen eigenen Weg gehen und sich gegen die Umwelt durchsetzen, er will seine Willenskraft erproben. Gesunde Menschen vom Typus acht stellen ihre Fähigkeiten, ihren Willen durchzusetzen, nie in Frage, was ihnen großes Selbstvertrauen verleiht.

Ihr Selbstgefühl als starke Individualität entsteht aus der Erfahrung, wie stark ihr Wille in die Welt hineinwirken kann. Menschen vom Typus acht leben mit einem Gefühl innerer Festigkeit und strahlen diese Stärke durch ihr Selbstvertrauen aus. Sie wissen, daß sie Hindernisse überwinden und gestärkt daraus hervorgehen können und, daß sie die Fähigkeit haben, für sich selbst und ihre Rechte und Bedürfnisse einzustehen und zudem die Willenskraft, jeden Widerstand zu brechen und allem Druck zu widerstehen.

Je mehr er sich durchsetzt, desto stärker wächst der Glaube eines gesunden Menschen vom Typus acht an sich selbst und an seine Fähigkeit, Schwierigkeiten zu überwinden. Er weiß, wie man aus scheinbaren Rückschlägen neue Möglichkeiten macht. Alles, was sich ihm in den Weg stellt, ermutigt ihn, Neues zu lernen und erst recht weiterzustreben. Anstatt erst lange zu fragen, warum etwas nicht möglich sein sollte, haben gesunde Menschen vom Typus acht das Vertrauen, daß sie alles erreichen können, was sie sich in den Kopf gesetzt haben. Sie leiden, anders als die anderen Persönlichkeitstypen, nicht an Selbstzweifeln, Angst oder Unsicherheit, auch beschäftigen sie sich nicht mit Introspektion oder Identitätssuche. In der ganzen Breite des Spektrums der Charakterzüge sehen wir beim Typus acht Selbstvertrauen, starke Willenskraft und Durchsetzungsfähigkeit. Er hat nichts Subtiles oder Indirektes: da sein Selbstgefühl stärker wird, je besser es ihm gelingt, Widerstände in der Umwelt zu überwinden, treibt ihn alles nur noch mehr dazu an, sich bei jeder Gelegenheit durchzusetzen.

Sein Selbstvertrauen und seine Selbstachtung machen den gesunden Typus acht zu einem sehr einfallsreichen Menschen. Da er sich selbst sehr stark motivieren kann, ergreift er immer die Initiative, wenn etwas angepackt werden muß. Mit einem Wort: er vertraut vollkommen darauf, daß er seinen Weg machen wird. Das ist eine außerordentlich nützliche psychologische Grundlage für positives Handeln – sich selbst wahrnehmen als einen starken, vertrauensvollen, fähigen, sicheren, willensstarken Menschen, kurz einer Persönlichkeit, die Einfluß auf die Umwelt nehmen kann. Typus acht ist der einzige

Persönlichkeitstypus, der sich durch solch innere Festigkeit auszeichnet. Und solange er gesund ist, kann man diese Anlage auch als durchaus erstrebenswert betrachten.

Die konstruktive Führergestalt

Der gesunde Typus acht erprobt sich selbst im Handeln, um seine Stärke zu beweisen, wenn auch zunächst nur sich selbst. Er wird zum konstruktiven Führer mit großer Autorität, der sich hohe Ziele setzt und seine Stärke benutzt, um mit jeder Herausforderung fertig zu werden.

Führungseigenschaften sind komplex und schwer, abstrakt zu definieren; Typus acht ist der Persönlichkeitstypus, in dem die anderen Menschen solche Eigenschaften verkörpert finden. Ein gesunder Typus acht hat etwas Herrschaftliches und Autoritäres, er zeigt Entschlossenheit und Ehrgefühl. Man glaubt an ihn, vertraut ihm und blickt zu ihm auf – er ist ein Mensch, an den man sich wenden kann, wenn Probleme zu lösen sind, oder wenn jemand gebraucht wird, der für andere zu kämpfen vermag. Die Menschen erkennen in einem gesunden Typus acht zu Recht die Personifizierung einer Vaterfigur und eines Beschützers, der sich der Bedürfnisse anderer annimmt.

Wo Typus acht auftaucht, hat er alle Hände voll zu tun. Ist er gesund im Sinne des Kontinuums, so haben die anderen nichts dagegen, daß er die Dinge regelt, denn er genießt absolutes Vertrauen und hat immer das Beste für die anderen im Sinn. Er ist zwar resolut und entschlossen, aber seine Entscheidungen sind durchaus fair. Zudem hat er die besten Führungsqualitäten, weil er von großer Überzeugungskraft ist. Wir wir sahen, befähigt ihn sein großes Selbstvertrauen und der Glaube an die Wichtigkeit dessen, was er tut, dazu, andere zu motivieren, und diese überlassen sich bereitwillig seiner Führung. (»Ein Menschenführer ist derjenige, der die Fähigkeit besitzt, die anderen dazu zu bringen, das zu tun, was sie nicht tun wollen und es auch noch gerne zu tun.« – Harry Truman.) Ein gesunder Mensch vom Typus acht strahlt die Aura einer Naturbegabung zum Führen aus und ist von gerechtfertigtem Stolz auf sich und seine Leistungen erfüllt. Ein Typus acht auf dieser Ebene ist nicht ohne Ego, doch dient er einer Sache, die außerhalb seines unmittelbaren Eigeninteresses liegt und hat guten Einfluß auf andere Menschen, da sie durch seine Anregung Dinge erreichen, die allen zugute kommen.

Man kann sagen, daß man bei einer Beschreibung der Charakteristika eines guten Menschenführers unweigerlich die Charakterzüge eines gesunden Typus acht vor sich findet. Ein Mensch mit Führungseigenschaften gibt den anderen eine klare und sinnvolle Richtung für ihr Tun und hilft ihnen dabei, an der Erreichung gemeinsamer Ziele mitzuarbeiten. Ein guter Menschenführer schafft eine stabile soziale Ordnung und erhält sie, auf welcher Einflußebene er auch wirksam ist, von einer Familie über eine Firma bis zu einer Nation. Er inspiriert andere Menschen dazu, sich für höhere Ziele einzusetzen, sei es das Gewinnen eines Krieges, das Errichten einer Weltraumstation oder das Erbauen einer Stadt. Solche Menschen wissen, wie man ein Gemeinwesen oder ein Volk aufbaut und verbindet und werden unter ganz besonderen Umständen zum Symbol und zur Verkörperung aller Bestrebungen dieser Menschengemeinschaft. Sie wecken in anderen Menschen Selbstachtung, Mut und Selbstvertrauen, indem sie diese zu unerwarteten Leistungen anspornen. Wenn ein guter Menschenführer sich auch seiner vorrangigen Stellung erfreut, so ist er doch zugleich immer bereit, die letzte Verantwortung für das Handeln seiner Anhänger auf sich zu nehmen und die Konsequenzen eines möglichen Scheiterns zu tragen. Solange man einen Menschen vom Typus acht als solch einen Führer betrachten kann (was von seinem guten Einfluß auf andere abhängt), ist er all der ihm entgegengebrachten Loyalität, Ehre und alles Gehorsams würdig.

Analyse des durchschnittlichen Typus acht

Der unternehmungslustige Abenteurer

Der Unterschied zwischen einem gesunden und einem durchschnittlichen Typus acht besteht darin, daß das Eigeninteresse eines gesunden Menschen dieses Typus mit den Interessen der anderen zusammenfällt, während das beim durchschnittlichen Typus acht nicht der Fall ist. Das aggressive Element der Durchsetzungskraft ist in seinem Bedürfnis, immer mehr im persönlichen Interesse zu handeln, deutlich zu spüren.

Solch ein Mensch spielt vielleicht immer noch die Rolle eines Führers; das übermäßige Anwachsen seiner Egozentrik verdirbt jedoch den positiven Aspekt seiner Führungsqualitäten. Doch ein durchschnittlicher Typus acht ist im Grunde die Bezeichnung Menschenführer nicht wert. Er ist ein Abenteurer und Unternehmer, nur interessiert an seinen privaten Angelegenheiten, vor allem seinen finanziellen Interessen, und an der Erreichung seiner egoistischen Ziele.

Er würde sich in seinem Unabhängigkeitsgefühl vielleicht sogar als krassen Individualisten bezeichnen, der an das System des freien Unternehmertums glaubt, das ihm, ebenso wie den anderen, erlaubt, die eigenen Interessen zu verfolgen. Ein durchschnittlicher Mensch vom Typus acht ist nicht kooperativ, er hat keinen Teamgeist und beschäftigt sich nicht sehr mit dem Wohlergehen der anderen, es sei denn, sie trügen zum Erfolg seiner Bemühungen bei. Als Unternehmer hat er durch seine Fähigkeit, die Gesellschaft in Bewegung und Unruhe zu versetzen, gerade im Geschäftsleben und in der Politik großen Erfolg. Man denkt dabei unwillkürlich an den Selfmademan, der sich aus einfachsten Verhältnissen hocharbeitet und das große Geld macht.

Typus acht in diesem Stadium ist häufig Geschäftsmann, Immobilienmagnat, Industrieller, Finanzier oder irgendeine andere Art von Bonze. Das Geldverdienen bietet ihm die Möglichkeit, unabhängig zu werden und sich niemandem unterordnen zu müssen. Profit ist das einzige, was für ihn zählt. Geld erlaubt einem durchschnittlichen Menschen vom Typus acht auch, sich in jedes beliebige Projekt einzulassen, ohne von Loyalität oder Gefolgschaft abhängig zu sein. Mit den nötigen finanziellen Mitteln kann er kaufen, was und wen er braucht. Solche Menschen können mit ihrer Überzeugungskraft beinahe alles an den Mann bringen, und skrupellose Vertreter dieses Typus werden ausgemachte Betrüger.

Auch wenn sie keinen finanziell gesicherten Lebensstart hatten, sind durchschnittliche Menschen vom Typus acht so unternehmend und so voller Elan, daß sie nicht selten recht bald reich werden. Sie sind tüchtig im Verhandeln und im Geschäftemachen, da sie nicht ablassen, bis sie haben, was sie wollen. Sie können Druck aushalten und Nein sagen. Auch zu einem Kompromiß sind sie fähig, wenn er in ihrem eigenen Interesse liegt. Sie gehören zur Gattung des »homo oeconomicus«, und stehen immer an erster Stelle, wenn es darum geht, zu kaufen, zu verkaufen, zu handeln und sich gutes Geld zu verschaffen. Es ist ihnen nicht so wichtig, auf welchem Niveau ihre Arbeit ist, solange sie dabei nur Profit herausschlagen. Sie würden jederzeit Schuhe oder Computer herstellen, Gold suchen oder Pizza verkaufen. Wichtig ist für sie nicht, was sie tun, sondern ob dabei etwas herausspringt.

Ein durchschnittlicher Typus acht ist ehrgeizig, wobei es sich aber genaugenommen um Unternehmungsgeist, also eine Form der Durchsetzung, handelt. Sie setzen überall ihren Willen durch, und es wäre ihnen am liebsten, wenn die anderen ohne großes Aufheben kapitulieren würden. Überlassen die anderen ihnen ohne weiteres den Löwenanteil, haben die Menschen vom Typus acht, was sie wollen und müssen nun keine Zeit und keine Energie mehr vergeuden, indem sie sich auf irgendeine Art von Konkurrenzkampf einlassen.

Es ist bei jedem Wagnis und bei jedem Streben nach Erfolg notwendig, Risiken auf sich zu nehmen, und durchschnittliche

Menschen dieses Typus tun das auch, um finanziell wie psychisch auf ihre Kosten zu kommen. Sie lieben Gefahr und Aufregung, nicht nur im Geschäftsleben, sondern bei all ihren Aktivitäten. Sie schätzen das Hochgefühl, das sie erfüllt, wenn sie in einer kritischen Situation eine gute Figur machen. Der durchschnittliche Typus acht möchte das Unmögliche vollbringen, will Erfolg haben, wo andere gescheitert sind, und das scheinbar nicht zu Bewältigende bewältigen. Es paßt zu ihm, sich als Flieger, Segler, Sporttaucher oder Rennfahrer zu bestätigen, nur weil es so aufregend ist, sich in Gefahr zu begeben und über alle Risiken zu triumphieren.

Ein durchschnittlicher Mensch vom Typus acht hat meistens sowohl im Geschäftsleben als auch in anderen Bereichen Erfolg, da er ein so ausdauernder Arbeiter ist. Die Arbeit macht ihm Spaß, denn hier kann er sich durchsetzen, zeigen, wer er ist und damit sein Selbstgefühl stärken. Geschäfte zu machen und Risiken auf sich zu nehmen, ist für ihn nicht nur eine Möglichkeit, Geld zu verdienen; es geht ihm im Grunde auch immer darum, mehr aus sich selbst zu machen.

Der dominierende Machtmensch

Jede erfolgreiche Handlung läßt den Menschen vom Typus acht noch mehr an sich selbst glauben, stärkt sein Selbstvertrauen und sein Ego. Ein durchschnittlicher Typus acht ist wie ein gesundes Tier, das mehr frißt als andere Tiere – und dann größer wird und noch mehr frißt, sich breitmacht und die Umgebung dominiert, indem es immer mehr Raum für sich in Anspruch nimmt. Typus acht möchte auf die Umgebung persönlichen Einfluß nehmen, er möchte sich, seinen Willen und sein Ego überallhin ausstrahlen lassen. Der starke und gute Führer ist nun zu einem nur noch dominierenden »Boss« geworden.

Ein durchschnittlicher Typus acht in diesem Stadium weiß

genau, wie er die Macht gebrauchen muß, und er zögert auch nicht, das zu tun. Er ist ein »Kraftmensch«, der Macht in jeder Form ausübt, die ihm zur Verfügung steht. Er weiß, daß Macht keine Sache ist, sondern die Fähigkeit, Dinge zu bewerkstelligen, die Fähigkeit, Ereignisse nach den eigenen Vorstellungen zu formen und die Umgebung zu beeinflussen. Macht ist nicht etwas, dessen man sich abstrakt erfreuen kann: sie muß immerzu gebraucht werden, wenn sie erhalten werden soll.

Der Stil, in dem diese Menschen Macht ausüben, ist expansiv. Ein durchschnittlicher Typus acht langt kräftig zu, wenn er irgendwo eine Lücke entdeckt und macht sich jede Situation zunutze, weil er sich immer noch weiter ausbreiten will. Er sieht die Welt wie ein Schachspieler sein Brett: alles ist nur Schachfigur und wird benutzt, um ein bestimmtes Ziel zu erreichen. Einmal nutzt er die Schwäche des anderen aus, dann wieder setzt er sich kräftig durch, wenn der andere vor dem nächsten Schritt zögert. Er möchte sich auf keinen Fall in irgendeiner Weise eingeschränkt fühlen, denn die Ausbreitung seines Einflußbereiches erhöht seinen Selbstwert, vor allem das Gefühl der eigenen Größe. Ein durchschnittlicher Typus acht würde es mit der Angst zu tun bekommen, wenn er sich nicht immer mehr ausbreitete und der Umgebung seinen Stempel aufprägte, und deshalb sucht er immerzu nach Möglichkeiten, sich so zu bestätigen.

Ein typischer Ausdruck seiner Expansivität ist sein Baukomplex. Ihn zieht das Heroische an, im buchstäblichen wie im übertragenen Sinn. Er erbaut gerne etwas, sei es ein Haus oder ein finanzielles Imperium, wenn es nur ein Abbild seiner selbst ist. Im Privatleben wäre ein durchschnittlicher Typus acht am liebsten ein Monarch, der eine große und starke Familiendynastie beherrscht, durch die sein Einfluß sich noch über Generationen ausbreiten kann. Je größer ihr Einflußbereich, desto mehr können diese Menschen die Umwelt beeinflussen und sich selbst »Unsterblichkeit« sichern, ein Ziel, das sie auf vielerlei Weise anstreben.

Ein durchschnittlicher Typus acht ist in jedem Lebensbereich expansiv, auch im Sexualleben. Ein Mann vom Typus acht sieht sich selbst als einen extremen Macho, die Männlichkeit selbst, obwohl andere ihn vielleicht nur als angeberisch und arrogant betrachten. Psychoanalytisch gesehen sind diese Männer phallische Exhibitionisten (»Ich bin der Größte!«), die ihre Überlegenheit dadurch beweisen wollen, daß sie andere und anderes beherrschen und dominieren. Zu Hause spielen sie die unantastbaren Herrscher, die alle spüren lassen, daß sie nur dazu da sind, ihren Bedürfnissen zu dienen, nicht etwa umgekehrt. Ein männlicher Typus acht beherrscht die Frauen und empfindet sie recht ambivalent, wie auch früher seine Mutter. Seine Beziehungen sind typischerweise von dem Schema Herr und Sklavin geprägt. Da in ihrer Psyche Aggression und Sexualität miteinander in Verbindung stehen, haben durchschnittliche Menschen vom Typus acht oft stürmische Beziehungen mit dem anderen Geschlecht; häufig sind sie Schürzenjäger, die die Frauen entweder als Hure oder als Madonna behandeln, jedenfalls aber als Besitz, der nur zu ihrem Vergnügen und zur Befriedigung ihrer eigenen egozentrischen Wünsche da ist.

Auch Frauen vom Typus acht dominieren ihre Ehegefährten, da sie sich ebenso aggressiv zeigen wie ihre männlichen Gegenstücke. Dabei haben weibliche Menschen dieses Typus jedoch größere Schwierigkeiten, sich aggressiv auszudrücken, da die Gesellschaft sie nicht unbedingt dazu ermutigt, das zu tun. So begrenzen sie den Ausdruck ihrer aggressiven Impulse auf den häuslichen Bereich, wo sie ihren Mann dominieren, sexuell aggressiv reagieren, die Finanzen unter Kontrolle haben und sexuelle und psychologische Befriedigung in einer Herrin-Sklave-Beziehung suchen usw. Wo aggressives Verhalten der Frauen gesellschaftlich mehr akzeptiert ist, wie das besonders in der Geschäftswelt der Fall ist, tritt es auch stärker auf, denn hier erkennen Frauen vom Typus acht ihre Chance, sich ungehindert entfalten zu können.

Durch ihren Unternehmungsgeist, den wir im vorhergehenden Stadium sahen, haben sich durchschnittliche Menschen vom Typus acht schon eine »Machtbasis« geschaffen, deren Effektivität proportional mit dem Maß von Kontrolle wächst, die sie dadurch über andere ausüben können. Sie können ihre Macht dann am effektivsten ausüben, wenn sie sich das sichern, was die anderen zum Leben brauchen. Sie versuchen Lebensnotwendigkeiten wie Nahrung, Wohnung und Sicherheit unter Kontrolle zu haben, damit die anderen Menschen sich ihnen fügen müssen. Natürlich ist eines der primären Bedürfnisse der Menschen Geld, und so wird der Besitz von viel Geld eine wachsende Priorität für einen durchschnittlichen Menschen vom Typus acht, denn Geld steht für ihn gleichbedeutend mit Macht. Geld ist für diese Menschen der Maßstab, an dem sie sich und ihren Lebenserfolg messen. Und vor allem ist Geld, da es ihrer Kontrolle unterliegt, das einzige, auf das sie sich verlassen, um sich ganz unabhängig fühlen zu können. Für sie bedeutet es die Quelle der Sicherheit. Die Liebe einer Ehefrau, die Zuneigung der Kinder, die Loyalität der Freunde und Partner sind nichts Verläßliches. Nur Geld erscheint ihnen Gewißheit zu geben, das einzig sichere Mittel, durch das sie ihre Ziele erreichen können.

Es ist eine große Versuchung für einen durchschnittlichen Typus acht, in all seiner Machtentfaltung allmählich zu glauben, er entspräche wirklich dem herrlichen Bild, das er von sich selbst hat. Er hält sich allmählich für etwas ganz Außergewöhnliches und brüstet sich, als sei er ein Mafia-Boss oder ein Vier-Sterne-General. Je mehr er alles und alle dominiert, desto wahrscheinlicher werden zunehmend Konflikte mit anderen auftreten, da Typus acht die Macht immer ganz allein an sich reißen will. Er delegiert keine Autorität, er erlaubt niemandem, seine Vormachtstellung anzutasten und er vertraut niemandem. Er fordert totalen Gehorsam. So sehr er es genießt, seinen Willen durchzusetzen, so wenig läßt er es zu, daß andere das etwa auch einmal tun.

Leider geht der Prozeß der Ego-Inflation unbemerkt vor sich, da eben diesem Ego dauernd so viel Nahrung gegeben wird. Ein durchschnittlicher Typus acht ist im buchstäblichen Sinn egozentrisch: sein Ego ist das Zentrum seines Lebens. Er gibt sich der Pflege und der Ernährung seines Ichs mit all der Aufmerksamkeit hin, die ein Gärtner seiner kostbarsten Blume widmet. Unter solch hingebungsvoller Pflege nimmt dieses Ego groteske Formen an, es überwuchert seine übrige Psyche und blockiert jede Möglichkeit der Identifikation mit einem anderen Menschen.

An diesem Punkt beginnen durchschnittliche Menschen vom Typus acht, sich wie Götter zu fühlen, sie geben sich als Wesen, die größer sind als alle anderen ringsumher. Ganz ungeachtet ihrer persönlichen Qualitäten (sie können beispielsweise gerecht oder vertrauenswürdig sein oder sogar zuweilen recht haben), verlangen durchschnittliche Menschen vom Typus acht von den anderen, daß sie ihnen gehorchen und sie uneingeschränkt respektieren. Ihre Macht steigt ihnen verständlicherweise zu Kopf. Es hat etwas Berauschendes, auf die Welt so einzuwirken, zu erleben, daß sich die anderen dem eigenen Willen fügen und sich in anderen Menschen oder in Stein gehauen wiederzufinden.

Je größer ihre Ruhmsucht wird, desto dringender brauchen durchschnittliche Menschen vom Typus acht die Mitwirkung anderer, um eben zu diesem Ruhm zu gelangen. Deshalb ist es typisch für solche Menschen, daß sie denen, die von ihnen abhängig sind, Protektion in irgendeiner Form versprechen, gewöhnlich durch Geld oder andere Formen von Begünstigungen. Es liegt jedoch eine gewisse Ironie darin, daß Typus acht unbewußt abhängig davon wird, daß andere seine Anweisungen genau ausführen, obwohl er doch so sehr davor zurückschreckt, Macht oder Ruhm mit irgend jemand anderem zu teilen. Dieses Stadium ist ein Wendepunkt in seiner Entwicklung zur Neurose, da sein Macht- und Dominiergehabe beginnt, alle anderen Menschen zu enthumanisieren und aggressive und zerstörerische Impulse immer gefährlicher zutage treten läßt.

Wird die Ego-Inflation einmal in Gang gesetzt, so ist sie schwer wieder aufzuhalten. Der durchschnittliche Mensch vom Typus acht treibt es nun immer bunter, sucht Konfrontationen, wo es nur geht, will immer der Sieger sein, immer der Überlegene mit dem stärkeren Willen.

In diesem Stadium läßt ein durchschnittlicher Mensch vom Typus acht in alle Beziehungen Feindseligkeit einfließen, immer müssen die anderen den Rückzieher machen; er würde das nie tun. Er sieht sich als Kämpfer und läßt Konflikte auch aus Angelegenheiten entstehen, die für ihn eigentlich wenig objektive Bedeutung haben. Sein Ego jedoch ist unentwegt wichtig für ihn: Typus acht gibt nicht nach, denn sein Stolz steht auf dem Spiel.

Jeder, vom Geschäftspartner bis zum Gemüsehändler, wird sein Gegner. Es macht diesem Menschen geradezu Spaß, Druck auf andere auszuüben, wobei es nicht einmal mehr darum geht, sie zu dominieren, sondern sie durch Drohgebärden einzuschüchtern, damit sie alles tun, was er will. Typus acht auf dieser Ebene ist ein kampfeslustiger Gewaltmensch, wenn er mit dieser Methode durchkommt. Er ist ein Grobian, der sich nicht entschuldigt, die anderen herumkommandiert und Zornesausbrüche bekommt, wenn seine Anordnungen nicht sofort ausgeführt werden. Er genießt es, wenn die anderen sich ihm unterlegen fühlen, und er sie zum Kuschen bringen kann (»Was ich sage, wird gemacht!«). Solch ein konfrontationsfreudiger Mensch ist stolz auf seinen Kampfesgeist. Sein Ego ist so damit beschäftigt, zu bekommen, was es will, daß er mit niemandem einen Kompromiß schließen kann. Kein anderer Persönlichkeitstypus wirkt so eigenwillig. Er muß bei jeder Auseinandersetzung seinen Willen durchsetzen, denn dadurch kann Typus acht sein Selbstgefühl immer weiter aufblähen.

Auch erfüllt es ihn mit Stolz, wenn es ihm gelingt, die anderen dazu zu bringen, ihm freiwilig und ohne Widerstand jeden Willen zu tun. Typus acht ist meist überlegen, da er mehr Druck auf seinen Gegner auszuüben vermag als dieser auf ihn. Er kann länger und lauter schreien und die anderen überzeugender einschüchtern, und er gibt so lange nicht auf, bis alle nachgegeben haben. Deshalb ist kein anderer Persönlichkeitstypus besser geeignet, psychologische Kämpfe auszufechten als der durchschnittliche Typus acht. Kein Typus versteht es so exzellent, die anderen ins Bockshorn zu jagen, ohne Gewalt anwenden zu müssen. Man sollte bei diesen Menschen allerdings immer auf der Hut sein, denn tut man nicht, was sie wollen, hängt gleichsam immer ein Damoklesschwert über einem. Man fürchtet sofort, bestraft zu werden, wenn man bei Typus acht nicht klein beigibt und spürt zu Recht, daß diese Menschen den Willen und Wagemut haben, ihre Drohungen auch wahr zu machen.

Typus acht glaubt, er müsse mit jedem streng umgehen. Er haßt jede Art von Schwäche und Sanftheit bei sich selbst, mehr noch aber bei den anderen. Aber nicht nur Geschäftsfreunde und Rivalen packt er hart an, sondern auch seinen Ehegefährten und seine Kinder. Er operiert mit Angst, um die Menschen zu motiveren, und verspricht Belohnungen, wenn man ihm gehorcht, droht aber auch Strafe an, wenn man ihm nicht gehorcht. Auf seinen Wink hin muß jeder sofort springen, man hört förmlich sein: »Na, wird's bald?« Ungehorsam oder Illoyalität werden nicht geduldet, seine Anordnungen dürfen nie in Frage gestellt werden. Was er sagt, ist ohne Wenn und Aber zu befolgen.

Die Ironie liegt jedoch darin, daß ein durchschnittlicher Typus acht gewöhnlich nur die Menschen einschüchtert, bei denen er sich seiner Überlegenheit sicher ist. Bevor er losschlägt, sucht er eine schwache Stelle bei seinem Gegner und trifft mit Sicherheit diesen verletzlichen Punkt. Nur wenn er mit dem Rücken zur Wand steht, wird sich Typus acht mit jemandem konfrontieren, dessen Stärke der seinen gleich oder überlegen ist. Das heißt allerdings nicht, daß er nur eine »große Klappe« hat und nichts dahinter wäre. Ganz im Gegenteil. Ein kampfeslustiger Typus acht greift lieber zu Irreführung und Großtuerei, als eine Niederlage zu riskieren. Nicht zu gewinnen, wäre für ihn eine Katastrophe. Nicht nur, weil er dann verlöre, um was er gekämpft hat, sondern weil sein Selbstgefühl und sein Stolz die Niederlage nicht ertragen könnten.

Es liegt zudem eine Ironie darin, daß Typus acht sich durch sein grobes Herumkommandieren gerade die Menschen, die er zum Ausführen seiner Anordnungen braucht, zu Feinden macht und so starke Abwehr und Groll gegen sich auslöst. Weil sie jeden in ihrer Umgebung einschüchtern, müssen sich solche Menschen natürlich manchmal die Frage stellen, was die anderen tun würden, wenn sie nur könnten. Denn, da sie die anderen ständig schikanieren, müssen sie auf der Hut sein, nicht selber schikaniert zu werden, oder sie dürfen ihre Einschüchterungstaktik in keinem Augenblick aufgeben.

Es ist beängstigend, nie zu wissen, wie weit Typus acht bei diesen Einschüchterungstaktiken zu gehen bereit ist. Ein streitsüchtiger Mensch dieses Typus ist kein Psychopath; er legt sich in seinem Verhalten gewisse Grenzen auf – die Grenzen seines Eigentinteresses. Solange es seinem eigenen Interesse dient, wird er die anderen schikanieren. Ist das nicht mehr nötig, hört er damit auf. Aber jede Situation ist anders, und das Maß der Einschüchterung, die Typus acht auf andere ausübt, hängt davon ab, wie er seinen Gegner einschätzt. Hält er sein Gegenüber für schwach, wird er wesentlich weitergehen, als wenn er es für stark hält. Aber er kann sich natürlich irren, und dann kommt plötzlich Gewalttätigkeit ins Spiel.

Analyse des gestörten Typus acht

Der rücksichtslose Tyrann

Hat Typus acht die anderen Menschen genug provoziert, so kann man wahrscheinlich erwarten, daß diese anderen sich allmählich gegen ihn verschwören. Jetzt bedeutet es nur noch, in einer Situation, in der es – vielleicht sogar wortwörtlich, sicher aber im übertragenen Sinn – um Leben oder Tod geht, die Oberhand zu behalten.

Der Unterschied zwischen einem durchschnittlichen und einem neurotischen Menschen vom Typus acht besteht darin, daß der durchschnittliche andere Menschen braucht und bereit ist, ihnen für ihren Gehorsam und ihre Kooperation auch etwas zu geben. Ein gestörter Typus acht jedoch wird vollkommen rücksichtslos, despotisch und tyrannisch: er unterdrückt die anderen Menschen, nimmt ihnen ihre Rechte, ihre Freiheit, ihre Würde.

In diesem Stadium scheint seine Philosophie zu heißen: Der Zweck heiligt die Mittel. Das Gesetz des Dschungels und die Doktrin vom Überleben des Stärkeren gibt dem gestörten Typus acht die Rechtfertigung, Gewalt anzuwenden, wenn sie ihm zum Erreichen seiner Ziele dient. Nun ist er sein eigener Gesetzgeber und lebt zynisch in einer Welt der »Realpolitik«, wo es nur darum geht, die Macht des Überlegenen auszuüben, gleichgültig, ob man im Recht ist oder nicht. Alles muß nützlich sein, alles wird berechnet.

Es ist unmöglich, mit einem gestörten Typus acht in eine engere Beziehung zu treten, und gefährlich, ihm zu vertrauen, da er jedes Zeichen von Freundlichkeit oder Kooperationsbereitschaft als einen Beweis für Schwäche ansieht und damit als eine Aufforderung, den anderen auszunutzen. Ein gestörter Typus acht ist so hinterhältig und unmoralisch, daß er absolut nicht davor zurückschreckt, zu lügen, zu betrügen, zu stehlen oder seine Versprechen nicht einzuhalten. Ihm ist jedes illegale Verhalten, jede List recht, um zu bekommen, was er will (Mögen seine Lügen auch noch so offenkundig und ungeheuerlich sein – er wiederholt sie so oft und mit so viel Nachdruck, daß man sie allmählich als Wahrheit akzeptiert).

Besonders gefährlich in diesem Stadium ist die Bereitschaft, ja die Gier dieser Menschen, Gewalt anzuwenden, auch wenn sie nur im geringsten provoziert werden. Ein gestörter Typus acht rächt sich ausgiebig schon für die kleinste Andeutung einer Aggression von einem anderen Menschen. Aggressivität erscheint selbstverständlich auch bei den übrigen Persönlichkeitstypen, und zwar dann, wenn es keine andere Möglichkeit gibt, sich zu verteidigen. Dabei spielen aber meist Schuldgefühle und Angst vor Vergeltung eine Rolle. Bei einem gestörten Typus acht ist das nicht so: er denkt sich gar nichts dabei, wenn er Gewalt anwendet, er hat kaum Schuldgefühle. Er ist zwar *fähig,* sich für sein Handeln verantwortlich oder schuldig zu fühlen, aber er unterdrückt diese Gefühle, um sein Verhalten nicht ändern zu müssen. Er bemüht sich in voller Absicht um Mitleidslosigkeit.

Es ist verständlich, daß jemand Macht ausübt, um seine Schuldgefühle zu bekämpfen. Je mehr Macht jemand hat, desto weniger muß er seine Handlungen rechtfertigen. Je stärker die Selbstachtung ist, desto schwächer werden die Schuldgefühle. Ebenso wie »Identifikation mit dem Angreifer« beim Kampf gegen die Angst eine große Hilfe ist, können Schuldgefühle durch eine »Identifikation mit dem Verfolger« widerlegt werden, indem man sich sagt: »Ich alleine entscheide, was gut und was böse ist.« Das kann aber auch scheitern, da das Über-Ich natürlich Teil der eigenen Persönlichkeit ist. So kann durch das Bekämpfen von Schuldgefühlen durch Macht ein Teufelskreis in Gang gesetzt werden, da die Ausübung von Macht immer mehr Macht erfordert, ja sogar das Begehen von immer mehr Verbrechen aus Schuldgefühl, nur um sich seiner Macht zu vergewissern. Diese Verbrechen werden möglicherweise bei dem Versuch begangen, sich selbst zu beweisen, daß man sie straflos begehen kann, d. h. als Versuch, Schuldgefühle zu unterdrücken. (Otto Fenichel, *The Psychoanalytic Theory of Neurosis*, 500)

Um es weniger technisch auszudrücken: der Kampf gegen Schuldgefühle und andere Emotionen wie Einfühlung in andere Menschen oder Angst vor Strafe erlaubt einem gestörten Typus acht, noch rücksichtsloser zu handeln. Indem er den Mißbrauch von Macht eskalieren läßt, wird er so unmoralisch, daß er immer noch mehr unmoralische Dinge tun muß, um Schuldgefühlen aus dem Weg zu gehen. Es ist sehr einfach: je schrecklicher er ist, desto schrecklichere Dinge muß er tun, damit er kein schlechtes Gewissen hat, daß er sie tut.

Ein gestörter Typus acht geht am schlimmsten mit den Menschen um, die ihm am nächsten stehen: er erniedrigt die anderen Menschen, er mißbraucht sie verbal oder sogar physisch. Vergewaltigung, Kindesmißhandlung und Gewalt gegen Frauen sind häufig Ausdruck von Aggressionen, und diese wirken sich natürlich besonders verheerend auf Menschen aus, die unfähig sind, sich zu verteidigen. Er spielt mit sehr hohem Einsatz – es geht um Beherrschung seiner Familie, seines Vermögens, seines Geschäftes oder sogar einer ganzen Nation um jeden Preis – also wahrhaftig um Leben und Tod.

Zudem gibt es für einen gestörten Typus acht, der begonnen hat, sich über Gesetz, Moral und Anstand hinwegzusetzen, kaum noch eine Möglichkeit, sich selbst Einhalt zu gebieten. Er will das auch gar nicht, denn er ist zu tief in alles verstrickt. Würde er damit aufhören, so hätte er die größte Angst vor der Rache jener, denen er Unrecht zugefügt hat. Da er einmal begonnen hat, anderen Gewalt anzutun, muß er sich verzweifelt bemühen, seine Macht um jeden Preis zu erhalten. Alles andere würde nicht nur seinen Lebensstil gefährden, es würde seinen Lebensnerv selbst treffen.

Der allmächtige Größenwahnsinnige

Wenn sie fortfahren, immer nach ihrem Belieben alles durchzusetzen, entwickeln neurotische Menschen vom Typus acht illusionäre Vorstellungen über sich selbst und das Ausmaß ihrer Macht. Sie werden größenwahnsinnig, fühlen sich allmächtig und unverletzlich – gottähnlich in ihrem absoluten Machtbereich.

Indem sie rücksichtslos Macht ausüben, gelangen Menschen vom Typus acht allmählich zu der Einstellung, daß für sie menschliche Begrenzungen keine Gültigkeit haben. Da sie sich auch bisher keinerlei Schranken auferlegt haben, sind sie vollkommen davon überzeugt, das Schicksal habe ihnen Privilegien verliehen, die sie über andere hinausheben. Sie halten sich selbst für Übermenschen, die jenseits der Moral stehen und alles tun können, was ihnen gefällt. Da es zeitlebens nach ihrem Kopf ging, fällt es neurotischen Menschen vom Typus acht schwer, zu glauben, daß sie nicht unbesiegbar seien. Da ihnen bisher niemand Einhalt geboten hat, gibt es für sie keinen Grund zu glauben, daß dies jetzt auf einmal geschehen könne.

Da sie sich keine Zügel auferlegen können, spielen neurotische Menschen dieses Typus die Rolle des Halbgottes immer kühner, nur um sich immer wieder ihrer absoluten Macht zu versichern. In diesem Stadium manifestiert sich eine geradezu obszöne Todesfaszination. Die Angst vor dem Tod, ein Echo ihrer noch grundlegenderen Angst, sich irgendwie unterordnen zu müssen, treibt den gestörten Menschen vom Typus acht dazu, den Tod abzuwehren, indem er andere tötet, wenn das in seiner Macht liegt. So tötet er andere nicht so sehr aus sadistischem Vergnügen, sondern als Ausübung einer Art magischen Zaubers, um dadurch den eigenen Tod abzuwehren, in dem Glauben, er sei unbesiegbar, wenn er töten kann, ohne selbst getötet zu werden.

Amin behauptet, er glaube, er sei Gottes Instrument. Aber wenn man ihn ansieht, hat man das Gefühl, daß er an nichts anderes glaubt als sein eigenes Überleben. Er wird alles benutzen – Angabe, Clownerien, Schmeicheleien, verführerische Versprechungen, Drohungen, handfeste Lügen, Mord –, nur um die Kontrolle zu behalten. Und dabei schwitzt er wie ein in die Enge getriebenes wildes Tier, während er seine Unbesiegbarkeit beschwört. Eine Todesdrohung umgibt ihn wie eine dunkle Wolke. Für Amin ist niemand ein Individuum. Alle sind mögliche Opfer. (Silvia Feldman, *Psychology Today,* Besprechung des Filmes von Barbet Schroeder, *General Idi Amin Dada*)

Ein neurotischer Typus acht hat den Bezug zur Realität, vor allem zur Realität seiner eigenen Macht, verloren. Sein Ego hat sich ausgebreitet wie eine Krebsgeschwulst, die ihn von innen heraus zerstört, es hat sich so vergrößert, daß das Selbst kein Fundament in der Realität mehr sieht. Die Urteilskraft, die notwendig ist, um kluge Entscheidungen zu treffen, die das eigene Überleben garantieren, wird nun unterminiert. Die Ironie liegt darin, daß diese Menschen immer aufgeblasener und rücksichtsloser werden, je größere Illusionen sie sich über ihre Unbesiegbarkeit machen, und damit die Samen ihrer eigenen Zerstörung zu säen beginnen.

So leben diese von Illusionen erfüllten Menschen in einem Konflikt: sie müssen sich vor einer immer feindlicheren Umwelt isolieren, wobei sie sich und die Menschen ihrer Umgebung, falls überhaupt noch jemand da ist, davon überzeugen, daß sie die absoluten Herrscher in ihrer Welt sind. Sie versuchen diesen Konflikt vielleicht zu lösen, indem sie die Macht, die ihnen noch geblieben ist, benutzen, um andere psychologisch und physisch zu demütigen und um ihre Gewalttätigkeit noch zu steigern. Da sie aber so bewußt fahrlässig sind, entgehen sie dem Untergang nicht, vor allem, wenn sie einmal zum

Mörder geworden sind. Es muß und wird ihnen einmal Einhalt geboten werden.

Der gewalttätige Zerstörer

Auch ein größenwahnsinniger Typus acht erkennt, daß er den Kräften, die sich gegen ihn verschworen haben, nicht für immer standhalten kann. Deshalb muß er versuchen, zu zerstören, bevor er zerstört wird. Der neurotische Typus acht ist von allen Persönlichkeitstypen der destruktivste und unsozialste, ebenso wie er im gesunden Stadium der konstruktivste von allen Persönlichkeitstypen ist.

Da es bei ihnen jetzt nur noch ums Überleben geht, werden diese Menschen jeden und alles opfern, eben um ihres Überlebens willen: Frau, Kinder, Freunde, Geschäftspartner und alles, was sie geschaffen oder erreicht haben. Die dunkle Seite der Macht zeigt die darin liegende Bereitschaft zur Zerstörung, und wenn sich die Welt ihrem Willen nicht beugt, wollen neurotische Menschen vom Typus acht alles zerstören, bis nichts mehr übrig ist. Sie werden geradezu barbarisch destruktiv, in eben dem Ausmaß, in dem sie vorher Macht ausgeübt haben.

Es scheint, als seien sie geradezu todessüchtig. Ihre Bereitschaft, alles für ihr eigenes Überleben zu opfern, ist absurd und abscheulich, vor allem da ein Mensch vom Typus acht, wie jeder andere, schließlich sowieso sein Leben verlieren wird. Der Tod anderer Menschen sichert ihm sein Überleben nicht. Ganz im Gegenteil: durch den Schauder vor dem, was sie tun, ziehen destruktive Menschen vom Typus acht die Zerstörung geradezu an. Ebenso verlieren sie ihr Streben nach Größe und Unsterblichkeit, es ist, als läge ein Fluch auf ihnen.

Es ist paradox, daß etwas, das als Wunsch nach Selbsterhaltung begann, in Zerstörung endet. So finden wir Schöpferkraft und Zerstörungskraft an den entgegengesetzten Enden des Spektrums der Persönlichkeit von Typus acht. Der Wunsch zu schaffen und das Bedürfnis zu zerstören entstammen dem gleichen Impuls; wenn der Lebensimpuls sich so definiert, daß es einem um nichts anderes geht, als das eigene Leben um jeden Preis zu retten, wird er korrupt und zum Destruktiven verzerrt. Ein neurotischer Typus acht kann deshalb andere zerstören, weil er sich nie mit einem anderen Menschen identifiziert hat. Seine Egozentrik läßt ihn nur sich selbst in der Welt sehen, und wenn die Welt ihn nicht widerspiegelt, so haßt er sie schließlich so sehr, daß er sie zerstören will. Doch was für eine Welt wäre das, die ihn tatsächlich widerspiegelte? Der Philosoph Hillel formulierte es so: »Wenn du nicht auf deiner Seite stehst, wer wird es dann tun? Aber wenn du allein auf deiner Seite stehst, was bist du dann?«

Die Dynamik von Typus acht

Die Desintegrationslinie: Typus acht entwickelt sich zu Typus fünf

Ein gestörter Typus acht hat seine Macht so vollständig mißbraucht, daß er sich jedermann zum Feind gemacht hat. Die hauptsächliche Verlockung für Menschen vom Typus acht, sich in Richtung Typus fünf zu entwickeln, besteht darin, daß sie eine solche Entwicklung als taktische Möglichkeit sehen, sich in der Sicherheit des Denkens zu verschanzen. Sie glauben, ihre Macht, die im kämpferischen Handeln lag, erhalten zu können, indem sie raffinierter sind und überlegter vorgehen. Anstatt bedenkenlos voranzustürmen, wollen sie versuchen, mit mehr Voraussicht zu agieren; indem sie ihre Pläne mehr hinter dem Berg halten, wollen sie den anderen unvorbereitet treffen; indem sie sich gerissener verhalten, wollen sie sich vor ihren Feinden verbergen, bis sie zum letzten zerstörerischen Schlag ausholen können. Kurz gesagt: der Reiz für einen neurotischen Typus acht, sich in Richtung Typus fünf zu entwikkeln, liegt in der Verbindung von absoluter Macht und vollkommener Sicherheit, einer unschlagbaren Kombination.

Es kommt aber ganz anders. Wenn ein neurotischer Typus acht sich zu Typus fünf hin bewegt, wird er geradezu paranoid, wo es um sein Überleben geht. Bei einer solchen Entwicklung isoliert er sich selbst von anderen und kann sich nun weder effektiv verteidigen noch durchsetzen. Die Macht, die er noch hat, zerbröckelt allmählich und gibt einem sich verschlechternden Charakter des Typus acht tatsächliche Gründe für manche seiner paranoiden Ängste.

In dem Maß, wie die Paranoia wächst, wächst auch die Isolation dieser Menschen, und ihre Isolation wiederum nährt die Gefühle der Paranoia – ein Teufelskreis. Zum ersten Mal in ihrem Leben werden Menschen vom Typus acht nun von heftigen Ängsten befallen, da ihre Abwehrmechanismen, vor allem Angstabwehr und Verleugnung, sie nicht mehr schützen. Sie leben in ständiger Furcht, für ihre vielen Verbrechen bestraft zu werden, von denen manche so abscheulich gewesen sein mögen, daß sie den Tod dafür verdienen. Wenn die Paranoia sich fortsetzt, kann es geschehen, daß sie mehr oder weniger vollständig mit der Realität brechen und jede Fähigkeit der Abwehr verlieren. (Es ist schwer zu sagen, ob alle gestörten Menschen vom Typus acht wirklich schizophren werden müssen. Wahrscheinlich ist das nicht der Fall; jedoch wird ein zu langes Andauern dieses Zustandes eine tatsächliche schizophrene Erkrankung hervorrufen.)

Konnten seine Feinde ihn vorher nicht schlagen, so werden sie jetzt sicherlich die Gelegenheit dazu haben, da Typus acht sich nun in einer außerordentlich wehrlosen Verfassung befindet. Absurd ist, daß ein Mensch, der einst so mächtig war, nun in tiefster Angst und Schrecken lebt – voller Angst nicht nur vor der Rache der anderen, sondern auch geschüttelt von inneren Ängsten. Das ist kein allmächtiger Gott mehr, sondern ein unmenschliches Monstrum, das sich in Qualen windet.

Die Integrationslinie: Typus acht entwickelt sich zu Typus zwei

Für Typus acht bedeutet es Wachstum, wenn er sich allmählich den anderen öffnet, anstatt sie zu beherrschen. Entwickelt sich ein gesunder Typus acht in Richtung Typus zwei hin, lernt er es, die Macht, die er innehat, zu benutzen, um andere in ihrer Individualität zu bestärken. Ein gesunder Typus acht kann, wie wir sahen, geradezu heroisch und sehr großmütig sein, freilich vor allem den Menschen gegenüber, denen er nicht zu nahe steht. Doch wenn ein gesunder Typus acht sich auf dem Weg zur Integration zu Typus zwei entwickelt, gibt er seine überlegene Distanziertheit auf und sieht die anderen Menschen als Individuen und gleichwertige Persönlichkeiten.

Schlägt ein gesunder Typus acht diesen Weg ein, identifiziert er sich mit den anderen, anstatt sich gegen sie zu stellen. Er erkennt, daß die anderen ihm gar nicht so unähnlich und es deshalb wert sind, die gleichen Rechte und Privilegien zu genießen. Typus acht auf dem Weg zur Integration kann sich einfühlen und Mitleid empfinden. Er ist fürsorglich, großmütig, hilfsbereit und wirklich am Wohlergehen der anderen Menschen interessiert – er unterstützt sie in ihren Bestrebungen. Nicht nur das Eigeninteresse steht für ihn im Mittelpunkt, sondern auch die Bedürfnisse der anderen, die ihm so wichtig werden wie die eigenen. So krönt die neuerworbene Fähigkeit, zu lieben, seine anderen Führungseigenschaften. Ein solcher Mensch lernt, was die Macht der Liebe bedeutet und ist nicht mehr besessen von der Liebe zur Macht.

Nun entdeckt er auch eine wunderbare Wahrheit: daß es im Grunde in seinem eigenen Interesse liegt, die anderen zu lieben. Wie wir sahen, wird seine Macht rasch destruktiv, wenn er sie nicht zum Wohle anderer gebraucht. Und selbst wenn er seine Macht nicht brutal ausübt, wird Typus acht durch das Dominieren anderer Menschen nie das erlangen, was er letztlich am meisten braucht: um seiner selbst willen geliebt zu werden. Zudem erfährt er, daß er durch das Sich-Einsetzen für andere gar nichts verliert oder keineswegs irgend etwas aufs Spiel setzt. Er schafft etwas vollkommen Neues, er wird größer und weiter, hat mehr Einfluß auf die Welt, durch die stärkste Kraft, die ihm innewohnt, die am tiefsten wirkende Macht – die Liebe selbst.

Die größten und edelsten Menschen vom Typus acht lernen die höheren Lektionen der Liebe, wenn sie sich in Richtung Typus zwei entwickeln, da sie sich nun im Grunde als die Diener der anderen erkennen. Sich selbst in diese bescheidene, aber doch außergewöhnliche Position zu versetzen, ist ein wahrer Akt des Heroismus, vor allem für Menschen, die sich immer darum bemühten, vollkommen eigenständig zu sein, und deren ganzer Stolz es war, sich durch Macht Unabhängigkeit zu erhalten. Sich selbst für andere zu öffnen, sich mit ihnen zu identifizieren und ihre Last auf sich zu nehmen – also sich im Grunde wirklich um der anderen willen zu opfern – ist das Mutigste und Schwierigste, was ein Mensch vollbringen kann, vor allem ein Mensch vom Typus acht. Wenn er sich zu dieser heroischen Ebene aufgeschwungen hat, macht ihn das wirklich zu einem unsterblichen Menschen.

Die wichtigsten Subtypen von Typus acht

Typus acht mit einer Tendenz zu Typus sieben

Die Charakterzüge von Typus acht, verbunden mit denen von Typus sieben, verstärken sich gegenseitig und bringen eine sehr aggressive Persönlichkeitsstruktur hervor. Typus acht mit dieser Tendenz ist der offensichtlich aggressivste aller Subtypen, da jede seiner Komponenten aggressiv ist – Typus acht in seiner Machtgier und Typus sieben mit seiner Sucht, Erfahrungen und Besitz anzuhäufen. So ist dieser Subtypus der am wenigsten auf andere bezogene und egozentrischste und derjenige Typus, mit dem der Umgang am schwierigsten ist. Berühmte Beispiele dieses Subtypus sind: Michail Gorbatschow, Franklin D. Roosevelt, Lyndon B. Johnson, Indira Gandhi, Ferdinand Marcos, Lee Iacocca, Henry Kissinger, Richard Burton, Barbara Walters, Billy Jean King, Bella Abzug, Norman Mailer, Frank Sinatra, Mike Wallace, Muhammed Ali, Aristoteles Onassis, J. Pierpont Morgan, John DeLorean, Al Capone, Joseph Stalin, Mao-tse-tung, Howard Hughes, der Schah des Iran, Gaddhaffi, Idi Amin, Reverend Jim Jones und Don Vito Corleone.

Gesunde Menschen dieses Subtypus sind außerordentlich extravertiert, handlungsorientiert und sehr vital. Sie übernehmen fast immer die Initiative – ob es sich nun um geschäftliche Angelegenheiten oder um Liebesaffären dreht – sie gehen all das voll Schwung an und glauben vertrauensvoll an ihren Erfolg. Das Charisma des gesunden Typus acht verbindet sich hier mit der Lebensfreude des gesunden Typus sieben; das Ergebnis ist eine außerordentlich extravertierte Persönlichkeit, deren innere Stärke und Vitalität so ungewöhnlich sein kann, daß dieser Subtypus eine starke Wirkung auf Menschen ausübt, die sogar historische Dimensionen haben kann. Seine Großmütigkeit zeigt sich zudem auch im praktischen Bereich, da er sich intensiv um das materielle Wohlergehen anderer Menschen kümmert.

Ein durchschnittlicher Mensch dieses Subtypus hat großes Interesse an Macht und Geld, zwei Schwerpunkte, die einander noch verstärken. Er besitzt einen gut entwickelten Geschäftssinn, ist stark extravertiert und verfügt über eine enorme Vitalität, die in seine Arbeit, seine verschiedenen Interessen und Abenteuer einfließt. Er ist ein robuster, erdhafter und materialistischer Mensch, der mit beiden Beinen fest auf dem Boden steht. Er hat die Tendenz, die Umwelt, vor allem andere Menschen, zu dominieren. Er wirkt aggressiv und verfolgt seine Ziele wie ein hungriges Tier seine Beute. Zudem kann er außerordentlich egozentrisch, eigensüchtig und habgierig sein. Menschen dieses Subtypus benutzen Geld, um andere zu manipulieren, sie behandeln sie wie ihren Besitz oder wie ein Unterpfand in ihren Machtspielen. Mitleid zu anderen Menschen kennen sie nicht, ebenso Schuldgefühle, was ihre Handlungen betrifft. Dennoch lebt in Menschen dieses Subtypus eine gewisse Unsicherheit, denn nie verläßt sie das Gefühl, von Geld und Macht zu wenig zu haben, um wirklich unabhängig und sicher zu sein.

Gestörte Menschen dieses Subtypus sind rücksichtslos und impulsiv, sie können Dinge tun und sagen, die man später als Geniestreich, ebenso aber auch als fatalen Fehler erkennen kann. Sie sind oft angriffslustig und tyrannisch, verbal wie physisch brutal und greifen jeden heftig an, der sie frustriert oder gewagt hat, sich ihrem Willen zu widersetzen. Sie haben ein explosives Temperament und geraten rasch in Wut. Ihre manischen Tendenzen verstärken ihre Allmachtillusionen; oft geben sie viel Geld aus, um ihrem übersteigerten Selbstbild zu schmeicheln. Wenn sie Angst haben oder sich bedroht fühlen, verlieren sie leicht die Kontrolle über sich. Da sie für Angst anfällig sind, verteidigen sie sich gegen diese Empfindung, indem sie sie ausleben, was bei ihnen heißt, impulsiv anzugreifen und lieber zu zerstören, bevor es ihnen selbst an den Kragen geht.

Typus acht mit einer Tendenz zu Typus neun

Die Charakterzüge von Typus acht und die Tendenz zu Typus neun widersprechen einander bis zu einem gewissen Grad. Je nach Stärke der Tendenz zu Typus neun ist dieser Subtypus mehr auf Menschen und weniger auf Besitz orientiert als der andere Subtypus. Auch kann er sich weniger stark durchsetzen; er strahlt ruhige Kraft aus und wirkt auf seine Weise durchaus energisch und stark. Insgesamt ist seine Aggressivität aber weniger offensichtlich, auch wenn Typus acht hier den

Grundtypus bildet; wenn es jedoch nötig ist, können Menschen dieses Subtypus durchaus aggressive Durchsetzung an den Tag legen. Bekannte Beispiele sind: Martin Luther King, Golda Meir, Charles de Gaulle, Pablo Picasso, John Huston, Johnny Cash, Fidel Castro, Leonid Breschnew, Darth Vader, Othello und König Lear.

Gesunde Menschen dieses Subtypus fühlen sich deutlich wohler in ihrer Haut und können auch leichter mit anderen umgehen; sie meinen nicht, sich dauernd und in jeder Lebenslage durchsetzen zu müssen. Manchmal wirken sie auch offener für Dinge, die über ihr unmittelbares Eigeninteresse hinausgehen, vor allem wenn es sich um ihre Familienmitglieder handelt. Sie sind die freundlicheren und gütigeren Vatergestalten, die zwar einen starken Willen besitzen, aber sanfte Umgangsformen, und die zu tieferen Gefühlen und subtileren Neigungen fähig sind als Typus acht mit Tendenz zu Typus sieben. Dieser Subtypus kann sehr persönliche, fast mystische Bindungen zu anderen Menschen schaffen. Oft beschäftigt er sich mit der Kunst, mit Natur und mit Kindern.

Bei durchschnittlichen Menschen dieses Subtypus beginnt sich eine deutliche Spaltung zwischen ihren beiden charakterlichen Seiten zu zeigen – der aggressiven Komponente (die sie in der Öffentlichkeit und in Situationen des Wettstreits an den Tag legen), und der passiven, anpassungsfähigeren Komponente (die sie nur wenigen Menschen offenbaren, vor allem ihrem Lebensgefährten gegenüber). Ihre expansive Durchsetzungskraft gründet sich auf eine Art innerer Festung unerschütterlicher Stärke, die von niemandem ins Wanken gebracht werden darf. Dieses innere Heiligtum ist unantastbar und unangezweifelt, obwohl man sich fragen kann, ob Menschen dieses Subtypus mit diesem Teil ihrer Persönlichkeit so vertraut sind wie sie es sein sollten. Es haftet ihnen immer etwas von einem Ideal an. Da Typus acht der grundlegende Persönlichkeitstypus ist, dominieren diese Menschen andere, wenn auch gleichsam mit einem Samthandschuh über der eisernen Faust. Sie können die anderen einschüchtern und herausfordern, im nächsten Atemzug aber wieder anpassungsfähig und gutmütig sein, vor allem Menschen gegenüber, die ihnen sehr nahestehen.

Da dieser Subtypus gegen Angst beinahe immun ist, kann ein gestörter Typus acht mit einer Tendenz zu Typus neun ohne Gewissensbisse destruktiv sein; bei ihm verbinden sich Rücksichtslosigkeit und Gleichgültigkeit. Doch kann sich bei ihm eine merkwürdige Spaltung zeigen: manchmal verhält er sich vollkommen unpersönlich, als sei er gleichsam irgendeine kosmische Kraft, die Menschen zermalmt, ohne jedes persönliche Gefühl. Menschen dieses Subtypus neigen im allgemeinen weniger als die des anderen Subtypus dazu, gewalttätig und destruktiv zu werden. Empfinden sie es als notwendig, können sie jedoch auch sehr grob sein, dabei bedauern sie sogar persönlich das Leiden, das sie verursachen, sind aber nicht zu wirklicher Einfühlung in den anderen fähig und verstehen im Grunde nicht, was sie da anrichten. Da sie weniger gewalttätig sind, leben sie im allgemeinen länger und richten so auf die Dauer gesehen mehr Schaden bei den Menschen an, die das Pech haben, mit ihnen leben zu müssen.

Einige Gedanken zum Abschluß

Rückblickend kann man sagen, daß die Selbstachtung von Typus acht von der durchschnittlichen Ebene abwärts sich immer destruktiver für andere ausgewirkt hat. Ist die Fähigkeit zu zerstören jedoch wirklich ein Zeichen von Macht und Stärke? Wer ist wirklich stärker und mächtiger – ein Mensch, der eine Stadt zerstört oder ein Mensch, der eine Stadt erbaut? Zudem sahen wir, daß Typus acht genau das bewirkt hat, was er am meisten fürchtete: da diese Menschen alles rings umher zerstört haben, haben sie sich selbst von ihrer Kraftquelle abgeschnitten, sie sind nun verletzlich, der gerechten Vergeltung durch die anderen ausgeliefert, die, wie sie zu Recht fürchten, sie nun möglicherweise sehr gnadenlos behandeln. Nun haben sie eine sich selbst erfüllende Prophezeiung geschaffen: sie fürchteten immer, sich anderen unterordnen zu müssen, und genau das tritt nun ein.

Wie kann man einem Tyrannen Einhalt gebieten, ohne selbst ein Tyrann zu werden? Das ist eine uralte Frage. Muß man gnadenlos sein, um Gnadenlosigkeit zu bekämpfen, ungerecht, um der Ungerechtigkeit zu wehren? Wie weit kann man gehen, um sich vor Ausbeuterei, vor zerstörerischen Kräften zu schützen, ohne sein Verhalten bereuen zu müssen? Auf der Suche nach einer Antwort mögen wir uns, diesem Typus begegnend, fragen, was für uns die höchsten Ideale im Leben sind. Was ist wirklich wichtig? Das Eigeninteresse? Geht es tatsächlich nur darum, seinen Weg zu machen, indem man die anderen mit Füßen tritt?

Wenn es keinen Gott gibt, dann sind die Menschen vom Typus acht wohl die geschicktesten und klügsten: ihr Eigeninteresse ist alles, was für sie zählt. Sie können zwar nicht sicher sein, ob es Gott gibt oder welche Form seine Gerechtigkeit anzunehmen vermag, eines aber ist gewiß: wie auch immer ein Mensch vom Typus acht gelebt hat – der Sterblichkeit entgeht auch er nicht. Wie jeder andere Mensch wird er eines Tages den Tod erleiden und letztlich sein Handeln doch dem Urteil anderer unterwerfen müssen.

Tragischste Ironie bei all dem aber ist: wenn diese Menschen destruktiv gelebt haben, so ist es ihnen nicht gelungen, die Welt nach ihrem Bild neu zu formen. Und so sind sie gerade an dem gescheitert, was ihr tiefstes Bedürfnis war.

Kapitel 11

Typus neun: Der Friedliebende

Typus neun in Umrissen

Gesund: Entwickelt sich zu einem selbstbeherrschten, geistes-
gegenwärtigen Menschen, der sich autonom und erfüllt fühlt,
wirkt ausgeglichen und zufrieden. Sehr empfänglich und unbefangen, emotional stabil und friedfertig. Optimistisch, wirkt
beruhigend und unterstützend auf andere. Geduldig, gutmütig, bescheiden, ein wahrhaft liebenswürdiger Mensch.

Durchschnittlich: Zurückhaltend, paßt sich den anderen zu
stark an, versucht die konventionellen Rollen und Erwartungen zu erfüllen. Handelt oft zu unüberlegt und unbekümmert,
ist zu wenig aufmerksam. Unengagiert, passiv und lässig. Beginnt Probleme zu verharmlosen, um die anderen zu beruhigen, wird fatalistisch und resigniert, als könne durch eigenes
Zutun nichts verändert werden.

Gestört: Unterdrückt zuviel, kann unentwickelt und schwach sein. Ist so nachlässig, daß er Probleme oft nicht sehen möchte. Hartnäckig, sieht keinen Zusammenhang zwischen seinem Verhalten und auftretenden Konflikten. Wird schließlich handlungsunfähig: desorientiert, Persönlichkeitszerfall, Katatonie. Manchmal multiple Persönlichkeit.

Grundmotivation: Sucht das Einssein mit den anderen, möchte die Dinge in ihrem Zustand belassen, meidet Konflikte und Spannungen, geht unangenehmen Dingen aus dem Weg, will Frieden um jeden Preis.

Beispiele: Ronald Reagan, Corazon Aquino, Walter Kronkite, Rosalynn Carter, Linda Evans, Prinzessin Gracia von Monaco, Ingrid Bergman, Perry Como, Walt Disney, Bing Crosby, Edith Bunker und Mary Hartman.

Gesamtbild von Typus neun

Die Seelenlandschaft des Typus neun ähnelt folgendem Bild: An einem schönen Tag fährt jemand genießerisch mit dem Fahrrad dahin. Er empfindet alles um sich herum als angenehm und sieht keine Einzelheiten. Dieses mühelose Einssein mit der Umgebung ist für die Erfahrungswelt von Typus neun kennzeichnend: sein Selbstgefühl besteht aus der Übereinstimmung mit der Umwelt, mit dem anderen. Natürlich möchte er dieses Gefühl des Einsseins mit der Umgebung am liebsten dauernd aufrechterhalten.

Ihre rezeptive Lebenseinstellung erfüllt Menschen vom Typus neun mit so tiefer Befriedigung, daß sie gar keinen Grund sehen, sie in Frage zu stellen oder irgend etwas Grundlegendes daran zu ändern. Da ihre psychologische Orientierung so angelegt ist, sollten wir es ihnen nicht verübeln, wenn sie das Leben offen und optimistisch sehen. Grund zur Kritik hätten wir allerdings, wenn sie einfach nicht sehen wollten, daß das Leben zwar seine schönen Seiten, aber ebenso auch seine Schattenseiten hat, mit denen man zurechtkommen muß. Ihre

Weigerung, das Rad zu flicken, wenn die Luft ausgegangen ist, kann man als symbolisch für ihre Problematik betrachten. Am liebsten würden sie alles, was nicht in ihr rosiges Bild paßt, ignorieren, um weiterhin ungestört und friedlich dahinträumen zu können.

Bei diesem Persönlichkeitstypus werden wir erkennen, welchen Nachteil für die Persönlichkeit diese Philosophie des Friedens um jeden Preis mit sich bringt. Die Weigerung, sich mit Problemen auseinanderzusetzen, schafft diese keineswegs aus der Welt. Zudem ist der von Menschen dieses Typus so sehr geschätzte Frieden unvermeidlich auf Kosten der anderen erkauft – und letztlich auch auf Kosten ihrer eigenen Fähigkeit der Wirklichkeitsbewältigung. So gutwillig sie auch sein mögen, können sie anderen schrecklichen Schaden zufügen, während sie so dahinschlendern und die Augen vor dem verschließen, was ihnen nicht ins Konzept paßt.

In der Beziehungs-Triade

Typus neun ist der primäre Persönlichkeitstypus in der Beziehungstriade – er ist am stärksten von seiner Fähigkeit abgespalten, sich als Individuum mit der Welt in Beziehung zu setzen. Typus neun bezieht sich auf die Welt, indem er sich mit einem anderen Menschen identifiziert. Das hat zur Folge, daß dieser Typus, wenn er nicht außergewöhnlich gesund ist, kein Bewußtsein über sich selbst als Individuum, ja nicht einmal ein fest umrissenes Bewußtsein der ihn umgebenden Wirklichkeit entwickelt.

Da sie ihr Selbstgefühl dadurch aufrechterhalten, weil sie sich dem anderen unterordnen – sei es einem Partner oder einem Ideal – laufen diese Menschen Gefahr, nie wirklich unabhängige, lebenstüchtige Wesen mit einer eigenen Identität zu werden. Sie sehnen sich danach, mit einem anderen Menschen zu verschmelzen, denn dieses Gefühl der Einheit mit einem anderen hilft ihnen, ihre emotionale Stabilität zu bewahren. So hat ihr Problem mit Beziehungen zwei Seiten: Indem sie sich mit jemand anderem identifizieren, verliert ihr Selbstgefühl allmählich immer mehr die festen Umrisse, und sie stellen sich nicht mehr als Individuum in die Welt. Zudem entwickeln Menschen vom Typus neun dadurch, daß sie ganz in einem anderen aufgehen, ihre eigenen Möglichkeiten nicht vollständig. Ihre alles bestimmende Motivation heißt dann nur noch: sich ihren inneren Frieden erhalten.

Nur sehr gesunde Menschen vom Typus neun gelangen allmählich zu einem Selbstbewußtsein als Persönlichkeit, die aktiv entscheidet, was sie braucht und was sie will. Schon ein durchschnittlicher Typus neun hat eine sehr passive Haltung dem Leben gegenüber. Was er nicht erkennt, ist, daß er im Grunde anderen gar nichts geben, ja sie nicht einmal wirklich lieben kann, wenn er sich nicht als eigenständige Persönlichkeit entwickelt. Das scheint jedoch auch gar nicht wichtig für ihn, denn ein solcher Mensch sieht nicht persönliche Weiterentwicklung, Identität und Selbstbestimmung als Werte an, sondern Bescheidenheit, Friedfertigkeit und Anpassung.

Probleme mit Repression und Aggression

Typus neun hat wie Typus acht und eins das Problem, daß er einen Teil seiner Psyche unterdrückt. Alle drei Persönlichkeitstypen neigen zur Überkompensation eines Bereichs, die die Unterentwicklung in einem anderen Bereich ausgleichen soll. Bei Typus neun liegt das Problem darin, daß er in seinen Beziehungen sein Selbst unterdrückt, um dem anderen gegenüber empfänglicher sein zu können. Schließlich wird sein Selbstgefühl so stark unterdrückt, daß er jede Individualität verliert, weil er nur noch vollständig durch jemand anderen lebt oder, was ebenso schlimm ist, sich nur noch in einer Welt voller Illusionen bewegt. Indem er sich selbst unterdrückt, wird das Bewußtsein für sich selbst, für andere und die Welt allmählich immer schwächer, nichts mehr kommt so richtig an ihn heran. Er hat zwar seinen Frieden, gleichzeitig aber auch die Beziehung zur Welt verloren.

Natürlich ist nichts dagegen einzuwenden, wenn jemand Frieden sucht, problematisch aber wird es, wenn ein durchschnittlicher bis gestörter Typus neun allmählich bei dem Versuch, jede Bemühung und jeden Konflikt zu vermeiden, den Bogen überspannt. Er sieht nicht ein, daß es manchmal notwendig ist, sich durchzusetzen, denn Typus neun setzt Durchsetzung mit Aggression gleich und meint, die Durchsetzung würde seine Einheit mit den anderen notwendigerweise bedrohen. Das hat zur Folge, daß Typus neun seine aggressiven Impulse so gründlich unterdrückt, daß er sie eines Tages gar nicht mehr bemerkt. Wenn er sich seiner Aggressionen nicht bewußt ist, heißt das aber keineswegs, daß diese Gefühle nicht existierten oder sein Verhalten nicht beeinflussen.

Es ist kennzeichnend für Menschen vom Typus neun, das Problem der Aggression zu »lösen«, indem sie es einfach nicht wahrnehmen. Wenn solch ein Mensch unbeabsichtigt aggressiv wird, leugnet er einfach, es gewesen zu sein. Bis zu einem gewissen Grad ist die Friedfertigkeit eines durchschnittlichen bis gestörten Typus neun deshalb illusionär, eine Form bewußter Blindheit, ist Selbstbetrug. Er erkennt nicht, daß er sich, um seinen inneren Frieden zu bewahren, von sich selbst und von der Realität abgespalten hat. Die Ironie liegt darin, daß seine Passivität und sein Verleugnen der Wirklichkeit, seine Unaufmerksamkeit anderen gegenüber und sein wachsendes Desinteresse an der Umwelt negative Formen von Aggression – passiver Widerstand – sind, ein aggressives sich selbst der Wirklichkeit vorenthalten. Typus neun ist wesentlich aggressiver als er glaubt, und die Auswirkungen seiner verleugneten und unterdrückten Aggressionen können für ihn selbst wie für andere verheerend sein.

Als Kinder identifizierten sich Menschen vom Typus neun positiv mit ihren Eltern oder ihrem Elternersatz. Ihr Drang, sich von ihren Eltern zu unterscheiden, war minimal, da ihre emotionalen Bedürfnisse eben durch die Identifikation mit den Eltern so vollständig erfüllt wurden.

Typisch ist auch, daß diese Menschen eine stabile, glückliche Kindheit hatten, zumindest in den ersten Jahren, in denen ihre Persönlichkeitsmuster sich formten. Ihre Kindheit war eine idyllische Zeit, an die sie sich nur allzu gerne erinnern, eine Zeit, die sie am liebsten zurückholen würden. Es mag dann in den späteren Kindheitsjahren eine Periode gegeben haben, in der diese sorglose Existenz durch Armut, Krankheit oder andere Schicksalsschläge erschüttert wurde; zu diesem Zeitpunkt hatte sich ihre Persönlichkeitsstruktur jedoch im wesentlichen verfestigt.

Durch die positive Identifikation mit Vater und Mutter lernten die Menschen vom Typus neun ihr Selbstgefühl dadurch zu erhalten, daß sie sich immer wieder zutiefst mit anderen identifizierten. In ihrem späteren Leben suchen sie das Einssein mit anderen und den Frieden, der eine Form des Einsseins mit sich selbst ist, ebenso wie sie früher die außerordentlich befriedigende Übereinstimmung mit ihren Eltern genossen. Was ein Mensch vom Typus neun am meisten fürchtet, ist die Trennung von den Menschen, mit denen er sich identifiziert hat. Deshalb tut ein durchschnittlicher bis gestörter Typus neun alles in seiner Macht Stehende, um die emotionalen Bindungen zwischen sich und anderen zu erhalten und zu stärken, selbst wenn das bedeutet, sich den anderen zu stark unterordnen zu müssen.

Probleme mit Bewußtsein und Individualität

Ob sie es erkennen wollen oder nicht, Menschen vom Typus neun sind Individuen. Sie können sich nicht selbst ignorieren und ihre Entwicklungsmöglichkeiten brach liegen lassen, ohne dafür einen sehr hohen Preis zu bezahlen: Anstatt zum Einssein mit anderen zu gelangen, werden sie die Verbindung zu ihnen unvermeidlich verlieren und in einer traumverlorenen Halbbewußtheit dahindämmern, indem ihre Beziehungen kaum mehr sind als idealisierte Illusionen.

Persönlichkeitstypus neun entspricht Jungs introvertiertem Empfindungstypus. Jung beschreibt hier einen Menschen, den wir als durchschnittlichen bis gestörten Typus neun bezeichnen könnten, und der seinen Frieden und seine Übereinstimmung mit den anderen nicht findet, weil er sie als die erkennt, die sie sind, sondern nur dadurch, daß er sie idealisiert. Ihr Gegenüber fühlt sich dann leicht »entwertet«, wie Jung erklärt, und zwar aus folgenden Gründen:

> Er kann durch seine Ruhe oder Passivität oder durch eine vernünftige Selbstbeherrschung auffallen [vor allem, wenn beispielsweise Typus neun eine Tendenz zu Typus eins hat]. Diese Eigentümlichkeit, welche das oberflächliche Urteil irreleitet, verdankt ihre Existenz der Nichtbezogenheit auf die Objekte. Das Objekt wird im Normalfall keineswegs bewußt entwertet, aber sein Anreiz wird ihm dadurch entzogen, daß er sofort durch eine subjektive Reaktion, die sich auf die Wirklichkeit des Objektes weiter nicht mehr bezieht, ersetzt wird. Das wirkt natürlich wie eine Objektentwertung. Ein solcher Typus kann einem leicht die Frage beibringen, wozu man überhaupt existiere...
>
> Von außen betrachtet scheint es, als ob die Objekteinwirkung überhaupt nicht zum Subjekt vordringen würde. Dieser Eindruck ist insofern richtig, als ein subjektiver,

dem Unbewußten entstammender Inhalt sich dazwischendrängt und die Objekteinwirkung abfängt. Dieses Dazwischentreten kann mit solcher Schroffheit erfolgen, daß man den Eindruck gewinnt, als schütze sich das Individuum direkt vor Objekteinwirkungen. In einem gesteigerten Fall ist auch tatsächlich eine solche schützende Abwehr vorhanden. Wenn das Unbewußte nur um etwas verstärkt ist, so wird der subjektive Empfindungsanteil dermaßen lebendig, daß er die Objekteinwirkung fast gänzlich überdeckt. Daraus entsteht einerseits für das Objekt das Gefühl einer völligen Entwertung, andererseits für das Subjekt eine illusionäre Auffassung der Wirklichkeit, die allerdings nur in krankhaften Fällen so weit geht, daß das Individuum nicht mehr imstande wäre, zwischen dem möglichen Objekt und der subjektiven Wahrnehmung zu unterscheiden. Obschon eine so wichtige Unterscheidung erst in einem nahezu psychotischen Zustand gänzlich verschwindet, so kann doch längst zuvor die subjektive Wahrnehmung das Denken, Fühlen und Handeln in höchstem Maße beeinflussen, obschon das Objekt in seiner ganzen Wirklichkeit klar gesehen wird. In Fällen, wo die Objekteinwirkung infolge besonderer Umstände, z. B. infolge besonderer Intensität oder völliger Analogie mit dem unbewußten Bilde, bis zum Subjekt vordringt, ist auch der Normalfall dieses Typus veranlaßt, nach einer unbewußten Vorlage zu *handeln*. Dieses Handeln ist in bezug auf die objektive Wirklichkeit von illusionärem Charakter und darum äußerst befremdlich. Es enthüllt mit einem Schlage die wirklichkeitsfremde Subjektivität des Typus. Wo aber die Objekteinwirkung nicht völlig durchdringt, da begegnet sie einer wenig Anteilnahme verratenden, wohlwollenden Neutralität, welche stets zu beruhigen und auszugleichen bestrebt ist. Das allzu Niedere wird etwas gehoben, das allzu Hohe etwas niedriger gemacht, das Enthusiastische gedämpft, das Extravagante gezügelt, das Ungewöhnliche auf die »richtige« Formel gebracht, all dies, um die Objekteinwirkung in den nötigen Schranken zu halten. Dadurch wirkt auch dieser Typus auf die Umgebung drückend, sofern seine gänzliche Harmlosigkeit nicht außer allem Zweifel steht. Ist letzteres aber der Fall, so wird das Individuum leicht das Opfer der Aggressivität und der Herrschsucht anderer. Solche Menschen lassen sich in der Regel mißbrauchen und rächen sich dafür an ungeeigneter Stelle durch vermehrte Resistenz und Störrigkeit. (C. G. Jung, *Psychologische Typen*, § 721 bis 722)

Am unteren Ende des Kontinuums stehend, werden Menschen vom Typus neun eine »Bedrohung« für ihre Umgebung, weil sie wie jedermann eine charakteristische Form der Eigensucht haben, die aber bei ihnen schwieriger zu erkennen ist als bei den anderen Persönlichkeitstypen, da sie sich scheinbar den anderen so sehr anpassen. Die spezielle Form ihres Egoismus besteht in ihrer Bereitschaft, viele Werte zu opfern – in gewissem Sinn sogar die Bereitschaft, die ganze Realität zu opfern – damit sie ihren Seelenfrieden bewahren können. Angst zu haben oder sich emotional auf irgendeine Weise anregen zu lassen, hat für durchschnittliche bis gestörte Menschen vom Typus neun etwas Bedrohliches, da sie nicht daran gewöhnt sind, sich ihrer Gefühle bewußt zu sein. Im Grunde erfährt die Vollständigkeit ihrer Unterdrückungsmechanismen stets einen Bruch durch jede Art emotionaler Reaktion, sei sie durch Angst, Aggression oder irgend etwas anderes hervorgerufen. Das hat zur Folge, daß ein durchschnittlicher Typus neun den Frieden um jeden Preis sucht, auch wenn der auf seine egozentrische, aber unbewußte Weise bezahlte Preis darin besteht, daß er die Augen vor dem, was ihn umgibt, vor den Menschen, aber auch vor der Wirklichkeit, immer mehr verschließt.

Dadurch, daß er um des lieben Friedens willen den Kopf in

den Sand steckt, wird er schließlich unfähig, mit irgend etwas zurechtzukommen. Weil er so erpicht darauf ist, sich aller Probleme zu entledigen, setzt er sich mit nichts richtig auseinander und löst keines seiner Probleme. Er wird desorientiert, als ginge er wie ein Schlafwandler durchs Leben. Um seine Urteilskraft ist es nicht gerade gut bestellt, was manchmal tragische Folgen hat. Die Konsequenzen seiner mangelnden Wachheit und Engagiertheit können aber nicht immer verborgen bleiben, vor allem nicht für die anderen Menschen. Ein gestörter Typus neun wird sich irgendwann einmal mit den Folgen seines Verhaltens auseinandersetzen müssen, auch wenn er versucht, dieser Auseinandersetzung um jeden Preis aus dem Weg zu gehen. Aber lieber wird er versuchen, die Wirklichkeit vollkommen auszuschalten, als sich damit zu konfrontieren, mit welch sträflicher Unbekümmertheit und Nachlässigkeit er an die Dinge herangegangen ist.

Ein gesunder Typus neun kann jedoch ein außerordentlich zufriedener und angenehmer Mensch sein. Er ist ungewöhnlich empfänglich und gibt den anderen Menschen das Gefühl, daß er sie annimmt, wie sie sind. Sein innerer Frieden entspringt seiner charakterlichen Reife, so daß er auch Konflikte und Trennungen zulassen kann und der Entwicklung seiner Individualität einen wichtigen Platz in seinem Leben einräumt. Er ist eine eigenständige Persönlichkeit, deren größte Freude es aber zugleich ist, sich zu verströmen. Sobald er jedoch versucht, auf falsche Weise zur Einheit mit anderen zu gelangen, wird der durchschnittliche Typus neun zu selbstlos, zu fügsam, zu veränderungsscheu. Er will sich mit der Wirklichkeit nicht mehr auseinandersetzen – sei es seine eigene Wirklichkeit oder die der anderen. Und gestörte Menschen vom Typus neun wehren sich mit ganzer Kraft gegen alles, was ihren Scheinfrieden stören könnte. Sie leben in einer irrealen Welt und klammern sich verzweifelt an ihre Illusionen, während ihnen alles zwischen den Fingern zerrinnt.

Analyse des gesunden Typus neun

Der in sich ruhende Mensch

Im besten Fall erlaubt ein sehr gesunder Typus neun sich, zu einem unabhängigen Menschen zu werden. Da er die Furcht überwunden hat, von anderen getrennt zu sein, wird er zu einer Persönlichkeit, die sich in der Hand hat und die autonom ist. Er fühlt sich außerordentlich erfüllt und erfreut sich tiefer Zufriedenheit und unerschütterlichen Gleichmutes, da er mit jemandem eins ist, von dem er nie mehr getrennt werden kann: mit sich selbst. Er erreicht den Frieden, den er immer gesucht hat, weil er wirklich bei sich angekommen ist.

Trotz seiner großen Friedfertigkeit ist solch ein Mensch aber zugleich vital und lebendig und hat Zugang zu seinen Gedanken, Gefühlen und Wünschen. Ein sehr gesunder Typus neun ist sich sogar seiner aggressiven Gefühle bewußt, ohne durch sie beunruhigt zu werden. Er erkennt, daß es nicht das gleiche ist, ob man Aggressionen hat oder sich aggressiv oder destruktiv verhält. Dieses Bei-sich-Sein, diese Geistesgegenwart, ermöglicht es einem Menschen vom Typus neun, anderen mehr von sich zu geben, als er das je zuvor konnte, und so werden seine Beziehungen zu anderen tiefer und dadurch befriedigender.

Da sich diese Menschen selbst respektieren, strahlen sie eine große Würde aus, denn sie sind sich ihres wahren Wertes bewußt, ohne auch nur im mindesten exzentrisch oder selbstherrlich zu sein. Sie sind als Individuum ganz und gar präsent. Und da sie sich selbst sehen können, wie sie wirklich sind, können sie auch die anderen sehen, wie sie sind. Die Menschen werden von ihnen nicht mehr idealisiert, und sie werden dadurch zum ersten Mal wirklich ein Gegenüber für Typus neun, was der Liebe eine wesentlich realistischere Basis gibt.

Sehr gesunde Menschen vom Typus neun ruhen fest in sich

und haben durch dieses tiefere innere Einssein mit sich selbst die Fähigkeit, mit allen Problemen fertigzuwerden. Sie sind erfüllt, wenn nicht als Individualität, die ihre Möglichkeiten gänzlich entwickelt hat, so doch als jemand, der in der Lage ist, sich in die Welt zu stellen, sich dem Augenblick hinzugeben, für den anderen dazusein. So lebt Typus neun ganz wach und aktiv in seinem Bewußtsein und hat sich so in der Hand, daß er sein Leben nach seinem Wunsch gestalten kann. Das ist ein sehr persönlicher, fast spiritueller Vorgang, der schwer unmittelbar zu beobachten und zu beschreiben ist. Dennoch ist es ein sehr realer, sehr entscheidender Vorgang. Sehr gesunde Menschen vom Typus neun werden erst seelisch neu geboren als Bewußtseinsträger. So lebt plötzlich eine neue Kraft in der Welt – ein neues Wesen, ein altes Kind, ein unauslöschlicher Geist.

So gibt ein sehr gesunder Typus neun auf der höchsten Ebene für alle anderen Persönlichkeitstypen ein Beispiel dafür, was es bedeutet, mit sich selbst und der Welt eins zu sein. Solche Wesen sind ein Beispiel für das tiefe Einssein, das dem Menschen möglich ist – das Einssein mit sich selbst ebenso wie das Einswerden mit einem anderen. Sie lehren uns ein geistesgegenwärtiges Da-sein und eine Hingabefähigkeit, die so tief gehen, daß sie etwas Mystisches haben. Sie sind so unbefangen und mühelos sie selbst und so völlig offen, daß man ahnen kann, wie der Mensch vor dem Sündenfall ohne die reflektierende Befangenheit und Entfremdung gewesen sein muß. Sie geben ein lebendes Beispiel dafür, daß wir, wenn alles gesagt und getan ist, für den anderen ein Geschenk sind, ebenso wie der andere für uns. Ganz bei sich selbst und zugleich ganz mit dem anderen verbunden zu sein, ist ein Mysterium, dem man sich nur wortlos hingeben kann.

Der empfängliche Mensch

Leider sind auch gesunde Menschen vom Typus neun nicht immer so gesund. Eigenständigkeit und Bei-sich-Sein sind schwer aufrechtzuerhalten, und die Furcht, von den Menschen getrennt zu werden, die wichtig für sie sind, ist bei ihnen im Hintergrund immer gegenwärtig. Unterliegen sie der Furcht, entsteht bei Menschen vom Typus neun der Wunsch, mit dem anderen zu verschmelzen und mit ihm das Einssein zu erfahren, das sie mit sich selbst nicht erleben.

Typus neun kann sich mit anderen identifizieren, und sich den Menschen ganz hingeben, die in seinem Leben eine zentrale Rolle spielen. Solche Charaktere sind außerordentlich empfänglich und fähig, sich mit anderen so vollständig eins zu fühlen, daß sie so gut wie nie auf sich selbst konzentriert, introspektiv oder von Zweifeln geplagt werden, was natürlich auch seine Schattenseiten hat. Menschen vom Typus neun sind nicht nur in der Lage, sich anderen zu schenken, sie wollen das auch unbedingt tun. Durch ihre Fähigkeit, sich mit dem anderen zu identifizieren, besitzen gesunde Menschen dieses Typus viel Liebeskraft und große Möglichkeiten, den anderen zu unterstützen, sowohl physisch als auch gedanklich.

Da sie alles ungefragt zu akzeptieren geneigt sind, gibt es sowohl in ihrem Gefühlsleben als auch in ihren Beziehungen wenige Konflikte. Sie sehen sich selbst als friedfertige Menschen, und solange sie gesund sind, leben sie auch wirklich in Frieden mit der Welt. Sie verfügen über eine hohe Toleranz gegenüber Streß und Störungen, sind geduldig, unerschütterlich, locker und ruhig. Die kleinen Ärgernisse des Lebens werfen sie nicht aus der Bahn. Sie strahlen etwas Gesundes und Schlichtes aus. Bei einem intakten Menschen vom Typus neun hat man es mit einem vollkommen arglosen Menschen zu tun, dem es nie in den Sinn kommen würde, zu lügen oder einen zu übervorteilen (er kann sich auch niemals vorstellen,

daß jemand anderes so etwas tun könnte). Seine Empfänglichkeit erlaubt einem gesunden Menschen vom Typus neun, ver-
trauensvoller zu sein als alle anderen Persönlichkeitstypen. Sie
vertrauen anderen, sie vertrauen sich selbst, sie sind voller
Vertrauen ins Leben. Da sie den anderen Menschen ohne
Wenn und Aber akzeptieren, können sie ihm emotional eine
große Stütze sein; in ihrer Stabilität und inneren Festigkeit
sind sie immer da, wenn sie gebraucht werden. Durch ihre
Bescheidenheit, Freundlichkeit und Offenheit sind sie gleichsam ein sicherer Hafen, in den die anderen steuern können,
wenn sie Trost, Ruhe und Geborgenheit suchen. In ihrer un-
kritischen und nie einschüchternden Art stellen sie weder an
sich selbst noch an die anderen unerreichbare Forderungen.
Es ist nicht schwer, es ihnen recht zu machen, denn sie erwarten wenig von anderen Menschen. (Ein gesunder Typus neun
ist dabei aber keineswegs völlig unkritisch und jedem gegenüber gleich offen. Manche Menschen stoßen ihn natürlich ab,
dennoch ist er auch gerade ihnen gegenüber großmütiger als
jeder andere Persönlichkeitstypus.)
Obwohl sich ein intakter Mensch vom Typus neun unter Menschen recht wohl fühlt, liebt er es auch, in der Natur zu leben.
Ob er nun segelt, wandert, zeltet, im Garten arbeitet oder sich
um Tiere kümmert – bei all diesen Tätigkeiten findet er innere
Ruhe und Frieden. Die Natur, vor allem ihr mystischer und
mythologischer Aspekt, läßt eine Saite in ihnen erklingen, da
Menschen vom Typus neun sich durch Identifikation mit der
Natur mit etwas eins fühlen, das größer ist als sie selbst. Da sie
zudem daran gewöhnt sind, sich mit dem Gegenüber eins zu
fühlen und alles im Geist zu personalisieren, weckt die Natur,
wecken Tiere, ja selbst abstrakte Ideen eine tiefe emotionale
Resonanz in ihnen. Ihr Land beispielsweise betrachten Menschen vom Typus neun nicht als etwas Abstraktes, sondern als
ein Lebewesen; ihre Haustiere sind wie Menschen für sie; die
Landschaft, in der sie leben, ist von mythologischen Wesen
erfüllt; Berge, Bäume und Flüsse sind archetypische Kräfte;

Elfen, Geister und Kobolde bevölkern ihr Wohnzimmer oder ihren Lieblingsplatz unter einem Baum.

Der Sinn für das Archetypische und die Phantasie, die wir beim gesunden Typus neun finden, berührt auch andere Menschen tief, da jeder im Grunde auf irgendeiner Ebene den Wunsch und das Bedürfnis hat, mit dem Kosmos eins zu werden. Ein solcher Mensch erinnert die anderen Persönlichkeitstypen daran, ihre Sehnsucht nach der Magie der Welt nicht zu vergessen. Er sieht die Welt mit unschuldigen Augen. Seine mythologische Phantasie hat viel vom kindlichen Bewußtsein, wo *alles* Entzücken wachrufen konnte. Ein gesunder Mensch vom Typus neun verliert nie seine Fähigkeit zum kontemplativen Leben und seinen Sinn für das Wunderbare.

Da sich solche Menschen als Teil der Natur sehen, erscheinen ihnen auch die physischen Prozesse der Sexualität, der Geburt, des Alterns und des Todes als etwas vollkommen Natürliches, etwas, das man als notwendigen Teil der Wirklichkeit annehmen muß. Gerade dieses Annehmen der Natur und des Natürlichen ist eine weitere Quelle ihrer Friedfertigkeit, da diese Menschen nicht mit der Existenz in Streit liegen wie so viele andere Persönlichkeitstypen. Typus neun wehrt sich nicht gegen die natürliche Ordnung, sondern ist glücklich, Teil dieser Ordnung zu sein, er überläßt sich ihr ganz.

Der gutherzige Friedensstifter

Da ihr innerer Frieden durch jede Spannung zwischen ihnen selbst und anderen Menschen bedroht wird, möchten gesunde Menschen vom Typus neun alles dafür tun, daß in jedem ihrer Lebensbereiche Frieden herrscht. Da es ihnen so wichtig ist, Frieden herzustellen und zu erhalten, fühlen sie sich immer motiviert, sich als Friedensstifter zu betätigen und Streit und Konflikte zwischen ihnen nahestehenden Menschen zu schlichten. Typus neun möchte die Menschen miteinander versöhnen, damit überall Friedfertigkeit herrscht wie in ihrem eigenen Inneren.

Diese Menschen sind gute Vermittler, weil sie das, was ihnen die anderen vorbringen, ernst nehmen. Sie verstehen die Differenzen zwischen Menschen und warum jemanden etwas beschäftigt und bekümmert. Ein gesunder Mensch vom Typus neun sieht überall die vorhandenen Übereinstimmungen und Gemeinsamkeiten und bemüht sich immer um Versöhnung. Er glaubt durch Kooperation sei mehr zu erreichen als durch Zersplitterung.

Die Liste seiner positiven Eigenschaften ist lang: ein gesunder Typus neun hat Heilkräfte und bemüht sich, Öl auf die Wogen zu gießen, wo es nötig ist. Weil er selbst so ruhig ist, wirkt er auch beruhigend auf andere. Die anderen erleben die friedliche Atmosphäre, die diese Menschen nur durch ihre bloße Gegenwart geheimnisvoll um sich verbreiten. Zudem sind sie optimistisch und stärken das Vertrauen der anderen, und wenn immer es ihnen möglich ist, betonen sie das Positive, weil sie glauben, daß es besser ist, die Sonnenseite des Lebens anzusehen anstatt sich beim Negativen aufzuhalten. Sie können vergeben und vergessen und alle Auseinandersetzungen begraben, um sich ihren Freundschaften und ihren Pflichten wieder widmen zu können. Es sind außerordentlich liebenswürdige, angenehme Menschen, die bei jedermann sofort Sympathie erwecken. Sie sind jovial und haben ein sonniges Wesen, einen natürlichen, ungetrübten Sinn für Humor und ein warmes, helles Lachen. Sie wirken bescheiden und behandeln jeden mit der gleichen aufrichtigen Direktheit, ob sie nun einem Grafen oder einem Taxifahrer gegenüberstehen. Sie sind bequem und angenehm wie ein Schuh, der sich durch langes Tragen dem Fuß angepaßt hat. Selten wird es jemanden geben, der einen solchen Menschen nicht mag.

Ein intakter Typus neun ist aber nicht nur ein gutherziger Mensch. Er hat noch andere Qualitäten, die allen zugute kommen, vor allem seine Fähigkeit, andere zu unterstützen und ihnen weiterzuhelfen. Jeder, der für einen solchen Menschen wichtig ist – sein Ehepartner, seine Kinder, seine engsten Freunde, wird sich seiner uneingeschränkten Liebe und Großmut erfreuen. Und da ein gesunder Typus neun anderen Menschen gegenüber einen sicheren Instinkt hat (der ihrer Identifikation mit ihnen entspringt), ist das, was er für die anderen tut, für ihre Entwicklung richtig und wichtig.

Glaubt ein Mensch vom Typus neun, er müsse etwas Wichtiges sagen, wird er das mit außerordentlichem Freimut tun, jedoch nie so, daß er jemanden dabei verletzen möchte. Seine Offenheit kann für die anderen großen Wert haben, da er sich durch seinen besonders gesunden Menschenverstand auszeichnet, der auf seiner Schlichtheit ebenso wie auf seiner erstaunlichen Arglosigkeit beruht. Er hat keine Hintergedanken, keine Ansprüche, kein aufgeblähtes Ego, das er schützen oder noch weiter stärken muß. Es geht ihm nicht um Status oder Prestige, er will nicht beeindrucken oder verurteilen. So zeugen seine Worte von der Aufrichtigkeit eines Kindes und zugleich von der Weisheit eines reifen Menschen.

Und wenn schließlich ein gesunder Typus neun auch nicht dazu neigt, die Dinge allzu ernst zu nehmen, kann er doch in seinem Beruf außerordentlich erfolgreich sein, da er die Fähigkeit besitzt, eine Atmosphäre zu schaffen, in der die anderen sich bestmöglich entfalten können. Weil diese Menschen nicht ehrgeizig sind und die Aufmerksamkeit nicht auf sich lenken, neigen die anderen häufig dazu, sie zu unterschätzen. Man tut so, als seien all ihre guten Eigenschaften selbstverständlich, bis man erkennt, wieviel Typus neun für die anderen getan hat.

Analyse des durchschnittlichen Typus neun

Der Angepaßte, der seine Rolle spielt

Nach außen hin unterscheidet sich ein durchschnittlicher Mensch vom Typus neun nur sehr wenig von einem gesunden, obwohl ein Umschwung stattgefunden hat, der jedoch nicht so sehr an seinem Handeln als vielmehr an seiner inneren Einstellung erkennbar wird. Der Unterschied zwischen einem gesunden und einem durchschnittlichen Typus neun liegt darin, daß der Gesunde mit sich selbst und anderen im Einklang ist, während der Durchschnittliche allmählich die Beziehung zu sich selbst und anderen verliert, indem er sich zu sehr sozialen Rollen und Konventionen unterordnet und sich zu stark mit den Augen der anderen betrachtet.

Das Problem liegt darin, daß ein durchschnittlicher Typus neun allmählich glaubt, seine Rolle im Leben bestehe darin, anderen Erfüllung zu bringen, nicht sich selbst. Da er zu sehr fürchtet, sich durchzusetzen, wird er gar zu bescheiden und angepaßt.

Ein durchschnittlicher Typus neun paßt sich sehr bereitwillig anderen Menschen an, da sein Selbstgefühl davon abhängig ist. Je mehr er sein Gegenüber idealisiert, desto stärker wird die emotionale Beziehung zu ihm, und desto mehr fühlt er sich eins mit sich selbst. Er wird wie eine Mutter, die nur für ihre Kinder lebt oder eine Ehefrau, die sich für ihren Mann aufopfert. Natürlich soll eine Mutter sich den Bedürfnissen ihrer Kinder anpassen, wenn sie noch klein sind und ohne sie nicht leben können. Problematisch wird es jedoch dann, wenn sie dasselbe Muster der Selbstaufopferung fortsetzt, auch wenn die Kinder schon älter sind. Das wesentliche Problem liegt darin, daß der durchschnittliche Mensch vom Typus neun in seiner Identifikation mit dem anderen zu weit geht und sich selbst dabei zu sehr verliert. Allzuleicht werden die Wünsche des anderen seine eigenen, die Gedanken des anderen seine Gedanken.

Nun findet eine reziproke Bewegung statt: in dem Maß, wie sich solch ein Mensch dem anderen anpaßt, idealisiert er dieses andere auch. Wenn es ein Mensch ist, erscheint er ihm unfehlbar; ist sein »Gegenüber« ein Wert oder eine Überzeugung, so wird beides nie in Frage gestellt. So verfallen durchschnittliche Menschen vom Typus neun nur zu leicht in konventionelle Rollen, sie definieren sich selbst als jemanden, dessen Lebensaufgabe es ist, die Funktion (als Ehemann, Ehefrau, Ernährer, Vater, Mutter, Bürger), die ihm von jemand anderem oder von der Gesellschaft zugeordnet wurde, zu erfüllen. Zu heiraten, Kinder zu haben, einen guten Job und viele andere Dinge zu haben, wird von ihnen erwartet, und so passen sie sich diesen Erwartungen an. Ihr Lebensstil, ihre religiösen und politischen Überzeugungen, ihre Erwartungen an sich selbst und ihre Kinder werden weitgehend von Konventionen bestimmt, und diese Konventionen haben sie für sich vollkommen akzeptiert.

So sieht man den durchschnittlichen Typus neun sehr leicht als den archetypischen Spießbürger. Er ist sozusagen der Leim, der die Gesellschaft zusammenhält durch seine Bereitschaft, sich überall einzufügen, auch wenn das auf Kosten seiner Individualität geht. Ohne an die eigene Entwicklung zu denken, übernimmt ein durchschnittlicher Typus neun alle konventionellen Werte bereitwillig und denkt, wie man zu denken hat, immer an die Masse angepaßt. Sich anständig zu verhalten, ist deshalb für ihn außerordentlich wichtig. Typus neun ist nicht so sehr daran interessiert, es den Maiers von nebenan gleichzutun, als daran, ein angesehenes Mitglied der Gesellschaft zu sein, zu tun, was sich gehört und nie über die Stränge zu schlagen. In diesem Sinn sind durchschnittliche Menschen vom Typus neun meist auch konservativ und sehr damit beschäftigt, die traditionellen Werte, die im Bereich Familie, Religion und Arbeit gelten, aufrechtzuerhalten.

Da sie konservativ sind, neigen durchschnittliche Menschen vom Typus neun auch dazu, vergangenheitsorientiert zu sein und sich mit einem Hauch von altmodischer Art zu umgeben. Die Vergangenheit ist immer bequemer als die Gegenwart oder die Zukunft, da sie etwas fest Umrissenes ist. Sie ist weniger bedrohlich, denn man hat sie schon durchlebt. Zudem können durchschnittliche Menschen vom Typus neun recht nostalgisch an die Vergangenheit denken und sie mit sentimentalen oder idealisierenden Blicken betrachten, da ihnen das, wie den anderen, ein angenehm wohliges Gefühl gibt.

Es ist schwierig, spitzfindig viele Besonderheiten in den Wertvorstellungen eines durchschnittlichen Typus neun herausfinden zu wollen. Das Problem liegt nicht so sehr darin, daß er zu wenig positive Werte hätte, als darin, daß er zu wenig über eben diese Werte nachdenkt. Er hinterfragt seinen eigenen Lebensstil nicht und akzeptiert ganz naiv alles, was ihm begegnet, wobei er meist an der Oberfläche hängenbleibt.

Der passiv-gleichgültige Mensch

Da seine emotionale Stabilität davon abhängt, seine innere Welt der Überzeugungen und Idealisierungen aufrechterhalten zu können, fürchtet ein durchschnittlicher Typus neun in diesem Stadium jede Veränderung. Er möchte nichts tun, was ihn irgendwie aus dem Gleichgewicht bringt und bemüht sich darum, nach Kräften den Status quo beizubehalten. Auf nichts möchte er sich tiefer einlassen; am liebsten hätte er es, wenn alles von selber seinen geregelten Gang nähme, ohne daß er selbst eingreifen oder reagieren muß.

Die Ironie liegt darin, daß ein durchschnittlicher Typus neun tatsächlich etwas tun muß, um nichts zu tun: er muß sich von allem in der Welt lösen, was er als Bedrohung für seinen inneren Frieden ansieht. Seine gesunde Unbefangenheit ist nun zu einem gewissen unreflektierten Desinteresse geworden, einem Mangel an Bewußtheit für einen großen Teil der ihn umgebenden Wirklichkeit. Er steht zwar weiterhin auf gutem Fuß mit der Realität, aber eine unbekümmerte Gleichgültigkeit, Denkfaulheit und emotionale Indolenz machen sich allmählich breit. (»Darüber müssen wir uns doch keine Gedanken machen.«) Solche Menschen werden mit der Zeit passiv: das Leben lebt sie allmählich immer mehr.

In diesem Stadium hat Typus neun etwas Verschwommenes, da er seinen eigenen Aktivitäten immer etwas distanziert gegenübersteht und sich von nichts so richtig berühren oder erregen läßt. Seine Unbekümmertheit nimmt überhand, aber dabei kommt er nicht wirklich mit der Umwelt in Berührung, auch nicht mit den Menschen, die ihm begegnen, sondern er legt eine unangemessene, gleichmütige Lässigkeit an den Tag, selbst Dingen gegenüber, die nun wirklich eine stärkere persönliche Resonanz erfordern würden. Allmählich gleitet er in eine indifferente »Na-wenn-schon«-Haltung, durch die er vermeiden kann, noch von irgend etwas angeregt oder eingenommen zu werden. Er greift wahllos nach verschiedenen Dingen, und alles macht ihn gleich zufrieden, läßt ihn aber auch gleichzeitig unbeteiligt und neutral bleiben. Kurz gesagt, ein durchschnittlicher Typus neun ist geradezu sträflich weich und formlos, eine Verkörperung des klassischen phlegmatischen Temperaments. Irgendwie lebt er immer in den Wolken.

Da sich solch ein Mensch nicht erlaubt, irgend etwas wirklich tief zu empfinden, sind auch seine Höhen nicht wirklich hoch und seine Tiefpunkte nicht wirklich tief, wie Jung darlegte. Alles muß immer schön gleichmäßig dahinfließen. Ein durchschnittlicher Typus neun merkt nicht einmal, daß seine Gefühle an Gewicht verlieren, da er sich von diesen Gefühlen innerlich losgelöst hat. In diesem Stadium beginnt er so unklar und formlos zu werden, daß die anderen allmählich unweigerlich bemerken, daß etwas bei ihm fehlt, so als sei er nicht ganz präsent. Er wirkt unkonzentriert und weicht immerzu aus, er scheint oft in weiter Ferne zu schweben, als sei er innerlich auf der Reise nach sonstwohin oder mit ganz geheimen Gedanken beschäftigt – oder auch mit gar nichts.

Einem durchschnittlichen Menschen vom Typus neun erscheint nichts besonders wichtig oder dringend, und er tut auch nichts mit besonderer geistiger Intensität, es sei denn, es müsse unbedingt sein. Details interessieren ihn nicht, er vergißt vieles. Kaum hat er sich einmal ein paar Minuten auf seine Arbeit konzentriert, ist er mit den Gedanken schon anderswo. Im Gespräch schweift er oftmals ab oder ändert das Thema plötzlich und demonstriert damit, wie wenig er überhaupt zuhört. Ein durchschnittlicher Typus neun ist ein Traumtänzer, der sich gerne der Betrachtung seiner inneren Bilder oder irgendwelcher idealisierter Menschen oder Dinge hingibt. Leider aber wird er, weil seine Aufmerksamkeit nur nach innen gerichtet ist, immer weniger wahrnehmungsfähig der realen Welt gegenüber. Ist er intelligent und wohlerzogen, so liebt er es vielleicht sogar, über Philosophie, Theologie, Kunst oder Wissenschaft zu sprechen, aber auch hier zeigt es sich, daß sein Denken weder sehr präzise noch tiefgehend ist, und daß es ihm vielleicht mehr darum geht, irgendwie die Zeit herumzubringen, als sich aktiv mit etwas zu beschäftigen, was eine wirkliche Vertiefung erfordern würde.

Die früher gesunde Schlichtheit ist nun zur Wahrnehmungsunfähigkeit geworden, zu einer dauernden Zerstreutheit, so als wäre solch ein Mensch immer in Tagträumen befangen, wie jemand, der auf die Uhr sieht, ohne gesehen zu haben, wie spät es ist. Aus diesem Blickwinkel betrachtet er die Welt. So wie die meisten Menschen gelernt haben, die Film- und Fernsehwerbung zu übersehen, nimmt ein durchschnittlicher Mensch vom Typus neun einen großen Teil der Wirklichkeit wahr bzw. nicht wahr, indem er sich von allem, was er nicht sehen oder hören möchte, innerlich distanziert, bis seine Unaufmerksamkeit zur festen Gewohnheit geworden ist. Er wirkt wie ein Schlafwandler, der zwar physisch anwesend ist, aber nicht wirklich bewußt miterlebt, was sich rings um ihn abspielt.

Die Energie dieser Menschen richtet sich nur darauf, in Ruhe gelassen zu werden, und so ignorieren sie alles, was sie aufstören könnte. Dabei ist es ihnen sehr wichtig, sich physisch und emotional wohl zu fühlen, was bedeutet, daß sie sich weder intellektuell noch physisch besonders fordern, es sei denn, sie hätten einen starken Anstoß bekommen oder seien einmal sehr erschöpft. Sie vertrödeln ihre Zeit mit Dingen, die sie nicht fordern, trödeln im Haushalt herum, machen kleine Einkäufe, sammeln Kinkerlitzchen oder sehen sich wahllos stundenlang Fernsehsendungen an. In diesem Stadium gewöhnen sie sich daran, in einem dauernden Zustand des Halbbewußtseins zu leben wie Menschen, die so lange Tranquilizer eingenommen haben, daß sie schon nicht mehr wissen, wie es ist, ohne solche Hilfsmittel zu leben.

Man darf jedoch nicht übersehen, daß psychologische Passivität nicht das gleiche ist wie vollständige Inaktivität, obwohl letzteres die Folge von ersterem ist. Ein durchschnittlicher Typus neun kann Chef einer Millionenfirma sein, große Unternehmungen leiten und doch innerlich an seinen Aktivitäten nicht beteiligt sein. Solche Menschen vermögen diese innere Distanz aufrechtzuerhalten, da einer ihrer Abwehrmechanismen eine Art Zersplitterung oder Isolierung ist, wodurch ihre subjektiven Erfahrungen in unverbundene Teile zerfallen, so daß sich diese Menschen von einer Sache zur nächsten begeben können, ohne dabei innerlich beteiligt zu sein. Das hat zur Folge, daß die Wirklichkeit sie nicht sehr tief beeindruckt. Sie können relativ geschäftig sein und dabei doch emotional und intellektuell von ihrem Handeln losgelöst.

Da er keine Beziehung zu seinen Erfahrungen hat, stellt ein Mensch vom Typus neun nicht die Verbindung zwischen Ursache und Wirkung her, wie man es normalerweise erwarten würde. Diese Menschen denken nicht über die Konsequenzen ihres Handelns nach, ebenso wenig wie sie bedenken, daß das Unterlassen von Handlungen ebenso Folgen haben wird. Sie leben in dem Gefühl, alles werde sich schon zum besten entwickeln.

Der Mangel an Bewußtheit ist die Wurzel dieser Lebensweise. Seine Unaufmerksamkeit entsteht dadurch, daß Typus neun, wenn er nicht sehr intakt ist, nie lernt, sich auf irgend etwas wirklich zu konzentrieren, nicht einmal auf sich selbst. Ganz im Gegenteil: seine Orientierung ist mangelndes Bewußtsein für sich selbst und Empfänglichkeit für den anderen, wie wir sahen. Da er unfähig ist, sich als Individuum wahrzunehmen, gewöhnt er sich daran, die ganze Wirklichkeit nur sehr vage zu spüren. Wenn praktische Probleme, vor allem im Zusammenhang mit anderen Menschen, auftreten, macht seine Unfähigkeit, sich der Wirklichkeit zu stellen, die Dinge nur noch schlimmer. Durchschnittliche Menschen vom Typus neun werden immer mehr selbst zum Problem, anstatt Lösungen zu finden.

Auch ihre Beziehungen teilen sie fein säuberlich ein und verlieren dadurch die innere Verbindung zu zwischenmenschlichen Konflikten; die Menschen werden in zwei Hauptgruppen unterteilt: jene, mit denen sie sich identifiziert haben und alle anderen. Die zweite Gruppe von Menschen hat für einen durchschnittlichen Menschen vom Typus neun wenig Bedeutung, da sie im Grunde für ihn unreal, also nicht viel mehr als eine Abstraktion ist. Ein durchschnittlicher Typus neun kann solchen Menschen gegenüber außerordentlich gleichgültig und kalt sein. Es ist beinahe, als existierten sie für ihn nicht.

Nun ist es aber nicht so, daß ein durchschnittlicher Typus neun viel Energie für seine Beziehungen aufwendet, selbst nicht für Beziehungen zur ersten Gruppe von Menschen, mit denen er sich identifiziert hat. Er idealisiert diese Menschen, wendet sich aber bald nicht mehr dem realen Gegenüber, sondern nur noch dieser seiner Idealisierung von ihm zu. Das hat zur Folge, daß andere deutlich einen Mangel an Aufmerksamkeit ihnen selbst oder ihren tatsächlichen Bedürfnissen gegenüber empfinden. Wen wundert es da, daß die anderen allmählich ihr Interesse an ihnen verlieren, da die Beziehung so lust- und energielos bleibt. Während sich also Menschen vom Typus neun immer mehr von der Wirklichkeit entfernen, entfernen sich auch die anderen immer mehr von ihnen.

Der resignierte Fatalist

Wenn Nichtstun nicht möglich ist, und sie sich mit einem Problem auseinandersetzen müssen, versuchen durchschnittliche Menschen vom Typus neun in diesem Stadium, die Bedeutung des Problems zu verkleinern. Sie unterschätzen den Ernst der Konsequenzen ihrer Passivität, und sie unterschätzen, wie schwierig es für jemand anderen sein wird, die Probleme zu lösen, mit denen sie sich nicht befassen wollten. Ja, sie unterschätzen die Notwendigkeit, überhaupt erst etwas zu tun.

In Krisenzeiten, wo jeder nur zu deutlich sieht, daß etwas getan werden muß, sind durchschnittliche Menschen vom Typus neun auch noch stolz darauf, daß sie allen Dingen ihren Lauf lassen können: sie wissen, daß sie Probleme dadurch loswerden können, daß sie sie übersehen. So werden sie, anstatt an Lebenstüchtigkeit zu gewinnen, immer fatalistischer und glauben allmählich, es könne überhaupt nichts mehr getan werden, um die Dinge zu verändern und letztlich könnte kein Problem allzu ernsthaft sein (»Ach, ist ja egal«). Ihre gesunde Empfänglichkeit, ihr Gleichmut, ist zur Resignation geworden. Man hat eher den Eindruck, daß sie aufgegeben haben, als daß sie eine reife Gelassenheit an den Tag legen. Es ist kein Optimismus, sondern Egozentrik. (»Ich will gar nichts davon hören – ich will mich nicht aufregen.«)

Problematisch daran ist, daß Typus neun sich weigert, das Problem überhaupt zu sehen. Soweit es ihn betrifft, überläßt er sich bei allem, was geschieht, seinem Schicksal. Er hat kein Interesse daran, zu erkennen, was für ihn selbst oder für alle anderen auf dem Spiel steht. Wenn die anderen sich über ihn ärgern, weil er sich weigert, irgend etwas zu tun, versucht ein Mensch vom Typus neun unfehlbar, sie zu beruhigen. Er will

Frieden um jeden Preis und wird jedes Zugeständnis machen, das notwendig ist, um »nichts mehr hören zu müssen von dem Problem«, ein für ihn typischer Satz. Und wenn es ihm gelungen ist, die anderen zu beruhigen, glaubt er auch schon, die Krise sei vorbei und er könne so weitermachen wie bisher. Da Typus neun sich jedoch mit nichts auseinandersetzen möchte, was ihn aufregt, ist es schwierig, Probleme mit ihm gemeinsam anzugehen und zu lösen. Er vergißt ganz und gar, wo die Problematik lag. In der nächsten Woche ist das Problem immer noch unverändert da: nichts von dem, womit man sich gerade noch intensiv beschäftigt hat, ist wirklich hängengeblieben, nichts ist wirklich und dauerhaft anders geworden.

In diesem Stadium ist dieser Mensch so darauf bedacht, Konflikte zu vermeiden, daß er sofort bereit ist, jede widersprüchliche Position zu verwässern und falsche Hoffnung zu verbreiten, indem er alles herunterspielt und jedem sagt: »Beruhige dich, es wird schon gut.« Er versucht alle Probleme zu ignorieren, damit es wieder seinen friedlichen, harmonischen Lauf gehen kann und nichts mehr seine Ruhe stört.

Mit diesem Verhalten ist er aber auch zu großen Dummheiten fähig. Seine Urteilskraft wird immer kläglicher. Wenn er gezwungen ist, sich mit einem Problem auseinanderzusetzen, das er allein nicht lösen kann, wird er nur so weit gehen, wie er unbedingt muß und es dann fallenlassen. Er ist nicht ausdauernd und befaßt sich mit keiner Problematik gründlich genug. Wenn er handeln muß, so neigt er sehr schnell dazu, zu glauben, er habe schon genug getan, auch wenn er sich nur ein kleines bißchen bemüht hat. So entwertet er selbst wieder das Gute, das er vielleicht zu tun begonnen hat und enttäuscht den anderen Menschen, der vielleicht auf ihn gezählt hat.

Zudem erkennen die anderen, daß sie die Folgen dieses Fatalismus und der mangelnden Bereitschaft von Typus neun, sich einzusetzen, irgendwann tragen müssen. Es wird sie aber frustrieren, wenn sie sich mit solch einem fatalistischen Menschen darüber auseinanderzusetzen versuchen. Denn der ist auch dann immer noch so liebenswürdig, daß wenige Leute bereit sein werden, ihn unter Druck zu setzen oder aufzuregen. Die meisten reagieren so, daß sie sich von einem Menschen vom Typus neun abwenden, da er mehr als deutlich zeigt, daß er nur in Ruhe gelassen werden will.

Das Wesen seiner Egozentrik tritt jetzt klar hervor. Ohne sich dessen bewußt zu sein, können solche Menschen ihren Frieden immer über die ernsthafteren Bedürfnisse der anderen stellen, ja selbst über die Wirklichkeit – und über den Schaden, den sie anrichten, indem sie sie ignorieren. Daß sie die anderen so freundlich beruhigen, ist nichts anderes als eine Abwehr dagegen, irgend etwas Wesentliches an sich ändern zu müssen oder die Idealisierung ihrer wichtigsten Beziehungen aufgeben zu müssen. Indem sie die Wirklichkeit nicht wahrhaben wollen, opfern durchschnittliche Menschen vom Typus neun im Grund die anderen, damit sie die Illusion der Einheit mit ihnen aufrechterhalten können und ihre Identität und ihre Ruhe nicht aufgeben müssen. So gehen sie schließlich vielleicht sogar so weit, ihren Ehepartner, ihre Kinder – und sich selbst – um des lieben Friedens willen zu opfern.

Darin liegt viel Aggressivität. Sie ist jedoch so subtil, daß die anderen Menschen sie meist nicht einmal bemerken. Aber diese anderen sind für Typus neun ohnehin nicht mehr wirklich. Er hat eine Beziehung zu ihnen geschaffen wie zu Phantasiegebilden und sich von der Wirklichkeit abgewendet, vor allem der Wirklichkeit der anderen. Es kann kaum eine allgegenwärtigere Form von Aggression geben.

Analyse des gestörten Typus neun

Der Nachlässige

Allmählich verweigert ein gestörter Typus neun eisern, sich mit Konflikten und Problemen auseinanderzusetzen. Er wehrt sich bewußt dagegen, Probleme zu sehen, die er verursacht hat oder die durch ihn unlösbar geworden sind, um sich vor Schuldgefühlen und Angst zu schützen und seine Beziehung zu seinen Illusionen aufrechtzuerhalten. Das hat zur Folge, daß ein gestörter Typus neun hartnäckig und nachlässig wird und überhaupt nicht mehr auf die Notwendigkeit einer Veränderung reagiert. Es kann sich dabei sogar um Probleme handeln, die ganz offensichtlich und relativ einfach zu lösen wären – ein gestörter Typus neun tut nichts und er *will* auch nichts tun.

All seine Energie richtet sich darauf, seine Abwehrmechanismen gegen das Akzeptieren der Realität aufrechtzuerhalten, um so nichts an sich heranzulassen. Diese Abwehr, die als Unterdrückungsmechanismus bekannt ist, wirkt sich für andere außerordentlich frustrierend aus und macht es fast unmöglich, sich einem gestörten Menschen vom Typus neun zu nähern. Es ist gleichsam, als hätte er eine innere Tür verriegelt, damit nur niemand zu ihm gelangen kann. Paradoxerweise ist nun gerade der Mensch, der früher so offen und empfänglich war, unzugänglich geworden. Er kann es absolut nicht ertragen, wenn ihn irgend jemand dazu zwingen will, irgend etwas zu tun und dadurch Angst in ihm auslöst. Doch die einzige Möglichkeit für einen gestörten Typus neun, seine Wut und seinen Ärger auszudrücken, besteht darin, anderen Widerstand zu leisten und sie immer noch mehr von sich zu weisen. Sein passiver Widerstand ist aggressiv. Er wird erst offensichtlich bei unerwarteten Wutausbrüchen, wo der Unterdrückungsmechanismus für einen Augenblick nicht mehr funktioniert.

Da diese Menschen sich absolut weigern, irgendwelche Aktivitäten zu unternehmen, werden sie auf sträfliche Weise nachlässig, nicht nur hinsichtlich ihrer Verantwortung anderen Menschen, sondern auch sich selbst gegenüber. Sie gehen beispielsweise nicht zum Arzt, wenn sie krank sind und erkennen noch viel weniger die medizinischen oder emotionalen Probleme ihres Ehepartners oder ihrer Kinder. Sie weigern sich, ihrer beruflichen Arbeit nachzugehen, sobald ihnen irgend etwas daran nicht paßt. Sie frustrieren die anderen nicht nur heftig, sondern wer von ihnen abhängig ist, erkennt sehr klar, daß sie durch und durch unzuverlässig sind. Einen gestörten Menschen vom Typus neun zu irgend etwas zu bringen, bedeutet, gegen eine Mauer zu rennen.

Da ein Mensch vom Typus neun, der soviel unterdrückt, sich hartnäckig weigert, sich mit der Wirklichkeit auseinanderzusetzen, wird er zu einem untüchtigen und unentwickelten Menschen, der allmählich recht hilflos dasteht, wenn er irgend etwas selbständig tun soll. Kurioserweise haben diese Menschen dafür, daß sie sich so wenig anstrengen, reichlich wenig Energie. Sie sind oft müde, da sie ihre Energie damit aufzehren, die Wirklichkeit abzuwehren, anstatt sich mit ihr auseinanderzusetzen. Spannungen oder Druck irgendwelcher Art können sie nicht ertragen, da sie alles aufregt (oder zumindest, da sie glauben, es würde sie aufregen) oder mehr Aufmerksamkeit und Mühe erfordert, als sie aufzuwenden fähig sind. Die anderen – gewöhnlich jene Menschen, die unter ihrer Nachlässigkeit leiden mußten – müssen in die Bresche springen, um sie vor sich selbst zu retten und Probleme aus der Welt schaffen, mit denen der gestörte Mensch vom Typus neun sich nicht auseinandersetzen wollte.

In diesem Stadium tauchen natürlich unfehlbar ernsthafte zwischenmenschliche Konflikte auf, wenn das nicht schon längst geschehen ist. Wenn Feindseligkeiten ausbrechen, sind gestörte Menschen vom Typus neun außerordentlich erstaunt über die Intensität der negativen Gefühle, die andere ihnen gegenüber hegen. Sie erkennen nicht, wie sehr ihre Achtlosigkeit anderen geschadet hat.

Müßten sie jedoch die Tatsache anerkennen, daß sie durch ihre Nachlässigkeit jemandem Leid zugefügt haben, mit dem sie sich vorher identifizierten, würde das bei ihnen außerordentliche Angst und Schuldgefühle wachrufen. Es würde sie in Verzweiflung stürzen und sie möglicherweise in den Selbstmord treiben. Ihre Unterdrückungsmechanismen ersparen ihnen zwar weitgehend das Bewußtsein ihres Scheiterns und ihrer Fehler; aber eben doch nicht ganz. Es gibt Augenblicke, in denen eine Einsicht in die Endlichkeit ihres Handelns – oder besser gesagt in die Konsequenzen ihrer Nachlässigkeit – aufblitzen. Sie erkennen, daß ihre Unterlassungen Folgen haben, die man nicht mehr beheben kann. Nun ist es zu spät, es gibt kein Zurück mehr. Der Schauder davor ist so, als klopfe ein Ungeheuer an die Türe des Unbewußten. Wie kann man verhindern, daß es eindringt?

Der gespaltene Mensch

Der Druck der Wirklichkeit und die feindselige Haltung der anderen kann so stark werden, daß ein neurotischer Typus neun sich gänzlich von allem distanzieren muß, um sich davor zu schützen, sich seines Handelns bewußt zu werden. Diese Menschen verdrängen so stark, daß sie sich nicht mehr mit der Wirklichkeit auseinandersetzen müssen, und daß die Wirklichkeit sich ihnen nicht mehr aufdrängt. Seine Angst vor der Angst ist so stark, daß ein neurotischer Typus neun sich vollständig von der Realität abspaltet, eine Depersonalisierung erlebt. Er regrediert in einen infantilen Zustand der Realitätsleugnung, als wolle er in den Mutterleib zurückkehren. Er wehrt so sehr alles ab, daß er in einen dumpfen, gefühllosen Zustand verfällt, der einer Bewußtlosigkeit gleicht, und in dem er sich vollständig von seinem eigenen Selbst losgelöst hat.
Neurotische Menschen vom Typus neun sind wie Automaten: sie fühlen nichts, sie reagieren auf nichts. Es ist, als habe sich ihre Seele aus ihrem Körper zurückgezogen, der nun eigenständig funktioniert. Das Ausmaß ihrer Realitätsverleugnung kann verblüffend sein. Selbst wenn sie ein Glied verloren hätten, sie würden noch leugnen, daß das überhaupt geschehen ist oder glauben, der Arm *oder* das Bein würde wieder nachwachsen. Sie können in dem Glauben leben, daß ihnen

nicht wirklich gekündigt wurde oder daß eine Scheidung oder ein Todesfall gar nicht stattgefunden habe. So leidvoll dieser Zustand sein mag, er hat eine gewisse bildhafte Anschaulichkeit, was ihre Verfassung anbelangt, da Menschen vom Typus neun schon eine ganze Weile nicht mehr in sich selbst anwesend waren. Inzwischen ist ihre Abspaltung von sich selbst jedoch zur Gewohnheit geworden, es ist ihre Art zu leben oder genauer gesagt, nicht zu leben.

Sie leben im Nebel der Spaltung, in dem Gefühl, das Leben sei nichts als ein Alptraum, eine Scheinwelt, aus der sie fliehen müssen, damit sie nicht doch noch wirklich wird. Natürlich reagieren in Zeiten schwerer Verluste oder Traumata auch die anderen Persönlichkeitstypen mit einer Realitätsleugnung, bis sie beginnen können, sich mit dem Geschehenen auseinanderzusetzen. Ein neurotischer Typus neun aber spaltet die Wirklichkeit ab, weil er nie wieder bereit sein wird, sich mit ihr auseinanderzusetzen.

In dieser Realitätsflucht liegt auch ein hysterisches Element, wenn auch schwer wahrnehmbar, da die Hysterie aus dem Bewußtsein vollständig verdrängt ist. Dennoch hat die unbewußte Angst dieser Menschen einen Grad erreicht, der sie zwingt, unaufhörlich sowohl vor sich selbst als auch vor der Wirklichkeit zu fliehen. Nun wissen sie nicht mehr wohin, sie finden keinen Schutz in der Welt, aber auch keinen Trost und Rat in sich selbst. Der einzige Ausweg besteht darin, die Gespaltenheit noch weiter zu treiben, bis sie in völliger Selbstaufgabe enden. Auf der Flucht vor der Angst wie vor der Wirklichkeit dissoziieren sich neurotische Menschen vom Typus neun so weitgehend von sich selbst, wie es nur möglich ist.

Der Mensch, der sich aufgegeben hat

Werden sie durch irgend etwas zu stark gefordert (beispielsweise, wenn die Realität so starken Druck auf sie ausübt, daß
sie nicht mehr entrinnen können), kann es geschehen, daß
neurotische Menschen vom Typus neun sich in verschiedene
Persönlichkeiten aufspalten. Es findet eine Desintegration ihrer Persönlichkeit statt, sie spalten sich extrem von dem ab,
was sie eigentlich sind. Wie wir sahen, wurde durch ihre
passive, lässige Lebenseinstellung die Flucht vor der Bewußtheit und dem Selbstgewahrsein beschleunigt. Nun fliehen sie
ganz und gar vor sich selbst, indem sie in verschiedene Teile
»zerfallen«.

Neurotische Menschen vom Typus neun geben sich unbewußt
selbst als ganze Persönlichkeit auf und zersplittern ihr Bewußtsein gleichsam in verschiedene Fragmente ihrer selbst, von
denen jedes einen Aspekt ihrer Persönlichkeit repräsentieren
kann, der unterdrückt und verleugnet wurde und unterentwik-
kelt blieb. So kann ein Mensch vom Typus neun in der Gestalt
einer seiner multiplen Persönlichkeiten auf die Umwelt reagieren, und es mag sein, daß dieser Teil fähiger ist, sich mit der
Realität auseinanderzusetzen, als es die vorherige Gesamtpersönlichkeit war.

Sich selbst als Person zu verlassen und als eine ihrer abge-
trennten Teile zu leben, ist eine Scheinlösung, da es dann
nicht wirklich sie selbst sind, die leben, sondern jemand anderer, durch den sie leben können. Wir sahen, daß durchschnittliche Menschen vom Typus neun immer durch den anderen
leben; hier nun haben wir das Phänomen, daß sie durch das
andere Selbst leben, das Fragment ihres Selbst, das im Grunde
zum »anderen«, zum Gegenüber, geworden ist. Das innerste
Selbst wurde so traumatisiert, daß es gleichsam in einem
Traum ohne Träumer befangen ist. Das kann man kaum als
Leben bezeichnen. Zudem vermag ja eine der Unterpersön-
lichkeiten anderen Menschen oder dem Betreffenden selbst

Schaden zuzufügen, und so kann man das weder als eine sichere noch als eine wirklich sinnvoll angepaßte Lebensweise betrachten.

Die Aufspaltung in verschiedene Persönlichkeiten ist die tragisch-passende Lösung für einen neurotischen Typus neun, da er nie großes Interesse an sich selbst als Individuum gezeigt hat. Jetzt ist er wirklich kein Individuum mehr: er besteht aus mehreren verschiedenen Aspekten eines Menschen – und aus keinem einzigen.

Die Dynamik von Typus neun

Die Desintegrationslinie: Typus neun entwickelt sich zu Typus sechs

Es ist schwer vorauszusagen, ob jene Menschen vom Typus neun, die sich in multiple Persönlichkeiten aufspalten, sich auch in Richtung Typus sechs hin bewegen, oder was eigentlich wirklich geschieht, wenn eine oder mehrere der abgespaltenen Persönlichkeiten sich noch mehr zur Neurose hin entwickeln. Wahrscheinlich ist, daß nach einer Zersplitterung in multiple Persönlichkeiten irgendeine Form von Schizophrenie (wahrscheinlich paranoide Schizophrenie, die als Bewegung zu Typus sechs hin gedeutet werden kann), das Ergebnis wäre. Auf jeden Fall ist es für einen weniger schwer gestörten Typus neun möglich, sich in Richtung Typus sechs zu entwickeln, und da dies die typischste Verhaltensweise ist, werden wir uns hier mit ihr beschäftigen.

Wenn ein gestörter, dissoziierter Typus neun sich in Richtung Typus sechs entwickelt, durchbricht seine Angst schließlich den massiven Schutzwall der Repression. Alle Gefühle und Einsichten, die er bisher abwehren konnte, brechen nun über ihn herein. Der einstmals so unbekümmerte Mensch wird nun zu einem überreagierenden Hysteriker, einem angstgeplagten, furchtsamen, unruhigen, lauernden, tränenreichen, schreckhaften Geschöpf. Mehr als je zuvor braucht ein gestörter Typus neun jemanden, der sich seiner annimmt und der ihn aus den bedrohlichen Situationen rettet, in die er sich selbst manövriert hat. Er kann sich zutiefst selbst erniedrigen, um von anderen Hilfe zu erflehen (Karen Horney nennt das »krankhaft abhängig«), und er flüchtet sich in masochistische Selbstzerstörung, so daß die anderen sich wirklich um ihn kümmern müssen.

Ein gestörter Typus neun, der sich zu Typus sechs hin entwickelt hat, tut möglicherweise etwas Selbstzerstörerisches und Demütigendes und bringt sich selbst dadurch in eine noch viel unglücklichere Lage, als er sie je erlebt hat. Ein zweifaches Motiv steht dahinter: Selbstbestrafung zur Sühnung der starken Schuldgefühle, die er empfindet, weil er die anderen im Stich gelassen und ihnen Leiden zugefügt hat und Selbsterniedrigung, die die Trennung von den anderen Menschen aufheben soll, indem sie durch solche Manipulation zurückgeholt werden.

Diese psychologischen Taktiken funktionieren aber nicht, da ein gestörter Typus neun außer der Angst unbemerkt auch Aggressionen gegen sich selbst und andere hat freikommen lassen. Nun kann er seine aggressiven Gefühle nicht mehr unterdrücken und beginnt sich selbst zu bestrafen, ist von Selbsthaß erfüllt. Jetzt wird er auch außerordentlich feindselig anderen gegenüber und versetzt jedem einen Hieb, der seine Angst verstärkt, anstatt sie ihm unmittelbar zu nehmen. Können die anderen nicht auf irgendeine wunderbare Weise den Frieden wieder herstellen, werden sie für ihn zum »Feind«.

Unglücklicherweise besitzen gestörte Menschen vom Typus neun keine Abwehrmechanismen mehr, durch die sie mit ihrer Angst und ihren Aggressionen fertigwerden können. Es gelingt ihnen nicht mehr, die heftige Angst, nun von den Menschen zurückgewiesen zu werden, die für sie so wichtig waren, zu unterdrücken. Wahrscheinlich werden sie sich Alkohol und Drogen zuwenden, um ihre Hysterie unter Kontrolle zu halten oder enden schließlich im Selbstmord, wenn es ihnen nicht gelingt, zu irgendeiner Form von innerer Ruhe und innerem Frieden zu finden.

Die Integrationslinie: Typus neun entwickelt sich zu Typus drei

Wenn ein gesunder Mensch vom Typus neun sich in Richtung Typus drei entwickelt, wird er selbstsicher und hat das größte Interesse daran, sich und seine Talente im höchstmöglichen Maß weiterzuentwickeln. Er ist nicht mehr nur ruhig und bei sich, sondern möchte mehr aus sich machen, er verläßt das Stadium der Unbekümmertheit und wird von Aktivität und innerer Kraft bestimmt. Da er ohnehin schon gesund und außerordentlich ausgeglichen ist, lebt er nicht mehr durch andere Menschen, auch braucht er sich nicht mehr konventionellen Rollen anzupassen, um daraus Selbstachtung und Identitätsgefühl zu schöpfen. Nein, ein Typus neun auf dem Weg zur Integration erschafft sich eigentlich erst selbst, indem er sich auf gute Weise in die Welt stellt und durchsetzt. Er empfindet keine Angst mehr vor Veränderungen, wird beweglicher und anpassungsfähiger und fühlt sich in der Lage, sich als vollkommen selbständige Persönlichkeit klar mit der Realität auseinanderzusetzen.

Typus neun auf dem Weg zur Integration hat die innere Verbindung zu seiner Vitalität gefunden. In der Freudschen Terminologie würde man sagen, daß er in Berührung mit seinem Es, mit seiner aggressiven und instinkthaften Natur gekommen ist. Typus neun hat sich immer vor seinen aggressiven Impulsen gefürchtet, jetzt aber erkennt er, daß er das nicht mehr zu tun braucht, da diese Impulse nicht notwendigerweise destruktiv, sondern sehr notwendig für seine Selbstentwicklung sind.

Sein innerer Frieden scheint jetzt nicht mehr so gefährdet, da Typus neun entdeckt, daß er sich durchsetzen kann, ohne anderen gegenüber aggressiv zu sein, also ohne seine Beziehungen zu gefährden. In dem Maß, wie seine Selbstachtung wächst, werden seine Beziehungen reifer und befriedigender. Typus neun auf dem Weg zur Integration entdeckt, daß er sich nicht mehr unterordnen muß, um jemanden zu finden, mit dem er eine Beziehung leben kann. Indem er er selbst ist (und immer mehr wird), zieht er andere Menschen an, die ihn jetzt interessanter und begehrenswerter als je zuvor finden. Zu seiner eigenen Überraschung werden andere Menschen sogar anfangen, sich mit ihm zu identifizieren, ihn um Rat zu fragen, sich ihm anzupassen. Ein Mensch vom Typus neun auf dem Weg zur Integration wird solch ein Gegenüber natürlich davon fernhalten wollen, von ihm abhängig zu werden, dennoch wird er nicht umhin können, sich über seine Wirkung zu freuen, und das ist auch ganz richtig so.

Die wichtigsten Subtypen von Typus neun

Typus neun mit einer Tendenz zu Typus acht

Die Charakterzüge von Typus neun und die der Tendenz zu Typus acht stehen in Widerspruch zueinander. Typus neun ist passiv und wünscht sich nichts als Harmonie mit den anderen Menschen, während Typus acht aggressiv ist, sich gut durchsetzen kann und seinem Eigeninteresse folgt. Da Typus neun hier der grundlegende Persönlichkeitstypus ist, ergibt die Tendenz zu Typus acht eine starke Orientierung auf andere Menschen hin, zu der Empfänglichkeit, Unbekümmertheit, Passivität usw. gehören, während zugleich ein Teil der Persönlichkeit sich – zumindest manchmal – stark durchzusetzen in der Lage ist. Dieser Subtypus ist am schwersten zu verstehen, da die Kombination beider Typen so voller Widersprüche steckt. Bekannte Beispiele sind: Dwight Eisenhower, Gerald Ford, Ingrid Bergman, Bing Crosby, Perry Como, George Shultz, Walter Kronkite, Hughes Downs, Ladybird Johnson und Marc Chagall. Bei gesunden Menschen dieses Subtypus bringt die Tendenz zu Typus acht ein Element von innerer Stärke und Willenskraft, ebenso wie eine expansive, leidenschaftliche Note in die Gesamtpersönlichkeit ein. Trotz ihrer wenig ausgeprägten Selbstbewußtheit können gesunde Menschen dieses Subtypus sich sehr gut durchsetzen; trotz ihrer Liebenswürdigkeit und ihrer Einfühlung in andere können sie stark und energisch sein; trotz ihrer Fähigkeit, sich anderen unterzuordnen, wenn es um gemeinsame Ziele geht, können sie mutig und unabhängig sein; trotz ihrer freundlichen Art können sie recht heftig werden, wenn auch selten. So wirken gesunde Menschen dieses Subtypus entschieden und gutmütig, sinnlich und stark.

Durchschnittliche Menschen dieses Subtypus haben für ihre Gefühle ganz unterschiedliche Schubladen. Obwohl sie das Selbstbild eines friedfertigen Menschen abgeben, sind sie gelegentlich recht aggressiv, ohne zu merken, welches Ausmaß diese Aggressivität annimmt. Sie können in bestimmten Lebensbereichen recht nachlässig sein und sich wenig darum kümmern, ob sie Erfolg haben, in anderen aber erstaunlich ehrgeizig. Sind sie intellektuell nicht besonders begabt, können sie leicht begriffsstutzig wirken; sie sind gutmütig, aber nicht sehr schnell im Denken, da weder Typus neun noch Typus acht eine besondere intellektuelle oder denkerische Komponente mit einbringen. Diese Menschen suchen durch ihren starken elementaren Trieb zur seelischen und sexuellen Nähe immer wieder den anderen. Ihr Eigeninteresse beschränkt sich auf materielles Wohlergehen. Wird ihr Selbstschutzinstinkt geweckt, wollen sie die anderen zwar nicht verletzen, es geht ihnen aber doch vor allem darum, sich und ihren Besitz zu erhalten. Durchschnittliche Menschen dieses Subtypus können manchmal streitsüchtig werden, neigen aber nicht dazu, längere Zeit beleidigt zu sein. Ihr größter Zorn wird von denen erregt, die ihre Familie, ihre Überzeugungen oder ihren Lebensstil angreifen. Ist diese Krisis aber einmal überstanden, können sie recht bald wieder Frieden schließen und ihre früheren Feinde zu Verbündeten machen.

Ein gestörter Typus neun mit einer Tendenz zu Typus acht kann recht gewalttätig werden, ohne sich über die Konsequenzen seines Handelns Gedanken zu machen. Aggressionen und Impulse aus dem Unbewußten sind bei Menschen dieses Subtypus stark, wobei ihr Über-Ich (oder ihr Gewissen) diese Kräfte kaum im Zaum zu halten vermag. Ihre Aggressionen werden besonders durch sexuelle Eifersucht auf ihre Ehegefährten geweckt. Die Distanzierung von einem geliebten Menschen durch Entfremdung und mangelnde Zuneigung ist für das Selbstwertgefühl eines Menschen vom Typus neun verheerend und erregt den Zorn von Typus acht, weil sein Stolz verletzt wurde. Das hat zur Folge, daß ein Mensch vom Typus neun mit einer Tendenz zu Typus acht physisch gefährlich werden kann, weil er dann zu impulsiven Angriffen neigt. Er rächt sich möglicherweise an einem Menschen, mit dem er in Konflikt geraten ist, dissoziiert sich aber emotional von dem Schaden, den er ihm zufügt.

Typus neun mit einer Tendenz zu Typus eins

Die Züge von Typus neun und die der Tendenz zu Typus eins verstärken sich eher. Typus neun unterdrückt seine Emotionen um des lieben Friedens willen, während Typus eins seine Emotionen unterdrückt, um die Selbstbeherrschung nicht zu verlieren. Bei diesem Subtypus finden wir Menschen, deren Gefühle kontrollierter und gelassener wirken als die des anderen Subtypus, obwohl es auch bei ihnen Augenblicke des Zornes und der moralischen Entrüstung geben kann. Bekannte Beispiele dieses Subtypus sind Ronald Reagan, Corazon Aquino, Abraham Lincoln, Königin Elisabeth II., Rosalynn Carter, Cyrus Vance, Henry Fonda, Gary Cooper, Jimmy Stewart, David Hartman, Prinzessin Gracia von Monaco, Rose Kennedy, Jim Henson, Walt Disney, Norman Rockwell, Dame Joan Sutherland, Ralf Waldo Emerson, Desdemona, Edith Bunker und Mary Hartman.

Intakte Menschen dieses Subtypus sind außerordentlich integer und leben mit hohen Grundsätzen. Ihr gesunder Menschenverstand hilft ihnen, kluge Urteile zu fällen, vor allem über andere Menschen. Sie bemühen sich immer um Fairneß und Objektivität, wenn es darum geht, eine Entscheidung zu treffen oder Situationen zu beurteilen. Die Tendenz zu Typus eins fügt diesem Subtypus eine denkerische Komponente hinzu, wodurch die unbewußte, eher passive Orientierung von Typus neun ausgeglichen wird. Sind solche Menschen gesund, haben sie Interesse daran, ihre Erkenntnisse mitzuteilen und wissen zugleich die Ideen und Entdeckungen anderer zu schätzen. Es macht ihnen Spaß zu lehren und moralische Maßstäbe zu setzen, wobei sie durch ihr Vorbild ein gutes Beispiel geben. Die Offenheit von Typus neun verbindet sich hier mit der Objektivität von Typus eins; Ergebnis ist Schlichtheit und Arglosigkeit gegenüber anderen, friedfertige Mäßigung sich selbst gegenüber.

Durchschnittliche Menschen dieses Subtypus können zuweilen sehr kämpferisch wirken, da sie einen Hang zum Idealisieren haben und die Welt verbessern wollen, wo immer es möglich ist. Sie sind sich ihrer Meinungen sicher und vertreten meist ganz festgelegte konventionelle und konservative Vorstellungen über alles, was ihre grundlegenden Wertvorstellungen betrifft.

Menschen dieses Subtypus neigen dazu, ordentlich und kontrolliert zu leben, vor allem im emotionalen Bereich, wo sie weniger offen leidenschaftlich sind als Typus neun mit einer Tendenz zu Typus acht. Auch können sie sich mit der Organisierung praktischer Angelegenheiten intensiv beschäftigen oder diese Organisierung durch andere planen, wobei sie die für durchschnittliche Menschen vom Typus neun charakteristische emotionale Distanziertheit beibehalten. In ihrer lässigen Art versuchen sie, alle persönlichen Konflikte und Feindseligkeiten zu vermeiden, lassen sich aber recht schnell reizen und werden dann ärgerlich und bissig. Um ihre Argumente zu stützen, verfallen sie oft ins Moralisieren und in Rationalisierungen oder berufen sich auf politische, schichtspezifische oder religiöse Ideologien. In ihrer Mißachtung anderer Menschen können sie überraschend unpersönlich und gefühllos wirken, denn durchschnittliche Menschen dieses Subtypus abstrahieren um ihrer idealistischen Vorstellungen willen stark von der realen Welt.

Gestörte Menschen dieses Subtypus können sich anderen gegenüber sehr strafend verhalten. Manchmal werden sie außerordentlich wütend, was aber oft ziemlich unerwartet impulsiv auftritt, überraschend wie ein Blitz aus heiterem Himmel. Sie sind nachtragender als Menschen vom Typus neun mit einer Tendenz zu Typus acht und können über Ungerechtigkeiten lange nicht hinwegkommen. Sie handeln manchmal mit einer gewissen Willkürlichkeit, die dem sonstigen Verhalten von Typus neun widerspricht. Zu ihren neurotischen Zügen gehört auch eine Art Zwanghaftigkeit; gestörte Menschen dieses Subtypus können wie besessen über ihre scheinbaren Schwierigkeiten nachgrübeln, während sie sich zugleich innerlich von ihren zwanghaften Handlungen und ihren wirklichen Problemen distanzieren. Es kann zum Beispiel geschehen, daß sie etwas vergessen, was gerade noch Mittelpunkt ihrer Obsession war, als habe es dieses überwältigende Problem nie gegeben. Da die Abwehrmechanismen hier weniger umfassend reagieren als beim anderen Subtypus, werden Neurotiker dieser Art ihre Konflikte stärker spüren und deshalb leichter ernsthafte emotionale Probleme oder Zusammenbrüche erleben, wenn sie sich weiter in Richtung Neurose bewegen.

Einige Gedanken zum Abschluß

Betrachten wir den Weg zur Neurotisierung bei Typus neun, können wir erkennen, daß durchschnittliche bis gestörte Menschen dieses Typus genau das hervorgebracht haben, was sie am meisten fürchteten, nämlich Trennung und Distanz. Nun, nach ihrer Persönlichkeitsspaltung, sind sie nicht nur von anderen, sondern auch von sich selbst getrennt. Sie haben sich von diesem Selbst zutiefst entfremdet. Nur mit äußerster Mühe wird die zentrale Persönlichkeit, die noch geblieben ist, in der Lage sein, zum eigentlichen Selbst zurückzugelangen.

Offenbar geraten nur relativ wenige Menschen vom Typus neun in dieses Stadium der Neurose. Wahrscheinlicher ist in den meisten Fällen, daß sie nach einer Krise in einen gestörten Zustand (Verdrängung, Dissoziation) geraten, dann aber rasch wieder zu einem gewissen Grad von Normalität zurückkehren können. Ihre Abwehrmechanismen wirken sehr stark, da sie so übergreifend sind, und so können Menschen vom Typus neun leider oder glücklicherweise die meisten Traumata ins Unbewußte abschieben und weiterleben. Diese Fähigkeit jedoch wird immer um den Preis errungen, daß solch ein Mensch ein emotional und persönlich eingeschränktes Leben führt.

Aus dieser Perspektive ist zudem zu sehen, daß das zentrale Problem solcher Menschen darin besteht, wie sie zu sich selbst erwachen können, und wie sie dieses Bei-sich-Sein, wenn es einmal erlangt ist, auch erhalten können. Die Lösung liegt darin, daß Typus neun lernen muß, das Leiden zu akzeptieren, vor allem das Leiden, das mit der Angst einhergeht. Bewußt angenommenes Leid kann auf den Menschen wie ein Katalysator wirken und ihn so erschüttern, daß er zu mehr Bewußtheit erwacht. Zudem zwingt uns das Leiden, uns freiwillig zu entscheiden, welchen Sinn es für uns hat. Wenn wir einen Sinn in unseren Erfahrungen entdecken können, erschaffen wir uns selbst. Kann also Typus neun das Leiden aktiv als positive Kraft in seinem Leben nutzen, verleiht er diesem seinem Leben

nicht nur mehr Sinn, sondern erhält sich auch seine Bewußtheit. Ein Mensch, der seinem Leiden Sinn geben kann, erlebt
zugleich das Selbst, das leidet und jenes, das er transzendiert.
In diesem Augenblick beherrscht der Mensch sich selbst, er
ruht in sich.

Kapitel 12

Typus eins: Der Reformer

Typus eins in Umrissen

Gesund: Wird weise, umsichtig und tolerant. Zutiefst realistisch und ausgeglichen in seinen Urteilen. Rational, gewissenhaft, maßvoll. Voll hoher Prinzipien, versucht immer gerecht und objektiv zu sein. Hat hohe ethische Maßstäbe: Wahrheit und Gerechtigkeit bedeuten ihm viel. Persönliche Integrität, moralisches Vorbild.

Durchschnittlich: Ein hochherziger Idealist, der sich bei allem die höchsten Ziele setzt: der Reformer, der Anwalt für das Gute, der Kämpfer. Ordentlich und tüchtig, aber unpersönlich, zu stark emotional kontrolliert. Kann sehr kritisch und urteilssüchtig werden, hat starke Vorurteile: der Perfektionist und Arbeitssüchtige. Moralisierend, zänkisch, leicht empört, zornig und anderen gegenüber grob.

Gestört: Kann selbstgerecht, intolerant, dogmatisch und unflexibel sein. Streng in seinem Urteil, kann es nicht ertragen, wenn man ihm einen Fehler nachweist. Obsessive Gedanken und zwanghafte, widersprüchliche Handlungen, heuchlerischer Widerspruch zwischen Handeln und Predigen. Grausam und verdammend. Bestraft andere gern, nervöse Zusammenbrüche und plötzliche, ernsthafte Depressionen wahrscheinlich.

Grundmotivation: Möchte gerecht sein, strebt nach Höherem und will die anderen bessern, möchte seine eigene Position rechtfertigen und unangetastet über jeder Kritik stehen.

Beispiele: Papst Johannes Paul II., Margaret Thatcher, Elie Wiesel, Barbara Jordan, Eric Sevareid, Ralph Nader, Sandra Day, William F. Buckley, Anita Bryant und Mr. Spock.

Gesamtbild von Typus eins

Dem evangelischen Bewußtsein des Selbst vor der Erneuerung als allgemeiner Thematik Ausdruck verleihend, gab John Green, ein Puritaner aus New England in der Mitte des 17. Jahrhunderts, zu, daß Gott ihn »viel von der Verderbtheit« seines Herzens hatte sehen lassen, und daß er niemanden kannte »so bös wie ich und mit einem so schlechten Herzen, so stolz und uneinsichtig, so rebellisch, so daß ich glaubte, Gott würde einen so verderbten, elenden, armen Tropf wie mir nie Gnade erweisen können«. Diese Anschauung vom inneren Selbst, eine Anschauung, die in höherem oder geringerem Maße von den meisten Anhängern der evangelischen Kirche geteilt wurde, war die Quelle der Verzweiflung und der Hoffnungslosigkeit, die Konversionen so oft vorausgehen... Erst wenn der Einzelne sich selbst dazu bringen konnte oder von Gott dazu gebracht wurde, sich als wertloses, sündiges und nur zu Recht verurteiltes Geschöpf zu betrachten, konnte er je die Hoffnung hegen, wiedergeboren zu werden. (Philip Greven, *The Protestant Temperament,* 75)

Das puritanische Bedürfnis nach Selbsterneuerung durch das Streben nach hohen Idealen ist ein Ausdruck des Persönlichkeitstypus eins. Er ist nie zufrieden mit sich, wie er ist, er fühlt sich wie ein Puritaner verpflichtet, immer besser zu werden. Er muß sich auf irgendeine Weise über die menschliche Natur hinaus erheben, in den Bereich des Absoluten.

Diesem Persönlichkeitstypus erscheint der Rat aus den »Desiderata« töricht und gefährlich: »Über eine gesunde Disziplin hinaus sei freundlich mit dir selbst. Du bist ein Kind des Universums, nicht weniger als die Bäume und die Sterne; und du hast ein Recht, hier zu sein. Und ob du es klar erkennst oder nicht, das Universum entfaltet sich ohne jeden Zweifel so, wie es soll.« Ein durchschnittlicher, gestörter Typus eins jedoch ist sich sicher, daß das Universum sich eindeutig nicht so entfaltet, wie es sollte. Die Menschen versuchen einfach nicht mit genügend Nachdruck, die Welt oder sich selbst zu verbessern.

Was Typus eins meist nicht sieht, ist, daß er auf der Basis seiner grundlegenden Prämissen in einem Konflikt zwischen gegensätzlichen Kräften gefangen bleibt, der weder in ihm selbst noch im Universum lösbar ist. Er spürt nur allzu deutlich den Kampf zwischen Gut und Böse, zwischen Fleisch und Geist, zwischen Ideal und Realität. Bei Typus eins ist die Kampflinie klar gezogen zwischen der chaotischen irrationalen Seite seiner menschlichen Natur und der Klarheit seines rationalen Geistes, zwischen seinen dunklen, libidinösen Impulsen und seiner Selbstkontrolle, zwischen seinen metaphysischen Bestrebungen und seinen menschlichen Bedürfnissen – zwischen seinem Kopf und seinem Herzen.

In der Beziehungs-Triade

Typus eins scheint sich seiner selbst sehr sicher zu sein, auch wenn sein Selbstvertrauen weniger in ihm selbst als in der Unanfechtbarkeit seiner Ideale liegt. Selbst wenn es nicht den Anschein hat, bewegt sich Typus eins in der Welt so, als fühle er sich immer dem Ideal, nach dem er strebt, unterlegen. Er ordnet sich einer Abstraktion unter – gewöhnlich einem unerreichbaren universellen Wert wie Wahrheit oder Gerechtigkeit – und strebt danach, so vollkommen wie dieser zu werden. Anders als Typus neun, der sich selbst als Einheit mit seinem Gegenüber sieht, weiß Typus eins, daß das Ideal nicht wirklich Teil seiner Selbst ist. Das Ideal ist, per definitionem, etwas, auf das man hinarbeiten muß, das man aber nie wirklich erreichen kann. Dennoch fühlt sich, wie wir sehen werden, ein durchschnittlicher, aber auch ein gestörter Typus eins, indem er es versucht, irgendwie aus den Reihen der gewöhnlichen Sterblichen herausgehoben.

Und genau an diesem Punkt beginnt die Problematik von Typus eins. Auf seinem Weg zur Neurose beginnt sich ein durchschnittlicher Typus eins mit seinem Ideal so vollständig zu identifizieren, daß er (im gestörten Zustand) schon glaubt, er habe es längst erreicht, und jeder andere, der nicht so weit gekommen ist, sei zu verurteilen. Auf einer tieferen Bewußtseinsebene wissen selbst gestörte Menschen vom Typus eins, daß sie keineswegs vollkommen sind, auf einer anderen Ebene glauben und handeln sie jedoch so, als seien sie bereits vollkommen, um dadurch zu vermeiden, von ihrem Bewußtsein oder von einem anderen Menschen verurteilt zu werden. Durchschnittliche bis gestörte Menschen vom Typus eins sind überzeugt, daß sie schon allein durch ein immer heftigeres Streben nach Vollkommenheit gerechter werden. Sie glauben, daß sie durch die bloße Ausrichtung auf ihr Ideal immer im Recht seien, gleichgültig, wie sehr sie bei ihren Bemühungen scheitern. Schon der Akt der Identifikation mit ihrem Ideal gibt ihnen das Gefühl, besser zu sein als die übrige Menschheit. Sie gehören zu den geretteten Seelen, weil sie den richtigen Weg kennen, weil sie wissen, wie alles zu sein hat.

Probleme mit Repression und Aggression

Wie die beiden anderen Persönlichkeitstypen in der Beziehungs-Triade haben Menschen vom Typus eins Probleme mit der Unterdrückung eines Teiles ihrer Psyche. Diese Menschen unterdrücken ihre Emotionen bei dem Versuch, sie auf dem Weg zur Vollkommenheit zu sublimieren. Ihr Gefühlsleben wird allmählich immer stärker in den Untergrund gedrängt, da ein Mensch vom Typus eins so stark in dem Konflikt befangen ist, nach Idealen zu streben und sie zugleich in der realen Welt verwirklichen zu wollen. Das Bild wird aber dadurch noch komplizierter, weil Typus eins sich der Welt gegenüber sehr dualistisch verhält: diese Menschen wissen zwar, daß sie ihren Idealen nicht ganz entsprechen, vermitteln aber zugleich den Eindruck, ihrer Umgebung überlegen zu sein, da sie ja verpflichtet sind, diese ihre Umgebung zu verbessern. Sie messen nicht nur den Abstand zwischen sich und ihrem Ideal, sondern auch den zwischen ihrem gegenwärtigen Vollkommenheitszustand und ihrer Unvollkommenheit in der Vergangenheit.

So lebt Typus eins in einem doppelten Zwiespalt. Der erste ist ein äußerer, wie wir gerade sahen. Der Druck, den Idealen gerecht zu werden, steht im Kontrast zu der Überzeugung, schon vollkommener als die anderen zu sein. Der zweite ist ein innerer Widerspruch, der nicht so leicht erkennbar wird: eine Spaltung zwischen der kühlen, kontrollierten und rationalen Seite seines Wesens, die er der Welt präsentiert und seinen unterdrückten Gefühlen. Selbst wenn ein Mensch vom Typus eins sich nicht besonders emotional oder leidenschaftlich auslebt, so ist er sich seiner Emotionen doch sehr bewußt, vor allem seiner aggressiven und sexuellen Impulse. Und obwohl er versucht, seine Gefühle so stark wie möglich in Schach zu halten – nie gelingt es ihm so sehr, wie er es eigentlich möchte.

Wegen dieser Widersprüche fühlen sich durchschnittliche bis gestörte Menschen vom Typus eins immer zerrissen. Da ist der Konflikt zwischen der Vollkommenheit ihres Ideals und ihrer eigenen Unvollkommenheit; der Konflikt zwischen dem Gefühl, tugendhaft, und dem Gefühl, sündig zu sein; der Konflikt zwischen Handeln und Gewissen; der Konflikt zwischen dem Wunsch nach Ordnung und der Unordnung, die diese Menschen überall sehen; der Konflikt zwischen Gut und Böse, zwischen Gott und dem Teufel.

Der Persönlichkeitstypus eins entspricht dem extravertierten Denktypus der Jungschen Typologie; hierzu finden wir eine der klarsten Beschreibungen bei Jung.

> Dieser Typus verleiht nicht nur sich selber, sondern auch seiner Umgebung gegenüber der objektiven Tatsächlichkeit, resp. ihrer objektiv orientierten intellektuellen Formel die ausschlaggebende Macht. An dieser Formel wird Gut und Böse gemessen, wird Schön und Häßlich bestimmt. Richtig ist alles, was dieser Formel entspricht, unrichtig, was ihr widerspricht … Weil diese Formel dem Weltsinn entsprechend erscheint, so wird auch sie zum Weltgesetz, das immer und überall zur Verwirklichung gelangen muß, im einzelnen sowohl wie im allgemeinen. Wie der extravertierte Denktypus sich seiner Formel unterordnet, so muß es auch seine Umgebung tun zu ihrem eigenen Heile, denn wer es nicht tut, ist unrichtig, er widerstrebt dem Weltgesetz, ist daher unvernünftig, unmoralisch und gewissenlos. Seine Moral verbietet dem extravertierten Typus, Ausnahmen zu dulden. Sein Ideal muß unter allen Umständen Wirklichkeit werden … Dies nicht etwa aus Nächstenliebe, sondern vom höheren Ge-

sichtspunkt der Gerechtigkeit und Wahrheit aus ... Das »man sollte eigentlich« oder »man müßte« spielt eine große Rolle. Ist die Formel aber weit genug, so kann dieser Typus als Reformator, als öffentlicher Ankläger und Gewissensreiniger oder als Propagator wichtiger Neuerungen eine im sozialen Leben äußerst nützliche Rolle spielen. Je enger aber die Formel wird, desto mehr wird dieser Typus zum Nörgler, Vernünftler und selbstgerechten Kritiker, der sich und andere in ein Schema pressen möchte. Damit sind zwei Endpunkte angegeben, zwischen denen sich die Mehrzahl dieser Typen bewegt. (C. G. Jung, *Psychologische Typen,* § 652)

Von unserem Standpunkt aus können wir sehen, daß Jung verschiedene Punkte auf dem Kontinuum der Charakterzüge von Typus eins beschreibt: Durchschnittliche Menschen dieses Typus sind Reformer und öffentliche Ankläger, während gestörte auf intolerante Weise versuchen, andere nach ihren Vorstellungen zu beeinflussen, und so weiter. Wir werden sehen, daß das volle Spektrum der Charakterzüge von Typus eins die edelsten wie die negativsten Aspekte der menschlichen Natur umfaßt. Sind sie überdurchschnittlich, so können Menschen vom Typus eins objektiver, prinzipientreuer und weiser als alle anderen Persönlichkeitstypen sein. Soweit es ihnen menschlich möglich ist, versuchen sie es zu vermeiden, daß ihre persönlichen Gefühle in den gerechten Umgang mit anderen einfließen. Gerechtigkeit ist ihnen ein tiefes Anliegen, nicht nur für sich selbst, sondern für jedermann.

Im Gegensatz dazu ist ihr Leben, wenn sie gestört sind, ein einziges unbarmherziges Überstülpen ihrer Ideale über jede Lebenssituation. Ein gestörter Mensch vom Typus eins verhält sich extrem intolerant jedem gegenüber, der nicht seine Meinung teilt, und da er überzeugt ist, im alleinigen Besitz der »Wahrheit« zu sein, hat sich alles danach zu richten. Was sich nicht danach richtet, wird verurteilt und schwer bestraft. Das

Problem ist aber, daß die menschliche Natur immer wieder durchbricht: ein gestörter Typus eins merkt, daß er sich nicht so vollkommen beherrschen kann, wie er das möchte. Impulse können nur eine gewisse Zeit unterdrückt werden. Eines Tages nimmt sich seine Triebnatur ihr Recht.

Ursprünge in der Kindheit

Die Entwicklung von Typus eins wird beeinflußt durch die negative Identifikation in der Kindheit mit dem Vater oder einer Vaterersatzfigur. Diese negative Einstellung zum Vater, zu dem, was er symbolisiert, war von zentraler Bedeutung für die Entwicklung ihres Über-Ichs: diese Kinder lernten früh, sich vor einer Verurteilung zu fürchten und sie zu vermeiden, indem sie versuchten, sich immer tadellos zu verhalten.

Die entscheidende Botschaft, die sie von ihrem Vater erhielten, vermittelte ihnen: »Du bist nicht akzeptabel, wie du bist, du mußt besser werden, immer besser.« Ihre eigenen Wünsche und Gefühle wurden selten oder nie geduldet; diese Kinder mußten sich immer nach der Decke strecken, um Kritik oder Verurteilung zu vermeiden. Das hatte zur Folge, daß ihre Gefühle und andere Impulse durch Kräfte unterdrückt wurden, die durch einen strafenden Vater symbolisiert werden. (Die Freudianer sehen die Sauberkeitserziehung als den Bereich, in dem die analen Züge des zwanghaften Typus, der unserem Typus eins entspricht, erworben wurden. Wir können zwar die bei Freud beschriebenen »analen« Charakterzüge wie Ordentlichkeit, Sparsamkeit, Hartnäckigkeit bei Typus eins sehen – vor allem, wenn eine Tendenz zu Typus neun vorhanden ist –, aber wir müssen uns, um die Ursprünge dieses Persönlichkeitstypus zu verstehen, keineswegs auf einen so engen Bereich wie die Sauberkeitserziehung beschränken.)

Die negative Einstellung gegenüber dem Vater kann bei diesen Kindern verschiedene Gründe gehabt haben. Vielleicht war der Vater nicht in der Familie anwesend, vielleicht war er grausam oder behandelte das Kind ungerecht. Es kann aber auch sein, daß das Kind als Folge einer strikten moralischen und religiösen Erziehung und der Drohung vor »ewiger« Strafe in der ständigen Angst lebte, Gottvater zu empören und von ihm bestraft zu werden. Das Kind lebte in der Angst, in die Hölle zu kommen, wenn es nur impulsiv, verspielt, egoistisch war oder andere Verhaltensweisen an den Tag legte, die im Grunde für ein Kind ganz natürlich sind. In gewissem Sinn wurde Menschen vom Typus eins nicht erlaubt, Kind zu sein, sondern man zwang sie frühzeitig, kleine Erwachsene zu werden. Diese Erlebnisse brachten sie zu dem Entschluß, nur nie wie ihr Vater zu werden. Um der Verdammung zu entgehen, mußten sie sich bemühen, besser als ihr Vater zu werden.

Dabei sollte man auch bemerken, daß sie nicht gegen Kritik an sich rebellierten, sondern die Kontrollmechanismen in ihrem Gewissen verinnerlichten, indem sie sich für ihre Verfehlungen schuldig fühlten. Zugleich aber waren sie auch wütend, daß man ihnen eine solche Last des Vollkommenheitsanspruches auferlegte, und noch wütender, wenn sie sahen, daß andere nicht in gleichem Maße gezwungen wurden, ihre Gefühle und Impulse zu unterdrücken. Die Freiheit der anderen (in den Augen der Menschen vom Typus eins die Ungebundenheit, die diese anderen sich selbst zugestehen), erfüllt sie mit Feindseligkeit und Ärger über das Gewicht der Verbote, das auf ihnen lastet.

Probleme mit Ärger und Vollkommenheitsstreben

Es liegt eine Ironie darin, daß Menschen vom Typus eins ihre Wut ungerechterweise gegen andere richten, obwohl sie sich im Grunde über sich selber ärgern, weil sie nicht vollkommen sind. Anstatt Ordnung in ihre eigenen Gefühle zu bringen, sehen durchschnittliche bis gestörte Menschen vom Typus eins überall anders den Fehler. Ihr selbstgerechter Ärger macht sie aggressiv, obgleich Typus eins als solcher kein aggressiver Persönlichkeitstypus ist. Diese Menschen richten sich ganz und gar nach ihrem Ideal, da dies der Maßstab ist, unter den alles fällt, auch sie selbst. Die Aggressivität in ihrer Persönlichkeit ist ein Ausdruck der Wut über sich selbst und andere, weil weder sie noch diese anderen dem Ideal vollkommen entsprechen.

Ihr Ärger signalisiert zudem, daß sie sich selbst wie den anderen eine zu große Last auferlegen. Vollkommenheit ist eine Bürde, die der Mensch nicht tragen kann. Menschen vom Typus eins können einfach nicht akzeptieren, daß die Abhängigkeit zwischen Materie und Geist ein natürlicher Zustand des Menschen ist. Seiner Natur nach kann der irrationale Anteil ihrer Persönlichkeit nicht so perfektioniert und kontrolliert werden wie der rationale Teil. Dennoch versuchen diese Menschen, das zu tun und leugnen damit alles Grundlegende, also Menschliche in sich, nur um dem Ideal mehr zu entsprechen. Letztlich fühlt sich ein Mensch vom Typus eins schuldig dafür, menschlich zu sein. Er fürchtet, dafür verdammt zu werden, daß er kein Engel ist.

Sind Menschen vom Typus eins jedoch gesund, erlaubt ihnen ihre objektive Lebenseinstellung, mit den menschlichen Realitäten auf gutem Fuß zu bleiben, wozu auch ihre eigene Realität gehört. Sie sind klarsichtiger, moralischer und vernünftiger als alle anderen Persönlichkeitstypen, sie sind anderen wie sich selbst gegenüber tolerant. Sie sehen ein, daß ihre Ideale nicht für jeden gleichermaßen gelten müssen. Bewegen sie sich jedoch in Richtung Neurose, so ist ihr Verhalten nur noch eine Karikatur ihrer Tugenden, denn ihre Menschlichkeit ist verzerrt. Ein gestörter Mensch vom Typus eins bestraft die anderen für ihre kleinsten Fehler, sieht sich selbst aber die größten Sünden nach. Er ist vollkommen gnadenlos, da er den Zugang zum Menschlichen verloren hat. Doch wenn Ideale nicht dem Menschen dienen, wozu sind sie dann gut?

Analyse des gesunden Typus eins

Der weise Realist

Ein sehr gesunder Mensch vom Typus eins erlaubt es sich, seine Menschlichkeit zu leben und entdeckt, daß seine Impulse nicht so chaotisch und bedrohlich sind, wie er fürchtete. Er unterdrückt sein Gefühl nicht, abgesehen von dem Maß, das für ein gesundes Funktionieren notwendig ist (wie das für jedermann gilt). So kommen seine Gefühle ins Gleichgewicht mit seiner übrigen Psyche und werden in die Gesamtpersönlichkeit integriert. Seine subjektive Seite kommt in Einklang mit der objektiven Realität, und so können diese Menschen außergewöhnlich realistisch und tolerant werden, auch sich selbst gegenüber.

Da sie sich selbst so realistisch sehen können, sind sehr gesunde Menschen vom Typus eins ungewöhnlich reif und ausgeglichen. Von Idealen fühlen sie sich zwar immer noch angezogen, sie verstehen sie aber nicht als einseitige, starre Befehle, sondern als etwas, das sie persönlich erfüllen kann. Sie haben weder das Bedürfnis, alles um sich herum zu vervollkommnen, noch selbst absolut vollkommen zu werden: das ist ein hoffnungsloses Unternehmen und deshalb kein sinnvoller moralischer Imperativ. Zu einem wirklich vollständigen Menschen zu werden, ist eine genügend große Herausforderung. Paradoxerweise kommen Menschen vom Typus eins gerade dadurch, daß sie menschlicher werden, der Vollkommenheit so nahe, wie es eben menschenmöglich ist. In diesem Stadium der Gesundheit und Intaktheit sind Menschen vom Typus eins schon »beinahe Engel«, sie verkörpern geistige Größe und Noblesse.

Sehr gesunde Menschen vom Typus eins gehören zu den weisesten aller Persönlichkeitstypen, da sie über eine so ausgeprägte, klare Urteilskraft verfügen. Das liegt daran, daß sie in der Realität leben und nicht in einer idealen Welt. Sie gehen über das bloße logische Urteilen hinaus, um zu erkennen, was in der jeweiligen Situation, in der sie sich befinden, am sinnvollsten zu tun ist. Wie ein sehr gesunder Typus fünf die tiefste Einsicht in die physische Welt hat, so verfügt ein gesunder Typus eins über die klarste Erkenntnis in die moralische Welt und ist für andere ein Ansporn, sich seiner Führung anzuvertrauen.

Ebenso wie sie sich selbst gegenüber tolerant sind, können solche Menschen auch anderen gegenüber großzügig sein. Die meisten Menschen verstehen unter dem Wort Toleranz einfach ein Gewährenlassen ohne Einschränkung oder Kritik. Wahre Toleranz aber ist die Fähigkeit, unterschiedliche Meinungen zu respektieren, eine Fähigkeit, zu der ein kluger und gutwilliger Mensch gelangt sein sollte. Der tolerante Typus eins, der protestantischen Glaubens ist, gesteht dem Juden wie dem Katholiken, dem Moslem und dem Hindu die gleiche Freiheit zu, auf seine Weise Gott zu verehren, wie es ihm auch selbst zusteht. Das bedeutet nicht notwendigerweise, daß ein toleranter Mensch vom Typus eins glaubt, die religiöse Überzeugung der anderen sei richtig oder religiöse Unterschiede spielten keine Rolle, aber es bedeutet, daß er den anderen die Freiheit zugesteht, ihre Wahrheit selbst und auf ihre eigene Weise zu entdecken. Diese Menschen haben Verständnis für andere Ansichten, ohne sie unbedingt immer zu billigen, ohne aber auch anderen die eigenen Ansichten aufzuzwingen.

Zu dieser Toleranz sind sehr gesunde Menschen vom Typus eins fähig, da sie immer die höchsten Werte vor Augen haben. Durch solch ein Leben in einer transzendenten spirituellen Sphäre gewinnen sie eine weitere Perspektive der Welt dazu und können so alles im richtigen Zusammenhang sehen. Ihre Einsichten sind so tief, daß sie sich wirklich immer auf das wichtigste in jeder Situation zu konzentrieren vermögen. Sie erkennen tatsächlich auf einen Blick, was »das höchste Gut« ist, und wenn nicht, beunruhigt sie ihr Unwissen nicht, da sie gelassen warten können, bis die Wirklichkeit ihnen eine Antwort schenkt.

Sie sind von der Wirklichkeit der Wahrheit und der Objektivität transzendenter Werte so überzeugt, daß sie den anderen auch zugestehen, sich zu irren. Der Glaube, den ein sehr gesunder Typus eins in die moralische Ordnung hat, ist so tief gegründet, daß er den anderen erlaubt, seiner Ansicht nach ihr Leben lang zu irren, weil er zutiefst davon überzeugt ist, daß der Irrtum letztlich nicht über die Wahrheit siegen kann. Diese Menschen glauben, daß sich das Wahre immer durchsetzen wird, da die Wahrheit das Wesen der Wirklichkeit selbst ist. In diesem Sinne bedeutet, vollkommen realistisch zu sein, weise zu sein. Die Weisheit geht über die Vernunft hinaus, sie umfaßt auch das Irrationale, berechnet es mit ein. Weisheit bedeutet, die reale Ordnung der Dinge zu erkennen und so immer zu wissen, was richtig und gut ist.

So sind sehr gesunde Menschen dieses Typus »transzendente Realisten«, da sie ihre persönliche Realitätsauffassung so weit transzendiert haben, um sehen zu können, daß auf einer tieferen Ebene, die weder begriffen noch ausgedrückt werden kann, alles gut ist – daß »das Universum sich entwickelt, wie es soll«.

Der vernunftbegabte Mensch

Leider sind gesunde Menschen vom Typus eins nicht immer so intakt. Sie können der Angst unterliegen, für ihr Irren verurteilt zu werden und diese Angst dadurch kompensieren, daß sie immer und in allem recht haben wollen. Sie meinen, die richtige Beziehung zur Welt, zu den anderen und zu sich selbst zu haben. Ihr Selbstgefühl basiert darauf, daß sie sich immer vernünftig und rational verhalten.

Gesunde Menschen vom Typus eins sind tatsächlich Muster an Vernunft. Sie sind außerordentlich einsichtig und vorsichtig, sie denken klar und folgerichtig. Und auch wenn sie sich nicht ganz auf der Höhe des eben beschriebenen Stadiums befinden, verfügen sie immer noch über eine außerordentlich gute Urteilskraft und wissen tatsächlich in jeder Situation sofort, was wichtiger und was weniger wichtig ist. Sie überschauen jede Problematik (vor allem, wenn es um moralische Fragen geht), da sie die Konsequenzen jeder getroffenen Entscheidung klar erkennen können. Auch haben sie keine Angst, Urteile zu fällen, zu sagen: »Das ist richtig« oder »Das ist falsch«, und scheuen sich nicht, Verantwortung für ihr Urteil und das daraus folgende Handeln zu übernehmen. Dabei ist die Basis dieser Urteilsfähigkeit nicht in erster Linie die Logik, wie es scheinen mag. Die richtige Beurteilung einer Situation fällt einem gesunden Typus eins ganz natürlich zu, da er die Welt so objektiv wie möglich sieht.

Ein gesunder Typus eins ist so objektiv, daß er gleichsam neben sich stehen und sein Handeln, seine Einstellungen und Gefühle beurteilen kann. Er möchte sich so wenig wie möglich irren und gibt seine Fehler gerne zu, sobald er sie erkannt hat. Er weiß, daß er nichts dabei gewinnt, wenn er an falschen Vorstellungen festhält. Rechtschaffenheit und Aufrichtigkeit sind für ihn wichtig, nicht das Festhalten an irrigen Meinungen und falschem Stolz.

Typus eins kann das Richtige vom Falschen und das Gute vom Schlechten unterscheiden, weil er ein ausgeprägtes Gewissen und ein starkes moralisches Pflichtgefühl besitzt. Sein Gewissen verpflichtet ihn dazu, das Richtige zu tun. Ein gesunder Typus eins verabscheut es, an sich selbst Egozentrik, Kleinlichkeit oder irgendwelche unberechenbaren Leidenschaften zu entdecken und fühlt sich verpflichtet, alle solchen Eigenschaften, die Unordnung in sein Leben bringen könnten, mit der Wurzel auszurotten. Diese Menschen fühlen sich erst zufrieden, wenn sie tugendhaft sind und haben natürlich Schuldgefühle, sobald sie über die Stränge schlagen.

Da sie einsehen, wie wertvoll Vernunft, Mäßigung und ein ausgeglichenes Urteil in ihrem Leben sind, empfinden gesunde Menschen vom Typus eins die Beschränkungen, die sie sich selbst auferlegt haben, nicht als Einschränkung. Sie sind vielmehr der Überzeugung, daß ohne die Schranken, die einem das Gewissen auferlegt, die menschliche Gesellschaft nicht funktionsfähig wäre. Viele der wertvollsten Errungenschaften der Zivilisation entspringen ihrer Bereitschaft, persönliche Vorteile um höherer Ziele willen hintanzustellen.

Menschen vom Typus eins glauben auch keineswegs, daß die Tugenden, die sie besitzen, ja selbst die Tatsache, daß sie nach dem Guten streben, ihnen Mühsal und Leiden im Leben ersparen könnten. Sie haben keinen Vertrag mit Gott gemacht, der sie für ihre Tugendhaftigkeit belohnen muß. Sie fühlen sich nicht von den normalen menschlichen Lebensbedingungen ausgeschlossen, nur weil sie sich zum Guten hingezogen fühlen. Ein gesunder Mensch vom Typus eins meint z. B. nie, wenn er sieht, daß einem anderen etwas widerfährt, es könne nicht auch ihm selbst widerfahren. Anstatt also in einem leidvollen Moment zu fragen: »Warum gerade ich?« fragt er vielleicht: »Warum nicht ich?« Er erwartet nicht, daß das Leben leicht und mühelos erscheint, gleichzeitig ist er aber auch kein Pessimist. Ein gesunder Mensch vom Typus eins ist einfach realistisch.

Der prinzipientreue Lehrer

Ein gesunder Typus eins führt, weil er sich von seinem Gewissen leiten läßt, ein außerordentlich moralisches und sinnerfülltes Leben, nicht nur weil er gut sein will, sondern weil er auch das Richtige tun will. Er möchte objektive Werte in die Praxis umsetzen und ungetrübt von Leidenschaften handeln können, damit er das tun kann, was ihm objektiv als richtig erscheint, soweit das menschenmöglich ist.

Während Rechtschaffenheit im vorhergehenden Stadium die höchste Tugend war, kommen nun Wahrheit und Gerechtigkeit mit ins Spiel. So ist es einem gesunden Menschen vom

Typus eins außerordentlich wichtig, daß die anderen gerecht behandelt werden. Er haßt Ungerechtigkeit in jeder Form, ob sie nun seine Freunde, völlig fremde Menschen oder ihn selbst betrifft. Ein gesunder Typus eins ist von flammender Begeisterung für Gerechtigkeit und Rechtschaffenheit erfüllt, die für ihn niemals starre Prinzipien sind. Mehr als jeder andere Persönlichkeitstyp setzt sich ein gesunder Mensch vom Typus eins bereitwillig für seine moralischen Überzeugungen ein und würde eher selbst Unrecht erleiden, als sich jemand anderem gegenüber ungerecht zu verhalten.

So sind diese Menschen außerordentlich integer und von einer hohen Ethik erfüllt: es ist für sie vollkommen undenkbar, zu lügen oder jemanden zu betrügen. Sie leben außerordentlich prinzipientreu und haben persönliche Maßstäbe, von denen sie niemals abweichen; sie gründen ihre Entscheidungen auf das, was sie als objektiv und rational ansehen und handeln ungeachtet ihres unmittelbaren Eigeninteresses. Im öffentlichen Leben beispielsweise treffen sie ihre Entscheidungen immer nach ihrem Gewissen und nie nach dem Geldbeutel. Als Eltern treffen sie ihre Entscheidungen auf der Basis ihrer Überzeugung und nicht danach, was für ihre Kinder das Beste ist. In religiösen Angelegenheiten handeln sie immer nach ihren Glaubensprinzipien, selbst wenn das bedeutet, einer öffentlichen Autorität zu widersprechen. Ein gesunder Typus eins kann in dieser Hinsicht außerordentlich mutig sein und ist sogar bereit, sich, seinen Besitz, seinen Ruf, ja sein Leben für seine Prinzipien aufs Spiel zu setzen. Er möchte seine Ideale nicht opfern, da er das Gefühl hätte, damit seine Integrität zu korrumpieren, und mit seiner Integrität verlöre er etwas für ihn Wesentliches, nämlich seine Fähigkeit zu Güte und Tapferkeit, die für ihn die Quelle tiefster Befriedigung sind.

Menschen vom Typus eins in diesem Stadium kämpfen immer für das Gute und Richtige, appellieren an das Gewissen, den guten Willen und die Gerechtigkeit der anderen und stehen furchtlos zu ihren Überzeugungen, gleichgültig, ob sie damit

Anstoß erregen oder Gefallen finden. So werden gesunde Menschen vom Typus eins für die Gesellschaft im Grunde auch moralische Lehrer und Zeugen der Wahrheit, die ihre Prinzipien, ihre Wert- und Idealvorstellungen anderen Menschen vermitteln können. Das ist vielleicht die höchste Form des Lehrens, die nicht nur darauf begrenzt ist, Wissen weiterzugeben, sondern der es darum geht, eine Vision von der richtigen Lebensweise zu vermitteln. Ohne einen klaren Begriff von den Folgen richtigen und falschen Handelns hätten die Menschen keine klare Richtung im Leben und auch keine Möglichkeit, solch eine Richtung zu finden.

Doch auch wenn sie andere »belehren«, spricht ihr Gewissen hauptsächlich zu ihnen selbst – sie versuchen nicht, damit aller Welt Verpflichtungen aufzuerlegen. Ein gesunder Typus eins lehrt durch das persönliche Beispiel, nicht dadurch, daß er Predigten hält. Er vertraut darauf, daß sich die Wahrheit, ob die anderen nun auf ihn hören oder nicht, letztlich durchsetzen wird, da die Wahrheit mit einer Stimme zur Seele spricht, die nicht überhörbar ist.

Analyse des durchschnittlichen Typus eins

Der idealistische Reformer

Da sie sich so von ihrem Gewissen leiten lassen, sind Menschen vom Typus eins leicht Schuldgefühlen und Angst ausgesetzt, wenn sie sich einmal ungehorsam verhalten. Beginnen sie aus irgendeinem Grund zu fürchten, ihre moralischen Prinzipien nicht so vollkommen zu erfüllen, wie sie das sollten, streben sie allmählich nach einem immer extremeren und höheren Standard des Wohlverhaltens. Sie wollen alles besser machen. Sie werden zu Idealisten, Reformern und Kämpfern, Menschen mit einer Mission, die sich selbst wie andere zu dauernder Verbesserung anzutreiben versuchen.

Der Unterschied zwischen einem gesunden und einem durchschnittlichen Typus eins besteht darin, daß der durchschnittliche die Welt entsprechend *seiner* besonderen Interpretation des Ideals verbessern möchte. Das persönliche Gewissen hat sich nun verlagert in ein Gefühl der Verpflichtung, in allem und jedem nach einem Ideal zu streben. So beginnen durchschnittliche Menschen vom Typus eins sich der Welt gegenüber auf einen Sockel moralischer Überlegenheit zu stellen, als wollten sie sagen: »Ich weiß, wie alles zu sein hat, also hört auf mich.« Sie wirken elitär und etwas arrogant, da ihre Ideale ja so erhaben und ihre Ansprüche so überragend sind.

Was ein durchschnittlicher Mensch vom Typus eins für sich persönlich als ideal definiert, wird die Norm für alle Welt. Er ist überzeugt davon, daß er weiß, wie alles zu sein hat. Das Gewicht der moralischen Aufforderung »Du sollst«, oder »Du mußt« wird spürbar: nicht nur, daß solch ein Mensch selbst dies oder jenes unbedingt zu tun oder zu unterlassen hat, nein, jeder andere muß sich ebenfalls danach richten. Er glaubt, er habe das Recht, Irrtümer aufzuklären, die Ungebildeten zu erziehen, die Ziellosen anzuführen und jedem die »richtige« Sichtweise beizubringen. Das Problem dabei ist, daß er den anderen nicht zutraut, selbst das Richtige zu tun (»Wenn ich es nicht tue, wer tut es dann?«).

Durchschnittliche Menschen vom Typus eins schauen gleichsam von olympischer Höhe auf die Menschen herab, sie gebärden sich als der Gesetzesgeber der Menschheit und legen die Regeln fest, nach denen jeder sich zu richten hat. Nichts ist zu klein oder zu persönlich, um ihrer Aufmerksamkeit oder ihrem Werturteil zu entgehen. Rauchen, Trinken, Sicherheitsgurte, die Qualität des Fernsehens, Pornographie und Rockmusik sind nur ein paar der Themen, über die sich solche Menschen gern predigend auslassen. (Natürlich können sie durchaus recht haben, leider erlauben sie den anderen aber nicht, das für sich selbst herauszufinden.)

Immer achten sie darauf, wie sehr sie sich schon ihrem Ideal genähert haben, und so sind Fortschritt und Weiterentwicklung für sie entscheidende Begriffe: es ist ihnen ungeheuer wichtig, immerzu ihre Verbesserung in allen möglichen Lebensbereichen zu messen, zumindest mit ihrem moralischen Maßstab. So sind sie außerordentlich zweckorientiert und haben bei allem ein höheres Ziel im Auge. Nie würden sie einmal nur zum Vergnügen fernsehen; immer muß ein erzieherischer Wert dahinterstehen, denn sie müssen ja unentwegt an sich arbeiten und etwas Wertvolles tun. Deshalb verbünden sich durchschnittliche Menschen vom Typus eins stets mit irgendeiner edlen Sache, ob es nun darum geht, für Ausländerrechte zu kämpfen, in der Nachbarschaft für eine politische Partei zu werben oder sich für Umweltfragen zu engagieren. Als Reformer und Kämpfer wissen Menschen vom Typus eins genau, wie sie zu ihrer Sache stehen und sie verteidigen ihre Position mit dem Eifer eines Missionars. Da sie meist recht redegewandt sind, lieben sie es, zu debattieren und verstehen es, ihre Ansichten mit Nachdruck zu vertreten. Und da sie wirklich daran glauben, daß ihre Überzeugung die richtige ist, haben sie ein überragendes Selbstvertrauen und betrachten die Welt wie ein Bildhauer, der an einer formlosen Masse von Ton Hand anlegen will. Natürlich liegt auch gerade darin der Grund für ihre inneren Schwierigkeiten – und der Schwierigkeiten, die andere mit ihnen haben. Die Welt und vor allem auch ihr jeweiliges Gegenüber ist kein Tonklumpen, der nur darauf wartet, nach ihren reformerischen Impulsen umgestaltet zu werden. Die Wirklichkeit besitzt ihre eigene Form, auch wenn ein durchschnittlicher Typus eins das nicht wahrnehmen will, weil er nur ihre Veränderungsbedürftigkeit sieht.

Der ordnungssüchtige Mensch

Da Typus eins sich in diesem Stadium gern als Reformer gibt, und sei es auch nur innerhalb des Familien- und Freundeskreises, will er ja keine Divergenz zwischen seinen privaten Gefühlen und seiner offiziellen idealistischen Haltung dulden. Er möchte über jeden Lebensbereich, vor allem über seine eigenen Emotionen, die Kontrolle haben.

Seine gesunde Selbstdisziplin hat sich nun in energische Tüchtigkeit und Ordentlichkeit verwandelt. Ein durchschnittlicher Typus eins möchte, daß der rationale Verstand alles im Griff hat. Die Vernunft stellt sich gegen das Gefühl, und nun wird die dualistische Natur seiner Psyche unübersehbar. Er teilt die Welt ein in Schwarz und Weiß, Richtig und Falsch, Gut und Schlecht, in korrektes und unkorrektes Verhalten. Da bleibt kein Platz mehr für subjektive Vorlieben, die er als bloße Nachgiebigkeit sich selbst gegenüber ansieht. Unpersönliche Logik und Ordnung werden die wichtigsten Maßstäbe, mit denen durchschnittliche Menschen vom Typus eins versuchen, sich selbst, andere und die Welt unter Kontrolle zu halten.

Mit Genauigkeit und Gründlichkeit versuchen sie das Leben zu organisieren und in saubere Kategorien einzuteilen (ebenso strikt wie sie ihre Gefühle kontrollieren oder versuchen zu kontrollieren). Sie planen alles bis ins kleinste Detail und versuchen, jeden Zufall, jede Ungewißheit auszuschalten, damit »alles unter Kontrolle bleibt«, einer ihrer Lieblingssätze.

In ihrer Ordnungssucht machen sie dauernd Listen und Zeitpläne, um nur nie eine Minute zu vergeuden. Die Zeit ist für sie etwas außerordentlich Wichtiges, und so achten sie immer peinlich genau darauf, wie sie damit umgehen. Nie kommen sie zu spät, und sie bestehen darauf, daß auch die anderen immer pünktlich sind. Kein anderer Persönlichkeitstypus personifiziert so stark die protestantische Arbeitsethik, den Menschen, der das Leben für eine ernste Angelegenheit hält. Von den Idealen hat man nie Urlaub, es gibt keinen Augenblick, in dem solch ein Mensch einfach entspannen und das tun kann, wozu er Lust hat.

Auch sein Denken ist absolut geordnet. Durch seinen Hang zur Pedanterie und Präzision ist er in der Lage, sehr klare logische Unterscheidungen zu treffen. Durchschnittliche Menschen vom Typus eins haben einen gleichsam hierarchischen Geist, der alles beurteilt und gar nicht anders kann, als alles zu bewerten, als wolle er sagen: »Das ist besser als jenes« – wie ein Schullehrer in den Ferien, der seine Gewohnheit, Noten zu verteilen, nicht ablegen kann.

Kurz gesagt: durchschnittliche Menschen vom Typus eins sind Ordner, Buchhalter und Bewerter der Wirklichkeit – also der Freudsche anale Typus. Alles muß ordentlich und sauber sein, alles muß seinen Platz haben, am liebsten soll alles mit der Präzision eines Uhrwerkes funktionieren. Natürlich hat der Ordnungssinn von Typus eins viele positive Auswirkungen, vor allem für die Organisationen, in denen er arbeitet und für die Gesellschaft im Ganzen. Alles geht seinen ungehinderten Gang, wenn die Dinge organisiert sind, von Geschäftstreffen über Fahrpläne bis zum Vorbereiten der Weihnachtsgeschenke. Es würde nur wenig funktionieren, wenn die Menschen nicht auf ein gewisses Maß an Ordnung in der Welt und auf die, die dafür sorgen, zählen könnten.

Aber wie bei allem, so ist es auch beim Ordnungssinn entscheidend, ob er angemessen ist und in welchem Grad er sich auswirkt. Menschen vom Typus eins täte es gut, einmal loszulassen, denn sie erlauben es sich nicht, spontan zu sein. Versuchen sie es einmal, wirken sie völlig verkrampft, so, als hätten sie ihre Spontaneität vorher beschlossen. In zwischenmenschlichen Beziehungen neigen sie dazu, sich stets korrekt und ein wenig gouvernantenhaft zu verhalten, sie versuchen immer schicklich zu sein und sich an die Etikette zu halten. Die richtigen Manieren erlauben einem durchschnittlichen Typus eins, in seinem Sozialverhalten persönliche Gefühle aus dem Spiel zu lassen.

Da es diesen Menschen um Selbstkontrolle geht, wenden sie sich immer gegen ihre Impulse und tun das Gegenteil von dem, was sie gerne täten, so, als seien ihnen ihre persönlichen Neigungen irgendwie immer suspekt. Wenn Menschen vom Typus eins zu etwas Lust haben, beispielsweise ins Kino zu gehen, unterdrücken sie diesen Impuls, gerade weil sie ihn haben, und glauben, sie müssen ihre Bedürfnisse unterdrükken. Tun sie andererseits irgend etwas nicht gerne, beispielsweise am Wochenende arbeiten, zwingen sie sich dazu, es doch zu tun, wieder um sich selbst zu disziplinieren. Paradoxerweise beginnen sie dadurch immer mehr von ihren Impulsen beherrscht zu werden, da sie sich eben dieser Impulse ja andauernd nur allzu bewußt sind.

Obwohl viel davon abhängt, welcher Tendenztypus vorherrscht, wirken durchschnittliche Menschen vom Typus eins im allgemeinen asketisch, streng und antiseptisch, vor allem wenn es um Dinge wie Sexualität, Vergnügen und den Körper geht. Sexuelle Impulse werden für sie besonders bedrohlich, da sie nicht nur irrational sind, sondern auch etwas »Verbotenes« an sich haben, etwas, das ihrem Gewissen widerspricht. Ihre Muskeln sind oft verhärtet: die Lippen verkniffen, die Zähne zusammengepreßt, Hals und Gesicht steif. Die Worte »angespannt«, »starr«, »steif« und »streng« passen in diesem Stadium sehr oft zu ihrem Verhalten und auch zu ihrer Gefühlswelt.

Aber sosehr sie sich auch unter Kontrolle haben, sie sehen sich selbst nicht so. Durchschnittliche Menschen vom Typus eins sind sich sehr wohl dessen bewußt, daß sie irrationale Impulse und sexuelle Bedürfnisse haben. Von ihrem Standpunkt aus tun sie der Welt einen Gefallen, wenn sie ordentlich und tüchtig sind. Aber nicht nur das, sie schützen die Welt vor ihren Leidenschaften – denn wehe, wenn sie losgelassen würden. Sie leben in der Furcht, ihre Emotionen könnten außer Kontrolle geraten, sie könnten von ihren wildesten Impulsen überrannt werden, wenn sie sich einmal erlaubten, zu tun, was ihnen Spaß macht. Wer weiß, was alles im Unbewußten lauert? Menschen vom Typus eins glauben, es sei klüger, es erst gar nicht zu berühren.

Dieses Stadium bringt den Wendepunkt in ihrer Entwicklung hin zur Neurose, da das Leben nicht so geordnet ist, wie sie es gerne hätten, und da sie selbst nicht so ordentlich sind, wie sie es gerne sähen. Ihre unterdrückten Impulse sprengen immer öfter die Barrikaden der Repression. Von diesem Stadium an versuchen Menschen vom Typus eins sich selbst und die Umgebung noch strenger unter Kontrolle zu halten, damit die Verbote ihre gefährlichen Impulse auf jeden Fall unterdrücken. Während ihr Wunsch nach innerer und äußerer Ordnung nachläßt, beginnen sie allmählich wie besessen, die Unordnung überall auszurotten.

Der urteilssüchtige Perfektionist

Je stärker durchschnittliche Menschen vom Typus eins versuchen, ihre Impulse unter Kontrolle zu halten, desto schwerer fällt es ihnen, loszulassen. In diesem Stadium fürchten sie so sehr, die Selbstkontrolle zu verlieren, daß sie nach immer Höherem streben. Bloße Ordnung und Genauigkeit genügt nicht mehr: jetzt geht es um Perfektion.

Typus eins fühlt sich stark bedroht, wenn die Ordnung und Kontrolle, die er bei sich selbst und in der Welt sucht, sich nicht verwirklichen läßt. Auch wenn man es nicht gleich wahrnimmt, sind Menschen vom Typus eins in diesem Stadium mit sich selbst ebenso hart wie mit den anderen. Ihr Über-Ich fordert immer stärker seinen Tribut, und ihre Einstellung läßt sich in dem Satz zusammenfassen: »Nichts ist je gut genug«, ein Echo dessen, was ihr Vater ihnen einst eingeschärft hat. Immerzu nörgeln sie an den Dingen herum und können nichts so sein lassen, wie es ist; als Überkompensation für die

Angst, von anderen verurteilt zu werden, werden sie selbst zum Richter. Das einzige Gefühl, das sie sich regelmäßig zugestehen, ist Wut in ihren verschiedenen Erscheinungsformen wie Kritiksucht, Gereiztheit, Groll und Verachtung.

In ihrer kritischen Haltung allem und jedem gegenüber mischen sie sich immer in die Angelegenheiten der anderen ein, unterbrechen sie brüsk und sagen ihnen dauernd, was sie zu tun haben, weisen sie auf ihre Fehler hin und predigen ihnen, wie sie sich verbessern können. »Ich habe es dir doch gesagt« und »Wenn du auf mich gehört hättest, wäre das nicht passiert« hört man von ihnen nur allzuoft. An nichts lassen sie ein gutes Haar. Immerzu müssen sie belehren, sich überheblich gebärden, anderen Vorträge halten und sie ausschimpfen. Über die kleinsten Kleinigkeiten können sie in Ärger geraten und pochen immer auf strenge Disziplin, sind ungeduldig, nörglerisch und jederzeit bereit, einen Hieb auszuteilen im buchstäblichen oder im übertragenen Sinn. Zu allem müssen sie ihren Senf dazugeben, und ihre Meinung ist immer die Wahrheit, nicht nur ihre persönliche Ansicht. Einem solchen Menschen kommt es nie in den Sinn, daß er sich auch einmal geirrt haben könnte (aus Höflichkeit oder falscher Bescheidenheit geben sie vielleicht manchmal zu, daß sie sich möglicherweise geirrt haben, in diesem Stadium glauben sie jedoch nicht mehr wirklich an solch einen Widerruf ihrer eigenen Unfehlbarkeit).

Zudem ändern sie ihre Ansichten fast nie, da sie auf ihren Idealen basieren, und ihre Ideale sind unverrückbar, wie eine Kompaßnadel, die eben immer anzeigt, wo in jedweder Angelegenheit die unfehlbare Wahrheit liegt. So wird das ganze Leben zu einer unaufhörlichen Anwendung des Ideals auf Einzelfälle, zum dauernden Feststellen von Fehlern und endlosen Wiedergutmachen von Dingen, die andere falsch angepackt haben.

Die Fehler und die mangelnde Perfektion anderer Menschen rufen bei diesem Typus Indignation und Groll hervor, als sei das Verhalten gegen sie persönlich gerichtet. Es wird für sie zur persönlichen Beleidigung, wenn jemand falsch Auto fährt, seine Steuern nicht bezahlt oder eine Liebesaffäre hat. Selbst wenn ihre Kritik an anderen berechtigt ist, die Art und Weise, wie sie sie vorbringen, ist so grob und verunsichernd, daß sie geradezu zu Abwehr und Ungehorsam herausfordert. Ihre unpersönliche Höflichkeit hat sich zu verknöcherter Dogmatik gewandelt. Aber wie auch immer: ein kritischer Typus eins bemüht sich nicht darum, es anderen recht zu machen, sondern es geht ihm einzig und allein darum, die anderen dazu zu bringen, das Richtige zu tun.

Was ihr eigenes Leben anbelangt, so sind sie arbeitssüchtig und voller Schuldgefühle, wenn sie nicht ununterbrochen produktiv sind. Perfektionistische Menschen vom Typus eins befassen sich jedoch soviel mit Kleinkram, daß sie paradoxerweise oft gar nicht so viel schaffen und es kaum weiterbringen als ihre weniger angespannten und getriebenen Konkurrenten. Dauernd sind sie dabei, trügerische Verbesserungen anzubringen, nicht weil die Dinge wirklich verbessert werden müßten, sondern weil sie damit ihre Existenzberechtigung zu rechtfertigen versuchen. Natürlich macht ihr Perfektionismus die anderen verrückt, und es ist schwierig, für einen Menschen vom Typus eins zu arbeiten. (Von einem Miteinander-Arbeiten ganz zu schweigen.) Diese Menschen haben nämlich eine außerordentlich dünne Haut und vertragen keine Kritik. Sie delegieren niemals Arbeit oder Entscheidungen an jemand anderen, da sie überzeugt sind, keiner könne etwas so gut tun wie sie selbst. Sie glauben, es könne länger dauern, jemand anderem etwas beizubringen, als sie selbst dazu brauchen, die Sache gut zu machen.

Natürlich nimmt ihnen ihr Perfektionismus die Freude an allem, was sie tun, da ja nie etwas gut genug ist. Nie ist etwas fertig, bevor es perfekt ist, und es dauert sehr lange, bis etwas perfekt ist, wenn das überhaupt gelingt. So sind arbeitssüchtige Menschen vom Typus eins in einem Konflikt gefangen:

obwohl es ihnen gar keinen Spaß macht, zu arbeiten, macht es ihnen auch keinen Spaß, nicht zu arbeiten.

Zwischenmenschliche Konflikte nehmen allmählich überhand, da Typus eins alle Antworten schon weiß und sich nie von jemandem etwas sagen läßt. Er ist eben allwissend. Zudem nehmen solche Leute die irritierende Gewohnheit an, über Dinge etwas zu sagen, von denen sie im Grunde sehr wenig wissen. Dabei verhalten sie sich recht herablassend und erklären die Dinge so, als wären die anderen Kinder, die ohne Anleitung keinen einzigen Schritt tun können. Sie maßen sich an, den anderen zu erklären, was sie zu tun und zu lassen haben und legen ihnen Verbote auf, wie ein katholischer Priester, der ein Paar über das Eheleben aufklärt oder ein gut bezahlter Kolumnist, der den armen Leuten Ratschläge gibt, wie man sparsamer leben kann.

Wie wir am Gesamtbild von Typus eins sahen, sind diese Menschen ärgerlich darüber, daß sie vollkommen sein müssen. Es scheint ihnen ungerecht, daß die Last der Perfektion auf ihren Schultern schwerer lastet als auf denen der anderen. Natürlich sind das Streben nach Perfektion und die Augenblicke des Vollkommenheitsgefühls tief befriedigend für sie, da ihr Selbstgefühl davon abhängt, ob sie sich im Recht fühlen können und wissen, was untadelig ist. Dennoch, irgend etwas ärgert diese Menschen an der Freiheit der anderen. Da für sie selber das Leben schon nicht so vergnüglich ist, warum sollte es das für die anderen sein?

Analyse des gestörten Typus eins

Der Intolerante

Ein gestörter Mensch vom Typus eins kann sich nie eines Besseren belehren lassen, sei es durch objektive Fakten noch durch die stichhaltigeren Argumente eines anderen. Er ist zutiefst überzeugt davon, daß er immer im Recht ist mit allem, was er sagt oder tut. Seine Ideale haben einen sterilen und ausschließlichen Absolutheitsanspruch, an ihnen ist nicht mehr zu rütteln.

Seine Ideale gleichen starren Dogmen, von denen niemals abgewichen werden darf. Er sieht alles und jeden im Licht dieser unerschütterlichen Wahrheiten – er weiß, was richtig und falsch, gut und böse, erlösungs- oder verdammungswürdig ist. Da gibt es keine neutrale Zone, keinen Raum für Ausnahmen. Er weigert sich, Umstände, die einen Kompromiß mit der absoluten Vollkommenheit erfordern würden, auch nur in Erwägung zu ziehen. Nach seiner Anschauung wird das ganze durch die kleinste Unvollkommenheit verdorben, und deshalb muß alles, was nicht ins Schema paßt, gnadenlos ausgemerzt werden. Das Leben nach solchen absoluten Maßstäben erfordert jedoch notwendigerweise ein Negieren der Menschlichkeit. Je höher solch ein Mensch thront, desto mehr Menschlichkeit muß er hinter sich lassen. Er wird zum Misanthrop, der zwar »die Menschheit liebt«, den einzelnen Menschen aber haßt.

Der Unterschied zwischen einem perfektionistischen durchschnittlichen Menschen vom Typus eins und einem intoleranten Neurotiker dieses Typus besteht darin, daß der erstere sich zumindest gelegentlich in seine eigene Kritik mit einbezieht und Schuldgefühle hat, wenn es ihm nicht gelingt, seine vollkommenen Maßstäbe zu erfüllen. Bei einem gestörten Typus eins ist das nicht mehr der Fall, denn er schließt sich selbst von jeder Verurteilung aus. Seine Selbstgerechtigkeit ist unerschütterlich; er glaubt, daß seine Überzeugtheit von den strengsten Idealen der Vollkommenheit ihn auf jeden Fall rechtfertige, ob er nun das Ideal in die Praxis umzusetzen in der Lage ist oder nicht. (»Ich habe recht, und deshalb ist alles, was ich sage und tue, richtig.«)

Ärger wird nunmehr sein stärkstes, vielleicht das einzige Gefühl. Ein gestörter Typus eins lebt gerne in dem Glauben, daß er bei seinen Richtsprüchen vollkommen unparteiisch ist, in Wirklichkeit jedoch beginnt ihn ein unübersehbares Rachegelüst zu motivieren, das er sich selbst und noch weniger anderen gegenüber zugeben kann. Sein Selbstbild ist so erhaben, daß er sich selbst natürlich nur die vollkommensten Motive zugestehen kann.

Tatsache ist, daß diese Menschen gegenüber den Überzeugungen und Verhaltensweisen anderer außerordentlich intolerant sind und jeden, der nicht mit ihnen übereinstimmt, als unmoralisch und schlecht aburteilen. Zornig zwingen sie den anderen ihre Ansichten auf und glauben, daß sie einfach dazu gebracht werden müssen, das Richtige zu tun, wobei dieses Richtige natürlich von ihnen definiert wurde. Religion, Gerechtigkeit, Wahrheit – einige ihrer Ideale – werden beschworen, um ihre Position zu stärken und den anderen das Gefühl einzujagen, sie seien im Irrtum oder unverbesserliche Sünder. Dadurch manövrieren sich gestörte Menschen vom Typus eins aber paradoxerweise in eine sehr merkwürdige Position, da sie Doktrinen vertreten, die nur durch sophistische Gedankenakrobatik zu verteidigen sind. Sie könnten beispielsweise argumentieren, daß es zur Rettung einer Ortschaft notwendig ist, sie durch Bombardierung vollständig zu zerstören. Um Menschen zur Konversion zu ihrer Religion zu bringen, müssen sie eben als Sklaven verkauft werden. Um das Leben ungeborener Kinder zu schützen, darf das Leben Erwachsener zerstört werden. Die Erkenntnis, daß sie diese sophistischen Verdrehungen brauchen, beeinträchtigt gestörte Menschen vom Typus eins nicht einen Augenblick, da sie sehr geschickt darin sind, zu rationalisieren, was sie tun, gleichgültig, wie stark ihr Verhalten zu ihren immer wieder betonten Überzeugungen in Widerspruch steht.

Der Zorn auf andere ist jedoch so stark, daß seine Irrationalität einen gestörten Menschen vom Typus eins selbst zu stören beginnt, auch wenn er natürlich das Gefühl hat, völlig mit seinem Ärger im Recht zu sein. Dennoch versucht er, seine

Selbstkontrolle zu verstärken, damit sein Ärger ihn nicht überwältigt. Paradoxerweise wird er allmählich aber immer unkontrollierter. Die Anspannung, unter der er lebt, ist so stark, daß
all die unterdrückten Gefühle unerwartet zum Ausbruch kommen können.

Der zwanghafte Heuchler

Ein gestörter Mensch vom Typus eins ist nun besessen von
dem, was Ziel seines Zornes ist, wogegen er sich aber wegen
des Bedürfnisses, sich selbst unter Kontrolle zu halten, nicht
direkt richten kann. Das hat zur Folge, daß er zwanghaft handelt, d. h. sich immer stärker von seinen irrationalen Impulsen
beherrrschen läßt.

In diesem Stadium wird der im Gesamtbild angedeutete Widerspruch immer deutlicher sichtbar. Einerseits ist da die Kluft
zwischen den Impulsen dieser Menschen und der Kraft, die
notwendig ist, die Unterdrückung der Impulse aufrechtzuerhalten. Andererseits sehen wir die Spaltung zwischen ihrem
Bedürfnis, sich selbst unter Kontrolle zu halten und den Augenblicken, in denen die Kontrolle zusammenbricht. Obsessionen und zwanghaftes Verhalten sind Versuche, die irrationalen Gedanken und Handlungen zu kontrollieren und zugleich Symptome für die Tatsache, daß die Kontrollmechanismen allmählich versagen.

Zwanghafte Gedanken gehen diesen Menschen immer wieder
durch den Kopf. Ihre Obsessionen sind für ihre bewußt vorge-
brachten Überzeugungen etwas außerordentlich Bedrohliches, da sie obszön und gewalttätig sein können oder ein
Sakrileg ihrer heiligsten Werte darstellen. Die Intensität ihrer
Obsessionen kann für neurotische Menschen vom Typus eins
so beunruhigend sein, daß sie sich gar von Dämonen besessen
fühlen. In einem gewissen Sinn sind sie tatsächlich »besessen«, ihre Dämonen sind dabei ihre unterdrückten Gefühle

und Impulse, mit denen sie sich nie eine Auseinandersetzung erlaubten. Zudem fühlen sich diese Menschen gar nicht in der Lage, ihre zwanghaften Gedanken wieder aufzulösen, da sie gar nicht erkennen können, was sie wirklich beunruhigt: ihr Haß auf andere. Folglich verschwenden sie viel Zeit für den Versuch, ihre Gedanken noch mehr unter Kontrolle zu halten, damit dieses beunruhigende Bohren sie nicht allmählich überwältigt.

Um sich gedanklich auf etwas anderes als auf ihre wirklichen Probleme konzentrieren zu können, werden neurotische Menschen vom Typus eins vielleicht von einer Art Sauberkeitswahn besessen, oder sie versuchen andere Arten von »Schmutz« und Unordnung auszurotten, die mit ihren unterdrückten Impulsen und Gefühlen zusammenhängen. Ihre Zwanghaftigkeit hinsichtlich ihrer sexuellen Empfindungen oder der Kontrolle über den Körper verlagert sich vielleicht auf die Nahrungsaufnahme, was möglicherweise zu Anurexie oder Freßsucht führen kann. Vielleicht beschäftigen sie sich auch mit zwanghaftem Reinigen oder Zählen, wobei ihr Verhalten paradoxerweise ihrem sonstigen Ordnungssinn und ihrer Selbstkontrolle widerspricht, da es eben so unkontrolliert hervorbricht. Obsessionen sind aber auf merkwürdige Weise anpassungsfähig, da neurotische Menschen vom Typus eins sie weder vollständig ins Bewußtsein lassen, noch wirklich ihre Impulse ausleben. Andererseits beunruhigen sie ihre Obsessionen tief, und sie agieren gerade so viel von ihnen aus, daß sie zwanghaft werden, d. h. willkürlich, widersprüchlich und heuchlerisch handeln.

Wenn solch ein Mensch unbewußt von seinen ausbrechenden Impulsen beherrscht wird, handelt er möglicherweise ganz konträr zu seinen lauthals vorgetragenen Überzeugungen; beispielsweise predigt er ständig über die Tugenden absoluter sexueller Reinheit, verfällt aber selbst zwanghaften sexuellen Aktivitäten. Dann tun Menschen vom Typus eins genau das, was sie selbst verurteilen, wie ein Zensor, der dazu »gezwungen« ist, sich Pornographie anzusehen, oder ein Sexualforscher, der sich die Schauergeschichten von Männern anhören muß, die Vergewaltigungen begangen haben – oder ein Richter, der Ladendiebstähle begeht. Solch ein zwanghafter Mensch setzt sich oft selbst der Versuchung aus, um sich zu beweisen, daß seine moralische Stärke jeder Prüfung standhalten kann. So hat er zwei Fliegen mit einer Klappe geschlagen: er kann mit dem Laster im Namen der Tugend liebäugeln und ihm sogar gelegentlich verfallen.

Korruption jeder Art schockiert bei einem Verfechter hoher moralischer Grundsätze mehr als bei einem ganz gewöhnlichen Menschen. Ein neurotischer Typus eins entwickelt allmählich bestimmte Perversitäten, weil er seine Gefühle so gründlich unterdrückt hat, daß sie durch diese Leugnung schließlich ganz verzerrt wurden. Die Deformierung ihres Gefühlslebens ist es, die solche Menschen und ihre Impulse gefährlich werden läßt, nicht notwendigerweise der ursprüngliche Impuls selbst.

Der gnadenlose Rächer

Jemand oder etwas hat im neurotischen Typus eins solch unerhörte Gefühle erweckt, daß er sich nicht mehr direkt mit ihnen auseinandersetzen kann. Er ist nun nicht mehr im entferntesten von Idealen motiviert, sondern durch ein übermäßiges Bedürfnis, seine Selbstkontrolle aufrechtzuerhalten, bevor seine Zwangsvorstellungen ihn vollständig überwältigen. Obsessionen kann er jedoch nicht auflösen, indem er sich zwanghaft verhält. Deshalb »löst« er seine neurotischen Konflikte in dem Versuch, die scheinbare Ursache seiner Störung zu beseitigen. Dabei steigert er sich immer mehr in seinen Zorn über das hinein, was er als Übeltaten der anderen ansieht, obwohl das einzige, das auf dem Spiel steht, seine eigene geistige Gesundheit ist.

Seine Heuchelei ist so tief verwurzelt, seine Zwangsvorstellungen so intensiv, seine innere Unfreiheit so bedrohlich, daß ein neurotischer Mensch vom Typus eins nicht mehr zurück kann. Die Möglichkeit, sich geirrt zu haben, ist zuviel für seinen Stolz. Mehr denn je bedarf er der Rechtfertigung. Den anderen muß nicht nur bewiesen werden, daß sie sich geirrt haben, sie müssen auch bestraft werden. Und da die anderen solche abscheulichen Sünder sind, können sie ohne jedes Schuldgefühl verurteilt und vernichtet werden.

Denen, die Ziel ihrer gerechten Vergeltung geworden sind, kann keine Liebe, keine Gnade, keine menschliche Sympathie mehr entgegengebracht werden. Neurotische Menschen vom Typus eins werden unmenschlich grausam und tun, was in ihrer Macht steht, um die anderen leiden zu lassen. »Sie bekommen nur, was sie verdient haben«, ist die Parole, und da der Zweck die Mittel heiligt, dürfen alle Mittel angewendet werden.

Gnadenlos und erbarmungslos verursachen sie Ungerechtigkeiten und Greueltaten und versuchen dabei noch, sie als das gerechte Vorgehen eines unpersönlichen Bevollmächtigten auszugeben. Neurotische Menschen vom Typus eins handeln, als sei die Gerechtigkeit selbst verantwortlich für die sadistischen Strafen, die sie anderen auferlegen. Da ihre verdrehte Moral es nun sanktioniert, scheuen sie nicht davor zurück, andere ins Gefängnis zu werfen, foltern zu lassen oder auf den Scheiterhaufen zu bringen.

Der Persönlichkeitstypus, der solche Angst davor hatte, verurteilt zu werden, verurteilt nun die anderen gnadenlos. Der Mensch, der sich einst so sehr für Gerechtigkeit eingesetzt hat, ist nun selbst für die größten Ungerechtigkeiten verantwortlich. Derjenige, der einst die Vernunft so hoch hielt, ist nun die Unvernunft in Person.

Die Dynamik von Typus eins

Die Desintegrationslinie:
Typus eins entwickelt sich zu Typus vier

Wenn ein neurotischer Typus eins sich in Richtung Typus vier entwickelt, reißen die letzten Vertäuungen. Die Abscheulichkeit seiner rachsüchtigen und strafenden Haltungen und Taten bricht über ihn herein. Er sieht seine eigene Verderbtheit und ist zu Recht erschüttert. (»Mein Gott, was habe ich getan.«) Nun hat er Angst, sich so schlimm versündigt zu haben, daß ihm nicht mehr vergeben werden kann.

Solch ein Mensch gerät vollständig in den Bann seiner unbewußten Prozesse, wobei er vollkommen unvorbereitet darauf ist, in den Sog seines Schattens gezogen zu werden. Das Reich seines Unbewußten ist ihm vollkommen fremd, und was er dort über sich entdeckt, erfüllt ihn mit Schauder, Abscheu und Ekel vor sich selbst. Mit beängstigender Klarheit erkennt er plötzlich das Ausmaß seines emotionalen Chaos und des Unrechts, das er begangen hat. Die Ideale, von denen er zehrte und mit deren Hilfe er sich selbst unter Kontrolle hielt, nützen ihm nun gar nichts mehr.

Jetzt erklären ihn seine eigenen Urteile für schuldig. Aber wenn ein neurotischer Typus eins sich nun zu Recht für seinen Haß, seine Intoleranz und seine Grausamkeit verurteilt, geht er dabei zu weit und ist sich selbst gegenüber so unbarmherzig, wie er früher den anderen gegenüber war. Nachdem er früher an den anderen kein gutes Haar gelassen hat, ist er nun auch sich selbst gegenüber gnadenlos.

Er verfällt in tiefe Depression, Hoffnungslosigkeit und emotionale Verwirrung. Ein gestörter Typus eins ist übermäßigen Schuldgefühlen, Selbsthaß und emotionalen Selbstquälereien ausgesetzt, aus denen es kaum einen Ausweg gibt. Nun scheint es außerhalb seiner selbst nichts mehr von Wert zu geben, an das er sich halten, keine Ideale, mit denen er sich verbinden

kann. Endlich ist ihm klargeworden, daß er selbst die wahre
Ursache seiner Probleme ist – seiner Heuchelei, seines Hasses,
seiner Widersprüche und seiner perversen Leidenschaften.
Nun scheint der einzige Weg, sich von diesen inneren Qualen
zu befreien, der zu sein, daß er sich selbst auslöscht. Ein
schwerer Zusammenbruch oder gar Selbstmord sind nicht
mehr ausgeschlossen.

Die Integrationslinie:
Typus eins entwickelt sich zu Typus sieben

Wie wir sahen, übt Typus eins zuviel Kontrolle über seine
Gefühlsimpulse aus. Das wesentliche bei der Bewegung in
Richtung Typus sieben ist für einen Typus eins auf dem Weg
zur Integration, daß er es lernt, sich zu entspannen, loszulassen und Spaß am Leben zu haben. Er lernt es, sich selbst und
der Realität zu vertrauen und wird lebenszugewandter, anstatt
sich immer zu kontrollieren und einzuschränken. Er sieht, daß
das Dasein nicht immer düster und ernst ist: glücklich zu sein
ist eine legitime Reaktion. Man kann Freude und Vergnügen
haben, ohne in den Morast der Sinnlichkeit zu versinken;
Menschen können genießen und erfüllt sein, ohne verantwor-
tungslos oder selbstsüchtig zu werden.
Ein Mensch vom Typus eins auf dem Weg zur Integration
glaubt nicht mehr, alles perfekt machen zu müssen. So entwik-
kelt er sich von der Pflicht zur Begeisterung, vom Zwang zur
Freiheit des Handelns. Er ist entspannter und produktiver und
kann seine Gefühle spontan ausdrücken. Solche Menschen
reagieren offener, spielerischer und glücklicher auf die Welt.
So ist eine große Last von ihnen genommen, die Last der
unnötigen Vollkommenheit. Sie erkennen, daß sie sich über
das Schöne und Gute im Leben erfreuen dürfen, ohne immerzu unter dem Zwang zu stehen, es zu verbessern, vor
allem in den Bereichen, in denen Perfektion gar nicht gefragt

ist. Die Dinge müssen nicht vollkommen sein, um gut zu sein. (»Das eine ist ebenso gut wie das andere.«) Sie erkennen, daß vieles im Leben schon in Ordnung, ja sogar zum Besten ist. Ein Mensch vom Typus eins auf dem Weg zur Integration kann sich über die Natur, über die Schönheit der Kunst und über außerordentliche Leistungen anderer Menschen freuen, die wie sie zwar unvollkommen sind, aber dennoch Wertvolles geschaffen haben.

Zudem entdecken sie, daß es ihnen immer häufiger gelingt, flexibel zu sein, ohne die wirklichen Werte dabei zu gefährden. Das alte Sprichwort »Das Gute ist nicht der Feind des Besten« bekommt nun seinen Sinn. Sie hören auf, über abstrakte Dinge zu predigen und erleben das Leben, wie es ist. Ein Typus eins auf dem Weg zur Integration ist vom Olymp herabgestiegen und hat sich unter die ganz gewöhnlichen Menschen gemischt.

Die wichtigsten Subtypen von Typus eins

Typus eins mit einer Tendenz zu Typus neun

Die Züge von Typus eins und die mit Tendenz zu Typus neun verstärken sich gegenseitig. Die Zusammensetzung beider Typen bringt eine Abkehr von der Umwelt mit sich: bei Typus eins, weil er so stark an seine Ideale verhaftet ist, und bei Typus neun, weil er sich eher auf die Idealisierungen von Menschen bezieht als auf die Menschen selbst. Das hat zur Folge, daß Typus eins mit einer Tendenz zu Typus neun distanzierter von anderen Menschen, unpersönlicher und emotional kühler ist als Typus eins mit einer Tendenz zu Typus zwei. Bekannte Beispiele dieses Subtypus sind unter anderem Margaret Thatcher, Ralph Nader, Sandra Day O'Connor, Katharine Hepburn, William F. Buckley, Peter Jennings, Jeane J. Kirkpatrick, Diane Feinstein, Joyce Brothers, David Stockman, Walter

Lippmann, Eric Sevareid, C. S. Levis, Elliot Richardson, Thomas Jefferson, Cotton Mather, der Heilige Ignazius von Loyola und Mister M. R. Spoke.

Im gesunden Stadium sind Menschen dieses Subtypus ungewöhnlich objektiv und gemäßigt in ihren Urteilen und im Umgang mit anderen Menschen, da sie großes Interesse daran haben, zwar Beteiligung zu zeigen, dies aber unparteiisch und nüchtern. Solche Menschen haben eine spirituelle, mystische Seite und fühlen sich eher zur Natur, zur Kunst und zu Tieren hingezogen als zu menschlichen Wesen. Da die Hauptkomponente vom Typus eins stammt, sind sie vernünftig, ehrlich und um Gerechtigkeit und Wahrheit bemüht. Selbst gesunde Menschen dieses Subtypus haben nicht viel persönliche Wärme und emotionale Ausdruckskraft. Sie gleichen das jedoch oft durch intellektuelle Brillanz und selbstlose Hingabe an höhere Prinzipien aus.

Bei durchschnittlichen Menschen dieses Subtypus verbindet sich die Noblesse von Typus eins mit der konservativen Einstellung von Typus neun zu einer aristokratisch-elitären Haltung, zum bürgerlichen Snobismus. Klassenprivilegien und öffentliche Verantwortung sind wichtig für sie. Ihre Ideale machen sie oft zu Kämpfern für oder gegen ihren sozialen Hintergrund. Durchschnittliche Menschen dieses Subtypus sind deutlich weniger auf Individuen bezogen als auf abstrakte Ideen. Zudem bringen die Unpersönlichkeit von Typus eins und die Distanziertheit von Typus neun einen Menschen hervor, der den anderen fast ausschließlich abstrakte Werte predigt und dabei versucht, alles Persönliche aus seinem Verhalten auszuschließen. Seine Emotionen sind stark gebändigt, und er hat die Tendenz, sich wenig mit den Motiven, aus denen heraus jemand handelt, oder mit der menschlichen Natur im allgemeinen zu beschäftigen, ja er ist oft nicht im geringsten empfänglich dafür. So intelligent und gebildet Menschen dieses Subtypus auch sein mögen – ihre Gedankenwelt ist säuberlich in verschiedene Bereiche unterteilt: hier Inter-

esse, dort Desinteresse, hier Überzeugung, dort Gleichgültigkeit, hier Disziplin, dort Laschheit, hier folgerichtiges Verhalten, dort das Gegenteil.

Gestörte Menschen dieses Subtypus finden fast überhaupt keinen Zugang zu ihren Gefühlen und Widersprüchen. Sie weigern sich, das zu sehen, was in ihre Weltanschauung nicht
hineinpaßt. Sie neigen dazu, sowohl emotional wie intellektuell unzugänglich zu werden und verbarrikadieren sich hinter
hartnäckig vertretenen Meinungen. Sie können sehr streng
sein, da ihre Bestrafungstendenzen weder durch wirkliches
Mitleid noch durch Identifikation mit den anderen Menschen
in Frage gestellt werden. Gestörte Menschen vom Typus eins
mit einer Tendenz zu Typus neun sind außerordentlich intolerant und selbstgerecht. Sehr schnell richten sich ihre Zwangsvorstellungen auf das, was sie als die Übeltaten der anderen
betrachten, und sie werden geradezu zwanghaft im Ergreifen
von Maßnahmen zur Korrektur, während sie sich selbst von
den Widersprüchen ihres eigenen Verhaltens abspalten. Sie
richten bei anderen Menschen großen Schaden an, da sie
weder die Art noch das Ausmaß des Leidens begreifen, das sie
verursachen, ohne mit der Wimper zu zucken.

Typus eins mit einer Tendenz zu Typus zwei

Die Züge von Typus eins und die einer Tendenz zu Typus zwei
stehen in gewissem Maß in Widerspruch zueinander. Typus
eins ist rational und unpersönlich, Typus zwei hingegen emotional und auf Menschen stark eingehend. Obwohl Typus eins
hier der grundlegende Persönlichkeitstypus ist, findet sich als
Kompensation für die damit verbundene starke emotionale
Kontrolle bei diesem Subtypus eine deutlich spürbare Wärme
und eine Betonung des zwischenmenschlichen Interesses. Bekannte Beispiele dieses Subtypus sind unter anderem: Papst
Johannes Paul II., Mario Cuomo, Jane Fonda, Tom Brokaw,

John Chancellor, Shana Alexander, Barbara Jordan, Gene Siskel, Alistair Cooke, Bill Moyers, Edwin Newman, Thomas Morus, Anita Bryant und Jean Harris.

Die Tendenz zu Typus zwei mildert die Neigung von Typus eins, übermäßig hart und kritisch zu sein. In dem Maß, wie Aufmerksamkeit und Nächstenliebe zu ihren Idealen gehören, werden Menschen vom Typus eins mit einer Tendenz zu Typus zwei versuchen, liebevoll und persönlich mit anderen umzugehen; sie bemühen sich, die Strenge ihrer Ideale zu mäßigen, um die Bedürfnisse des einzelnen stärker wahrzunehmen. Bei gesunden Menschen dieses Subtypus verbindet sich Toleranz mit Mitgefühl, Integrität mit Fürsorglichkeit, Objektivität mit Einfühlung. Sie können großmütig, hilfsbereit, freundlich und gutmütig sein, was das kühlere Gehabe von Typus eins deutlich kompensiert. Solche Menschen arbeiten oft in einem der helfenden Berufe (wie Lehren oder Krankenbetreuung), da ihr Idealismus sich durch diese Hinneigung zum Nächsten wesentlich konkreter auswirkt.

Durchschnittliche Menschen dieses Subtypus sind gutmütig und versuchen, andere zu gewinnen aus einem Gefühl idealistischer Verpflichtung und dem Wunsch, persönlichen Einfluß auf sie auszuüben. Sie fühlen sich nicht nur davon überzeugt, recht zu haben, sondern auch das Beste zu wollen. Häufig betätigen sie sich in sozialen und reformerischen Bereichen, da sie sich persönlich für das Wohlergehen anderer Menschen verantwortlich fühlen. Durchschnittliche Menschen vom Typus eins versuchen, sich selbst unter Kontrolle zu halten, während durchschnittliche Menschen vom Typus zwei andere kontrollieren wollen: diese Motivationen verstärken sich gegenseitig und machen es dem, der in der Umgebung eines Menschen dieses Subtypus lebt, schwer, sich von dessen Einfluß frei zu machen. Solche Menschen erlauben sich klar definierte emotionale Äußerungen als Reaktion auf ihre Selbstkontrolle. Wir finden hier zudem Tendenzen zum Perfektionismus, ein strenges Gewissen, Selbstzufriedenheit über die eigene Untadeligkeit und auch eine gewisse Überheblichkeit. Diese Menschen neigen dazu, andere eher zu belehren und zu tadeln als Typus eins mit einer Tendenz zu Typus neun, da für sie ja die anderen Menschen, nicht so sehr Abstraktionen, Ziel ihrer Aufmerksamkeit sind. Leicht werden sie ärgerlich und grollen, wenn ihre Umgebung ihren »Vorschlägen« nicht nachkommt. Sie sind dabei aber recht dünnhäutig und können es gar nicht vertragen, wenn man ihre Ideale, ihre Motivationen oder ihre Lebensweise in Frage stellt.

Gestörte Menschen vom Typus eins mit einer Tendenz zu Typus zwei können sich denen gegenüber, die nicht mit ihrer Meinung übereinstimmen, recht intolerant oder herablassend verhalten. Manchmal versuchen sie die anderen emotional zu manipulieren und jagen ihnen Schuldgefühle ein, weil sie nicht ganz so vollkommen sind, wie sie sein sollten. Diese Menschen neigen dazu, sich selbst über ihre eigenen Motivationen zu täuschen und selbstgerecht zu sein, wenn irgend jemand in Frage stellt, was sie tun. Sie können recht anmaßend und heuchlerisch werden und genau die Fehler begehen, die sie bei anderen verurteilen. Selbstbetrug und Selbstherrlichkeit machen es besonders schwer, ihre Abwehrmechanismen zu durchbrechen. Bei solchen Menschen findet man ein erschreckendes Ausmaß an verdeckten Aggressionen, die sowohl von der unterdrückten Aggressivität des Typus eins als auch von der indirekten Aggressivität des Typus zwei herrühren. Bei gestörten Menschen vom Typus eins mit einer Tendenz zu Typus zwei treten oftmals körperliche Probleme (psychosomatische Reaktionen), zwanghafte Gewohnheiten oder Nervenzusammenbrüche auf, die von der aus ihren Widersprüchen entstehenden Angst herrühren.

Einige Gedanken zum Abschluß

Schauen wir zurück, wie sich Typus eins zur Neurose hin entwickelt hat, sehen wir, daß genau das bewirkt wurde, was er am meisten fürchtete: er ist so unmenschlich grausam geworden, daß er sicher sein kann, von anderen und sogar von seinem eigenen Gewissen verurteilt zu werden. Er hat etwas getan, das seinen eigenen Prinzipien so sehr widerspricht, daß er nun seine Handlungen nicht einmal mehr zu rationalisieren vermag. Nun beginnt die so gepriesene Gerechtigkeit gegen ihn selbst zu arbeiten und nicht mehr für ihn.

Zudem sehen wir, daß viele Dinge, die durchschnittliche bis gestörte Menschen vom Typus eins als objektive Wahrheiten gepredigt hatten, zumindest teilweise persönliche Voreingenommenheiten waren. Die Wahrheit vieler ihrer Dogmen ist meist gar nicht so offensichtlich, wie solche Menschen meinen. Das bedeutet nicht, daß sie nicht nach ihren Überzeugungen handeln sollten, aber sie müßten zu erkennen suchen, welche Rolle das Subjektive und Irrationale im Leben spielt. Schließlich ist die Vernunft nicht die einzige Fähigkeit, die ein Mensch besitzt, und sobald Typus eins beginnt, die Vernunft gegen seine Gefühle zu richten, beginnen auch seine Schwierigkeiten. Vernünftigkeit allein ist eine Falle, die zu unvernünftigem Verhalten führt, da sie die anderen Bereiche der menschlichen Natur nicht mit einbezieht.

Sind Menschen vom Typus eins seelisch nicht sehr intakt, werden sie im Grunde immer von einer untergründigen Angst motiviert, sie könnten allzu leicht in die Netze der Lasterhaftigkeit geraten, falls sie sich nicht andauernd an die strengsten Idealvorstellungen halten. Das Leben ist für sie wie das Balancieren auf einem Seil über dem Abgrund: ein einziger Ausrutscher und sie sind verloren. In dieser Lebensanschauung steckt so wenig Freude, daß Menschen vom Typus eins nicht überrascht sein dürfen, wenn die anderen ihnen auf ihren Wegen nicht mehr bereitwillig folgen. Wären ihre Ideale aufrichtig, und die Weise, in der sie diese Ideale leben, überzeugend, so würden sie auch andere anziehen, ohne ihre Umgebung beschwatzen zu müssen, sich ihnen unterzuordnen. Wirkliche Ideale bedürfen keiner lästigen Fürsprecher. Ihre Wahrheit liegt in ihnen selbst, und das macht sie anziehend.

Teil III

Kapitel 13

Spezielle Richtlinien

In diesem Kapitel möchte ich versuchen, alle Fragen zu beant-
worten, die Sie vielleicht noch zum Enneagramm haben. Ich
möchte über die meisten in Kapitel 3 besprochenen Themen
hier noch genaueres sagen. Inzwischen werden Sie zumindest
einige der Charakterbeschreibungen gelesen und wahrscheinlich auch ein Gefühl dafür bekommen haben, wie man mit
dem Enneagramm umgeht. Ich denke, es werden Ihnen nun
detailliertere Hinweise willkommen sein. Wir möchten uns
mit drei Hauptbereichen genauer beschäftigen: der Integra-
tions- und der Desintegrationslinie, den Tendenztypen und
dem Kontinuum der Charakterzüge.

Die Integrations- und die Desintegrationslinie

Wie Sie den einzelnen Beschreibungen entnehmen konnten,
hat jeder Persönlichkeitstypus eine Integrationslinie und eine
Desintegrationslinie, die auf dem folgenden abgebildeten Enneagramm ersichtlich sind. Auch jeder Tendenz-Typus hat
seine Integrations- und seine Desintegrationsrichtung. Die
Richtung dieser Entwicklungslinien folgt demselben Muster,
das wir schon kennen. Bei einem Typus neun mit einer Tendenz zu Typus eins beispielsweise verläuft die Integrationslinie seiner Tendenz zu Typus eins in Richtung Typus sieben
und die Desintegrationslinie in Richtung Typus vier. Dasselbe
gilt für alle Tendenztypen aller Subtypen.

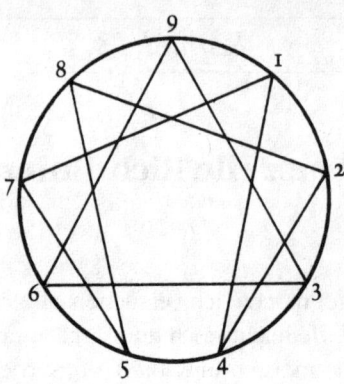

Die Desintegrationslinie
1−4−2−8−5−7−1
9−6−3−9

Die Integrationslinie
1−7−5−8−2−4−1
9−3−6−9

Schwierigkeiten tauchen manchmal im Zusammenhang mit vier bestimmten Subtypen auf − bei Typus eins mit einer Tendenz zu Typus zwei, bei Typus zwei mit einer Tendenz zu Typus eins, bei Typus sieben mit einer Tendenz zu Typus acht und bei Typus acht mit einer Tendenz zu Typus sieben −, da für diesen Subtypus jeweils der gleiche Typus zugleich die Richtung der Integration wie der Desintegration zu sein scheint. Für einen Menschen vom Typus eins mit einer Tendenz zu Typus zwei beispielsweise bedeutet es eine Bewegung hin zur Neurose, wenn er sich zu Typus vier entwickelt. Typus vier ist zugleich aber auch die Integrationsrichtung von einer Tendenz zu Typus zwei. Es scheint also widersprüchlich, daß jemand sich zu Typus vier sowohl im Sinne der Integration als der Desintegration hinentwickeln könnte.

Die Verwirrung entsteht deshalb, weil Typus vier bei Typus eins neurotische Tendenzen verkörpert, während Typus vier bei einem Typus eins mit Tendenz zu Typus zwei gesunde Entwicklungsverläufe bedeutet. Die Lösung dieses scheinbaren Widerspruchs liegt darin, daß man sich folgendes vor Augen hält: wenn jemand seelisch gesund ist, sind seine gestörten Tendenzen nicht aktiv. Während also Typus vier bei Typus eins eine Richtung zur Neurose anzeigt, wird sich ein gesunder Typus eins auf dem Weg zur Integration zu Typus sieben hin entwickeln, während nur die Tendenz zu Typus zwei eine Integration zu Typus vier hin bedeutet.

Man sollte also in Erinnerung behalten, daß der grundlegende Persönlichkeitstypus und der Tendenztypus sich beide in ihre jeweiligen Integrations- und Desintegrationsrichtungen hin bewegen. Um zu dem Beispiel zurückzukehren: Typus eins würde sich zu Typus sieben hin integrieren und die Tendenz zu Typus zwei zu Typus vier. Ist der Betreffende gestört, würde sich das für Typus eins Gültige zu Typus vier hin entwickeln (auf dem Weg zur Desintegration), die Tendenz zu Typus zwei aber zu Typus acht.

Wenn man über sich selbst nachdenkt, wird man sehen, daß der eigene Tendenztypus sich tatsächlich ebenso wie der Grundtypus zur Integration oder Desintegration bewegt. Man kann aber keine Beschreibung für die Entwicklung des Tendenztypus aller Persönlichkeitstypen in beide Richtungen hin geben, da das in zu vielen verschiedenen Stadien geschehen kann. Wenn Sie aber einmal herausgefunden haben, wie man die Integrations- oder Desintegrationsentwicklung des grundlegenden Persönlichkeitstypus feststellt, wird man auch in der Lage sein, die Entwicklungsbewegung des Tendenztypus herauszufinden.

Wichtig ist auch, zu erkennen, daß der Persönlichkeitstypus in der Desintegrationsrichtung nicht im absoluten Sinn gestört ist, da es sich ja schließlich um einen anderen Persönlichkeitstypus handelt, und kein Typus grundsätzlich als gestört betrachtet werden kann. Der in der Desintegrationsrichtung liegende Typus wird nur in dem Sinn als »gestört« betrachtet, als er das verkörpert, was wir zu unserer Persönlichkeitsentwicklung am meisten bräuchten, mit dem wir aber aus Gründen, die in der Charakterstruktur unseres Grundtypus liegen, nicht umzugehen verstehen. Deshalb kann man den in der Desintegrationsrichtung liegenden Typus nur insofern als »gestört« bezeichnen, als wir die psychologischen Fähigkeiten, die er symbolisiert, nicht unmittelbar in unser Gesamtcharakterbild integrieren können. Der »gestörte Typus« verkörpert jene Aspekte unseres Selbst, mit denen zurechtzukommen wir die größten Schwierigkeiten haben.

Typus acht beispielsweise liegt auf der Desintegrationslinie für Typus zwei. An Typus acht ist aber nun grundsätzlich nichts Neurotisches, obwohl ein unmittelbarer Umschwung zu Typus acht für Typus zwei eine Störung bedeutet, da er zunächst mit seinen Aggressionen klarkommen muß. Die Bewegung in Richtung Typus acht symbolisiert den Ausbruch gefährlich aggressiver Impulse bei einem Typus zwei mit neurotischem Verhalten.

Ebenso können wir bei den übrigen Persönlichkeitstypen sehen, warum es für sie ungesund ist, sich in die Desintegrationsrichtung zu entwickeln. Beispielsweise brauchen Menschen vom Typus drei am stärksten die Auseinandersetzung mit der Distanzierung von ihren Gefühlen, die durch Typus neun symbolisiert wird. Typus vier muß sich am intensivsten mit seiner Anspruchshaltung auseinandersetzen, die durch Typus zwei symbolisiert wird. Typus fünf hat die Auseinandersetzung mit seiner Impulsivität, die durch Typus sieben symbolisiert wird, am nötigsten, und Typus sechs muß sich am notwendigsten mit seiner Feindseligkeit gegenüber den Menschen, die er fürchtet, auseinandersetzen, die wiederum durch Typus drei symbolisiert wird.

Typus sieben hat sich am stärksten mit der Zwanghaftigkeit, die durch Typus eins symbolisiert wird, zu beschäftigen. Typus acht braucht am dringlichsten die Auseinandersetzung mit seiner verleugneten Furcht vor anderen (Paranoia), die durch Typus fünf symbolisiert wird. Typus neun muß sich vor allem mit seiner verleugneten Angst (Hysterie) auseinandersetzen, die durch Typus sechs symbolisiert wird, und Typus eins am stärksten mit seinen selbstauferlegten Zwängen, was durch Typus vier symbolisiert wird.

Oft sind wir versucht, uns in die Desintegrationsrichtung zu entwickeln, da die normalen neurotischen Konflikte, in die wir geraten, uns dazu drängen, für unsere emotionalen Bedürfnisse eine rasche Lösung zu finden. Der Typus, der auf der Desintegrationslinie liegt, scheint solch eine Lösung zu versprechen, was aber nie der Fall ist. Um noch einmal kurz zum obigen Beispiel zurückzukehren: eine Bewegung zu Typus acht hin ist eine Versuchung, da Typus zwei, wenn er sich zur Neurose hin entwickelt, immer mehr Groll in sich ansammelt gegenüber den Menschen, die undankbar waren oder seine Bedürfnisse nicht erfüllt haben. Eine »Lösung« für seine aggressiven Gefühle andern gegenüber bedeutet für ihn, andere Menschen heftig anzugreifen und durch solch offen aggressives Verhalten eine Reaktion zu erzwingen. Wenn ein gestörter Typus zwei jedoch der Versuchung erliegt, sich in Richtung Typus acht zu entwickeln, wird seine Wut ihm sicherlich eher schaden als nützen, da er die Beziehung eben zu jenen Menschen zerstört, deren Liebe er eigentlich sucht. Eine Bewegung in der Richtung der Desintegration löst nie ein Problem, sie macht alles nur noch schlimmer.

Eine weitere Differenzierung der Integrations- und Desintegrationslinie soll hier besprochen werden.

Sie werden bemerkt haben, daß Typus drei, sechs und neun nur zwei Plätze auf der Integrationslinie weiterrücken, um wieder zu ihrem Grundtypus zurückzukehren. Es kann einem ungerecht erscheinen, daß die sechs anderen Typen sich doppelt so weit auf dem Enneagramm bewegen müssen.

Ich habe bei den Beschreibungen bereits die Begriffe »primärer« und »sekundärer« Typus verwendet. Die primären Persönlichkeitstypen drei, sechs und neun sind am ernsthaftesten betroffen von dem charakteristischen Problem ihrer Triade, sie sind mit der sie betreffenden Thematik innerlich am wenigsten in Einklang. Wie Sie sich erinnern werden, symbolisiert Typus drei den primären Typus der Gefühlstriade, Typus sechs den primären Typus der Tat-Triade und Typus neun den primären Typus der Beziehungs-Triade. Die sekundären Typen entfallen auf die sechs übrigen: eins, vier, zwei, acht, fünf und sieben. Sie sind von der jeweiligen speziellen Problematik ihrer Triade weniger betroffen. Entweder fühlen sie zuviel oder zuwenig, sie handeln zu impulsiv oder zu zögernd oder sie beziehen sich zu stark oder zu schwach auf die Umwelt, je nachdem, welcher Triade sie angehören.

Es könnte als vorteilhaft erscheinen, zu einem der primären Typen zu gehören, da für sie ein weniger großer Abstand auf dem Weg zur Integration rund ums Enneagramm zurückzulegen ist. Typus drei beispielsweise muß sich nur in Richtung Typus sechs und dann in Richtung Typus neun integrieren, bevor er wieder zu Typus drei zurückkehrt. Aber da es das Ziel der psychologischen Entwicklung ist, ein voll funktionsfähiger Mensch zu werden, kann man nicht sagen, daß es ein Vor- oder Nachteil sei, zu einem primären oder sekundären Typus zu gehören. Die psychologische Aufgabenstellung für beide Arten von Typen ist im Grunde die gleiche: alle Potentiale auf ausgeglichene Weise zu entwickeln.

Dennoch besteht ein wichtiger Unterschied zwischen den primären und den sekundären Persönlichkeitstypen: die primären Typen haben es auf dem Weg zur Integration schwerer, da sie durch das Kernproblem ihrer jeweiligen Triade ernsthafter blockiert sind. Die primären Typen, die auf dem Enneagramm nicht so weit gehen müssen, haben es dafür schwerer, ihre charakteristischen Probleme zu überwinden. Wenn es ihnen jedoch gelingt, ist ihre Entwicklung geradezu revolutionär – sie machen dann einen recht heftigen Entwicklungsschritt nach vorne. Die Entwicklung der sekundären Typen verläuft allmählicher oder evolutionärer, während sie sich rund ums Enneagramm bewegen. Die sekundären Persönlichkeitstypen müssen einen weiteren Weg zurücklegen, aber ihre Veränderungen geschehen weniger abrupt, während sie sich von Typus zu Typus auf ihrer Integrationslinie fortentwickeln.

So kann man von einem gewissen Standpunkt aus sagen, daß es ein Vorteil ist, zu den primären Typen zu gehören, da sie sich möglicherweise rascher integrieren können als die sekundären Typen. Von einem anderen Standpunkt aus gesehen ist es jedoch ein Vorteil, ein sekundärer Typus zu sein, da die Integration allmählicher und dadurch nicht so erschreckend heftig vor sich geht. Doch wie man es auch immer betrachtet: das Ziel ist für jeden das gleiche, nämlich alle gesunden Potentiale zu integrieren. Deshalb ist es vollkommen gleichgültig, wo auf dem Enneagramm man diesen Prozeß beginnt.

Der Prozeß der Integration hat kein Ende: das Enneagramm ist so offen und wenig bestimmbar wie die menschliche Natur selbst. Wir können uns unaufhörlich in einer aufwärts bewegenden Spirale der Selbstverwandlung weiterentwickeln, ohne je einen Punkt der Vollkommenheit oder Vollständigkeit zu erreichen, etwas, das diese Interpretation des Enneagramms gewiß nicht verspricht. Vollkommenheit und Vollständigkeit sind Ideale, die uns weitertreiben; niemals Zustände, die wir wirklich je ganz erreichen können.

Während wir also unser ganzes Leben lang den Weg der Integration gehen können, scheint es andererseits, daß niemand durch alle Stadien der Neurotisierung in der Desintegrationsrichtung geht. Zuvor würde ein so heftiger Zusammenbruch stattfinden, daß ein tiefer psychotischer Bruch mit der Realität oder sogar der Tod die Folge wäre. Mit anderen Worten: die Neurotisierung begrenzt sich selbst, denn ein Mensch, der sich psychisch und gewöhnlich auch physisch zur Desintegration hin bewegt, kann einfach nicht permanent in einen schlechteren Zustand geraten. Ein Schizophrener gelangt schließlich an den Endpunkt der geistigen und physischen Erschöpfung; ein Depressiver wird vielleicht in den Selbstmord getrieben; ein Hysteriker verursacht möglicherweise einen schweren Unfall. So kommen alle auf verschiedene Weise und aus verschiedenen Gründen zu einem toten Punkt, und wenn sie nicht die notwendige Hilfe bekommen, siechen sie im Vakuum der Psychose dahin oder sterben.

Die Möglichkeiten zu einer gesunden Entwicklung sind nicht auf diese Weise begrenzt: solange wir leben, können wir zu immer vollständigeren, integrierteren Menschen werden. Wir werden zwar nie völlige Freiheit von den Begrenzungen der menschlichen Natur erlangen, aber wir können sie allmählich als immer weniger belastend und bedrückend empfinden.

Der Tendenz-Typus

Wie wir sahen, ist niemand ein »reiner« Persönlichkeitstypus. Jeder ist eine Mischung aus zwei Typen – dem Grundtypus und dem Tendenz-Typus – die auf dem Kreisumfang des Enneagramms nebeneinander liegen. Der Einfluß des Tendenztypus hat viel zu tun mit der Vielfalt der Erscheinungsformen des menschlichen Charakters, die wir im täglichen Leben wahrnehmen können.

Sie werden sich daran erinnern, daß der Tendenz-Typus nur einer der beiden an den Grund-Typus angrenzenden Typen ist. Typus fünf kann beispielsweise nur entweder eine Tendenz zu Typus sechs oder zu Typus vier haben, jedoch niemals beides gleichzeitig. Typus drei hat entweder eine Tendenz zu Typus vier oder zu Typus zwei, aber nie zu beiden. Hat man den grundlegenden Persönlichkeitstypus für sich oder für jemand anderen festgestellt, besteht der nächste Schritt darin, den Tendenz-Typus zu bestimmen. Das kann man durch ein Eliminierungsverfahren erreichen: einer der beiden möglichen Tendenztypen wird grundlegend besser passen als der andere.

Hinsichtlich dieses Tendenz-Typus gibt es nun noch weitere Differenzierungen: Der Tendenz-Typus ist immer dem grundlegenden Persönlichkeits-Typus nächstliegend. Niemand kann Typus neun mit einer Tendenz zu Typus vier oder Typus sieben mit einer Tendenz zu Typus zwei sein. Es ist tatsächlich so, daß die Menschen im wirklichen Leben nie eine willkürliche Verbindung psychologischer Komponenten sind. Andernfalls gäbe es kein grundlegendes Persönlichkeitsmuster. Sie wären wie Gestalten in einem schlechten Roman, deren Charakterzüge auf unsinnige Weise einander widersprechen (einzelne Charakterzüge können selbstverständlich widersprüchlich sein, aber sie können sich nicht gegenseitig ausschließen, wie man beispielsweise nicht gleichzeitig ein ehrlicher Mensch und ein Dieb sein kann). So wäre eine Verbindung der Charakterzüge von Typus sieben und Typus drei höchst widersprüchlich, ebenso wie man nicht zugleich sehend und blind sein kann. Solche willkürlichen Mischungen von Charakterzügen und Typen gibt es bei Menschen nicht, und so finden wir sie auch nicht in der Beschreibung der Persönlichkeitstypen nach dem Enneagramm.

Unser grundlegender Persönlichkeitstypus und der Tendenz-Typus resultieren aus unserer Einstellung zu unseren Eltern; sie verkörpern verschiedene Identifikationsmöglichkeiten mit Mutter, Vater oder beiden Eltern gleichzeitig. Diese Verbindungen können sich niemals widersprechen. Man kann beispielsweise nicht Typus sieben mit einer Tendenz zu Typus drei sein, da diese Verbindung eine unvereinbare Einstellung gegenüber der Mutter bedeuten würde. Typus sieben ist der Mutter gegenüber negativ eingestellt, Typus drei positiv. Die grundlegenden Motivationen sind hier ganz verschieden: Typus sieben möchte glücklich werden, indem er möglichst viel besitzt und erfährt. Typus vier ist grundlegend nicht auf Menschen hin orientiert. Typus drei wiederum orientiert sich sehr stark an anderen Menschen und braucht die Bestätigung seines Wertes durch sie. Es gibt einfach keinen Menschen, der zugleich eine starke Beziehung zu anderen und keine Beziehung zu anderen hat. Zudem ist das ganze Spektrum der Charakterzüge von Typus sieben und Typus drei vollkommen unterschiedlich; eine Beschreibung dieser Kombination würde sich nirgends in der psychiatrischen Literatur finden. Solch ein Mensch existiert aber auch nicht im täglichen Leben, da die Mischung der Charakterzüge von Typus sieben und Typus drei bei einem realen Menschen nicht existieren kann. Andererseits gilt das nicht für einen Typus sieben mit einer Tendenz zu Typus sechs oder mit einer Tendenz zu Typus acht. Der materialistisch eingestellte Typus sieben kann zusätzlich durch die Suche nach Sicherheit motiviert sein (Tendenz zu Typus sechs) oder durch den Wunsch nach Macht und Unabhängigkeit (Tendenz zu Typus acht). Typus sieben mit einer Tendenz zu Typus sechs ist seiner Mutter gegenüber negativ und seinem Vater gegenüber positiv eingestellt; Typus sieben mit einer Tendenz zu Typus acht ist der Mutter gegenüber negativ, dem Vater gegenüber ambivalent eingestellt – Orientierungen also, die durchaus miteinander in Zusammenhang stehen.

Da eine ausführlichere Erklärung der Einstellung zu den Eltern für alle achtzehn Subtypen außerordentlich kompliziert wäre, will ich hier nicht weiter darauf eingehen. Aber allein schon in diesem Punkt ist das Enneagramm ein Hinweis auf die wichtigsten Persönlichkeitsmuster, indem es die Menschen nach sehr realen Gesichtspunkten kategorisiert. Die Struktur des Enneagrammes selbst, die neun Persönlichkeitstypen und die Beziehungen der Typen untereinander, sind keinesfalls willkürlich. Hier fließt alles in einem System zusammen, das erstaunlich komplex und zugleich erstaunlich einfach ist.

Ein weiteres Detail zum Thema Tendenz-Typus sollte hier noch besprochen werden. Bei genauerer Beobachtung bemerkt man, daß bei Menschen mit dem gleichen Grund- und Tendenz-Typus die Stärke. des Einflusses des Tendenz-Typus auf den Grund-Typus große Unterschiede aufweist. Will man jemanden analysieren, muß man den Tendenz-Typus identifizieren und dann feststellen, in welchem Verhältnis er zum

Basis-Typus steht. Es kann beispielsweise sein, daß zwei Menschen vom Typus acht mit einer Tendenz zu Typus neun recht ähnliche Persönlichkeitsstrukturen haben, daß es aber immer noch beträchtliche Unterschiede zwischen ihnen gibt. Diese Unterschiede kann man teilweise dem Grad zuschreiben, in dem Typus neun den jeweiligen Typus acht beeinflußt. Einer der Betreffenden hat vielleicht eine prozentuale Verteilung zwischen Typus acht und Typus neun von 51:49% (in groben Zahlenbegriffen ausgedrückt), was bedeutet, daß der Tendenz-Typus einen relativ hohen Einfluß auf den Grundtypus hat. Beim anderen Menschen vom Typus acht beträgt dieser Prozentsatz etwa 85:15, das heißt, daß die Tendenz von Typus neun zwar eine wichtige Komponente, aber dennoch in der Gesamtpersönlichkeit nicht von allzu großem Gewicht ist.

Wahrscheinlich ist es unmöglich, die genaue Proportion zwischen Tendenz- und Grund-Typus objektiv zu messen. Dennoch kann man grobe Schätzungen über dieses Verhältnis nach der folgenden Methode machen: Wenn bei einem Menschen der Einfluß des Tendenz-Typus im Verhältnis zum Grundtypus sehr stark ist, kann man sagen, daß er einen »starken« Tendenz-Typus hat. Bei einem zwar deutlich spürbaren, aber doch vom Grundtypus dominierten Menschen können wir von einem »gemäßigten« Tendenz-Typus sprechen. Wenn jedoch der Grundtypus die Gesamtheit der Persönlichkeit so stark dominiert, daß der Tendenz-Typus kaum zur Geltung kommt, können wir von einem »schwachen« Tendenz-Typus sprechen. In jedem Fall jedoch muß der Grundtypus notwendigerweise zumindest 51% der Gesamtpersönlichkeit ausmachen. Einer der beiden Typen dominiert immer im Gesamtbild. Es kann keine Persönlichkeit geben, bei der das Verhältnis zwischen Tendenz- und Grund-Typus genau 50:50 beträgt, denn dann könnte man nicht mehr feststellen, zu welchem Grundtypus der Betreffende gehört.

Es ist durchaus sinnvoll, diese Unterscheidungen zu machen, denn wenn wir die achtzehn wichtigsten Sub-Typen des Enneagramms – die neun Grundtypen mit jeweils zwei Tendenz-Typen – betrachten, sieht man, daß wir nun nicht mehr nur von achtzehn, sondern von 54 Subtypen sprechen müssen, wenn wir den starken, gemäßigten und schwachen Einfluß des Tendenz-Typus auf den Grund-Typus in Betracht ziehen. Nähme man nun noch den genauen Einfluß des Tendenz-Typus hinzu – 99:1%, 98:2%, 97:3% usw. – so sieht man, daß man im Enneagramm tatsächlich Hunderte von Subtypen entdecken kann, also weit mehr als bei jeder anderen Typologie. Theoretisch würde eine ganz genaue Beschreibung der Persönlichkeitstypen bedeuten, daß man jeden wichtigen Subtypus als eigene Kategorie betrachtet. So hätte man anstatt der neun Charakterbeschreibungen im Buch achtzehn, denn es gibt ja niemals so etwas wie beispielsweise einen reinen Typus eins. Es gibt nur Menschen mit Typus eins mit einer Tendenz zu Typus zwei oder einer Tendenz zu Typus neun usw. Da jedoch das Verhältnis des Tendenz-Typus zum Grundtypus so unterschiedlich sein kann, wäre es nahezu unmöglich, alle Subtypen wirklich ausführlich zu beschreiben. Kein Buch kann jede mögliche Variante in Betracht ziehen. Deshalb ist es so wichtig, daß Sie als Leser selbst versuchen, die Charakterbeschreibungen jeweils differenziert auf eine bestimmte Persönlichkeit zu beziehen.

Das Kontinuum der Charakterzüge

Wie in den allgemeinen Richtlinien und in den Beschreibungen der einzelnen Typen schon gesagt wurde, besitzt jeder Persönlichkeitstypus eine Grundstruktur. Die Analyse jedes Typus begann mit der Beschreibung seiner gesunden Charakterzüge und umfaßte dann über das durchschnittliche Stadium auch die gestörten oder neurotischen Züge. Diese Struktur ist das Kontinuum der Charakterzüge, das jeden Typus bildet. Die starke Wechselhaftigkeit und Vielfalt der menschlichen Natur –

man ändert sich ja von Tag zu Tag, ja sogar von Augenblick zu Augenblick – kann zumindest teilweise auf die Tatsache zurückgeführt werden, daß wir uns immerzu auf dem Kontinuum unserer Persönlichkeitszüge auf und ab bewegen.

Obwohl die Psychologen stets glaubten, die Charakterzüge eines Menschen könnten auf irgendeiner Art von Kontinuum angeordnet werden, wurden doch die grundlegenden Persönlichkeitstypen selbst so wenig fest umrissen, daß es kaum möglich war, zu wissen, wie man die meisten Charakterzüge einordnen sollte. Mit Hilfe des Enneagramms sind wir nun in der Lage, dies mit einer gewissen Genauigkeit zu tun. Wir werden nun etwas detaillierter auf das Kontinuum eingehen. Sie werden sich daran erinnern, daß das Kontinuum für jeden der Grundtypen folgendermaßen aussieht:

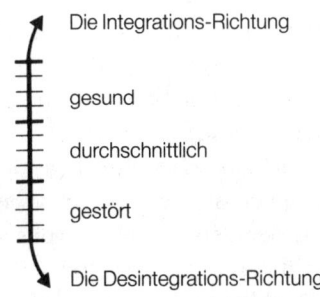

Die Integrations-Richtung

gesund

durchschnittlich

gestört

Die Desintegrations-Richtung

Die neun verschiedenen Ebenen dieses Kontinuums erscheinen in den einzelnen Beschreibungen nicht numeriert, doch wenn Sie diese Kapitel noch einmal lesen, werden Sie sehen, daß eine deutliche Abstufung gemacht wurde, und daß diese Stufen klare Kennzeichen für die Abwärtsentwicklung des Persönlichkeitstypus auf dem Kontinuum darstellen. Beginnt man vom Anfang der Analyse an zu zählen, wird man neun Entwicklungsstufen finden, d. h. Stufe eins bis drei in dem Teil der Analyse, der die gesunden Charakterzüge betrifft, Stufe vier bis sechs, wo es um die durchschnittlichen Züge geht und Stufe sieben bis neun in dem Teil, der die gestörten oder neurotischen Charakterzüge anbelangt. Die dadurch gegebene Möglichkeit, genau festzulegen, auf welcher Ebene sich jemand befindet, ist aus verschiedenen Gründen sehr hilfreich.

Zunächst kann man durch eine genaue Festlegung der Entwicklungsebenen weitere Subtypen innerhalb jedes Persönlichkeitstypus unterscheiden. Menschen vom gleichen Persönlichkeitstypus (und Tendenz-Typus sowie Proportion des Tendenz-Typus) können immer noch sehr unterschiedlich sein, weil sie sich auf unterschiedlichen Ebenen befinden. Beispielsweise unterscheidet sich ein streitsüchtiger, reduktionistischer Mensch vom Typus fünf (auf Ebene sechs) sehr von einem gesunden, wahrnehmungsfähigen Menschen des gleichen Typus (auf der Ebene zwei). Oder ein dominierender Mensch vom Typus zwei (auf der Ebene acht) wirkt ganz anders als ein fürsorglicher, liebevoller Mensch des gleichen Typus (auf der dritten Ebene).

Jede der neun Entwicklungsebenen bringt neun ganz unterschiedliche Subtypen hervor, die in enger Beziehung zueinander stehen, da sie ja den Persönlichkeitstypus als Ganzes umfassen. Wie wir im theoretischen Kapitel sehen werden, beschreiben andere Typologien eine ganze Reihe von Persönlichkeitstypen, die dem des Enneagramms entsprechen. Durch gewisse Ähnlichkeiten unter den verschiedenen Subtypen jedoch haben andere Theoretiker hier oft Verwirrung gestiftet. Karen Horney beispielsweise beschreibt einen Persönlichkeitstypus als »resignierten Typus« und einen anderen als »angepaßten Automaten«. Vom Standpunkt des Enneagramms aus können wir erkennen, daß es sich hierbei nicht um zwei unterschiedliche Persönlichkeitstypen, sondern um zwei Subtypen des Persönlichkeitstypus neun handelt – der »angepaßte

Automat« symbolisiert den durchschnittlichen Typus neun (»der passiv-gleichgültige Mensch« auf der Stufe fünf), während der »resignierte Typus« ebenso Typus neun (»der resignierte Fatalist« auf der Stufe sechs) ist. Viele der von anderen Psychologen benutzten Kategorien sind in Wirklichkeit Beschreibungen von ein oder zwei Entwicklungsstufen eines Persönlichkeitstypus und nicht Beschreibungen eines Gesamttypus. Deshalb versinnbildlicht die »depressive Persönlichkeitsstörung« in Wirklichkeit den Typus vier auf der Ebene sieben und acht, also »der sich selbst entfremdete Depressive« bzw. »der emotional leidende Mensch«.

Wenn wir das Kontinuum der Charakterzüge in Betracht ziehen, hilft uns das zudem, die Menschen genauer zu verstehen und zu beschreiben. Jeder bewegt sich immerzu auf dem Kontinuum auf und ab. Es geschehen verschiedene Dinge auf jeder Entwicklungsebene; verschiedene Charakterzüge und Abwehrmechanismen treten zutage und bilden eine neue Verbindung mit schon bestehenden Wesenszügen. Jeder Persönlichkeitstypus verändert sich ständig auf der Spiralbewegung abwärts zur Neurose hin, oder er bewegt sich aufwärts zur Gesundheit und zu weiterer Integration. Und wie man schon vermuten wird, gibt es eine innere Symmetrie innerhalb der Charakterzüge jedes Typus. Die einzelnen Persönlichkeitstypen sind keineswegs willkürliche Sammlungen irgendwelcher Wesenszüge, sondern ein dynamisches Ganzes mit einer durchgängigen inneren Struktur und vielen miteinander in Zusammenhang stehenden Aspekten.

Bei einem gesunden Typus vier beispielsweise taucht die Unsicherheit auf der Ebene zwei auf. Auf der Ebene fünf ist sie inzwischen zu starker Selbstbefangenheit geworden, während sie auf der Ebene acht in Selbsthaß mündet. Um ein anderes Beispiel in bezug auf Typus vier zu geben: seine gesunde Sensibilität können wir weiterverfolgen bis zur Verletzlichkeit eines durchschnittlichen Typus und schließlich zur emotionalen Überempfindlichkeit und Gequältheit des neurotischen Typus. Das sind nur zwei von vielen Charakterzügen bei Typus vier, die wir auf ihrem Weg durch das Kontinuum verfolgen und bei denen wir eine Verschlechterung miteinander verwandter, aber doch unterschiedlichen Ausdrucksformen beobachten können. Natürlich ist das auf alle Persönlichkeitstypen anwendbar.

Man darf nicht vergessen, daß die Persönlichkeitstypen nicht aus einer statischen Gruppe willkürlicher Charakterzüge bestehen. Jeder Typus verfügt über eine starke innere Kohärenz, und dieser Zusammenhang entsteht aus der Tatsache, daß die Charakterzüge bei der Bewegung des Betreffenden aufwärts und abwärts durch die verschiedenen Entwicklungsstadien Metamorphosen durchlaufen, wenn Reaktionen auf Ängste und Wünsche und Abwehrmechanismen stattfinden.

Es gibt allerdings so viele Bezüge innerhalb jedes Typus, sowie Symmetrien und Bezüge innerhalb der neun Persönlichkeitstypen selbst, daß es unmöglich wäre, sie hier ausführlich zu kommentieren. Um Ihnen jedoch eine noch deutlichere Vorstellung von einigen der wichtigsten Ausdrucksformen auf jeder Ebene zu geben, habe ich die folgende kurze Übersicht zusammengestellt. Bei einem wiederholten Durchlesen der analytischen Charakterbeschreibungen werden sie genau feststellen, wie sie sich in das folgende Muster einfügen.

Im Bereich der gesunden Entwicklung

> *Ebene 1:* Der Typus in seiner gesündesten Verfassung, einem Zustand psychologischer Ausgeglichenheit und Freiheit und die Ausdrucksmöglichkeit besonderer spiritueller Fähigkeiten oder Tugenden. Die ideale Voraussetzung für diesen Typus, sich in die Integrations-Richtung zu bewegen.

Ebene 2: Der Typus ist immer noch gesund. Das Ich und seine Abwehrmechanismen jedoch beginnen als Reaktion auf die Urängste der Kindheit zutage zu treten. Tiefsitzende Ängste und Bedürfnisse tauchen auf als Folge der Eltern-Kind-Beziehung. Das Selbstgefühl und die Denkungs- und Wahrnehmungsart des Typus insgesamt manifestieren sich.

Ebene 3: Noch gesund. Das Ego ist jetzt aktiver und produziert eine charakteristische Persona. Die gesunden sozialen Charakteristika, die der Typus anderen und der Gesellschaft gegenüber zum Ausdruck bringt, kommen zum Vorschein.

Im Bereich der durchschnittlichen Entwicklung

Ebene 4: Der Typus hat begonnen, in leichtes Ungleichgewicht zu geraten, indem er aus der für ihn charakteristischen Quelle psychischer Energie schöpft, die bei jedem Typus eine andere ist. Der Typus beginnt an seine unbewußten psychischen Grenzen zu stoßen und wird, wenn er sich weiter in dieser Richtung bewegt, immer stärkere innerpsychische und zwischenmenschliche Konflikte erzeugen.

Ebene 5: Das Ego nimmt überhand, während der Typus auf seine charakteristische Weise versucht, die Umwelt unter Kontrolle zu bekommen. Die Abwehrmechanismen treten nun stärker in Kraft. Ein deutlicher Wendepunkt auf dem Weg zur Neurotisierung dieses Typus; die Charakterzüge sind deutlich weniger gesund und werden immer negativer. Konflikte mit anderen Menschen nehmen zu.

Ebene 6: Der Betreffende beginnt auf Konflikte und auf seine wachsenden Ängste mit Überkompensation zu reagieren. Charakteristische Formen der Egozentrik werden sichtbar. Konflikte mit anderen Menschen treten unvermeidbar auf in dem Maß, wie die verschiedenen Formen der Selbstbezogenheit ausgelebt werden.

Im Bereich der gestörten Entwicklung

Ebene 7: Der Betreffende wendet eine gestörte Überlebenstaktik an, die bei jedem Typus anders auftritt, um in einem verzweifelten Versuch das durch wachsende Angst gefährdete Ego zu stärken. Ernsthafte zwischenmenschliche Konflikte treten auf.

Ebene 8: Ernsthafte innerpsychische Konflikte und daraus resultierende illusionäre Abwehrmechanismen. Versuche, die Wirklichkeit zu verzerren, um ihr nicht ausgesetzt zu sein, und Angst. Ein neurotisches Stadium: der Betreffende verliert auf irgendeine Weise den Kontakt zur Realität, was bei jedem Typus anders verläuft.

Ebene 9: Ein durch und durch neurotischer Zustand. Der Betreffende hat den Kontakt zur Wirklichkeit verloren und ist bereit, sich selbst und andere zu zerstören, um seine Illusionen zu retten und sich das Angstgefühl zu ersparen, das eine Erkenntnis des eigenen Handelns bewirken würde. Verschiedene Formen unmittelbarer oder versteckter Selbstzerstörung manifestieren sich und führen zu Gewalttätigkeit, Zusammenbruch oder Tod.

Diese kurze Beschreibung der Vorgänge auf jeder der neun Entwicklungsstufen wird den Tatsachen natürlich nur annähernd gerecht. Vielleicht sollten wir ein Beispiel aus den Persönlichkeitstypen herausgreifen, um zu illustrieren, wie der Übergang von Ebene zu Ebene in diesem Fall stattfindet. Wenn man sich beispielsweise noch einmal die Beschreibung von Persönlichkeitstypus acht vornimmt, wird man sehen, daß auf der obersten Stufe der großmütige Held steht, dann der von Selbstvertrauen erfüllte Mensch, die konstruktive Führergestalt, der unternehmungslustige Abenteurer, der dominierende Machtmensch und der feindselige Kämpfer, der ein rücksichtsloser Tyrann, ein allmächtiger Größenwahnsinniger und zuletzt ein gewalttätiger Zerstörer wird. Man sieht also, wie das Selbstvertrauen eines Menschen allmählich herunterkommen kann zum reinen Machttrieb, der dann in der Selbsttäuschung des Größenwahns endet. Zudem erkennt man, daß Typus acht im besten Fall eine ungeheuer positive Wirkung auf eine große Zahl von Menschen ausüben kann, daß er aber im neurotischen Stadium genau das Gegenteil bewirkt. Diese und viele andere Querverbindungen werden einem deutlich, wenn man sich die Beschreibungen noch einmal vor dem Hintergrund dieser strukturellen Konzeption vornimmt.

Es ist durchaus faszinierend, jeden Persönlichkeitstypus von seiner höchsten und gesündesten Ebene auf seinem Weg abwärts zu folgen, auf dem er dem Einfluß seiner Ängste und Begierden, seiner Konflikte und Abwehrmechanismen allmählich immer mehr unterliegt und vielleicht auch eine Spiralbewegung abwärts in die Fänge der Neurose macht. Wie in einem antiken Drama hat die moralische Zersetzung jedes Typus etwas Unvermeidliches, Schicksalhaftes an sich. Es gilt für jeden Typus, daß er, wenn er nicht zugleich klug und vom Glück begünstigt ist, bewußt oder unbewußt immer mehr in den Bann seiner Ängste und Illusionen gerät, bis er selbst eine Katastrophe heraufbeschwört. So hilft uns das Kontinuum der Charakterzüge, die menschliche Natur in einer Deutlichkeit zu sehen, die sich im alltäglichen Leben nicht immer einstellt. Die Genauigkeit dieser Vorhersagen wird sich aber stets wieder anhand unserer Erfahrungen bewahrheiten.

Die Entwicklungsebenen gehören zu den wichtigsten Aspekten dieser Typologie. Je stärker man sich die fließenden Übergänge und die Bewegungen innerhalb der einzelnen Typen und zwischen ihnen bewußt macht, desto deutlicher wird einem werden, welch dynamisches Symbol das Enneagramm ist, und welch deutliches Spiegelbild der menschlichen Natur selbst es uns vorhält.

Wir sollten uns die Entwicklungsebenen auch deshalb immer vor Augen halten, da wir dadurch erst schätzen lernen, wie ungeheuer differenziert das Enneagramm als Typologie des Menschen ist. Wie Sie sich erinnern werden, können wir achtzehn Subtypen aus den neun Grundtypen und den jeweiligen Tendenz-Typen ableiten. Fügen wir die drei Abstufungen des Einflusses des Tendenz-Typus hinzu – stark, gemäßigt und schwach –, so erhalten wir 54 Subtypen (18 × 3). Wenn wir dazu noch die neun Entwicklungsebenen hinzunehmen, wird deutlich, daß das Enneagramm 486 Subtypen beschreibt (die neun Grundtypen mal zwei Tendenz-Typen mal starke, gemäßigte und schwache Proportionen des Tendenz-Typus mal neun Entwicklungsebenen). Die Unterschiede zwischen den 486 Subtypen sind wahrscheinlich zu subtil, um sie ganz präzise zu beschreiben; dennoch existieren sie. Sie werden allmählich ein intuitives Gefühl dafür bekommen, in dem Maß, wie Sie die vielfältigen Kombinationsmöglichkeiten der Charakterzüge zu erkennen lernen, aus denen sich diese Subtypen zusammensetzen.

Wie Sie sehen, ist das Enneagramm ein einheitliches Ganzes. Jeder seiner Aspekte – die neun Persönlichkeitstypen – modifiziert die anderen Aspekte auf höchst komplexe Weise und schafft einen Ausgleich für sie. Das Bild des Menschen, das sich daraus ergibt, ist nicht statisch. Menschliche Wesen sind unendlich vielfältig, und das Enneagramm bringt diese Tatsache so gut zum Ausdruck, wie ein Gedankensystem das nur eben kann.

Die Erfahrung hat gezeigt, daß man … die menschliche Persönlichkeit … in verschiedene Grundkategorien einteilen kann, was zum Zwecke des Studiums ein gutes Hilfsmittel sein mag. Klassifizierungen sollte man allerdings nie zu ernst nehmen – sie schaden dem Denken oft – die Angst, auf sie zurückzugreifen, hat jedoch noch wesentlich mehr Denkmöglichkeiten verhindert. (Karl A. Menninger, *The Human Mind*)

Kapitel 14

Zur Theorie des Enneagramms

Das Enneagramm ist keineswegs die erste Typologie der menschlichen Persönlichkeit. Die Suche nach einer stimmigen Typologie ist schon Tausende von Jahren alt; sie begann bei den griechischen Philosophen, wenn nicht schon früher. Galen (130?–200?) soll für die Verbreitung der hippokratischen Theorie der vier Temperamente verantwortlich sein: des melancholischen, cholerischen, phlegmatischen und sanguinischen Temperaments, die jeweils vom Vorherrschen einer der wichtigsten Körperflüssigkeiten, nämlich schwarze Galle, gelbe Galle, Phlegma und Blut bestimmt werden. Die Theorie der vier Temperamente hatte über eineinhalbtausend Jahre Gültigkeit, bis die wissenschaftlichen Forschungen der Aufklärungszeit ihnen allmählich ihre Bedeutung nahmen. Dieses alte System spielt aber weiterhin in unserer Sprache und Kultur eine Rolle, da es wichtige Einsichten in die menschliche Natur vermittelt.

Populär-intuitive Überzeugung und unausgesprochener Konsensus unter Psychologen bekräftigten immer die Überzeugung, daß es in irgendeiner Form Persönlichkeitstypen gibt. Das Problem für die Psychologen bestand darin, die geeigneten Kategorien für jeden grundlegenden Typus zu finden, so viele es auch sein mögen, damit man jeden Typus deutlich, sinnvoll, nützlich und auch verständlich unterscheiden könne. Die Charakterzüge eines Typus dürfen sich nicht mit denen eines anderen überschneiden, obwohl es natürlich offensichtliche Ähnlichkeiten zwischen den einzelnen Typen gibt. Jeder Grundtypus muß die Menschen so beschreiben, daß es sinnvoll für sie – oder zumindest für die Spezialisten ist und, wenn möglich, auch wissenschaftlich verifizierbar. Eine sinnvolle Persönlichkeitstypologie wäre jene, die von Laien wie von Fachleuten im täglichen Leben wie in therapeutischen Situationen angewendet werden kann. Eine sinnvolle Typologie müßte zudem so viel wie möglich von der Vielfalt der menschlichen Entwicklungsmöglichkeiten beinhalten, von gesunden über durchschnittliche bis zu neurotischen und psychotischen Stadien.

Es gehört zu den bemerkenswerten Eigenschaften des Enneagramms, daß es uns mit deutlich unterscheidbaren, sinnvollen, nützlichen und einsichtigen Grundkategorien vertraut macht. Das Enneagramm unterteilt die Persönlichkeitstypen in Kategorien, die wir wirklich im Alltagsleben finden. Es ist so umfassend, daß es auch als Rahmen für andere Typologien dienen kann, wobei es sie in vielen Fällen auch ergänzt. Die Grundlagen des Enneagramms als System sind leicht verständlich, sinnvoll und nützlich: die Menschen können sich selbst und ihre Freunde darin klar erkennen.

Kurz gesagt, das Enneagramm »stimmt« einfach. Je genauer eine Typologie ist, desto gerechtfertigter ist unser Eindruck, daß die darin verwendeten Kategorien der menschlichen Natur nicht künstlich übergestülpt sind, sondern wirklich etwas Reales widerspiegeln. Wir spüren dann, daß die Kategorien entdeckt und nicht erfunden worden sind.

Wenn das so ist – wie können wir das Enneagramm erklären? Wie können wir uns sicher sein, daß es wirklich stimmt? Ist es tatsächlich die Typologie, nach der die Psychologie so lange gesucht hat? Da die Antworten auf diese Fragen abstrakt und komplex sind, möchte ich mich erst jetzt einer detaillierten Untersuchung der Theorie des Enneagramms zuwenden.

Wir werden den theoretischen Teil von zwei Gesichtspunkten aus angehen: zunächst vergleiche ich das Enneagramm mit anderen Typologien, und dann untersuche ich die abstrakten Gründe für sein Funktionieren.

Das Enneagramm und andere Typologien

Die bemerkenswerten Qualitäten des Enneagramms werden noch augenscheinlicher, wenn wir es mit den Typologien von Karen Horney, Sigmund Freud, Carl Gustav Jung und den in der Psychiatrie verwendeten pathologischen Kategorien vergleichen. Obwohl diese Vergleiche notwendigerweise kurz gefaßt sein müssen, hoffe ich deutlich machen zu können, daß das Enneagramm nicht nur mit den modernen psychologischen Systemen übereinstimmt, sondern sogar Hinweise auf die Klärung mancher Ungenauigkeiten in diesen Systemen geben kann.

Karen Horney und das Enneagramm

Auf der Basis ihrer klinischen Beobachtungen kam die Psychoanalytikerin Karen Horney (1885–1952) zu dem Ergebnis, daß es drei generelle neurotische »Lösungen« gibt: sich von den Menschen wegbewegen (die *zurückhaltenden* Typen), sich gegen die Menschen wenden (die *aggressiven* Typen) und sich auf die Menschen zubewegen (die *angepaßten* Typen). Diese allgemeinen neurotischen Lösungen sind eine nützliche Möglichkeit, die Persönlichkeitstypen sehr umfassend, aber dennoch genau zu unterteilen.[1]

Wie wir sahen, sind die Triaden dialektisch miteinander verbunden als Problembereiche des Fühlens, Handelns und der Beziehungen. Eine weitere dialektische Beziehung besteht zu der von Horney unternommenen Analyse der zwischenmenschlichen Verhaltenskonzepte. Wir können ihre drei Lösungen mit den neun Persönlichkeitstypen des Enneagramms in Beziehung setzen. Wenn wir ihre drei Zuweisungen im Enneagramm verteilen, stellen wir fest, daß jede Triade sich aus jeweils einer der drei Horneyschen Lösungen zusammensetzt. In jeder Triade findet sich ein aggressiver Typus (also ein Mensch, der sich gegen andere wendet), ein angepaßter Typus (also jemand, der sich auf die Menschen zubewegt) und ein zurückhaltender Typus (jemand, der sich von den Menschen wegbewegt), wie aus der nebenstehenden Darstellung ersichtlich.

Wir können diese Zuordnungen in den einzelnen Triaden folgendermaßen interpretieren:

In der Gefühls-Triade

Typus zwei paßt sich seinem Selbstbild an, ein guter Mensch zu sein

Typus drei ist aggressiv anderen Menschen gegenüber (d. h. er tritt in Wettbewerb mit ihnen)

Typus vier ist zurückhaltend, er drückt seine Gefühle nicht direkt aus

---

[1] Siehe Karen Horney, *Our Inner Conflicts (Unsere Inneren Konflikte)*, Seite 14–18 der englischen Ausgabe. Horney widmet jeder Lösung ein Kapitel. Zudem möchte ich sehr ihr Buch *Neurosis and Human Growth (Neurose und menschliches Wachstum)* empfehlen, in der sie diese Verhaltensweisen unter den Überschriften »Die expansiven Lösungen« (was dem aggressiven Typus entspricht), »die selbstverleugnende Lösung« (was dem angepaßten Typus entspricht) und »Resignation« (dem zurückhaltenden Typus entsprechend) untersucht.

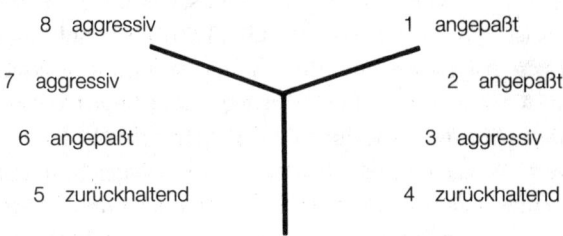

Die neurotischen Lösungen nach Karen Horney und das Enneagramm

In der Tat-Triade

Typus fünf ist zurückhaltend, wendet sich vom Handeln ab und der Welt des Denkens zu
Typus sechs paßt sich einer Autoritätsfigur an (d. h. ist von ihr abhängig)
Typus sieben ist aggressiv, wo es um die Erfüllung seiner Bedürfnisse geht.

In der Beziehungs-Triade

Typus acht ist aggressiv-durchsetzungsstark, um seine Ziele zu erreichen
Typus neun ist zurückhaltend (d. h. selbstlos, bescheiden), wenn es um seine Persönlichkeitsentwicklung geht
Typus eins paßt sich den Idealen an, nach denen er strebt.

Wenn wir die neun Persönlichkeitstypen des Enneagramms betrachten, können wir sehen, daß drei von ihnen zurückhaltend sind: Typus vier, fünf und neun. Drei sind passiv: Typus eins, zwei und sechs; und drei sind aggressiv: Typus drei, sieben und acht. Wenn man die neun Persönlichkeitstypen so gruppiert, entsteht eine neue Form der Symmetrie durch neue Dreiergruppen, die gemeinsame Eigenschaften haben. Wichtig hierbei ist, daß die Triaden Gefühl, Tat und Beziehung nicht die einzigen »triadischen« Beziehungen im Enneagramm darstellen. Wir werden andere derartige Beziehungen entdecken, wie die nebenstehende Illustration veranschaulicht.

Wir werden diese neuen Gruppen später in diesem Kapitel in unterschiedlichen Zusammenhängen wiederfinden. Es ist, nebenbei bemerkt, interessant, daß Karen Horney zwar nicht selbst neun Persönlichkeitstypen ausarbeitete, daß ihre klinischen Beobachtungen sie jedoch beinahe dazu führten. Sie beschrieb die drei Sub-Typen in der »expansiven Lösung« (die aggressiven Typen, die sich gegen die anderen Menschen und die Umwelt wenden) als den »narzißtischen«, den »perfektionistischen« und den »arrogant-rachsüchtigen« Typus.[1]

Horney beschrieb die Subtypen der »selbstverleugnenden« Lösung (die angepaßten Typen, die sich auf andere zubewegen, vor allem nach Zuwendung suchend) nicht. Ihre Ausführungen beinhalten jedoch Elemente, aus denen man ablesen könnte, daß es sich um die Typen zwei, sechs und neun des Enneagramms handelt. Ich bin zwar auch der Ansicht, daß Typus zwei und Typus sechs eher angepaßte Typen sind, glaube aber, daß man Typus neun genauer als zurückhaltend bezeichnen müßte, obgleich es auch bei ihm oberflächliche Elemente scheinbarer Angepaßtheit an andere gibt, wie meine Beschreibung dieses Typus zum Ausdruck bringt.

Horney versuchte auch die Subtypen der »resignierten« Lösung auszuarbeiten (die zurückhaltenden Typen, die sich von anderen wegbewegen, um nach innerer Freiheit zu suchen).

---

[1] siehe Horney, *Neurosis and Human Growth,* 193 ff. Diese drei Typen entsprechen dem Typus drei, eins und acht des Enneagramms. Ich stimme jedoch nicht mit Horney darin überein, den »perfektionistischen« Typus (den Typus eins) als aggressiv einzustufen. Der perfektionistische Typus hat zwar aggressive Elemente, seine Grundmotivation ist jedoch die Unterordnung unter Ideale, nicht die Überbewertung seines Ich oder sein aggressives Verhalten als solches.

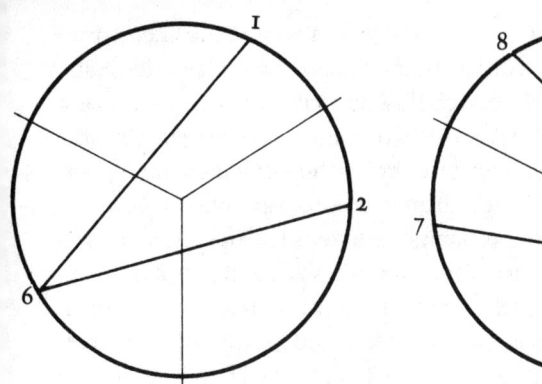

Die passiven Typen
Typus eins, zwei und sechs

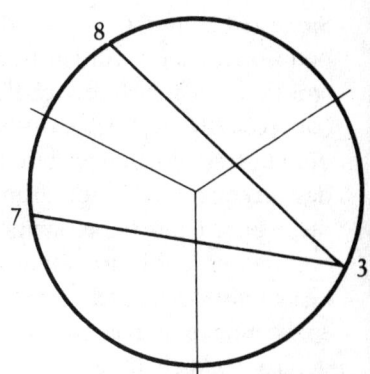

Die aggressiven Typen
Typus drei, sieben und acht

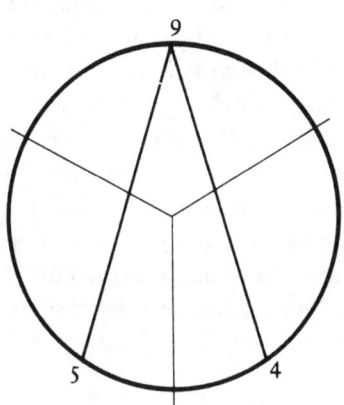

Die nach innen gekehrten Typen
Typus vier, fünf und neun

Weitere Triaden-Beziehungen

Sie spricht über Gruppen, die wir als Persönlichkeitstypus neun bezeichnen würden (der »beharrlich resignierte« Subtypus), Typus fünf (die »rebellische Gruppe«) und Typus vier (die »oberflächlich lebende« Gruppe). Diese letztere Gruppe unterteilt sie noch in weitere drei Unterformen: eine, bei der das Vergnügen im Vordergrund steht (entsprechend dem Enneagramm-Typus sieben), eine, bei dem Prestige oder opportunistischer Erfolg im Vordergrund steht (entsprechend Enneagramm-Typus drei) und eine dritte Form, die sie »den angepaßten Automaten« nennt (sie wiederum entspricht dem durchschnittlichen bis gestörten Typus neun).[1]

Es würde einer ausführlichen Analyse bedürfen, um die Horneyschen Typen mit denen des Enneagramms gründlich zu vergleichen und sie von ihnen abzugrenzen. Da hierfür nicht der Raum ist, möchte ich nur noch einmal meine Überzeugung wiederholen, daß Karen Horney auf dem Weg war, eine Dreimal-drei-Persönlichkeiten-Typologie zu entdecken. Leider war sie hinsichtlich der Zahl der von ihr verwendeten Unterkategorien nicht ganz folgerichtig und schuf verschiedene Kategorien für das, was in Wirklichkeit der gleiche Persönlichkeitstypus auf verschiedenen Entwicklungsebenen ist. Dennoch glaube ich, daß die Entsprechung zwischen den Typen des Enneagramms und ihren »zurückhaltenden«, »angepaßten« und »aggressiven« Typen beachtet werden sollte, da sie nützliche Erkenntnisse vermittelt.

Freud und das Enneagramm

Die neun Persönlichkeitstypen des Enneagramms lassen sich in Beziehung zu den Freudschen Kategorien setzen und stimmen mit den auf Freudschen Begriffen basierenden Charaktertypen überein. Natürlich geht eine ausführliche Besprechung

[1] siehe ibid., 281 ff.

der Freudschen Lehre und die seiner zahlreichen Nachfolger über den Rahmen dieses Buches hinaus. Dennoch sollen zwei auf Freudschen Begriffen basierende Deutungsmöglichkeiten des Enneagramms hier detaillierter besprochen werden, da Sigmund Freud für die Psychologie und die Psychiatrie von so großer Bedeutung ist.

Freud entwarf die Theorie, daß es drei Bereiche der Libidofixierung während unserer Kindheitsentwicklung gibt (Libido ist psychische Energie einer speziell sexuellen Färbung); er nannte sie die drei psychosexuellen Stadien. Er war der Ansicht, daß die Libido sich entweder in Zusammenhang mit dem Mund fixiert (die »orale« Phase), während der Sauberkeitserziehung in Zusammenhang mit dem Anus (die »anale« Phase) oder in bezug auf die Genitalien (die »phallische« Phase). Es wurde nie vollständig ausgearbeitet, was in diesen verschiedenen Stadien genau geschieht, und die Terminologie, die zur Beschreibung der daraus resultierenden Charaktertypen benutzt wird, variiert von Autor zu Autor. Auch bei den Grundkategorien selbst bestehen schon einige Unstimmigkeiten. Manche Autoren ordnen der oralen Phase nur zwei Subtypen zu, während andere in der analen und phallischen Phase drei Subtypen beschreiben. Manche sprechen von dem »oral-abhängigen« Typus, bei dem eine Fixierung im Stadium des Saugens stattfindet und vom »oral-sadistischen« Typus im Stadium des Beißens. So haben wir also einen abhängigen und einen sadistischen oralen Typus, aber keinen anal-abhängigen und anal-sadistischen Typus. Bei den analen Typen gibt es den »anal-expulsiven« und den »anal-retentiven« Typus, jedoch keinen »anal-rezeptiven« Typus usw. Diese Kategorien sind also etwas verwirrend.

Das Problem liegt darin, daß Freud und andere sich zwar über drei psychosexuelle Stadien (oral, anal und phallisch) einig waren, jedoch über die anderen damit zusammenhängenden Variablen unterschiedliche Ansichten hatten. So gab es keine Übereinstimmung darüber, ob die oralen, analen oder phallischen Fixierungspunkte durch abhängige, retentive, expulsive, rezeptive oder sadistische Züge modifiziert wurden. Man könnte die Freudschen Kategorien vielleicht folgendermaßen verdeutlichen: In der Freudschen Terminologie gibt es drei allgemeine Dispositionen der psychischen Energie in jedem der libidinösen Stadien: rezeptiv, retentiv und expulsiv – das heißt, sie bilden eine Dialektik. Ebenso bilden die oralen, analen und phallischen Punkte der libidinösen Fixierung eine Dialektik untereinander. So haben wir zwei dialektische Dreiergruppen, aus denen man neun »Freudsche« Charaktertypen ableiten kann. Wären sie auf diese Weise ausgearbeitet worden, so bestünde diese neo-freudianische psychosexuelle Dialektik aus den folgenden Kategorien:

oral		rezeptiv
anal	×	retentiv
phallisch		expulsiv

Neo-freudianische psychosexuelle Kategorien

Wenn wir die verschiedenen Kombinationen durchgehen, sind die daraus resultierenden neun Persönlichkeitstypen der oral-rezeptive (entsprechend Typus neun), der oral-retentive (entsprechend Typus vier), der oral-expulsive (entsprechend Typus fünf); der anal-rezeptive (entsprechend Typus sechs), der anal-retentive (entsprechend Typus eins) und der analexpulsive (entsprechend Typus zwei); der phallisch-rezeptive (entsprechend Typus drei), der phallisch-retentive (entsprechend Typus sieben) und der phallisch-expulsive (entsprechend Typus acht). Ordnen wir sie nach der Struktur des Enneagramms, ergibt sich folgende Einteilung: (Abb. S. 473) Es ist schwierig, aus diesen Benennungen mehr herauszulesen als eine festgelegte Beschreibung von Fixierungen der Libido

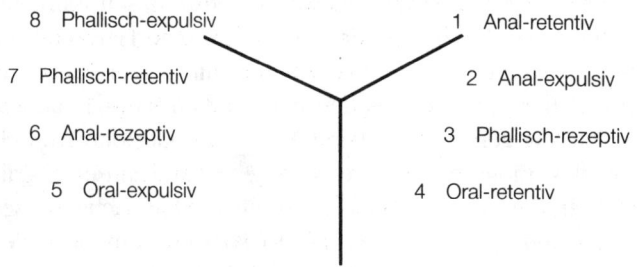

Neo-freudianische Fixierungen und das Enneagramm

in Zusammenhang mit Mund, Anus oder Penis und daraus eine symbolische Benennung psychologischer Prozesse abzuleiten. Dennoch nehmen viele orthodoxe Freudianer die Begriffe wörtlich, was ein Grund dafür sein kann, daß sie so große Schwierigkeiten haben, sie im realen Leben anzuwenden. Sehen wir sie jedoch als Metaphern, so werden sie ein Schlüssel zu den Charakterzügen der betreffenden Persönlichkeitstypen. Zudem haben wir dann nicht das Problem, den Terminus »phallisch« auch auf Frauen anzuwenden, noch müssen wir eine bestimmte Bezeichnung wie z. B. »phallisch-rezeptiv« allzu wörtlich verstehen wollen.

Um einige Beispiele zu geben: mein sogenannter phallisch-rezeptiver Typus entspricht tatsächlich einem von Ernest Jones, einem engen Mitarbeiter von Freud, beschriebenen Charaktertypus, nämlich dem uretralen Charaktertypus[1], ebenso wie dem Persönlichkeitstypus drei nach dem Enneagramm. Dieser Typus Mann sucht narzißtische Bewunderung seines Körpers (Phallus) durch andere und hat oft sexuell-exhibitionistische Neigungen. Es ist natürlich bei weitem vorzuziehen, die Enneagramm-Bezeichnung »Persönlichkeitstypus drei« zu verwenden und nicht vom phallisch-rezeptiven

[1] Otto Fenichel, *The Psychoanalytic Theory of Neurosis,* 492.

Typus oder gar vom uretralen Charakter zu sprechen, wenn es um Frauen geht oder um einen Menschen, dessen Probleme sich mehr um Narzißmus drehen als um eine Fixierung der Libido in Zusammenhang mit den Genitalien. Kann man Narzißmus eher verstehen als den unbewußten Wunsch, andere mögen die eigenen Genitalien bewundern oder den Wunsch, man selbst möge bewundert werden? Selbst wenn eine strikt Freudsche Interpretation als letztendlich gültig nachgewiesen werden könnte, ist sie gewöhnlich so weit vom normalen Bewußtsein und Verhalten entfernt, daß sie schon fast sinnlos wird. Ist es nicht viel besser, beispielsweise an der Überwindung der übertriebenen Selbstliebe eines Menschen zu arbeiten, als den Narzißmus auf den Wunsch zu reduzieren, eine Bewunderung der Genitalien zu erringen?

Der klassische Freudsche anale Typus (oder genauer der anal-retentive Typus) wird durch die Begriffe Genügsamkeit, Hartnäckigkeit und Ordentlichkeit charakterisiert, die sehr zutreffend Persönlichkeitselemente des Typus eins beschreiben, obwohl sie genauer Typus eins mit einer Tendenz zu Typus neun betreffen. Gewisse Elemente der Genügsamkeit finden sich allerdings auch bei Typus sechs, einem weiteren analen Typus; sie resultieren aus seiner Vorsicht und Unsicherheit. Typus sechs ist ebenfalls hartnäckig – er blockiert andere negativistisch und passiv-aggressiv – ebenso aber (wieder auf andere Weise) Typus neun, der sich hartnäckig weigert, sich mit der Realität auseinanderzusetzen. So gibt es eine ganze Reihe von Persönlichkeitstypen, bei denen die klassischen analen Charakterzüge beobachtet werden können.

Um ein letztes Beispiel zu geben: der oral-rezeptive Typus entspricht Typus neun, der optimistisch daran glaubt, daß die Umwelt ihm seine Bedürfnisse erfüllt, wie die Milch aus der Brust seiner Mutter floß, ohne daß er sich sehr bemühen mußte. Die Freudianer nennen ihn den oral-abhängigen Typus; Typus neun ist jedoch so passiv und bereit, sich an andere anzupassen, daß man nicht so sehr sagen kann, er sei von anderen abhängig, sondern er lebt tatsächlich durch sie – weshalb hier rezeptiv eine treffendere Bezeichnung ist.

Diese und andere subtile, aber sinnvolle Unterscheidungen können hilfreich sein und zu einer Klärung der in der Psychologie und Psychiatrie so häufig benutzten Freudschen Kategorien beitragen. Es kann weiterhin sehr aufklärend sein, wenn man die Freudschen psychosexuellen Bezeichnungen als symbolische Kürzel für die gesamte Lebenseinstellung eines Persönlichkeitstypus nimmt und nicht als Kategorien, die aus Fixierungspunkten der Libido während der frühen Kindheit resultieren. Betrachtet man sich einmal die Beschreibungen der Persönlichkeitstypen vor diesem Hintergrund, so wird man sehen, wie meine Überarbeitung der Freudschen psychosexuellen Bezeichnungen auch auf die anderen Typen des Enneagramms anwendbar werden.

Ebenso werden Sie bemerken, daß die neuen triadischen Beziehungen, die ich aus den Horneyschen Typen abgeleitet habe, mit meinen neo-freudianischen Libido-Typen übereinstimmen. Die drei oralen Typen (im Enneagramm Typus vier, fünf und neun) in meinem neo-freudianischen System sind die meiner Modifizierung der Horneyschen Typologie entsprechenden zurückhaltenden Typen. Die analen Typen (im Enneagramm Typus eins, zwei und sechs) in meinem neo-freudianischen System entsprechen den angepaßten Typen der Horneyschen Typologie und die phallischen Typen (Enneagramm-Typus drei, sieben und acht) im Freudschen System den aggressiven Typen bei Horney.

Strukturelle Begriffe nach Freud

Die »strukturelle« Terminologie Freuds kann auch auf die Enneagramm-Typen angewendet werden, je nachdem, ob das Ich, das Es oder das Über-Ich bei den jeweiligen neun Grundtypen im Mittelpunkt der Problematik steht. In der folgenden

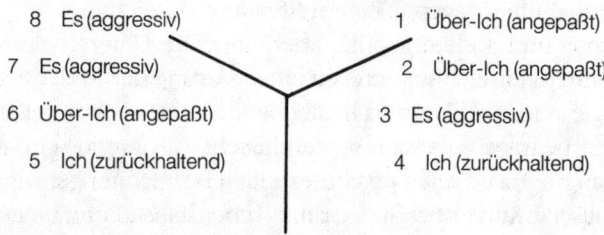

9   Ich (zurückhaltend)

8   Es (aggressiv)   1   Über-Ich (angepaßt)

7   Es (aggressiv)   2   Über-Ich (angepaßt)

6   Über-Ich (angepaßt)   3   Es (aggressiv)

5   Ich (zurückhaltend)   4   Ich (zurückhaltend)

Strukturelle Begriffe und das Enneagramm

Darstellung habe ich die Horneyschen Termini den Freudschen strukturellen Begriffen zugeordnet.

Hierbei fällt auf, daß die Typen, deren Hauptstörung im Ich
liegt, den Horneyschen zurückhaltenden Typen entsprechen,
daß eine Es-Problematik dem aggressiven Typus entspricht,
und daß die mit dem Über-Ich zusammenhängende Störung
bei den angepaßten Typen vorkommt. Diese Zuordnungen
leuchten einem sofort ein. Aggressive Menschen beispielsweise sind auf gewisse Weise von den instinkthaften Energien
des Es bestimmt. Diese Zusammenhänge kann man noch weiter ausführen:

Typus vier, fünf und neun sind zurückhaltend im direkten
Ausdruck ihres Ich, wobei sie auf sehr charakteristische Weise
kompensieren: Typus vier, indem er sich durch seine Phantasievorstellungen von der Realität löst, Typus fünf, indem er
sich vor der Realität in seine Gedankenwelt zurückzieht, und
Typus neun, indem er sich durch eine intensive Identifikation
mit einem anderen Menschen von der Realität abwendet.

Typus eins, zwei und sechs sind angepaßt, da sie jemanden
oder etwas in ihrem Über-Ich internalisieren, was dann auf ihr
Verhalten einen dominierenden Einfluß ausübt. Typus eins
paßt sich seinen idealistischen Verpflichtungen an, die ihm
von seinem Über-Ich auferlegt werden. Typus zwei fügt sich
der Forderung seines Über-Ich, immer liebevoll zu sein, und

Typus sechs ordnet sich einer Autoritätsfigur unter, die er durch sein Über-Ich verinnerlicht hat.

Typus drei, sieben und acht sind aggressiv, das heißt, das Es dieser Menschen drückt sich in einer aggressiven Orientierung über den vielfältigen Aspekten ihrer Umwelt aus. Typus drei ist aggressiv anderen Menschen gegenüber, das heißt, er tritt in Konkurrenz mit ihnen und möchte ihnen überlegen sein. Typus sieben ist der Umwelt gegenüber aggressiv (vereinnahmend), weil er aus ihr mehr Befriedigung für sich selbst ziehen möchte, und Typus acht ist aggressiv (durchsetzungsstark) der Umwelt gegenüber, weil er versucht, sich in die Umwelt zu projizieren, um sich in ihr spiegeln zu können.

Wir werden uns mit diesen Freudschen strukturellen Konzepten (Ich, Es und Über-Ich) im zweiten Teil dieses Kapitels in Zusammenhang mit der Analyse der Funktion des Enneagramms noch weiter beschäftigen.

Jung und das Enneagramm

Die neun Persönlichkeitstypen des Enneagramms können auch mit den acht psychologischen Typen der Jungschen Typologie verglichen werden. In den Beschreibungen der einzelnen Persönlichkeitstypen stellte ich jeweils die Beziehung eines Jungschen Typus zum entsprechenden Typus des Enneagramms her und fügte zur Erläuterung ein ausführliches Zitat von Jung hinzu.

Das Jungsche System ist folgendermaßen aufgebaut: Jung nahm an, daß es zwei allgemeine psychologische Einstellungen (Extraversion und Introversion) und vier psychologische Funktionen (Denken, Fühlen, Intuition und Empfindung) gibt. Aus diesem Schema lassen sich acht psychologische Typen ableiten – der extravertierte Denktypus, der introvertierte Denktypus, der extravertierte Fühltypus, der introvertierte Fühltypus, usw.

Wie Sie sehen, läßt sich deshalb keine vollständige Übereinstimmung herstellen, da den acht Jungschen Typen neun Typen des Enneagramms gegenüberstehen. Eine intensive Beschäftigung mit den Jungschen Charakterbeschreibungen beweist jedoch, daß beide Systeme korrespondieren, wobei manche Entsprechungen sehr stark, andere schwächer sind. In Umrissen sieht das folgendermaßen aus:

> Typus eins entspricht dem extravertierten Denktypus
> Typus zwei entspricht dem extravertierten Fühltypus
> Typus drei entspricht keinem Jungschen Typus
> Typus vier entspricht dem introvertierten intuitiven Typus
> Typus fünf entspricht dem introvertierten Denktypus
> Typus sechs entspricht dem introvertierten Fühltypus
> Typus sieben entspricht dem extravertierten Empfindungstypus
> Typus acht entspricht dem extravertierten intuitiven Typus
> Typus neun entspricht dem introvertierten Empfindungstypus

Die Jungschen Entsprechungen

Wenn Sie sich mit dem Buch *Psychologische Typen* von C. G. Jung beschäftigen, werden Sie sehen, wie diese acht Typen meinen Beschreibungen der Persönlichkeitstypen des Enneagramms entsprechen, außer eben Typus drei. Bei näherer Betrachtung findet man jedoch heraus, daß einzelne Teile der Jungschen Beschreibungen bestimmter Typen dennoch Typus drei des Enneagramms entsprechen. Während Jung also keine einzelne Kategorie für Typus drei festgelegt hat, muß er diesem Persönlichkeitstypus dennoch in seiner klinischen und persönlichen Erfahrung begegnet sein. So hat er Elemente des Typus drei beschrieben, ohne ihn als fest umrissene psychologische Einheit zu betrachten, da das ja die Symmetrie seines theoretischen Rahmens von zwei mal vier Typen gesprengt hätte.

Es liegt aber auch eine gewisse bildhafte Stimmigkeit darin, daß Typus drei, dessen Persönlichkeit so wenig fest umrissen und wechselhaft ist, keinem der Jungschen Typen entspricht. Da er so anpassungsfähig ist, fließt Typus drei in die verschiedenen Jungschen Typen ein, ohne eine eigene Kategorie für sich zu beanspruchen.

Abgesehen davon ist aber an den Jungschen Charakterbeschreibungen noch etwas anderes problematisch; ich kann hier nur kurz darauf eingehen. Leider sind nicht alle der Jungschen Beschreibungen gleich verständlich, und nicht immer versteht man klar, was er eigentlich beschreibt. Es ist in gewisser Weise eine paradoxe Binsenweisheit, wenn man sagt, daß man weiß, was Jung meint, wenn man einmal verstanden hat, was er meint. Man muß seine Beschreibungen gleichsam von innen heraus betrachten, um herauszufinden, wovon er spricht. Auch hier kann das Enneagramm eine Hilfe sein.

Vom Standpunkt des Enneagramms aus können wir sehen, daß Jung meist einige Charakterzüge des durchschnittlichen Stadiums der einzelnen psychologischen Typen beschreibt und dabei sehr frei mit dem umgeht, was wir die Entwicklungsebenen nennen. Intuitiv wendet er sich der Desintegrationsrichtung am Ende jeder seiner Beschreibungen zu, wenn er neurotische oder psychotische Entwicklungen erläutert. Gelegentlich jedoch vermischt er Charakterzüge eines Typus mit denen eines anderen, wenn er beispielsweise Elemente des Typus neun des Enneagramms beschreibt, als gehörten sie zum introvertierten Fühltypus (Enneagramm-Typus sechs). Auch in der Zuordnung anderer Elemente zu bestimmten Typen bestehen Unklarheiten, beispielsweise bei Aspekten des extravertierten und des introvertierten Denktypus (Enneagramm-Typus eins und fünf). Darüber hinaus finden sich noch weitere Widersprüche.

Das sind wohl Feinheiten, aber es handelt sich um entscheidende Punkte. Man merkt hier zwar, daß die Jungschen Beschreibungen den Tatsachen nahe kommen, hat aber Schwierigkeiten damit, sie zu umfassenderen Bildern für jeden Typus auszubauen, was nicht überrascht, da Jung sich in manchen Punkten selbst nicht klar war.

Zuordnungen in der Psychiatrie und das Enneagramm

Die Persönlichkeitstypen des Enneagramms können auch den Persönlichkeitsstörungen der dritten Auflage des *Diagnostic and Statistical Manual of Mental Disorders* (als DSM III bekannt) zugeordnet werden. Dieses sehr theoretische Buch wird als Standardwerk der Psychiatrie betrachtet; es sammelt den aktuellsten Forschungsstand der Persönlichkeitssyndrome vom klinischen Standpunkt aus. Wie zu erwarten, ist die Terminologie dieses Werkes pathologisch orientiert; was hingegen überrascht, ist ihre gelegentliche Willkürlichkeit. Unter Psychiatern war man sich über die in diesem Handbuch angewendeten Kategorien der Persönlichkeitsstörungen recht uneins, konnte sich aber auch hinsichtlich einer Neufestlegung nicht einig werden. Vielleicht kann das Enneagramm Licht auf die psychiatrischen Persönlichkeitsstörungen werfen, wenn man die entsprechenden Begriffe auf die Grundpersönlichkeitstypen überträgt, die ja schließlich ihre ganz spezifischen Störungen entwickeln, wenn sie neurotisch werden.

Eines der Hauptprobleme des *Diagnostic and Statistical Manual of Mental Disorders* besteht darin, daß seine Autoren irrtümlich, wenn auch verständlicherweise, Charakterzüge der verschiedenen Persönlichkeitstypen miteinander vermischen, was zur Folge hat, daß die kurzen, schematischen Beschreibungen, die sie anbieten, manchmal recht verwirrend wirken. Beispielsweise versucht man sich von der alten Bezeichnung »hysterischer Typus« abzugrenzen. Die Beschreibung der »hystrionischen Persönlichkeitsstörung« ist jedoch eine Verbindung von Elementen der Persönlichkeitstypen zwei und sieben des Enneagramms, die beide deutlich hysterische Züge aufweisen, jedoch auf sehr unterschiedliche Art und aus unterschiedlichen Gründen. Typus zwei kann man am ehesten als hystrionisch im üblichen Sinne des Wortes bezeichnen, da er seine Emotionen auf theatralische Weise auslebt. Im neurotischen Zustand entstehen bei Typus zwei hysterisch-psychosomatische Reaktionen, bei denen seine Angst sich unmittelbar in physische Symptome und Krankheiten umwandelt. Andererseits ist Typus sieben in dem Sinn hysterisch, daß er heftig und impulsiv handelt und seine Emotionen eher auslebt, als sie unter Kontrolle zu halten. Typus sieben wird demnach auch im pathologischen Sinne hysterisch, was bei ihm aber Ergebnis seiner panischen Reaktionen auf Angstanfälle ist. Wenn also auch wirkliche Ähnlichkeiten zwischen beiden Typen bestehen, wird doch eine Lektüre der Beschreibungen beider Typen in diesem Buch deutlich machen, daß es sich um zwei klar unterschiedliche Persönlichkeitstypen handelt. Ihre Charakterzüge sollten nicht in Bausch und Bogen zum »hystrionischen« Typus des *Diagnostic and Statistical Manual of Mental Disorders* vermischt werden.

Der Raum erlaubt es nicht, daß ich einen ausführlichen Vergleich zwischen den offiziellen psychiatrischen Typen des DSM III und den Persönlichkeitstypen des Enneagramms anstelle. Der Vollständigkeit halber, und um noch einmal darauf hinzuweisen, daß auch von einem anderen Standpunkt aus die Persönlichkeitstypen des Enneagramms nicht nur von der modernen Psychiatrie bestätigt werden, sondern sogar zur Klärung gewisser Unstimmigkeiten in diesem Bereich dienen können, möchte ich eine einfache Aufstellung der allgemeinen Übereinstimmungen beider Systeme vorlegen. Sie sollte nur als grobe Annäherung betrachtet werden, da viele Unterscheidungen zu machen sind, um die Entsprechungen exakt zu differenzieren.

Typus eins entspricht der zwanghaften Persönlichkeitsstörung
Typus zwei entspricht teilweise der hystrionischen Persönlich-
keitsstörung
Typus drei entspricht der narzißtischen Persönlichkeitsstörung
Typus vier entspricht der Vermeider-Persönlichkeitsstörung
Typus fünf entspricht teilweise der paranoiden Persönlich-
keitsstörung und teilweise der schizotypischen Persönlich-
keitsstörung
Typus sechs entspricht teilweise der passiv-aggressiven Per-
sönlichkeitsstörung und teilweise der passiv-abhängigen Per-
sönlichkeitsstörung
Typus sieben entspricht teilweise der manisch-depressiven
Persönlichkeitsstörung und teilweise der hystrionischen Persönlichkeitsstörung
Typus acht entspricht der anti-sozialen Persönlichkeitsstörung
Typus neun entspricht teilweise der passiv-abhängigen Persönlichkeitsstörung und teilweise der passiv-aggressiven Persönlichkeitsstörung.

*(Entsprechungen nach dem Diagnostic and Statistical Manual of
Mental Disorders – DSM III.)*

Analyse des Enneagramms

Was ist nun die theoretische Basis für das Enneagramm als
psychologisches System? Warum beispielsweise gibt es neun
Grundtypen und nicht acht, zehn, zwölf oder irgendeine andere Zahl? Was ist die Basis für jeden einzelnen Persönlichkeitstypus? Ist das Enneagramm als historische Typologie im
wesentlichen ein Vorläufer für die Freudsche Idee? Oder ist es
eine Jungsche Typologie oder eine, die den Ideen Karen Horneys oder eines anderen Psychologen voranging? Eine vollständige Diskussion dieser Fragen wäre so komplex und abstrakt, daß ich nur einige vorläufige Antworten angeben kann.

Lassen Sie mich zunächst sagen, zu welchem Schluß ich gekommen bin. Auch wenn ich verschiedene Erklärungen für das Enneagramm vorstelle, scheint es, daß es doch letztlich keine einzelne theoretische Erklärung dafür gibt, warum das Enneagramm tatsächlich funktioniert. Es gibt keine bestimmte Theorie als einzige Basis für das Enneagramm. Es kann weder einzig auf Freudsche noch auf Jungsche, noch auf Horneysche Konzepte zurückgeführt werden. Betrachtet man das Enneagramm vom Freudschen Standpunkt aus, wird man finden, daß es sich den entsprechenden Begriffen anpassen läßt. Ebenso ist es mit dem Jungschen oder dem Horneyschen Standpunkt. Schon daran kann man ablesen, daß das Enneagramm ein universelles psychologisches Symbol ist, das sich zwar vielen verschiedenen Interpretationen anpassen läßt, dabei aber immer seinen einzigartigen Charakter behält. Natürlich können nicht alle Einzelheiten anderer psychologischer Systeme in das Enneagramm integriert werden, und manche Aspekte der modernen Schulen widersprechen einander und sind im Grunde unvereinbar. Dennoch lassen sich durch das Enneagramm viele Gemeinsamkeiten herausarbeiten, da es auf einer Vielzahl abstrakter Ebenen funktioniert und zugleich sehr speziell ausdeutbar ist. Wir können uns dem Enneagramm auf vielen verschiedenen Ebenen nähern und werden jedesmal wieder zu neuen Einsichten kommen.

Man kann den Menschen von unendlich vielen Standpunkten aus analysieren und wird dabei immer wieder neue Facetten entdecken und erhellen. Man kann den Menschen biologisch, psychologisch, soziologisch, historisch, als physikalisches Objekt und als spirituelles Wesen interpretieren. Aber ebenso wie es keine umfassende Erklärung für die menschliche Natur gibt, kann es auch keine umfassende Erklärung für das Enneagramm geben. Wir können es nicht als Freudsches System bezeichnen, da es mehr umfaßt als die Freudschen Ideen. Ebensowenig ist es ein Jungsches oder Horneysches System oder eine Theorie einer anderen Schule. Es ist einfach es selbst: ein umfassendes, dynamisches Symbol für die menschliche Psyche.

Da wir das Enneagramm nicht auf eine einzelne psychologische Erklärungsmethode zurückführen können, werden wir uns ihm mit verschiedenen Betrachtungsweisen nähern, durch die wir es besser verstehen lernen. Ich werde das Enneagramm dialektisch, entwicklungspsychologisch und von der Freudschen Dynamik her untersuchen.

Die dialektische Betrachtungsweise

Das Enneagramm umfaßt neun Persönlichkeitstypen, da seine Struktur das Ergebnis eines Arrangements von drei mal drei bzw. zwei dialektisch miteinander in Beziehung stehenden Dreiergruppen ist. Gleichgültig auf welcher Analyse-Ebene wir uns dem Enneagramm nähern – wir werden immer finden, daß die dialektisch miteinander verbundenen Faktoren neun deutlich unterschiedene Persönlichkeitskategorien hervorbringen.

Wenn es eine bestimmte Erklärung dafür gibt, warum das Enneagramm funktioniert, und warum es ein so umfassendes System ist, so die, daß es ein dialektisches System ist und dadurch benutzt werden kann, um die verschiedenen Aspekte der menschlichen Natur dialektisch zu analysieren.

Auf dieser grundsätzlichsten Ebene der Analyse – wir sind ihr schon in den allgemeinen Richtlinien und in den einzelnen Beschreibungen begegnet – kann man sich das Enneagramm als eine Verbindung von drei Triaden jeweils drei verschiedener Persönlichkeitstypen vorstellen. Jede Triade behandelt dialektisch das jeweilige Problem-Thema. In jeder Triade hat ein Typus die für diese Dreiergruppe charakteristische Fähigkeit überentwickelt, ein weiterer hat sie unterentwickelt und der dritte hat den Zugang zu ihr vollständig verloren.

Wenn wir dieses Muster auf die Persönlichkeitstypen der Gefühls-Triade anwenden, sehen wir, daß Typus zwei sein Gefühlsleben überentwickelt hat; er drückt nur seine positiven Empfindungen aus und unterdrückt die negativen. Typus drei hat den Zugang zu seinen Gefühlen verloren und projiziert als Ersatz dafür ein Bild auf andere. Bei Typus vier ist das Gefühlsleben unterentwickelt. Er drückt sich durch irgendeine Art künstlerischer Betätigung oder ästhetischer Lebensform aus.

In der Handlungs-Triade haben wir Typus fünf, bei dem die Fähigkeit zum Handeln unterentwickelt ist. Er ersetzt das Handeln durch Denken. Typus sechs hat die Fähigkeit weitgehend verloren, selbständig und ohne die Zustimmung irgendeiner Autorität zu handeln. Typus sieben legt zuviel Gewicht auf das Tun, wird hyperaktiv und zunehmend manisch.

In der Beziehungs-Triade hat Typus acht die Fähigkeit, sich in Beziehung zur Umwelt zu sehen, überentwickelt. Er sieht sich selbst größer als alle und alles. Typus neun hat die Fähigkeit weitgehend verloren, sich auf seine Umgebung zu beziehen, da er sich mit einem anderen Menschen identifiziert, und er mehr durch den anderen lebt, als sich selbst zu entwickeln. Typus eins läßt seine Fähigkeit zur Umwelt-Beziehung verkümmern, so daß er sich immer seinem Ideal unterlegen fühlt, nach dem er unaufhörlich strebt.

Wenn wir eine dialektische Struktur vor uns haben (These, Antithese und Synthese), gehen wir immer von Dreiergruppen aus, bei denen die einzelnen Faktoren miteinander in Austausch stehen. Im Vergleich der Typen des Enneagramms mit denen von Karen Horney und Freud erkannten wir verschieden dialektische Gruppen: den zurückhaltenden, den angepaßten und den aggressiven Typus nach Horney (Ich, Es und Über-Ich), sowie den analen, den oralen und den phallischen Typus nach Freud. Das Wesen der dialektischen Struktur bildet einen Teil der Denkstruktur selbst ab. Gäbe es nur einen einzigen Grund, aus dem das Enneagramm funktioniert, so wäre es dieser.

Eine entwicklungspsychologische Betrachtungsweise

Es wird einsichtig, warum das Enneagramm aus neun grundlegenden Persönlichkeitstypen besteht, wenn wir diese Gruppe auch noch von einem anderen Standpunkt aus betrachten, nämlich dem der Beziehungen des Kindes zu seinen Eltern. Vom Standpunkt der Entwicklungspsychologie aus ist das Enneagramm eine universelle Typologie, die für alle Menschen in allen Zeiten und Kulturen Gültigkeit hat, da sie die neun möglichen Arten von Beziehung beschreibt, die jeder zu seinen Eltern haben kann. Jeder, ohne Ausnahme, hat zwei Eltern, ob sie nun leben oder tot sind, ob sie anwesend oder abwesend, gut oder schlecht sind. Es gibt neun Grundpersönlichkeitstypen, da es nur neun grundlegende Orientierungen gibt, die jedes Kind seinen Eltern gegenüber haben kann. Es ergibt sich aus der Summe der gesamten Kindheitserfahrungen, zu denen auch genetische Anlagen und Umweltfaktoren gehören, daß jeder schließlich eine der folgenden neun Orientierungen annimmt und sich deshalb zu einem der neun grundlegenden Persönlichkeitstypen entwickelt.

Der Grundtypus jedes Menschen ist ein Ergebnis der primären Orientierung zur Mutter, zum Vater oder gleichzeitig zu Mutter und Vater (wieder haben wir durch diese drei Orientierungen einen dialektischen Bezug). Zweitens kann die primäre Orientierung im wesentlichen positiv, negativ oder ambivalent gewesen sein. (Auch hier eine dialektische Dreierbeziehung.) So entstehen neun Persönlichkeitstypen, je nachdem, auf welchen Elternteil sich das Kind vor allem bezieht und welcher Art dieser Bezug ist.

Durch diese entwicklungspsychologische Betrachtungsweise entsteht wiederum ein Muster von drei mal drei, das zu neun Persönlichkeitsgrundtypen führt. Ein Kind kann beispielsweise eine positive Orientierung zu seiner Mutter gehabt haben, während ein anderes eine ambivalente Beziehung zu ihr hatte und ein drittes eine negative (wobei die Mutter natürlich in allen drei Fällen der gleiche Mensch gewesen sein kann); das erste Kind würde sich zu einem Persönlichkeitstypus drei entwickeln, das zweite zu Typus acht und das dritte zu Typus sieben. Diese Beziehungen kann man aus der folgenden Tafel ersehen:

	Art der Orientierung		
Eltern	positiv	ambivalent	negativ
Mutterorientierte Typen	drei	acht	sieben
Vaterorientierte Typen	sechs	zwei	eins
Mutter- und vater-orientierte Typen	neun	fünf	vier

Entwicklungs-Ursprünge

Diese Gruppierung der Persönlichkeitstypen erweist sich als äußerst vielsagend. Liest man diese Tafel horizontal, wird man Ähnlichkeiten mit dem Horneyschen System bemerken, das wir bereits betrachtet haben. Die Gruppe von Typus drei, acht und sieben (mutterorientierte Typen) sind jene, die sich aggressiv verteidigen (nach Horney »gegen die Menschen gewandt«). Diese Zusammenhänge haben natürlich auch ihre gesellschaftliche Auswirkung – es wird einem klar, daß die aggressivsten Mitglieder der Gesellschaft jene sind, die während ihrer Kindheit vor allem einen starken Bezug zu ihrer Mutter hatten. Eine Ursache der Zunahme von Gewalt in unserer Gesellschaft kann man auf die hohe Scheidungsrate zurückführen und auf die Tatsache, daß viele Kinder nur von ihren Müttern erzogen werden. Diese und andere kulturelle Faktoren führen zu einem Ansteigen der Zahl aggressiver Persönlichkeitstypen in unserer Kultur wie narzißtische Psychopathen (gestörter Typus drei), manisch-depressive Materialisten (gestörter Typus sieben) und angriffslustige, antisoziale Schlägertypen (gestörter Typus acht). Alle drei Typen sind auf unterschiedliche Weise infantil und haben ein starkes Es nach der Freudschen Terminologie.

Weiter wird ersichtlich, daß die Gruppe von Typus sechs, zwei und eins (die vaterorientierten Typen) jene sind, die sich mit Hilfe ihrer Angepaßtheit durchschlagen (nach Horney der entgegenkommende Typus). Im allgemeinen kann man sie als die »law and order«-Typen bezeichnen. Während die Angepaßtheit bei ihnen nach außen hin dominiert, sind sie in Wirklichkeit eine Mischung aggressiver und passiver Tendenzen. Werden sie von außen oder von ihrer Angst unter Druck gesetzt, so neigen diese Typen dazu, plötzlich ein destruktives Verhalten anzunehmen. Der Einfluß des Vaters und verinnerlichter Verbote, die durch den Vater symbolisiert werden, bringen eine mißtrauische, autoritäre Persönlichkeit hervor (der gestörte Typus sechs), einen selbstgerechten, strafenden Charakter (der gestörte Typus eins) und einen Schuldgefühle erweckenden, manipulativen Typus (gestörter Typus zwei). Alle drei Typen übernehmen auf ihre Weise die Rolle von Autoritätsfiguren, da sie die Moralgesetze der Gesellschaft verinnerlicht haben; zudem finden wir bei ihnen nach der Freudschen Terminologie ein sehr starkes Über-Ich.

Die letzte Gruppe, Typus neun, fünf und vier (jener Typus, der zugleich auf die Mutter und auf den Vater bezogen ist), besteht aus den Persönlichkeitstypen, die sich durch Rückzug verteidigen (nach Horney der »zurückhaltende« Typus). Es sind die Einsamen, die Intellektuellen und die Träumer in der Gesellschaft. Da sie in ihrer Kindheit stark auf beide Eltern bezogen waren, haben sie Probleme des Umgangs mit anderen Menschen; sie werden leicht von Kräften aus dem Inneren oder von außerhalb ihrer selbst überwältigt. Hier finden wir den emotional leidenden Typus voller Selbsthaß (gestörter Typus vier), den isolierten Paranoiker (gestörter Typus fünf) und den traumatisierten, gespaltenen Menschen (gestörter Typus neun). Allen drei Typen ist ein gestörtes Verhältnis zur Realität gemeinsam. Sie haben, nach der Freudschen Terminologie, Probleme mit ihrem Ich.

Es wird nicht überraschen, daß die Einstellung des Kindes seinen Eltern gegenüber eine der wichtigsten Grundlagen für die Persönlichkeitsentwicklung ist, und daß die verschiedenen Charaktere letztlich wiederum kulturelle Veränderungen in Gang setzen, die dann natürlich die Art beeinflussen, wie Eltern ihre Kinder erziehen, wodurch der Kreislauf weiter in Gang gehalten wird. Der einzelne, die Familie und die Gesellschaft hängen voneinander ab: eines kann nicht ohne das andere sein. So unterscheiden sich die verschiedenen psychologischen Schulen vielleicht gar nicht so sehr in ihrer Betrachtungsweise des Verhältnisses zwischen Individuum und Gesellschaft; sie untersuchen die Gegebenheiten lediglich auf ganz verschiedenen Ebenen.

Eine dynamisch-freudianische Betrachtungsweise

Sigmund Freud stellte die Dynamik der Seele als Interaktion von Es, Ich und Über-Ich dar. Diese seine sogenannte strukturelle Hypothese haben wir bereits untersucht. Jedoch wurden diese Charaktertypen weder von Freud noch von seinen Nachfolgern je vollständig beschrieben, vielleicht aus folgendem Grund:

> Es wäre von Vorteil, wenn die psychoanalytische Charakteranalyse uns eine dynamische Klassifizierung geben könnte. Keiner der bisher gemachten Versuche in dieser Richtung scheint jedoch erfolgreich gewesen zu sein. Einen Aspekt als Kriterium der Einteilung auszuwählen, bringt notwendigerweise eine Vernachlässigung anderer Aspekte mit sich.

Einen der bedeutendsten Versuche in dieser Richtung unternahm Freud selbst. Nachdem er die Psyche in die Kategorien Es, Ich und Über-Ich unterteilt hatte, fragte er, ob es nicht möglich wäre, danach menschliche Charaktertypen zu unterscheiden, wie dominant eine dieser drei Autoritäten ist. Es mag »erotische« Typen geben, deren Leben durch die instinkthaften Forderungen ihres Es bestimmt werden; »narzißtische« Typen, die sich von ihrem Ich so dominiert fühlen, daß weder andere Menschen noch Forderungen des Es oder des Über-Ich sie stark berühren; und schließlich mag es »zwanghafte« Typen geben, deren ganzes Leben von einem strengen Über-Ich reguliert wird, das die Persönlichkeit beherrscht. Freud beschrieb zudem »Mischtypen«, bei denen eine Verbindung zweier Kräfte die dritte überwiegt.

Abgesehen von der Frage, ob die Freudschen Beschreibungen eines »erotischen« oder eines »narzißtischen« Typus wirklich den Menschen entspricht, deren Es oder Ich vorherrscht, gibt es einen noch wichtigeren Einwand gegen die von ihm vorgeschlagene Typologie: die Psychoanalyse ist im wesentlichen eine *dynamische* Disziplin. Sie versucht gegebene Phänomene als Ergebnis von Konflikten zu deuten ... eine Kategorisierung von »Es-Menschen«, »Ich-Menschen« und »Über-Ich-Menschen« ist kein dynamisches Konzept. Für einen dynamischen Typus wären nicht Es, Ich oder Über-Ich charakteristisch, sondern die vielfältigen Bezüge zwischen Es, Ich und Über-Ich. Deshalb wurde Freuds Typologie nicht oft angewendet, wenn es um das Erkennen neurotischer Charakterstörungen ging. (Otto Fenichel, *The Psychoanalytic Theory of Neurosis,* 525–526)

Das aber ist genau der Grund, warum das Enneagramm die ganze Charaktervielfalt der verschiedenen Persönlichkeitstypen wiedergeben kann. Die Typen des Enneagramms stellen

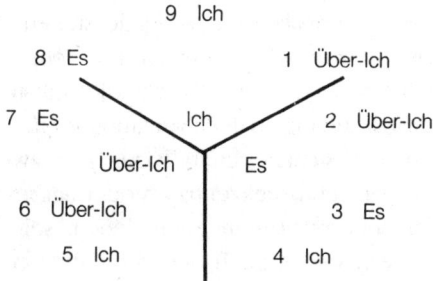

9 Ich

8 Es   1 Über-Ich

7 Es   Ich   2 Über-Ich

   Über-Ich   Es

6 Über-Ich   3 Es

   5 Ich   4 Ich

Die Freusche Dynamik im Enneagramm

eine dynamische Beziehung zwischen Es, Ich und Über-Ich her. Bei jedem der sich ergebenden neun Typen treten alle drei Freudschen Seelenfunktionen miteinander in Verbindung. Man muß nicht einen Aspekt als das Kriterium der Einteilung auswählen, wie Fenichel sagt, und dabei die anderen Aspekte vernachlässigen. Alle drei Aspekte des Seelenlebens werden bei jedem Persönlichkeitstypus und beim Enneagramm in seiner Gesamtheit gleichzeitig in Betracht gezogen. Jede Triade wird von einer der drei Freudschen psychischen Kategorien beherrscht; deshalb werden die Triaden charakterisiert als Bereich der Gefühlsstörung (Es-dominierte Typen), der Störungen des Handelns (Über-Ich-dominierte Typen) oder der Beziehungsstörungen (Ich-dominierte Typen). So gibt es in jeder Triade ein Kernproblem: die Typen der Gefühlstriade haben gemeinsam Probleme, die aus dem Verhältnis zu ihrem Es herrühren. Die Typen der Handlungs-Triade haben gemeinsam Probleme, die vom Über-Ich herrühren und die Typen der Beziehungs-Triade haben Probleme, die durch ihr Verhältnis zum Ich bestimmt werden. Die Freudschen Bezeichnungen sind in der obenstehenden Darstellung auf die jeweiligen Triaden bezogen.

Wir sehen also, daß zu jedem Kernproblem jeder Triade die einzelnen Persönlichkeitstypen zusätzlich von einer der Freudschen Seelenfunktionen bestimmt werden, die in Widerstreit mit dem Kernproblem der Triade stehen. Persönlichkeitstypus zwei beispielsweise wird von seinem Über-Ich beherrscht. Sie werden sich erinnern, daß die Selbstachtung von Typus zwei davon abhängt, daß er von anderen für seine guten Werke und guten Absichten geliebt wird. Typus zwei fühlt sich schuldig, wenn er lieblos, exzentrisch oder aggressiv ist, usw. Das Über-Ich beherrscht sein Seelenleben, sein Es jedoch (seine aggressiven sexuellen Triebe) sind ebenso Bestandteil des Gesamtbildes. Um die Freudsche Dynamik zu interpretieren, könnten wir sagen, daß das Über-Ich und das Es von Typus zwei sich in gewisser Weise potentiell konflikthaft zueinander verhalten. Typus zwei muß sein Ich ins Gleichgewicht mit seinem Über-Ich und Es bringen, indem er sich zu Typus vier hin entwickelt (bei dem wiederum das »Ich« am äußeren Rand der Illustration zu finden ist). Andererseits bewegt sich Typus zwei, wenn er neurotisch wird, in seine Desintegrationsrichtung, also zu Typus acht hin, wobei er noch stärkere Es-Kräfte mit seinem ohnehin schon starken Es verbindet, was zur Folge hat, daß seine aggressiven Impulse überwältigend und destruktiv werden.

Bringt man diese Querbezüge mit dem Enneagramm in Verbindung, so werden sie wesentlich verdeutlicht.

Verschiedene andere kurze Beispiele mögen helfen, die Nützlichkeit dieser Interpretationsweise darzulegen. Das Ich von Typus fünf steht in Konflikt mit seinem Über-Ich und muß sich in Richtung Typus acht hin entwickeln, um sein Seelenleben mit der Hilfe des Es ins Gleichgewicht zu bringen. Aber auch wenn sich Typus acht in Richtung Typus sieben entwickelt, kommt er mit dem Es in Berührung – was auf ein Problem mit den Es-Kräften sowohl in der Integrations- als auch in der Desintegrationslinie bei diesem Typus hinzuweisen scheint. Das stimmt gleichfalls, da es gerade das Es ist, das Typus fünf unter Kontrolle bringen muß. Wenn ein gesunder Typus fünf sich in Richtung Typus acht, also zur Integration hin entwickelt, kommt sein Es vor allem dadurch ins Gleichgewicht mit seinem Ich und seinem Über-Ich, daß es sublimiert, d. h. transformiert wird in echte schöpferische Arbeit. Wird Typus fünf jedoch neurotisch und begibt sich in Richtung Typus sieben, wird er immer aggressiver und impulsiver, bis er sein Zentrum vollständig verliert. Diese Analyse zeigt, daß Typus fünf vor allem an seinem Es arbeiten muß, gleichgültig in welche Richtung seine Entwicklung geht.

Zuletzt werden Sie sehen, daß das Hauptproblem jeder Triade für Typus drei, sechs und neun noch verstärkt wird. Diese primären Typen haben die größten Probleme mit Gefühl, Handeln oder Beziehung und deshalb jeweils mit dem Es, Über-Ich oder Ich. Typus drei beispielsweise kann man charakterisieren als jemanden, der irgendein spezielles Problem mit seinem Es hat, Typus sechs mit seinem Über-Ich und Typus neun mit seinem Ich. Die Es-Probleme von Typus drei beispielsweise resultieren daraus, daß er den Kontakt zu seinen Gefühlen verliert und boshaft und feindselig wird, wenn er sich zur Neurose hin entwickelt. Das Über-Ich-Problem von Typus sechs rührt von der Verinnerlichung der Aggression von Autoritätsfiguren her, was bei solchen Menschen zugleich eine kämpferische Haltung nach außen und eine masochistische Haltung sich selbst gegenüber erzeugt. Die Ich-Probleme von Typus neun rühren daher, daß er mit sich selbst als Individuum nicht in Kontakt ist und schließlich das gesunde Verhältnis zur Realität verliert.

Beschäftigen wir uns etwas näher mit Typus drei. Wie Sie wissen, ist es der Persönlichkeitstypus in der Gefühls-Triade, der am wenigsten Kontakt zu seinen Gefühlen hat. Typus drei muß sich erst in Richtung Typus sechs und dann zu Typus neun hin entwickeln, um mit Hilfe des Über-Ichs (Typus sechs) und des Ichs (Typus neun) zu seelischem Gleichgewicht zu gelangen. Das Ich von Typus drei ist oft überentwickelt (narzißtisch und exhibitionistisch), deshalb würde eine Entwicklung zu Typus neun einen Ausgleich schaffen. Ganz offensichtlich muß Typus drei erst sein Über-Ich aktivieren (und damit sein Gewissen entwickeln), bevor er sein Ich mit seiner übrigen Psyche ins Gleichgewicht bringt.

Diese Interpretation des Enneagramms macht verschiedenes klar: warum jeder Typus anders ist, warum die Integrations- und Desintegrationsrichtungen bestehen, und warum das Enneagramm als Ganzes ein Symbol jedes Menschen ist. Das Enneagramm gilt als ein universelles Symbol, weil unsere grundlegenden Probleme auf unser Verhältnis zu Es, Ich und Über-Ich zurückgeführt werden können. Jeder Mensch wird von diesen drei Problembereichen berührt, ob wir sie nun mit ihren Freudschen Bezeichnungen oder mit den Begriffen des Enneagramms, Gefühl, Beziehung und Handeln, benennen.

Es gäbe darüber noch mehr zu sagen, mehr zu den Beschreibungen und mehr zur Theorie. Aber auch schon diese kurze Darlegung wird deutlich machen, daß wir uns den Persönlichkeitstypen des Enneagramms aus ganz verschiedenen Richtungen nähern können.

Der Grund dafür, daß das Enneagramm von so vielen unterschiedlichen psychologischen Standpunkten aus Gültigkeit hat, liegt darin, daß es auf verschiedenen Ebenen der Abstraktion gleichzeitig funktioniert. Es scheint keine ausschließliche theoretische Erklärung dafür zu geben, warum das so ist. Das Enneagramm ist umfassend.

Das Enneagramm dient als ein außergewöhnliches Bezugssystem, wenn es darum geht, zu mehr Selbsterkenntnis zu kommen. Von welchem Standpunkt wir es auch betrachten – wir entdecken unerwartete Bezüge zu neuen und alten Ideen. Wie ich schon zu Beginn des Kapitels sagte, ist das ein deutlicher Hinweis darauf, daß es sich beim Enneagramm um ein universelles psychologisches Symbol handelt, also um etwas, das entdeckt wurde und nicht erfunden. Was das periodische System der Elemente von Mendelejew für die Physik ist, könnte das Enneagramm für die Psychologie sein – eine Möglichkeit, äußerst komplexe Zusammenhänge auf verständlichere Weise darzustellen.

Ebenso wie die Bezüge zwischen den Gruppen von Atomen zu komplex sind, um von irgend jemandem erfunden worden zu sein, ist das Enneagramm zu komplex, um dem menschlichen Denken entsprungen zu sein. Seine Vielfältigkeit, sein Beziehungsreichtum und dabei seine Einfachheit ergeben ein Ganzes, das man nicht hätte konstruieren können aus einer Zusammensetzung von Elementen, die man für eine Typologie braucht.

Das Enneagramm ist offenbar ein Symbol, das die Symmetrien und Abweichungen des menschlichen Geistes selbst widerspiegelt.

Kapitel 15

Ein persönliches Nachwort

Sich der Welt und der erschreckenden Unsicherheit des menschlichen Daseins in seiner Nacktheit und Wehrlosigkeit zu stellen, ist für jeden, der die Tragweite der Situation erkennt, eine schier überwältigende Aufgabe. Jeder Persönlichkeitstypus versucht sich auf seine Art vor der schonungslosen Einsicht in die Unsicherheit seiner Existenz zu schützen. Jeder Typus wendet eine andere Strategie an, um als Schutz gegen Unsicherheit und Alleinsein sein Ich aufzuwerten.

Es ist schon etwas paradox, daß wir gar nicht anders können, als uns gegen ein vollständiges Bewußtsein unserer Existenz zu wehren. Das Geheimnis ihres Daseins gefährdet die Menschen, ob sie dieses Dasein nun in Hoffnung bejahen oder sich ihm in Verzweiflung zu entziehen versuchen. Aber wie wir in den Beschreibungen sahen, hat es etwas Zerstörerisches für jeden einzelnen Persönlichkeitstypus, wenn er sein Ich überbetont und seine Abwehrmechanismen bis ins Extrem treibt. Öffnen wir uns dem Leben so ungeschützt, so laufen wir Gefahr, zum Opfer zu werden; öffnen wir uns ihm zuwenig, zerstören wir uns von innen heraus. Zuviel Freiheit ist ebenso bedrohlich wie der Verlust der Freiheit. Wenn alles gesagt und getan ist, bleibt den Geschöpfen, die sich ihrer eigenen Sterblichkeit bewußt sind, existenzielle Angst vielleicht als einzig angemessene Reaktion. Wie Moses vor dem brennenden Dornbusch, zittern wir vielleicht vor Schrecken, weil wir erkennen, daß wir letztlich vor dem Abgrund des Seins stehen. Aus diesem scheinbar unlösbaren Widerspruch gibt es wohl nur einen Ausweg: die Hoffnung, einen Sinn in unserem Leben zu finden, einen Sinn, der uns mit einer Wirklichkeit außerhalb von uns selbst verbindet.

Dabei stehen wir vor der eigentlich unmöglichen Aufgabe, einen Sinn für unser Leben zu suchen, ohne unser Leben als Ganzes zu erkennen. Es gibt keine andere Möglichkeit, mit Sicherheit herauszufinden, worin dieser Sinn liegt, als uns auf einen höheren Standpunkt zu stellen, um von dort aus den »roten Faden« zu erkennen, der sich durch unser Leben zieht. Wir können aber nur im Augenblick des Todes wirklich aus unserer Existenz heraustreten, in dem Moment also, in dem diese Existenz zu Ende ist. In diesem Augenblick werden wir uns entweder in Nichts auflösen oder erkennen, daß wir immer noch da sind. Sind wir noch da, so werden wir wissen, ob unser Leben einen Sinn hatte und worin dieser Sinn lag. Das Geheimnis und die Tragik der Existenz liegt zum großen Teil darin, daß wir einfach nicht mit Gewißheit sagen können, was unser Leben bedeutet, bevor dieser entscheidende Augenblick gekommen ist.

Obwohl der letzte Sinn des Lebens im dunkeln liegt, beeinflußt er doch jeden Augenblick, den wir erleben. Unsere Beurteilung des Lebenssinns beeinflußt alles und jede Entscheidung, die wir treffen. Bei Betrachtung dieser Realitäten bewegen wir uns aus dem Bereich der Psychologie in den der Metaphysik, in dem das menschliche Dasein letztlich vielleicht Sinn hat, vielleicht aber auch nicht. Vielleicht ist die menschliche Existenz absurd, weil es keinen letztendlichen persönlichen Zusammenhang gibt, sondern nur die endlose Wiederkehr von Materie und Energie im unpersönlichen Universum. Vielleicht ist der letzte Sinnzusammenhang des menschlichen Lebens aber auch persönlich, vielleicht gibt es einen Gott, dessen Existenz der Grund für unsere eigene Existenz ist. Das ist entweder so oder es ist nicht so, es gibt keine Möglichkeit, die Wahrheit darüber herauszufinden, solange wir leben. So gehört zum Sinn des Lebens auch immer »Glaube«, ob wir es so nennen oder nicht.

Wir können nicht ohne irgendeine Art von Überzeugung leben. Glauben wir nicht an Gott, so müssen wir an etwas anderes glauben. Da wir ohne Sinn, ohne Bezug auf etwas außerhalb unserer selbst nicht leben können, schaffen wir uns unvermeidlich Idole als Ersatz für den Glauben an das Transzendente und den Sinn, der daraus erwächst. Das höchste und universellste Idol ist natürlich der Stolz, das sich aufblähende Ich, das versucht, die Ursache seines eigenen Daseins zu sein und seinen persönlichen Sinn aus eigener Kraft zu finden. Jeder Persönlichkeitstypus ist versucht, sich hinter einer bestimmten Form von Stolz zu verschanzen, um sich dadurch gegen seine Existenzangst zu schützen. Typus neun ist versucht zu glauben, Ungestörtheit und Seelenruhe seien der höchste Wert, für Typus acht ist es der Glaube an seine eigene Macht, für Typus sieben die Überzeugung, er werde Erfüllung im materiellen Besitz finden, für Typus sechs der Glaube an die Sicherheit, die ihm andere Menschen geben können, für Typus fünf die Überzeugung, Wissen sei ein Wert in sich, für Typus vier der Glaube an seine Freiheit und Unabhängigkeit, für Typus drei die Fixierung auf seine Selbstdarstellung, für Typus zwei der Glaube an seine eigene Wichtigkeit und für Typus eins die Selbstgerechtigkeit. Diese Versuchungen sind zwar für die einzelnen Persönlichkeitstypen charakteristisch, wir alle können jedoch jeder einzelnen unterliegen.

Wenn dieses Buch ein Grundthema hat, wenn wir etwas aus dem Studium der Persönlichkeitstypen lernen können, so ist es die Einsicht, daß wir logischerweise glücklich zu werden versuchen, indem wir nach persönlicher Erfüllung streben, daß wir diese aber oft auf falsche Weise suchen. Jeder Persönlichkeitstypus erschafft sich eine sich selbst erfüllende Prophezeihung und bringt auf seiner Suche nach Glück gerade das hervor, was er am meisten fürchtet, während er das, was er sich am intensivsten wünscht, verliert. Wenn wir nach dem Glück suchen und dabei unser Ego auf Kosten tieferer Werte überbetonen, können wir sicher sein, daß wir auf unserer

Suche scheitern. Ichhafte Anmaßung auf Kosten des wirklich Guten ist töricht, ja sie führt uns ins Labyrinth falscher Werte, falscher Götter und Idole. Jeder Persönlichkeitstypus trägt den Hang zum Selbstbetrug in sich, der ihn unvermeidlich von seinem Weg zu wirklicher Erfüllung und zu tiefstem Glück abbringen kann. Das ist ein unwiderrufliches psychisches Gesetz, etwas, das uns vollkommen klar sein muß, wenn wir den Mut haben wollen, am richtigen Ort und auf die richtige Weise nach dem Glück zu suchen.

Ein Blick auf die Persönlichkeitstypen in ihrer Gesamtheit zeigt uns, was uns erwartet, wenn wir unser Ich auf Kosten anderer Werte überbetonen. Durch seine Versuche, andere zur Liebe zu zwingen, wird Typus zwei schließlich gehaßt. Typus drei wird wegen seiner Überheblichkeit letztlich zurückgewiesen. Da er nur seinen Gefühlen gehorcht, vergeudet Typus vier schließlich sein Leben. Da er seine Ideen der Realität aufzwingt, verliert Typus fünf den Kontakt zur Realität. Weil er zu abhängig ist von anderen, ist Typus sechs schließlich der Verlassene. Weil er nur sein Vergnügen lebt, wird Typus sieben schließlich zum enttäuschten und unbefriedigten Menschen. Typus acht zerstört alles selbst, weil er versucht zu herrschen und zu erzwingen. Weil er sich zu sehr an andere anpaßt, endet Typus neun als unentwickelter, hohler Mensch. Und Typus eins, der auf unmenschliche Weise versucht, perfekt zu sein, pervertiert schließlich seine Menschlichkeit. Dieser unerbittlichen Entwicklung entgeht man nur durch die Erkenntnis, daß einzig durch Transzendenz des Ichs Hoffnung auf Glück besteht. Eine alte Weisheit sagt, daß wir das Leben nur behalten können, wenn wir bereit sind, es aufzugeben. So kann man noch eine weitere Schlußfolgerung ziehen, die ich das Gesetz der seelischen »Vergeltung« nennen möchte. Für unsere Übeltaten haben wir nicht die Strafe eines zornigen Gottes zu erwarten. Es liegt in der Natur der Psyche, daß wir uns selbst auf irgendeine Weise bestrafen, da wir für jede Entscheidung, die wir treffen, unweigerlich zahlen müssen.

Wie hoch dieser Preis ist, wird vielleicht nicht gleich sichtbar. Deshalb können wir uns so leicht einreden, unser Handeln bliebe ohne Folgen. Alles aber geschieht um den Preis, daß wir die Art von Mensch werden, die wir sind. Durch unsere Entscheidungen erschaffen wir uns selbst und formen unsere Zukunft – glücklich oder unglücklich.

Wie aber können wir das Ich überwinden? Was kann uns motivieren, es zu tun? Wie können wir wissen, was uns wirklich glücklich machen wird?

Die Menschen suchen immer nach dem, von dem sie glauben, es sei gut für sie, selbst wenn sich herausstellt, daß sie dabei die falsche Entscheidung getroffen haben. Manche suchen Reichtum, andere Ruhm, andere Sicherheit, denn jeder möchte das haben, von dem er meint, es bringe ihm Glück. Aber wenn wir nicht herausfinden, was wirklich gut ist, indem wir zu erkennen versuchen, was wir *wirklich* brauchen, werden wir immer durch die Verfolgung unserer Wünsche auf den falschen Weg geleitet werden, bis wir schließlich nur noch oberflächlichen Werten nachjagen. Wenn die Menschen sich mit Oberflächlichem abfinden, werden die Ziele ihrer Wünsche zu Idolen, die sie nie wirklich befriedigen können. Dann leiden sie und fragen sich, warum.

Merkwürdig dabei ist, daß wir auf unserer Suche nach dem Sinn des Lebens in der schwierigen Lage sind, nach dem zu suchen, was wirklich gut für uns ist, ohne eine klare Vorstellung davon zu haben, was das sein könnte. Jeder Persönlichkeitstyp hat die Neigung, das, was er für gut hält, am falschen Ort, auf die falsche Weise (oder beides) zu suchen. Typus zwei glaubt, er wäre glücklich, wenn er von anderen geliebt (oder verehrt) würde; Typus drei, wenn er von allen bewundert wird; Typus vier, wenn er sich vollkommen frei ausleben kann; Typus fünf, wenn er im Denken Gewißheit findet; Typus sechs, wenn er absolute Sicherheit hat; Typus sieben, wenn er alles haben kann, was er will; Typus acht, wenn er sich durchsetzen kann; Typus neun, wenn er mit etwas anderem verschmelzen kann, und Typus eins, wenn er vollkommen ist. Diese Strategien scheitern, da es sich nur um sekundäre Werte handelt, die zum Status des höchsten Lebenswertes erhoben wurden.

Wie kann uns nun das Enneagramm helfen herauszufinden, was wirklich gut für uns ist? Die Antwort ist einfach: indem es uns zeigt, daß das, was jeder Persönlichkeitstypus wirklich braucht, in seiner Höherentwicklung, also in seiner Integrationsrichtung liegt.

Die Schwierigkeit liegt darin, daß wir uns erst dann zur Integration hin entwickeln können, wenn wir uns selbst überwunden haben. Wir müssen bereit und fähig sein, unser Ich zu transzendieren, um etwas Höheres zu erreichen, einen Wert, der außerhalb von uns selbst liegt.

Selbstüberwindung ist schwierig und löst Angst aus, da sie verlangt, daß wir uns auf unbekanntes Terrain begeben und Dinge fühlen, tun und in der Beziehung zu anderen Menschen leben, die unserer Persönlichkeit fremd sind, die unseren vergangenen Gewohnheiten widersprechen, die unseren alten Vorstellungen und unserer früheren Identität zuwiderlaufen. Das kann geschehen, sobald wir einmal begonnen haben, die Fesseln unserer Kindheit abzustreifen. In gewissem Sinn ist es eine Art von Wiedergeburt, die Entstehung eines neuen Menschen, der lernt, das Alte hinter sich zu lassen und sich mutig in eine neue Welt vorzuwagen.

Gerade das aber muß jeder Persönlichkeitstypus versuchen, wenn er je wirkliches Glück erlangen will. Typus zwei muß seine Neigung zum Selbstbetrug überwinden, indem er sich zur Selbsterkenntnis des gesunden Typus vier hin entwickelt. Typus drei muß seinen verzehrenden Neid auf andere überwinden, indem er sich zur Loyalität und Hingabefähigkeit des gesunden Typus sechs hin entwickelt. Typus vier muß seine selbstzerstörerische Subjektivität überwinden, indem er sich zur Objektivität und Selbstdisziplin des gesunden Typus eins hin entwickelt. Typus fünf muß seinen Nihilismus überwinden, indem er in sich den Mut des gesunden Typus acht entwickelt. Typus sechs muß sein Mißtrauen gegen andere überwinden, indem er sich zur Offenheit des gesunden Typus neun hin entwickelt. Typus sieben muß seine Impulsivität überwinden und sich zur Konzentrationsfähigkeit des gesunden Typus fünf hin entwickeln. Typus acht muß seine Egozentrizität überwinden und sich zur Anteilnahme für andere, wie sie Typus zwei eigen ist, hin entwickeln. Typus neun muß seine Selbstzufriedenheit überwinden und sich etwas von dem Ehrgeiz des gesunden Typus drei aneignen. Und Typus eins muß seine Inflexibilität überwinden, indem er sich zur Produktivität eines gesunden Typus sieben hin entwickelt.

Das Ich zu überwinden heißt im Grunde nichts anderes als lieben zu lernen. Nur Liebe hat die Kraft, uns vor uns selbst zu retten. Wenn wir nicht lernen, uns selbst und andere wirklich zu lieben, gibt es keine Hoffnung auf dauerhaftes Glück, Frieden oder Erlösung. Und weil wir uns selbst nicht wirklich lieben, verlieren wir uns so leicht in den vielen Illusionen, die uns das Ego vorgaukelt.

Darauf muß sich die Psychologie besinnen, wenn sie weniger unfruchtbar sein will. Schließlich war es sogar Freuds eigenes Therapieziel, einem Menschen zu helfen, daß er »arbeiten und lieben« kann. Die moderne Psychologie scheint aus den Augen verloren zu haben, wie man sich darum bemüht, denn sie hat dem Transzendenten abgeschworen, beschäftigt sich nicht mehr mit Werten, sie weicht der Frage nach richtig oder falsch aus, und hat resigniert, wenn es darum geht, die Menschen zu lehren, wie man richtig lebt. Wenn die Wiedergewinnung der Fähigkeit zu arbeiten (also die Welt neu zu erschaffen) und zu lieben (das Selbst neu zu erschaffen) nicht eines der wichtigsten Ziele der Psychologie wird, so muß sie letztlich scheitern. Therapeutische Techniken können auf Dauer nicht viel Gutes bewirken, wenn sie uns nicht bei der Suche nach Erfüllung helfen. Das Erbe aller großen Menschen zeugt davon, daß die

Erfüllung darin liegt, nach dem Guten außerhalb von uns selbst zu streben.

Das ist leicht zu sagen und schwer in die Tat umzusetzen. Es scheint das Schicksal des Menschen zu sein, daß er das Wichtigste im Leben nur unter Mühe zu lernen vermag. Doch nur wenn wir unter unseren eigenen Fehlern leiden, wird uns Erkenntnis zuteil. Wer würde schon glauben, daß das Glück dort liegt, wo die Selbstüberwindung beginnt, wenn er das nicht an sich selbst erfahren hätte?

> Wie das Sprichwort sagt, ist der größte Umweg der kürzeste Weg zurück nach Hause. Man muß anscheinend versuchen, das Geheimnis zu finden, indem man sich irgendwohin auf den Weg macht, um dann zu erkennen, daß man es schon gefunden hat. Der Weg führt einen immer im Kreis herum, zurück zu dem Ort, von dem man ausgegangen ist. (Alan Watts, *The Meaning of Happiness*, 119–120)

Um es auf das Enneagramm bezogen auszudrücken: die Bewegung, die wir in der Integrationsrichtung machen, bringt uns im Kreislauf wieder zurück zu uns selbst – »der größte Umweg ist der kürzeste Weg zurück nach Hause«. Unsere Erfüllung liegt nicht auf dem Weg eines eifersüchtig gehüteten Selbst, sondern auf dem Weg zur Selbsttranszendenz, wo wir lernen, in uns Raum für den anderen und das andere zu schaffen. Damit beschäftigt sich Alan Watts noch weiter. Er sagt, daß wir, auch wenn wir alle psychologischen Techniken angewendet haben, die uns zur Verfügung stehen, immer noch unzufrieden sind, da wir am falschen Ort nach dem Glück gesucht haben.

> Sie [die psychologische Technik] hinterläßt immer einen ungelösten Rest, denn es bleibt eine subtile, undefinierbare und schwer greifbare innere Unzufriedenheit zu-

rück ... eine »göttliche Unzufriedenheit«, denn ich glaube, es ist das, was die Mystiker als die Sehnsucht der Seele nach Gott beschreiben. Wie Augustinus sagt: »Unruhig ist unser Herz, bis es ruhet in Dir.« Durch hunderterlei verschiedene Techniken können wir unser Leben stückweise in Ordnung bringen und uns glücklich machen in dem oberflächlichen Sinn, daß wir eigentlich keinen Grund haben, über irgend etwas unglücklich zu sein. Doch Techniken befassen sich immer nur mit Details, mit einzelnen Teilen des Ganzen; es bedarf etwas anderes, um unsere Lebenseinstellung grundsätzlich und damit unser ganzes Leben zu verwandeln. Ohne diese Verwandlung bleibt ein deutliches Gefühl des Unerfülltseins. Mit Techniken kann man die Teile finden; man kann dazu kommen, die Dinge hinzunehmen, man kann zu Reichtum, Vergnügen, Erfahrung und allen möglichen... unbekannten Bereichen der Seele gelangen. Doch selbst wenn man all diese einzelnen Teile zusammenfügt, bleibt immer noch etwas, das kein technischer Trick oder keine Methode finden kann, und das ist das Ganze, das größer ist als seine Teile.

Die Psychologie, Selbsthilfe-Bücher oder das Enneagramm können uns nicht retten. Sie können uns nicht wirklich glücklich machen oder zumindest nicht für lange Zeit, da sie nur Teilaspekte der menschlichen Natur erfassen und nur begrenzt Wahrheiten vermitteln können. Natürlich können uns psychologische Erkenntnisse helfen zu erkennen, wovor wir Angst haben und was uns immer wieder unglücklich macht. Die Psychologie kann uns helfen herauszufinden, wie wir uns verhalten, wonach wir am meisten streben und welche unserer Bestrebungen zu Konflikten und Illusionen führen, die uns teuer zu stehen kommen.
Auch facettenreiche und subtile Beschreibungen der Persönlichkeitstypen können nur grobe Umrisse der Menschennatur

darstellen. So wertvoll die Beschäftigung mit ihnen auch sein mag, der Umgang mit dem Enneagramm kann keine letzten Antworten über uns selbst geben, denn diese gehören in einen anderen Bereich. Das Enneagramm kann keine Wunder vollbringen, und es kann uns auch nicht zu verwirklichten Geschöpfen machen.

Aber es hilft uns zu verstehen, wie wir im besten und im schlechtesten Fall sein können und bestätigt uralte Erkenntnisse über das Wesen des Menschen. Und doch ist das Enneagramm letztlich nur ein Werkzeug, das uns bis zu einem bestimmten Punkt nützlich sein kann, das man dann aber beiseite legen muß, um sich dem zuzuwenden, was unsagbar ist.

Bibliographie

Auf der Suche nach Material für dieses Buch konnte ich mich nur auf sehr wenige Quellen berufen, da die historische Überlieferung des Enneagramms so ungewöhnliche Wege ging und nur wenige umfassende Beschreibungen der Persönlichkeitstypen vorliegen. Weil ich die Persönlichkeitstypen des Enneagramms in Beziehung zur modernen Psychologie setzen wollte, konsultierte ich Bücher über Psychoanalyse und Psychiatrie. Die entsprechende Literatur war für mich deshalb am ergiebigsten, weil sie nicht nur auf Theorie, sondern auf klinischen Beobachtungen beruht.

Zudem las ich populäre Selbsthilfebücher, um zu sehen, wie andere Autoren das Problem lösen, Persönlichkeitstypen von verschiedenen Standpunkten aus zu beschreiben. Die folgende Liste ist jedoch keine vollständige Bibliographie all dieser Quellenwerke, sondern eine Auswahl der Bücher, die mir besonders interessant erschienen. Ich empfehle sie jedem Leser, der mehr über Persönlichkeitstypen und verwandte Themen erfahren möchte.

Becker, Ernest: *The Denial of Death.* Free Press, New York 1973
Beesing, Maria, O. P., Robert J. Nogosek, C. S. C., and Patrick H. O'Leary, S. J.: *The Enneagram: A Journey of Self-Discovery.* Dimension Books, Denville, New York 1983
Bennet, J. G.: *Enneagram Studies.* Samuel Weiser, York Beach, Me. 1983
–, *Gurdjieff: Making a New World.* Harper and Row, Colophon Books, New York, 1973
Cameron, Norman: *Personality Development and Psychopathology.* Houghton Mifflin, Boston 1963
De Christopher, Dorothy: Aus: *The Movement Newspaper* (Mai 1981) in: *Interviews with Oscar Ichazo.* Arica Institute Press, New York 1982
Diagnostic and Statistical Manual of Mental Disorders, American Psychiatric Association. Washington, D. C., 3. Ausg. 1980
Feldman, Silvia: Besprechung von Barbet Schroeders Film *General Idi Amin Dada. Psychology Today* (Dezember 1976)
Fenichel, Otto: *The Psychoanalytic Theory of Neurosis.* W. W. Norton, New York 1945

Fine, Reuben: *A History of Psychoanalysis.* Columbia University Press, New York 1979

Freud, Sigmund: *Zur Psychopathologie des Alltagslebens.* Fischer, Frankfurt 1987

– *Das Ich und das Es.* Fischer, Frankfurt 1988

– *Abriß der Psychoanalyse.* Fischer, Frankfurt 1988

– *Die Traumdeutung.* Fischer, Frankfurt 1987

Fromm, Erich: *Die Seele des Menschen.* dtv, München 1988

Galbraith, John Kenneth: *Die Anatomie der Macht.* Heyne, München 1989

Goldenson, Robert M.: *The Encyclopedia of Human Behavior.* Dell, New York 1970

Greenberg, Jay R. und Stephen A. Mitchell: *Object Relations and Psychoanalytic Theory.* Harvard University Press, Cambridge 1983

Greven, Philip: *The Protestant Temperament.* New American Library, New York, 1977

Hinsie, Leland E., und Robert J. Campbell: *Psychiatric Dictionary.* 4. Ausgabe, Oxford University Press, New York, 1970

Horney, Karen: *Neurose und menschliches Wachstum.* Fischer, Frankfurt 1988

– *Der neurotische Mensch in unserer Zeit.* Fischer, Frankfurt

– *Unsere inneren Konflikte. Neurosen in unserer Zeit. Entstehung, Entwicklung und Lösung.* Fischer, Frankfurt

Jung, Carl Gustav: *Psychologische Typen.* Gesammelte Werke Band VI, Walter, Olten und Freiburg 1971

Keen, Sam: Nachdruck aus *Psychology Today* (Juli 1973) in: *Interviews with Oscar Ichazo.* Arica Institute Press, New York 1982

Deirsey, David, und Marilyn Bates: *Please Understand Me.* Prometheus Nemesis Books, Del Mar, Kalifornien, 1978

Kernberg, Otto: *Borderline-Störungen und pathologischer Narzißmus.* Suhrkamp, Frankfurt 1983

Korda, Michael: *Power!* Random House, New York 1975

Leary, Timothy: *Interpersonal Diagnosis of Personality.* Ronald Press, New York 1957

Lilly, John C.: *Das Zentrum des Cyclons. Eine Reise in die inneren Räume.* Fischer, Frankfurt 1988

Lilly, John C., und Joseph E. Hart: »The Arica Training« in *Transpersonal Psychologies.* Herausg.: Charles T. Tart, Harper and Row, New York 1975

Lowen, Alexander: *Narzißmus. Die Verleugnung des wahren Selbst.* Kösel, München

Maccoby, Michael: *The Gamesman.* Simon and Schuster, New York 1976

Maddi, Salvatore R.: *Personality Theories.* Dorsey Press, Homewood, Ill. 1968

Malone, Michael: *Psychetypes.* E. P. Dutton, New York, 1977

Meisser, W. W.: *The Borderline Spectrum.* Jason Aronson, New York 1984

Metzner, Ralph: *Know Your Type.* Doubleday, New York 1979

Millon, Theodore: *Disorders of Personality,* John Wiley, New York, 1981

Mullen, John Douglas: *Kierkegaard's Philosophy.* New American Library, New York 1981

Myers, Isabel Briggs, und Peter B. Myers: *Gifts Differing*. Consulting Psychologists Press, Palo Alto 1980

Nicholi, Armand M., Herausg., *The Harvard Guide to Modern Psychiatry*. Harvard University Press, Cambridge 1978

Nicoll, Maurice: *Psychological Commentaries on the Teaching of Gurdjieff and Ouspensky*. Band 2, Shambala, Boulder 1952

Offit, Avodah: *The Sexual Self*. Lippincott, New York 1977

Ouspensky, P. D. *In Search of the Miraculous*. New York: Harcourt, Brace and World 1949

Rycroft, Charles: *A Critical Dictionary of Psychoanalysis*. Penguin Books, Harmondsworth 1972

Shapiro, David: *Neurotic Styles*. Basic Books, New York 1965

Speeth, Kathleen Riordan: *The Gurdjieff Work*. And/Or Press, Berkeley 1976

Speeth, Kathleen Riordan, und Ira Friedlander: *Gurdjieff, Seeker of the Truth*, Harper and Row, New York 1980

Stone, Michael H.: *The Borderline Syndromes*. McGraw-Hill, New York 1980

Storr, Anthony: *The Art of Psychotherapy*. Methuen, New York 1979

Storr, Anthony: *The Dynamics of Creation*. Atheneum, New York 1985

Tart, Charles: *Transpersonale Psychologie*. Walter, Olten und Freiburg 1978

Waldberg, Michel: *Gurdjieff, An Approach to His Ideas*. Routledge and Kegan Paul, London 1981

Watts, Alan: *Die sanfte Befreiung. Moderne Psychologie und östliche Weisheit*. Goldmann, München 1985

Webb, James: *The Harmonious Circle: The Lives and Work of G. I. Gurdjieff, P. D. Ouspensky, and Their Followers*. G. P. Putnam, New York 1980

Goldmann-Posch, Ursula
Tagebuch einer Depression
Eindringlich und ehrlich schildert Ursula Goldmann-Posch in ihrem Buch die Hölle ihrer Depression und ihre verzweifelte Suche nach Hilfe. Mit einem aktuellen Anhang versehene Ausgabe! 192 S. [3890]

Graff, Paul
AIDS – Geißel unserer Zeit
700 000 Bundesbürger dürften in 5 Jahren mit dem Erreger infiziert sein. Das Buch gibt mit solider Kenntnis Auskunft über die bisher verfügbaren AIDS-Fakten.
176 S. [3815]

Johnson, Robert A.
Der Mann. Die Frau
Auf dem Weg zu ihrem Selbst.
Aus der Analyse der Gralslegende und des Mythos von Amor und Psyche entwickelt der Psychoanalytiker Robert A. Johnson ein neues Bild der weiblichen und der männlichen Psyche. 192 S. [3820]

Kneissler, Michael
Gebt der Liebe eine Chance
Liebe hat Menschen in die Verzweiflung getrieben, zu Ungeheuern gemacht, ihnen alles Lebensglück genommen. Dieses Buch ist all jenen gewidmet, die sich mit dieser Tatsache nicht abfinden wollen und für Veränderungen offen sind. 256 S. [3823]

Bogen, Hans Joachim
Knaurs Buch der modernen Biologie
Eine Einführung in die Molekularbiologie.
280 S. mit 116 meist farbigen Abb. [3279]

Hodgkinson, Liz
Sex ist nicht das Wichtigste
Anders lieben – anders leben.
Die Illusionen der 60er und 70er Jahre, ein ungehemmtes Sexualleben werde die Menschen befreien, haben sich nicht bestätigt. Liebe kann nur zwischen zwei Menschen stattfinden, die sich respektieren. Diese und andere Thesen stellt Liz Hodgkinson in ihrem Buch auf und kommt zu der Erkenntnis: Liebe ist nur möglich im zölibatären Leben.
Ca. 176 S. [3886]

Kubelka, Susanna
Endlich über vierzig
Der reifen Frau gehört die Welt.
Eine Frau tritt den Beweis an, daß man sich vor dem Älterwerden nicht zu fürchten braucht. Ihre amüsanten und ermunternden Attacken auf überholte Vorstellungen garantieren anregende Lektürestunden.
288 S. [3826]

Anders leben

Hilf dir selbst, sonst hilft dir keiner
Die Kunst, glücklich zu leben. 176 S. [7610]

Die Kunst, ein Egoist zu sein
Egoisten sind bessere Menschen, denn sie beherrschen die Kunst, glücklich zu leben. 192 S. [7549]

Die Kunst, ohne Angst zu leben
Wie man lernt, um seine Freiheit zu kämpfen. 224 S. [7689]

Die Kunst, ohne Überfluß glücklich zu leben
Das große Abenteuer unserer Zeit. 144 S. [7647]

Manipulieren – aber richtig
Die acht Gesetze der Menschenbeeinflussung. Eine Anleitung des Sich-Durchsetzens, des erfolgreichen Heraustretens aus der Masse der Passiven, der ständig Manipulierten. 144 S. [7442]

So hat man mehr Spaß am Sex
Die sieben praktischen Regeln, wie man das Liebesspiel spielt, ohne viel darüber zu reden. 112 S. [7719]

So lebt man glücklich – ohne Heirat
Das Buch zeigt: Nicht der Trauschein macht eine glückliche Beziehung aus, sondern einige grundlegende Prinzipien, die jeder mittels dieser Lebensschule erlernen kann. 96 S. [7740]

So macht man auf sich aufmerksam
Unbeachtet und frustriert? In diesem Band der Lebensschule finden interessierte Leser ausreichend Anregungen, an ihrem Leben einiges zu ändern. 96 S. [7741]

Josef Kirschner